# 中国科协科技期刊发展报告(2010)

ZHONGGUO KEXIE KEJI QIKAN FAZHAN BAOGAO

中国科学技术协会 主编

中国科学技术出版社
·北 京·

**图书在版编目(CIP)数据**

中国科协科技期刊发展报告(2010)/中国科学技术协会主编.—北京:中国科学技术出版社,2010.4

ISBN 978-7-5046-5033-7

Ⅰ.①中… Ⅱ.①中… Ⅲ.①科技期刊-出版工作-研究报告-中国-2010 Ⅳ.①G237.5

中国版本图书馆CIP数据核字(2010)第047388号



中国科学技术出版社出版

北京市海淀区中关村南大街16号 邮政编码:100081

电话:010-62173865 传真:010-62179148

http://www.kjpbooks.com.cn

科学普及出版社发行部发行

北京凯鑫印刷有限公司印刷

*

开本:787毫米×1092毫米 1/16 印张:17.5 字数:420千字

2010年4月第1版 2010年4月第1次印刷

印数:1—3500册 定价:53.00元

ISBN 978-7-5046-5033-7/G·533

# 前　言

科技期刊是科学评价、学术交流、科学传承的主要载体，是国家创新成果积累和科技竞争力的标志之一。中国科协所属全国学会主办和参与主办的科技期刊（以下称“中国科协科技期刊”）是我国科技期刊的代表性刊群和重要出版资源，在我国科技期刊界占有举足轻重的位置。特别是近年来，国家财政专项——“中国科协精品科技期刊工程”一期的顺利完成，为中国科协科技期刊注入新的发展活力。截至2009年底，中国科协科技期刊共954种，其中学术类期刊661种、技术类期刊183种、科普类期刊60种、综合类期刊46种、检索类期刊4种。

为了反映中国科协科技期刊的年度发展状况和重要进展，深入研究和分析其发展规律，总结发展经验和特点，中国科协自2006年起开展了对中国科协科技期刊发展状况研究，并每年发布《中国科协科技期刊发展报告》。2009年，中国科协继续组织研究编制《中国科协科技期刊发展报告（2010）》，侧重调研中国科协科技期刊在学术质量、数字化和网络化建设、办刊队伍建设等方面的发展状况，展现中国科协科技期刊2008～2009年度总体发展状况和重要进展，探讨并提出今后科技期刊的发展策略。

本报告的组织协调、全书统稿以及第一章、第二章、第三章、第七章的研究撰写和附录《中国科协科技期刊名录（2009）》的统计工作由中国科学院国家科学图书馆承担，主要研究成员包括刘培一、翁彦琴、彭希珺、张宏翔、马建华、李苑、林晶晶、华宁、李春源、赵玉蓉、胡婧坤、石傲兰；第四章的研究撰写及附录《中国科协开放存取期刊名录（2009）》的统计工作由中国作物学会负责，主要研究成员包括程维红、任胜利、王应宽、严谨；第五章的研究撰写工作由中国科学技术情报学会和中国科学院国家科学图书馆承担，主要研究成员包括张宏翔、郑彦宁、岳同卿、寿景依、任红梅、张恬；第六章的研究撰写工作由中国科协科技导报社负责，主要研究成员包括苏青、陈广仁、朱宇、杨书卷、齐志红、刘元珉、马武田。全书由沈爱民、杨文志、王晓彬、张利军、张建国组织策划、修改、终审并报中国科协书记处审定。

本报告的研制得到张晓林、张伯海、张泽青、魏玉山、陈丹、郝梓国、崔金钟、许毅达、曾建勋、洪及鄙、张品纯、林润华、朱诚等专家的支持和帮助，同时有关全国学会和期刊出版单位为本报告提供了期刊年度发展方面的大量数据，中国科学技术信息研究所《中国科技期刊引证报告2009》(CJCR2009)、中国科学院国家科学图书馆“中国科学引文数据库”(CSCD)和中国学术期刊(光盘版)电子杂志社《中国学术期刊综合引证报告2009》(CAJCCR2009)提供数据支持，蓝岸(北京)信息技术有限公司为本报告数据网上填报系统提供技术支持。在此，对所有为本报告的研究编制工作给予支持和关注的单位、专家表示衷心感谢。

中国科协学会学术部

2010年3月

# 目　录

# 第一章 中国科协科技期刊发展概况

截至2009年底，中国科协所属全国学会主办科技期刊（下称“中国科协科技期刊”）954种，其中学术类期刊661种、技术类期刊183种、科普类期刊60种、综合类期刊46种，检索类期刊4种。2008～2009年度，中国科协科技期刊在精品期刊建设、学术质量建设、数字化和网络化建设、办刊队伍建设等方面取得了新的进展，综合出版能力持续提高。

## 第一节 中国科协科技期刊年度发展概述

中国科协科技期刊学术地位稳步上升，出版能力持续提高，精品科技期刊建设有序推进，数字化和网络化建设稳步发展，办刊队伍建设状况良好。

### 一、中国科协科技期刊出版能力持续提高

2008～2009年度，中国科协科技期刊论文质量提升，论文国际化程度有所提高；出版时效增强，刊载容量增大；队伍建设加强，主编作用彰显，编委职能优化，编辑素质提高；数字化建设成效显著，开放存取期刊数量增长；期刊与学会积极互动；学科化刊群形成规模。调查显示①，2009年，中国科协科技期刊出版频率持续加快，月刊数量首次超过双月刊数量，全年刊均出版11.4期，比2008年增加0.4期，与全国平均刊期8.5期相比增加2.9期；刊均期页码116页，比2008年增加4页；论文平均审稿周期52.2天，较上一年提前了5.8天；论文平均发表周期6.7个月，较上一年缩短0.3个月。从业人员呈现高学历和年轻化趋势，硕士及以上学历人员占35.1%，35岁以下人员占33.7%；刊均编委数量60.5人，比上一年增加3.7人，刊均国际编委数量5.5人，刊均国际编委国家（地区）分布数量2.6个；刊均审稿专家303人。刊均年经营收入90.3万元，较上一年度的86.0万元略有增长。

中国科协英文科技期刊积极参与国际竞争，加强国际交流与合作，吸引国际国内优秀论文，提高国际化水平，扩大期刊的国际影响力。调查显示，2009年，中国科协英文科技期刊共有69种，其中28种加入国际期刊平台，占40.6%。论文国际化优势明显，刊均海外来稿量88篇，占刊均总收稿量的14.9%；刊均发表国际论文25.5篇，较上一年增长51.8%；刊均发表国际合作论文15.0篇，较上一年增长31.6%。汤森路透《期刊引证报告2008》(JCR2008)收录的32种中国科协英文科技期刊中，刊均作者国家（地区）分布达23.4个；论文引用作者国家（地区）分布达38.2个。《中国昆虫科学》（英文版）国外作者的比例达64.6%。据JCR2008，中国科协英文科技期刊2008年度的平均影响因子为

① 课题组2009年6～9月对中国科协科技期刊进行了问卷调查，共回收有效问卷648份，占中国科协954种科技期刊的67.9%，有效问卷的学科分布、地域分布与中国科协科技期刊总体分布特征相一致。本报告中所称“中国科协科技期刊2009年调查数据”均基于此。

0.822,比中国科协科技期刊整体平均水平的0.736高11.7%。32种英文科技期刊中,有43.8%的影响因子比上一年度有所上升,上升幅度较大的是《材料科学技术》(英文版)和《力学学报》(英文版),分别提高了0.401和0.356。

## 二、中国科协科技期刊学术质量稳步提升

2008~2009年度,中国科协学术期刊质量建设工作呈现良好的发展态势。中国科协学术期刊的学术显示度持续增强,国内外学术影响力持续提升。学术期刊更加注重提升其在学术交流中的参与度,增强对科研的服务能力,完善各项学术规范,积极防范学术不端行为。

据中国科学技术信息研究所《中国科技期刊引证报告2009》(CJCR2009),中国科协科技期刊学术指标有较大提升,总被引频次、影响因子、即年指标和引文数量的平均值均高于收录总体的平均值,各学科被引频次和影响因子的平均值均高于本学科的平均水平。总被引频次在本学科排名第一的期刊中,中国科协学术期刊有42种,占72.4%;影响因子在本学科排名第一的期刊中,中国科协学术期刊有40种,占69.0%;综合评价总分在本学科排名第一的期刊中,中国科协学术期刊有44种,占75.9%。总被引频次、影响因子和综合评价总分三者同时排名第一的20种学术期刊中,中国科协学术期刊有17种,占85.0%。

CJCR2009显示,总被引频次≥1 000和影响因子≥1的全国期刊中,中国科协学术期刊均占据半壁江山。在全国科技期刊中,CJCR2009收录的总被引频次≥1 000的期刊有447种,中国科协期刊为226种,占50.6%;影响因子≥1的期刊有123种,中国科协期刊为64种,占52.0%。

中国科协学术期刊在国内高水平学术期刊群中具有较强的竞争优势。在中国科学技术信息研究所2009年发布的"2008年中国百种杰出学术期刊"中,有67种来自中国科协学术期刊,占67.0%,其中有44种为2009年中国科协精品期刊工程项目二期资助期刊,占"2008年中国百种杰出学术期刊"收录中国科协学术期刊的65.7%。

中国科协学术期刊在国内具有较强的学术号召力,是国内优秀论文的主要发表平台。在中国科学技术信息研究所2009年发布的"2008年中国百篇最具影响国内文章"中,中国科协46种学术期刊发表的69篇论文入选,占2/3以上。

2008年度国家自然科学基金重点学术期刊专项基金共资助期刊31种,其中中国科协学术期刊17种入选,占基金资助期刊总量的54.8%。

据汤森路透JCR2008,2008年该报告共收录中国大陆学术期刊78种,其中中国科协学术期刊43种,占55.1%。43种中国科协学术期刊中,《细胞研究》的影响因子为4.535,是中国大陆影响因子最高的学术期刊。

## 三、中国科协精品科技期刊建设成效显著

中国科协精品科技期刊工程一期共实施资助项目317项(次),累计资助资金3 115

万元，资助期刊 152 种。2009 年 4 月，据财政部《中央级教科文部门项目绩效考评报告》，2008 年该项目绩效评定结论为“优＋”。在一期工程取得阶段性成果的基础上，2009 年中国科协精品期刊项目工程进入第二个项目周期，继续围绕“打造国际化科技期刊、培育国内精品科技期刊”的战略目标，评选出中国科协精品科技期刊示范项目 145 项，其中，培育国际化精品科技期刊（A 类项目）5 种，培育国内精品科技期刊（B 类项目）40 种，授予 100 种科技期刊“中国科协精品科技期刊示范项目”名称。

2009 年，项目二期重点培育的 5 种国际化精品科技期刊的国际化程度及国际影响力进一步提升。论文国际化方面，据汤森路透 Web of Science 数据库，2009 年刊均发表海外论文较上一年提高 2 个百分点，《植物学报》（英文版）、《中国药理学报》（英文版）和《数学学报》（英文版）3 种期刊半数以上的被引文献来自海外。编审队伍国际化方面，刊均海外编委比例达 34％，《植物学报》（英文版）海外编委比例高达半数以上，海外编委分布在美国、英国、日本、意大利、荷兰等 12 个国家和地区；《中国药理学报》（英文版）审稿专家达 3 000 名，其中海外专家比例达 70％。国际影响力方面，据汤森路透 JCR2008，5 种受资助期刊都被 JCR 收录，与 JCR 收录的同学科的中国科技期刊相比，其影响因子、学科排名和总被引频次等指标均处于领先地位，其中，《地质学报》（英文版）、《中国物理 B》（英文版）和《中国药理学报》（英文版）3 年（2006～2008）的影响因子一直保持在 1.0 以上；《中国物理 B》（英文版）2008 年网络版海外发行量为 1 705 个订户，涉及 109 个国家和地区，2009 年 1～10 月在 IoPP 网站的下载量达 8 万次，已经超过 2008 年全年下载量，《数学学报》（英文版）2009 年 1～9 月在 SpringerLink 的下载量为 4.2 万次，也已经超过 2008 年全年下载量。

2009 年，项目二期重点培育的 40 种国内精品科技期刊在出版能力、学术质量、编辑队伍建设和学术交流能力等各方面都有所提升。在稿件处理与论文发表周期方面，86.0％的期刊加快了论文审稿速度，刊均审稿周期缩短 15 天；73.3％的期刊缩短了论文发表周期，比 2008 年提前 1 个月。在学术影响力方面，6 种期刊被 SCI 收录，12 种期刊被 EI 收录，11 种期刊被 Medline 收录；40 种期刊全部被《中国科技期刊引证报告 2009》（CJCR2009）收录，有 19 种期刊综合评价总分学科排名第一，10 种期刊影响因子学科排名第一，18 种期刊总被引频次学科排名第一，8 种期刊的综合评价总分、影响因子和总被引频次三者同时在学科排名中位列榜首。《中国电机工程学报》在 CJCR2009 收录的 1 868种中国科技期刊中总被引频次最高，达 9 678 次。在编审队伍建设方面，刊均编委 70 人，刊均院士 11 人，刊均国际编委 11 人，半数以上的期刊国际编委比例超过了 10.0％。在网络化和数字化建设方面，95％的期刊自建网站，超过半数的期刊实现全文上网。

## 四、中国科协科技期刊办刊队伍建设状况良好

随着中国科协科技期刊的迅速发展，一支职业化的办刊队伍初步形成。2008～2009 年度，中国科协科技期刊队伍规模不断扩大，队伍结构得到优化，队伍素质有所提升，高层次人员比例不断加大。从整体上看，中国科协科技期刊办刊队伍具有较高的科学素养、专

业的学科背景、扎实的编辑技能、规范的职业道德。

中国科协科技期刊办刊队伍中,队伍规模为刊均 7.0 人,年龄结构较为合理,45 岁以下的占 60.5%,硕士及以上人员比例占 35.1%,高级职称人员占 46.1%。在主编队伍方面,有 1/4 的主编由院士担任,具有硕士及以上学历的占 59.0%,具有正高职称的比例达 89.9%,专职主编占 26.1%,有 3/4 的主编在制定办刊宗旨、把握学科前沿和制定期刊发展战略规划等方面履行了职责。

中国科协科技期刊办刊队伍对目前所从事的科技期刊工作表现出较高的职业满意度,满意的达 74.2%。办刊人员对科技期刊工作中良好的人际关系较为满意,而对薪酬与职务提升等因素较为不满意。87.8%的办刊人员认为目前所在的期刊具有专业与行业优势,82.1%的办刊人员认为科技期刊对本领域学科发展起到很大影响或较有影响,45.7%的办刊人员认为新闻出版领域改革将会使科技期刊编辑获得更大职业发展空间。

据抽样调查显示,中国科协科技期刊办刊队伍 2008 年税前平均月收入为 2992 元;不同地域其薪酬也表现出一定的差异,上海地区的办刊人员税前平均月收入最高,为 3469.8 元,其次是北京地区,为 3131.4 元,其他城市的平均值为 2671.6 元。科技期刊办刊人员的薪酬与学历、年龄、职称和工作年限表现出正相关关系。

## 第二节　中国科协科技期刊年度出版状况

2008～2009 年度,中国科协科技期刊整体出版实力进一步加强。科技期刊出版时效增强,刊载容量增大,数字化建设成效显著,期刊与学会积极互动,学科化刊群初具规模。

### 一、出版时效增强

中国科协科技期刊通过缩短出版时滞,争取论文首发权,尽快与国际优秀期刊接轨。2008～2009 年度,中国科协科技期刊进一步缩短审稿周期和论文发表周期,加快出版频率,加大刊载容量。

#### (一)审稿周期缩短

调查显示,2008～2009 年度,中国科协科技期刊论文平均审稿周期为 52.2 天,较上一年度提前了 5.8 天,审稿周期缩短的期刊占被调查期刊的 84.2%。其中,审稿周期在 50 天及以下的期刊占到被调查期刊的 59.2%。

论文发表周期也呈现缩短的趋势。2008～2009 年度,中国科协科技期刊论文平均发表周期为 6.7 个月,较上一年度缩短 0.3 个月,发表周期缩短的期刊占被调查期刊的 69.4%。

#### (二)出版频率加快

中国科协科技期刊的出版周期仍以双月刊和月刊为主导,分别为 408 种和 390 种,共占调查期刊总数的83.6%，高于我国科技期刊总体的73.2%。2008年中国科协科技期刊中双月刊的数量最多，2009年中国科协科技期刊月刊数量首次超过双月刊数量，在出版频率方面实现了突破，与本年度全国科技期刊的特征相同。中国科协共有46种期刊进行了刊期调整，季刊和双月刊数量降低，月刊数量增加。其中，9种期刊由季刊转为双月刊；29种期刊由双月刊转为月刊；1种期刊由双月刊转为半月刊；4种期刊由月刊转为半月刊；2种期刊由月刊转为双月刊；1种期刊由旬刊转为月刊，见表1—1。

**表1—1 中国科协科技期刊2008～2009年度出版周期对比**

| 刊期 | 2008年 | | 2009年 | | | |
|---|---|---|---|---|---|---|
| | 中国科协期刊（种） | 所占比例（%） | 中国科协期刊（种） | 所占比例（%） | 全国期刊（种） | 所占比例（%） |
| 周刊 | 2 | 0.2 | 2 | 0.2 | 29 | 0.3 |
| 旬刊 | 10 | 1.1 | 9 | 1.0 | 110 | 1.2 |
| 半月刊 | 42 | 4.4 | 47 | 4.9 | 399 | 4.4 |
| 月刊 | 382 | 40.0 | 408 | 42.7 | 3 434 | 37.6 |
| 双月刊 | 411 | 43.1 | 390 | 40.9 | 3 256 | 35.6 |
| 季刊 | 103 | 10.8 | 94 | 9.9 | 1 731 | 18.9 |
| 半年刊 | 2 | 0.2 | 2 | 0.2 | 111 | 1.2 |
| 年刊 | 2 | 0.2 | 2 | 0.2 | 69 | 0.8 |
| 合计 | 954 | 100.0 | 954 | 100.0 | 9 139 | 100.0 |

### （三）刊载容量增大

2009年，中国科协科技期刊平均页码116页，比2008年刊均页码增加4页。在中国科协科技期刊中，页码为≤100页的占54.3%，>100～200页的占39.5%，>200页的占6.2%。

## 二、组稿力度加大，海外来稿增长

论文质量是期刊发展的根本。中国科协科技期刊重视吸引和组织国内外优秀稿件，通过参加学术会议、走进科研一线等“走出去”的方式主动约稿，或通过主编、编委组稿和撰稿，以此提升期刊论文的学术水平，打造品牌期刊，扩大期刊影响力。

随着期刊国际影响力的提升，中国科协科技期刊海外来稿数量逐年增长，编辑部活跃度提高，主动约稿数量增多。调查显示，2007～2009年，中国科协科技期刊的总收稿量逐年增加，2008年刊均收稿1 104篇，较2007年增加110篇，2009年上半年的刊均收稿已达653篇。海外来稿占收稿总量的比例仍较低，基本维持在0.9%左右。2008年中国科协科技期刊刊均海外来稿为10.2篇，较2007年略有增加，2009年上半年的刊均海外来稿已达6.2篇，见表1—2。但是，部分定位为面向国际发展的期刊海外来稿量比较可观。

其中《分子植物》(英文版)和《计算机科学技术学报》(英文版)的海外来稿量达到总收稿的50%。海外来稿中国际论文(所有作者单位均来自国外)和国际合作论文(部分作者单位来自国外)的比重相当,二者数量逐年略有上升,见表1—3。总体来看,二者之和占发表论文的比例较小,中国科协科技期刊所发表论文中仍以国内论文为主。

2007年、2008年、2009年(上半年),中国科协科技期刊刊均载文量分别为270、281、146篇,稿件发表率为27.2%、25.4%、22.4%。

**表1—2　2007～2009年刊均来稿情况**

| 年　份 | 总收稿量(篇) | 海外来稿量(篇) | 约稿量(篇) |
| --- | --- | --- | --- |
| 2007 | 994 | 7.5 | 35.1 |
| 2008 | 1 104 | 10.2 | 41.6 |
| 2009(上半年) | 653 | 6.2 | 28.7 |

数据来源:中国科协科技期刊2009年调查数据

调查显示,2009年度中国科协科技期刊发表论文结构有所调整,突出"选题策划"和"重点课题"两大特点。

中国科协科技期刊密切追踪学科研究热点,组织优秀稿件。调查显示,73.0%的编辑部通过选题策划约稿;期刊编辑人员在学术交流领域较为活跃,2009年1～6月,组织或参加国内外学术会议达2 735人次,刊均达4.7人次;2007～2009年,约稿论文占发表论文的比例分别为13.0%、14.8%和19.6%,约稿比例逐年上升。

中国科协科技期刊注重跟踪国家重点课题和基金项目。2007～2009年,发表基金论文的比例分别为35.8%、38.8%和41.3%。

**表1—3　2007～2009年中国科协科技期刊论文情况**

| 年　份 | 国内论文比例(%) | 国际论文比例(%)(所有作者单位均来自国外) | 国际合作论文比例(%)(部分作者单位均来自国外) | 基金论文比(%) |
| --- | --- | --- | --- | --- |
| 2007 | 97.7 | 0.9 | 0.9 | 35.8 |
| 2008 | 97.6 | 1.0 | 1.0 | 38.8 |
| 2009(上半年) | 97.4 | 1.2 | 1.1 | 41.3 |

数据来源:中国科协科技期刊2009年调查数据

期刊所承载信息的更广泛传播还有赖于国际化的传播平台。中国科协科技期刊通过与国际出版机构合作的方式来扩大国际影响力。调查显示,2009年上半年,开展国际合作的中国科协科技期刊有61种,正在洽谈合作的期刊有19种,未合作的期刊中有237种有合作愿望,有部分期刊认为合作条件尚未成熟,也有部分期刊称需服从主管学会的统一安排。加入国际期刊网络平台的中国科协科技期刊有60种,除加入Elsevier的ScienceDirect网络出版平台的13种中文刊之外,其余47种全部为英文刊。

## 三、论文推介形式多样

中国科协科技期刊通过多种形式突出论文特色、扩大影响力、吸引优秀论文，包括设置特色栏目、主题策划、出版专辑或专题以及重要论文推介等形式。调查显示，中国科协科技期刊中有86.9%的期刊出版专辑或专题，有13.1%的期刊每期发表，不发表专辑和专题的期刊比例仅为13.1%，见表1—4。

**表1—4　2009年度发表专辑或专题情况**

| 发表专辑或专题的频率 | 期刊数量(种) | 所占比例(%) |
|---|---|---|
| 每期发表 | 77 | 13.1 |
| 年度发表 | 56 | 9.6 |
| 不定期发表 | 376 | 64.2 |
| 无 | 77 | 13.1 |
| 合计 | 586 | 100.0 |

数据来源：中国科协科技期刊2009年调查数据(586份有效)

中国科协科技期刊注重推介重要论文。调查显示，77.9%的期刊选择将重要论文放在重要栏目，16.7%的期刊在相关学术会议上进行宣传，通过网络预先发布的占10.1%，以相关附页或论文成果新闻发布等方式推介的均未超过5%，目前采用“封面故事(Cover Story)”这一国际期刊通用推介方式的期刊仅占调查期刊的9.1%，见图1—1。

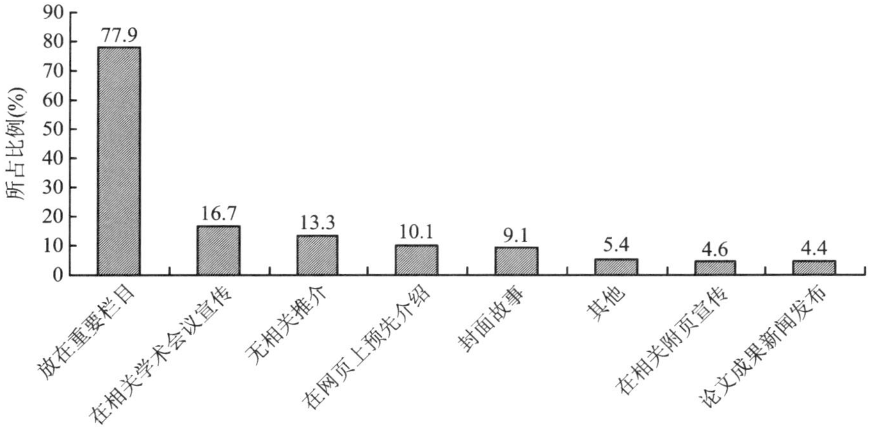


图1—1　中国科协科技期刊重要论文推介方式

中国科协科技期刊论文推介方式多样。除上述提及的方式外，还有提前发表、排在相关栏目首篇、在相关网站进行介绍与发布、附编者按或评论、出版优秀论文集以及推荐学会、科协推荐论文评奖等方式。推荐论文评奖的方式有参加科协评优活动、推荐优秀论文上《科技导报》的“国内中文报刊重要科技文章篇目辑览”栏目等。

中国科协科技期刊与媒体见面会制度，开创了中国学术期刊与新闻媒体联手构建最新科研成果大众化传播的一种有效机制。2007 年 1 月启动的“中国科协科技期刊与媒体见面会制度”，一直致力于将发表于学术期刊中的原创学术论文所反映的最新科学发现、最新研究成果，提炼成为科技新闻，通过组织编辑、作者与媒体记者见面的形式，把新的科研成果介绍给大众媒体刊载。2009 年，共举办科技期刊与新闻媒体见面会 11 期，重点推介科技论文 59 篇，书面推介 57 篇，推介科技论文共计 116 篇。

## 四、数字化建设成效显著

2009 年，中国科协科技期刊的数字化和网络化建设呈现快速发展的态势。期刊网站数量增加、内容丰富、功能完善、设计合理，服务多样，全文开放存取期刊、加入学科信息网和国外出版商网络平台的期刊数量大幅增加，网站建设资金来源和运营方式呈现多元化态势。

### (一)期刊网站建设数量增加，质量提高

中国科协科技期刊积极转变观念，主动建设期刊网站，以适应期刊数字化和网络化发展的需要。2009 年，中国科协科技期刊的自建网站数量日趋增加，内容日趋丰富，功能日趋完善，设计日趋合理，服务日趋多样。

1. 期间网站数量增加

2009 年，中国科技期刊自建网站数量由 2007 年的 448 种增加到 581 种，占期刊总数(954 种)的 60.9%，所占比例比 2007 年(898 种)增加了 11.0 个百分点；与 2007 年相比，以“一刊单独上网”和“数刊联合上网”这两种方式自主申请独立域名、建设网站的比例明显增加了 10.0 个百分点，而依托主办单位建设网站的比例下降了 3.5 个百分点。

2. 期刊网站内容丰富，功能完善

2009 年，中国科协 581 种期刊中分别有 79.7%、55.2%和 40.8%的期刊在自建网站发布目次、摘要和全文，与 2007 年相比，各项所占比例分别增加了 5.0、5.6 个百分点和 0.6 个百分点；分别有 56.3%、54.2%、50.0%和 46.0%的网站上具备“在线投稿”、“在线审稿”、“在线查稿”和“远程编辑”功能，实现了编辑办公网络化，与 2007 年相比，具备这 4 项功能的期刊网站所占比例分别增加了 7.0、7.5、8.7 和 10.1 个百分点。

3. 精品科技期刊数字化、网络化进展显著

中国科协精品科技期刊示范项目网站的整体质量较高。受中国科协精品科技期刊工程一期支持的 137 种科技期刊中有 117 种设有自建网站，较 2007 年增加了 20 种。精品期刊中自建网站、使用采编系统和实现 OA 的期刊各项所占比例分别达到 85.4%、71.5%和 41.6%比中国科协科技期刊整体的相应比例高 24.5、37.5 个百分点和 20.0 个百分点。与 2007 年相比，137 种精品期刊自建网站、使用采编系统和实现 OA 的期刊的增长率比中国科协科技期刊的高 3.6、11.5 和 7.9 个百分点，说明精品期刊网站的整体质量较高且质量提升较快。

4. 期刊网站建设资金来源多元化

中国科协科技期刊自建网站的资金来源主要有主办单位投资、编辑部自筹和基金资助3种，其中编辑部自筹占76.2%，主办单位投资占33.7%，基金资助占19.0%；按投资方的多少又可分为单方投资和多方投资两大类，以单方投资为主，占75.1%，多方投资占24.7%。从网站的经营方式看，有85.3%的网站为免费浏览，有14.1%的网站浏览全文收费或对会员收费，另有20.1%的网站上有刊登广告等增值服务。从网站的经营状况看，有79.3%的网站完全无收入，有13.0%的网站有收入但小于支出，能够赢利的网站非常少，仅占2.5%，加上5.2%的收入等于支出的网站，不亏损、能够独立运营的网站仅占7.7%。

### (二)开放存取期刊数量稳步增长

中国科协科技期刊开放程度日益加大。中国科协开放存取(OA)期刊数量由2007年的140种增加到2009年的206种，净增66种。其中英文版OA期刊由20种增加到32种，占中国科协69种英文刊的46.4%，远高于中国科协的21.6%的比例。206种OA期刊中有2007年的延续OA期刊117种，另有89种为近两年新增。中国科协OA期刊开放全文的回溯数据逐年增加，将自创刊号以来的全部论文开放的OA期刊由2007年的22种增加到2009年的48种。OA期刊在两年中开放全文的期数和篇数均有较大幅度的增加，开放全文101期以上的OA期刊由2007年的30种增加到2009年的53种，开放全文2 001篇以上的OA期刊由2007年的34种增加到2009年的77种。OA期刊总被引频次、影响因子和即年指标的5年平均增长率分别高于非OA期刊11.6、5.6个百分点和2.1个百分点。

### (三)加入学科信息网，实现信息集成

中国科协科技期刊的数字化和网络化发展呈现出加入学科信息网、实现信息集成和多重网络化的趋势。与2007年相比，中国科协科技期刊加入“中国科技论文在线”的由2种增加到13种；加入“首席医学网”的由7种增加到23种；加入“光学期刊网”的由10种增加到12种；另有36种和59种中国科协科技期刊分别加入了“龙源期刊网”和“中国地学期刊网”。中国科协科技期刊有60种在国外出版商的网络平台上全文上网，比2007年的42种增加了18种。以上203种加入学科信息网和国外出版商网络平台的中国科协期刊中，有125种另有自建网站，占61.9%。

对“中国期刊全文数据库”(简称“CNKI”)、万方数据资源系统的“万方数据——中国数字化期刊群”数据库(简称“万方”)和重庆维普资讯的“中文科技期刊数据库”(简称“维普”)的调查显示，中国科协954种科技期刊中有872种(占91.4%)在CNKI、856种(占89.7%)在万方、763种(占80.0%)在维普全文上网。

## 五、期刊与学会积极互动

全国学会与所主办科技期刊既是一种管理关系，也是一种利益共同体。科技期刊发

展有赖于学会组织的支撑发展,学会事业的发展有赖于包括科技期刊在内的各项事业的发展,学会与其主办科技期刊基本形成良性互动关系。

## (一)科技社团是科技期刊重要的办刊主体

科技社团是科学家交流群体,科学家对科技社团有较高的学术交流期待,科技社团的水平组织结构决定其汇集学术信息面的广度,价值中立,这就决定了科技社团是主办科技期刊、提供这类公共产品的重要组织载体。科技期刊是科技社团所掌握的学术评价工具,也是科学技术的传播工具,通过科技期刊服务的提供,不仅可以满足社团会员和科技工作者的需要,而且可以增强科技社团的综合实力和生存发展能力。

2009年中国科协所属全国学会积极推进学术建设,在促进学科发展、推动行业科技创新等方面发挥了日益重要的作用。作为学会工作的重要组成部分,中国科协所属全国学会通过不同的方式对所属期刊进行支持。在政策引导和业务指导方面,学会设立专门的职位分管期刊工作,87.1%的学会作为主办单位对期刊进行管理、指导和监督,78.8%的学会为期刊提供交流和宣传机会。在数字化和网络化建设方面,各学会网站集中展示其所属期刊,或者直接与编辑部远程采编系统链接;部分学会利用学科优势,开发学科期刊平台。如中国地质学会的“中国地学期刊网”,吸引本学科期刊加盟并集中展示。在学术资源方面,49.8%的学会为期刊提供专家资源,如《计算机学报》与学会合作评审论文等;32.3%的学会帮助期刊组织稿件。在经济支持方面,25.4%的期刊可在设备或资金方面得到学会的支持。见表1—5。

**表1—5　学会对期刊的支持**

| 项　目 | 期刊数量(种) | 所占比例(%)* |
|---|---|---|
| 学会作为主办单位对期刊进行管理、指导和监督 | 534 | 87.1 |
| 为期刊提供交流和宣传机会 | 483 | 78.8 |
| 为期刊提供专家资源 | 305 | 49.8 |
| 帮助期刊组织稿件 | 198 | 32.3 |
| 为期刊提供物质或资金支持 | 156 | 25.4 |

数据来源:中国科协科技期刊2009年调查数据

* 百分数为选择此项的期刊数占被调查期刊总数(613份有效)的比值

## (二)科技期刊是科技社团不可或缺的服务产品

科技期刊不仅能为学会提供经济支持和人力资源支持,而且还赋予科技社团获得话语权的渠道,对提升科技社团的学术声望、社会公信度、组织权威性和普遍认可度,增强科技社团的凝聚力,促进学科发展,提升职业人群素质等具有重要作用。

期刊利用自身办刊优势,对学会各项工作积极配合。调查显示,72.2%的中国科协科技期刊协助学会组织专业会议、制作论文集;期刊对学会会员有相应的订阅优惠,67.1%的期刊免费赠送会员或实行会员优惠订阅,40.6%的期刊对其会员论文实行发表费优惠或免收发表费等,见表1—6。

**表 1—6 期刊对学会的配合工作**

| 项 目 | 期刊数量(种) | 所占比例(%)* |
|---|---|---|
| 期刊协助学会组织专业会议或制作论文集 | 441 | 72.2 |
| 对学会会员免费赠送期刊或实行会员订阅优惠政策 | 410 | 67.1 |
| 对学会会员论文发表费优惠或免收发表费 | 248 | 40.6 |
| 为学会提供人力资源 | 186 | 30.4 |
| 对学会发展提供物质或资金支持 | 132 | 21.6 |

数据来源:中国科协科技期刊 2009 年调查数据

* 百分数为选择此项的期刊数占被调查期刊总数(611 份有效)的比值

## 六、学科化刊群初具规模

从学科分类来看,中国科协科技期刊分属 18 个学科领域。医药卫生和工业技术类期刊数量最多,二者共占中国科协科技期刊总量的 63.4%(表 1—7)。

**表 1—7 中国科协科技期刊学科分布情况**

| 学科 | 期刊数量(种) | 比例(%) | 学科 | 期刊数量(种) | 比例(%) |
|---|---|---|---|---|---|
| 医药卫生 | 320 | 33.5 | 交通运输 | 24 | 2.5 |
| 工业技术 | 285 | 29.9 | 文化、科学、教育、体育 | 21 | 2.2 |
| 数理科学和化学 | 81 | 8.5 | 航空、航天 | 11 | 1.2 |
| 农业科学 | 53 | 5.6 | 经济 | 11 | 1.2 |
| 天文学、地球科学 | 51 | 5.3 | 环境科学、安全科学 | 9 | 0.9 |
| 生物科学 | 45 | 4.7 | 综合类 | 2 | 0.2 |
| 自然科学总论 | 30 | 3.1 | 其他(5 个学科) | 11 | 1.2 |
| | | | 合计 | 954 | 100.0 |

学会办刊的规模与学会所属学科本身规模与发展密切相关。中国科协主管的 191 个全国学会中,有 183 个学会主办或者参与主办科技期刊。161 个学会主办或参与主办期刊的数量少于 10 个,部分小学科的学会拥有的期刊仅为 1～2 个。而所属学科发展历史较长、学科本身二级学科较多的学会,其主办期刊数量较大,为学科化刊群的出现和发展提供了便利条件。

中国科协所属全国学会为主办单位的科技期刊有独特的优势。学会是科技期刊的重要办刊主体,科技期刊又是学会不可或缺的服务产品,期刊发展与学会发展相辅相成,形成良性互动。近年来,中国科协所属全国学会重视期刊的发展,逐步形成以学科为纽带的学科化刊群。

中国科协学科化刊群中,期刊规模达到 10 种及以上的刊群为 22 个,刊群期刊总量占中国科协科技期刊总量的 51.4%,见表 1—8。

**表 1—8　中国科协科技期刊学科化刊群分布**

| 所属学会 | 期刊数量(种) | 占科协期刊比例(%) | 所属学会 | 期刊数量(种) | 占科协期刊比例(%) |
|---|---|---|---|---|---|
| 中华医学会 | 122 | 12.8 | 中国仪器仪表学会 | 13 | 1.3 |
| 中华预防医学会 | 60 | 6.3 | 中国中西医结合学会 | 12 | 1.3 |
| 中国机械工程学会 | 33 | 3.5 | 中国光学学会 | 12 | 1.3 |
| 中国物理学会 | 22 | 2.3 | 中国有色金属学会 | 11 | 1.2 |
| 中国药学会 | 21 | 2.2 | 中国地质学会 | 11 | 1.2 |
| 中国化学会 | 20 | 2.1 | 中国计算机学会 | 11 | 1.2 |
| 中华中医药学会 | 20 | 2.1 | 中国造船工程学会 | 10 | 1.0 |
| 中国金属学会 | 20 | 2.1 | 中国数学会 | 10 | 1.0 |
| 中国兵工学会 | 18 | 1.9 | 中国化工学会 | 10 | 1.0 |
| 中国电子学会 | 18 | 1.9 | 中国建筑学会 | 10 | 1.0 |
| 中国力学学会 | 16 | 1.7 | 中国地理学会 | 10 | 1.0 |
| | | | 合计 | 490 | 51.4 |

各学会根据学科和所属期刊特点，对学科化刊群都有不同的发展规划。作为中国科协的优势学科，医药卫生领域的学科化刊群规模最大，发展最为成熟。

截至 2009 年上半年，中华医学会主办期刊达 122 种，较 2008 年 118 种的规模进一步扩大，占中国科协科技期刊的比例达 12.8%。中华医学会官方网站“中华医学网”为其主办期刊提供统一的稿件管理系统链接。学会网站的“业务管理”系统集成了远程稿件管理系统、专家评审系统、期刊会议管理系统等功能。中华医学会对其所属期刊实现了对内统一管理、对外统一标志。

中华预防医学会把期刊出版作为学会工作的重要组成部分，并对所属期刊进行统一管理，2009 年中华预防医学会系列杂志工作会议暨学会编辑专业委员会学术交流会议特别指出做好四点工作：①加强编委队伍建设，严把编辑出版质量；②继续壮大系列杂志队伍，适应新兴学科以及专业委员会的需要，强化服务意识；③利用社会资源拓宽思路创新务实，提高管理水平，增强核心竞争力；④开拓创新打造精品期刊，整合系列杂志各种资源，加快期刊网络化和数字化建设，加强国内外交流扩大系列杂志影响力。

中国药学会以药学期刊发展专业委员会为纽带，以建立中国药学期刊网为平台，致力于药学期刊的数字化、网络化和集群化发展，致力于形成一个开放的药学专业期刊群。同时，在期刊转制方面进行了探索性改革并取得初步成果，初步完成《中国药学杂志》公司化改造，于 2009 年 6 月成立《中国药学杂志》有限公司。

中华中医药学会同样对其刊群进行统一管理，包括刊物统一规划、集中审读等相关工作，“2009 中华中医药学会编辑出版分会年会”指出，要打造中医药期刊集团，整合资源，增强合力；凝聚队伍，增强后劲；改进机制不断提高学术质量和水平，打造中医药期刊精品和品牌。

中国仪器仪表学会设立"期刊工作委员会",由国内仪器仪表与自动化领域的多家期刊、报纸、网站组成,推动仪器仪表科技事业及产业的发展,建立网络时代的现代传媒营运体系。2009 年 9 月,该委员会与企业联合举办新技术、新产品发布会。其所属部分期刊参加了发布会,使期刊的主编对当前的市场需求加深了了解,更能有的放矢地为作者及企业服务。

中国光学学会的"中国光学期刊网"和中国地质学会的"中国地质期刊网"的建设逐步深入,吸引了大量国内行业期刊加盟;中国有色金属学会特别设立奖项表彰全国有色金属优秀期刊和优秀期刊工作者、表彰全国有色金属优秀科技论文等。

## 第三节　中国科协科技期刊的经营管理

我国科技期刊实行审批制和主管主办制度,中国科协科技期刊的管理与科技、教育、卫生等行政管理部门关系密切,期刊出版单位大多数不具有独立法人资格。2008～2009 年度,中国科协科技期刊通过多种渠道增加收入,实现收支平衡,其中 1/3 的期刊可以不通过拨款或基金资助实现自负盈亏。随着数字出版的发展,期刊网络版收入略有增加,但仍远低于国外期刊的水平。

### 一、出版体制现状

科技期刊的出版体制是期刊进行经营和管理的基础,在国家进行文化体制改革的背景下,国家新闻出版总署进一步推进新闻出版体制改革进程,科技期刊出版体制改革也提上日程。中国科协科技期刊的出版单位性质和规模等因素则是进行体制改革的前提和条件。

#### (一)主管、主办单位分布

截至 2009 年底,954 种中国科协科技期刊中,中国科协主管 434 种,占 45.5%;中国科学院主管 106 种,占 11.1%;卫生部主管 85 种,占 8.9%(见图 1—2)。

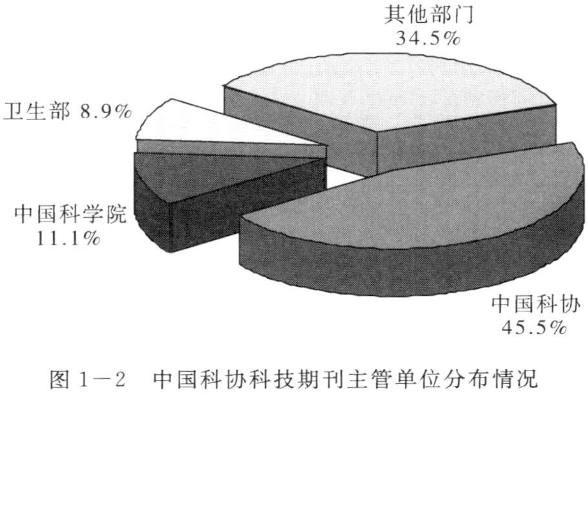


图 1—2　中国科协科技期刊主管单位分布情况

中国科协科技期刊的主办单位较为复杂，大多都有1～2个主办单位，全国学会为第一主办单位的较多，为680种，占71.3％；研究院所为第一主办单位、全国学会作为第二主办单位的为186种，占19.5％；高校为第一主办单位、全国学会作为第二主办单位的为31种，占3.3％，见表1－9。

**表1－9　中国科协科技期刊第一主办单位分布情况**

| 第一主办单位类别 | 期刊数量(种) | 所占比例(％) |
|---|---|---|
| 全国学会 | 680 | 71.3 |
| 研究院所 | 186 | 19.5 |
| 高等院校 | 31 | 3.3 |
| 国家有关部门或单位 | 21 | 2.2 |
| 公司(企业) | 14 | 1.5 |
| 报刊图书出版单位 | 9 | 0.9 |
| 省级学会 | 8 | 0.8 |
| 医院 | 5 | 0.5 |
| 合计 | 954 | 100.0 |

## (二)出版单位的性质

中国科协科技期刊的出版单位性质变化不大，大多数出版单位仍未具有独立法人资格。调查显示(见表1－10)，出版单位为非法人性质的期刊占调查期刊总数的61.3％，而具有企业法人性质的期刊仅占调查期刊总数的9.7％，事业单位性质的出版单位比例为29.0％，较2007年的比例略有下降。学术期刊和综合期刊中出版单位性质的比例较为接近，技术期刊中非法人单位性质所占比例最高，事业单位比例最低。科普期刊由于面向大众市场，需要较高的独立性进行经营和管理活动，因此具有独立企业法人的比例最高，为24.2％，而非法人单位所占比例较其他类刊物更低。

**表1－10　中国科协科技期刊出版单位性质**

| 出版单位性质 | 调查期刊 | | 学术期刊 | | 技术期刊 | | 科普期刊 | | 综合期刊 | | 检索期刊 | |
|---|---|---|---|---|---|---|---|---|---|---|---|---|
| | 数量(种) | 比例(％) | 数量(种) | 比例(％) | 数量(种) | 比例(％) | 数量(种) | 比例(％) | 数量(种) | 比例(％) | 数量(种) | 比例(％) |
| 事业单位 | 176 | 29.0 | 137 | 30.9 | 18 | 17.1 | 13 | 39.4 | 6 | 26.1 | 2 | 100.0 |
| 企业法人 | 59 | 9.7 | 36 | 8.1 | 12 | 11.5 | 8 | 24.2 | 3 | 13.0 | 0 | 0.0 |
| 非法人 | 372 | 61.4 | 271 | 61.0 | 75 | 71.4 | 12 | 36.4 | 14 | 60.9 | 0 | 0.0 |
| 合计 | 607 | 100 | 444 | 100 | 105 | 100 | 33 | 100 | 23 | 100 | 2 | 100 |

数据来源：中国科协科技期刊2009年调查数据(有效问卷607份)

在具有独立企业法人的出版单位中，有48.2%的企业为有限责任公司，而其他51.8%的企业法人单位分别为全民所有制企业和集体所有制企业，在接受调查的期刊中，没有具有独立法人的股份制有限责任公司。

### （三）出版单位的规模

中国科协科技期刊的出版单位仍以小规模为主，调查显示（表1—11），中国科协科技期刊中超过80%的期刊人数在10人以下，10～30人规模的期刊占17.6%，而在接受调查的期刊中超过30人的仅有3种，分别是《中国国家地理》（60人）、《中国葡萄酒》（30人）和《科学中国人》（35人）。期刊出版单位的规模为刊均7.0人。

**表1—11　中国科协科技期刊出版单位规模**

| 出版单位规模（人） | 期刊数量（种） | 比例（%） |
| --- | --- | --- |
| ＜10 | 512 | 81.9 |
| 10～30 | 110 | 17.6 |
| ＞30 | 3 | 0.5 |
| 总计 | 625 | 100.0 |

数据来源：中国科协科技期刊2009年调查数据（有效问卷625份）

## 二、经营状况

中国科协科技期刊的年度收支基本平衡，在发行量继续下降的情况下，总收入和总支出均较上一年度略有增加。收入的构成变化不大，所支出的项目在总支出的比重与上一年度有所不同。

### （一）经营基本状况

中国科协科技期刊具有独立企业法人性质的出版单位占9.7%，51.0%的期刊仍需要上级财政的支持，49.0%的期刊没有拨款或者基金资助，其中69.0%的期刊可以实现收支平衡。对非企业法人单位的经费来源调查显示（见表1—12），事业单位法人的期刊已有52.8%为自收自支经营，有17.1%的期刊依然依靠全额拨款经营。非法人单位的期刊中，依靠上级拨款经营期刊的比例更低，为14.2%，自筹经费的有39.1%，以上级拨款和自筹经费相结合的方式进行经营的期刊占46.7%。

**表1—12　中国科协科技期刊非企业法人单位的经费来源**

| 事业法人单位的经费来源 | 期刊数量 | 所占比例（%） | 非法人单位的经费来源 | 期刊数量 | 所占比例（%） |
| --- | --- | --- | --- | --- | --- |
| 全额拨款 | 30 | 17.1 | 上级拨款 | 53 | 14.2 |
| 差额拨款 | 53 | 30.1 | 自筹 | 146 | 39.1 |
| 自收自支 | 93 | 52.8 | 上级拨款与自筹结合 | 174 | 46.7 |
| 合计 | 176 | 100.0 | 合计 | 373 | 100.0 |

数据来源：中国科协科技期刊2009年调查数据

从中国科协科技期刊基本经营状况可以看出，虽然具有独立企业法人单位性质的期刊不到 10.0%，但已有 31.2%的出版单位，其经营管理实行独立核算，这为今后的转企改制等体制改革工作奠定了一定的经营基础。

调查显示，2009 年度中国科协科技期刊的刊均期印数与国内期发行数均有所下降，下降幅度分别为 7.1%和 8.3%，高于 2008 年度的 2.1%和 4.5%。中国科协科技期刊的国外发行数量相对较低，2009 年度刊均国外期发行数量略有下降。国内纸版的发行下降幅度十分明显，显示中国科协科技期刊面临纸版发行数量下降所引起的发行收入持续下降的威胁(见表 1—13)。

**表 1—13　中国科协科技期刊 2007～2009 年出版发行情况**

| 年　份 | 2007 | 2008 | 2009 |
|---|---|---|---|
| 刊均期印数(册) | 4 303 | 4 214 | 3 914 |
| 刊均国内期发行数(册) | 3 774 | 3 605 | 3 307 |
| 刊均国外期发行数(册) | 57 | 73 | 70 |

数据来源：中国科协科技期刊 2009 年调查数据(有效问卷 568 份)

## (二)经营效益

2008～2009 年度，中国科协科技期刊收支基本平衡，除检索类期刊外，其他各类科技期刊总体上能够维持正常发展。期刊的类别不同，其经营特色也不同。学术类期刊以发表费和国内发行收入为主；技术类期刊以广告收入为主；科普期刊主要依靠国内发行和广告收入；综合类和检索类期刊均以国内发行收入为主。支出方面除科普类期刊外，其他类型的期刊均以员工薪酬和出版印刷费为主。这表明，目前中国科协科技期刊的出版主要以传统出版为主。

调查显示，本年度中国科协科技期刊的刊均收入为 90.3 万元，较上一年度 86.0 万元略有增长。检索期刊刊均收入最低，仅为 23.8 万元，学术期刊刊均收入为 70.2 万元，较 2008 年度的 61.8 万元有较大涨幅，科普期刊刊均收入最高，为 319.2 万元。在收入结构方面，发行、广告和发表费依然是收入的主要来源，分别占 34.4%、26.4%和 22.4%，学术期刊的国外纸版收入和网络版收入方面较上一年度有较大的增幅，尽管金额不大，但在其收入中已占到 2.4%。发表费仍是学术期刊的主要收入，占 34.4%；其次是发行收入；广告收入本年度有明显的增幅，刊均 12.2 万元，较上一年度的 4.4 万元有近 2 倍的涨幅。技术期刊则以广告收入为其主要来源，占其总收入的 49.3%，国内发行收入次之，为 26.5%，而发表费占其收入的 10.5%。科普期刊由于其面向大众市场，主要收入是国内发行，占 64.4%，广告收入占 32.5%，发表费对其总收入的贡献较小，仅占 1.7%，见表1—14。

调查显示，刊均支出总额为 87.5 万元，较上一年度的 67.3 万元增长了 30.0%。在支出项目方面，员工薪酬首次超过印刷费用，占总支出的 25.4%，印刷费用为第二大项支出，占 23.4%，另外税金支出项占总支出的 6.1%，也较上一年度增幅较大，稿费和审稿费占10.2%。学术期刊用于员工薪酬的比例大幅增加，约占其总支出的1/4，印刷费和税金分别占24.1%和5.2%。技术、科普、综合和检索期刊均以印数费用为最大支出项目，其余依次为员工薪酬、稿费和审稿费，以及税金等项目。在技术期刊中，上缴利润也是主要的支出项目，占8.7%。

**表1—14　中国科协科技期刊刊均收入情况**

金额：万元

| 收入项目 | 学术期刊 | | 技术期刊 | | 科普期刊 | | 综合期刊 | | 检索期刊 | | 总平均 | |
|---|---|---|---|---|---|---|---|---|---|---|---|---|
| | 金额 | 比例(%) | 金额 | 比例(%) | 金额 | 比例(%) | 金额 | 比例(%) | 金额 | 比例(%) | 金额 | 比例(%) |
| 国内纸版收入 | 17.5 | 25.0 | 27.1 | 26.5 | 205.5 | 64.4 | 35.5 | 46.7 | 23.8 | 100.0 | 31.0 | 34.4 |
| 国内网络版收入 | 0.4 | 0.6 | 0.2 | 0.2 | 0.0 | 0.0 | 不足0.1 | 不足0.1 | 0 | 0.0 | 0.3 | 0.3 |
| 国外纸版收入 | 1.5 | 2.2 | 0.1 | 0.1 | 0.1 | 0.0 | 不足0.1 | 不足0.1 | 0 | 0.0 | 1.2 | 1.3 |
| 国外网络版收入 | 0.1 | 0.2 | 0.1 | 0.1 | 0.0 | 0.0 | 0.1 | 0.2 | 0 | 0.0 | 0.1 | 0.1 |
| 广告收入 | 12.2 | 17.3 | 50.4 | 49.3 | 103.7 | 32.5 | 11.3 | 14.9 | 0 | 0.0 | 23.9 | 26.4 |
| 发表费收入 | 24.2 | 34.4 | 10.7 | 10.5 | 5.4 | 1.7 | 10.5 | 13.8 | 0 | 0.0 | 20.2 | 22.4 |
| 拨款及基金资助 | 6.5 | 9.3 | 4.8 | 4.7 | 3.9 | 1.2 | 15.7 | 20.6 | 0 | 0.0 | 6.4 | 7.1 |
| 其他增值服务收入 | 7.7 | 11.0 | 8.8 | 8.6 | 0.5 | 0.2 | 2.9 | 3.8 | 0 | 0.0 | 7.2 | 8.0 |
| 合计 | 70.2 | 100.0 | 102.1 | 100.0 | 319.2 | 100.0 | 76.0 | 100.0 | 23.8 | 100.0 | 90.3 | 100.0 |

数据来源：中国科协科技期刊2009年调查数据

从支出项目比重的变化可以看出，员工薪酬支出首次超过印刷费用支出，成为最大的支出项(见表1—15)。前述的调查显示刊均人数变化不大，但高学历人员比重加大，这说明中国科协科技期刊重视吸引高学历人才，并以提高薪酬作为吸引人才的措施之一，因而编辑的整体收入水平得到提高。

**表1—15　中国科协科技期刊刊均支出情况**

金额：万元

| 支出项目 | 学术期刊 | | 技术期刊 | | 科普期刊 | | 综合期刊 | | 检索期刊 | | 总平均 | |
|---|---|---|---|---|---|---|---|---|---|---|---|---|
| | 金额 | 比例(%) | 金额 | 比例(%) | 金额 | 比例(%) | 金额 | 比例(%) | 金额 | 比例(%) | 金额 | 比例(%) |
| 员工薪酬 | 20.3 | 29.9 | 28.1 | 29.5 | 31.5 | 10.0 | 21.4 | 28.2 | 12.6 | 34.1 | 22.2 | 25.4 |
| 出版印刷费 | 16.4 | 24.1 | 28.6 | 30.0 | 47.3 | 15.0 | 23.5 | 31.0 | 17.6 | 47.6 | 20.5 | 23.4 |
| 稿费及审稿费 | 9.4 | 13.7 | 7.8 | 8.1 | 9.0 | 2.8 | 6.7 | 8.8 | 5.6 | 15.1 | 8.9 | 10.2 |
| 信息化建设 | 1.7 | 2.5 | 2.2 | 2.3 | 0.7 | 0.2 | 1.7 | 2.3 | 0.0 | 0.0 | 1.7 | 2.0 |

续表

| 支出项目 | 学术期刊 | | 技术期刊 | | 科普期刊 | | 综合期刊 | | 检索期刊 | | 总平均 | |
|---|---|---|---|---|---|---|---|---|---|---|---|---|
| | 金额 | 比例(%) | 金额 | 比例(%) | 金额 | 比例(%) | 金额 | 比例(%) | 金额 | 比例(%) | 金额 | 比例(%) |
| 会议培训 | 2.6 | 3.8 | 2.4 | 2.5 | 1.4 | 0.4 | 2.8 | 3.8 | 1.0 | 2.7 | 2.5 | 2.8 |
| 管理费 | 4.1 | 6.0 | 3.8 | 4.0 | 5.3 | 1.7 | 3.8 | 5.1 | 0.0 | 0.0 | 4.1 | 4.7 |
| 办公费 | 4.0 | 5.8 | 3.4 | 3.6 | 5.3 | 1.7 | 4.1 | 5.4 | 0.2 | 0.5 | 3.9 | 4.5 |
| 上缴税金 | 3.6 | 5.2 | 6.0 | 6.3 | 24.7 | 7.8 | 6.9 | 9.1 | 0.0 | 0.0 | 5.4 | 6.1 |
| 上缴利润 | 2.0 | 3.0 | 8.3 | 8.7 | 1.5 | 0.5 | 0.8 | 1.0 | 0.0 | 0.0 | 3.0 | 3.4 |
| 其他支出 | 4.1 | 6.0 | 4.8 | 5.0 | 189.4 | 59.9 | 4.0 | 5.3 | 0.0 | 0.0 | 15.3 | 17.5 |
| 合计 | 68.2 | 100.0 | 95.4 | 100.0 | 316.1 | 100.0 | 75.7 | 100.0 | 37.0 | 100.0 | 87.5 | 100.0 |

数据来源:中国科协科技期刊 2009 年调查数据

## 三、出版经营模式

尽管学科化刊群和数字平台建设发展迅速,但是由于出版体制方面的局限,中国科协科技期刊的经营仍以单刊经营为主。单刊经营的局限导致接近 80%的期刊没有专职经营部门或人员,经营工作多由编辑人员或其他人员兼职。

### (一)经营模式

中国科协科技期刊的经营模式有单刊独立经营、多刊小规模集成经营和学科化刊群经营三种形式。调查显示(表 1—16),中国科协科技期刊的经营模式主要以单刊独立经营为主,占接受调查期刊的 62.8%,通过同一主办单位的小规模集成经营占 27.0%,仅有 1.9%的期刊以学科化的刊群进行经营活动,另有部分期刊未开展经营活动或者委托其他机构进行经营。

**表 1—16 中国科协科技期刊经营模式**

| 经营模式 | 期刊数量(种) | 所占比例(%) |
|---|---|---|
| 单刊独立经营 | 369 | 62.8 |
| 多刊小规模集成经营 | 159 | 27.0 |
| 学科化刊群经营 | 11 | 1.9 |
| 其他 | 49 | 8.3 |
| 合计 | 588 | 100.0 |

数据来源:中国科协科技期刊 2009 年调查数据(有效问卷 588 份)

### (二)经营项目

调查显示,中国科协科技期刊的主要经营项目仍以发行、广告和发表费为主,有

24.0%的期刊以举办学术会议的方式进行经营,协办经营的期刊有18.9%,理事或会员、联合主办所占比例分别为8.4%和9.1%。出版其他印刷物和举办业务培训及咨询等经营项目在科技期刊中开展的较少,所占比例较低。

**表1—17 中国科协科技期刊经营项目**

| 经营项目 | 期刊数量(种) | 所占比例(%)* | 经营项目 | 期刊数量(种) | 所占比例(%)* |
|---|---|---|---|---|---|
| 发行 | 521 | 89.4 | 理事或会员 | 49 | 8.4 |
| 收取发表费 | 411 | 70.5 | 举办业务培训 | 39 | 6.7 |
| 广告 | 313 | 53.7 | 出版其他印刷物 | 34 | 5.8 |
| 举办学术会议 | 140 | 24.0 | 咨询 | 24 | 4.1 |
| 协办 | 110 | 18.9 | 其他 | 10 | 1.7 |
| 联合主办 | 53 | 9.1 | | | |

数据来源:中国科协科技期刊2009年调查数据

* 百分数为选择此项经营项目的期刊数占被调查期刊总数(有效问卷583份)的比值

针对期刊特色经营项目的调查显示(表1—18),55.1%的期刊认为该刊没有特色经营项目。具有特色经营项目的状况是,以"数字化出版"为特色的期刊占17.1%,以"合作办刊"为特色的期刊占15.1%,以"形成品牌系列刊群经营"为特色的期刊占7.4%,以"设立评奖项目"为特色的期刊占6.7%,值得一提的是,有6种期刊以"设立科研基金"作为其特色经营项目。

**表1—18 中国科协科技期刊特色经营项目**

| 经营项目 | 期刊数量 | 所占比例(%)* | 经营项目 | 期刊数量 | 所占比例(%)* |
|---|---|---|---|---|---|
| 数字化出版 | 90 | 17.1 | 设立评奖项目 | 35 | 6.7 |
| 合作办刊 | 79 | 15.1 | 中外合作 | 32 | 6.1 |
| 版权合作 | 49 | 9.3 | 其他 | 26 | 5.0 |
| 形成品牌系列刊群 | 39 | 7.4 | 设立科研基金 | 6 | 1.1 |

数据来源:中国科协科技期刊2009年调查数据

* 百分数为选择此项经营项目的期刊数占被调查期刊总数(有效问卷525份)的比值

## (三)经营规模

针对中国科协科技期刊是否设立经营部门的调查显示,设有专职经营部门的期刊占20.3%,79.7%的期刊尚未设立专职经营的部门,但对有关专职经营人员的调查显示,这一比例有所变化,有专职经营人员的期刊占29.8%,70.2%的期刊尚未设置专职经营人员。该结果显示,大部分接受调查期刊均未设置独立经营部门从事经营活动,有不到三分之一的期刊设立了专职经营人员,说明有部分期刊已经有意识地开展了经营活动,但在职能部门的设置上尚不完整。

期刊的年度总收入显示,中国科协科技期刊的经营规模跨度较大,从1万元到

6 000 万元不等。图 1—3 是中国科协科技期刊 2008 年的收入分布图,收入区间所占比例最高的为 10 万～30 万元,占所调查期刊的 28.3%。超过 200 万元的占 9.8%,收入低于 10 万元的期刊比例也较小,仅占 8.1%。

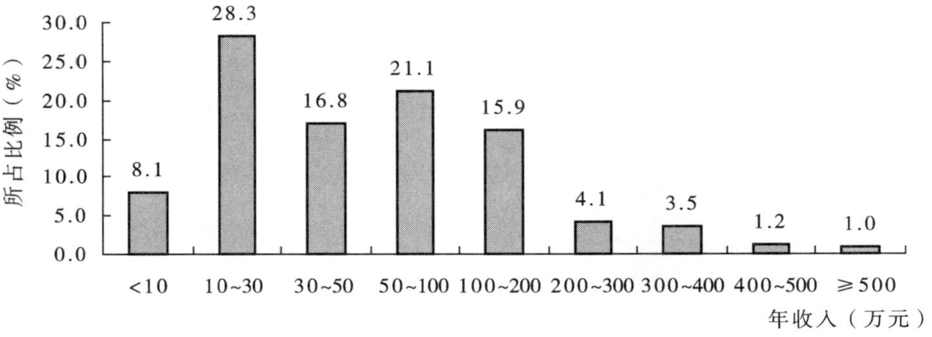


图 1—3　中国科协科技期刊经营规模分布

中国科协科技期刊应进一步开拓经营项目,扩大经营收入,提升经营规模。调查显示,中国科协科技期刊的经营规模普遍较小,74.2%编辑部年收入在 100 万元以下,可以看出目前科技期刊的经营仍以小作坊式经营为主。

# 第二章　中国科协学术期刊质量建设

学术期刊是科学界公认的正式学术交流载体。Robert Merton 公共准则指出，科学家有义务发表他们的研究成果，并且有责任出版可靠的科学知识①。因此，学术期刊质量建设不仅是促进学术交流的需要，更是整个社会获取科学知识的需要。截至 2009 年底，中国科协所属全国学会主办学术期刊 661 种，占中国科协科技期刊总量的 69.3%。基于“中国科协科技期刊 2009 年调查数据”(467 份学术期刊有效问卷，回收率 70.7%)、“中国科协科技期刊学术质量建设调查问卷”(以下简称“学科专家问卷调查”，有效问卷 226 份)，从不同角度对中国科协期刊学术质量建设发展状况进行分析。

## 第一节　中国科协学术期刊质量概况

学术期刊的质量一般指学术期刊符合一些既定的办刊标准或达到办刊目标的程度，涉及期刊编辑、学术、出版、发行等各个方面的水准或质量，其中尤以期刊的学术质量为主②。学术质量是学术期刊发展水平的重要保证，是学术期刊发展的根基。提高期刊的学术质量是一项十分复杂的系统工程。国内外权威检索系统的收录情况、高被引论文分布及国家专项基金资助情况，可以在一定程度上反映期刊的学术质量和学术影响力，有效指导期刊开展学术质量建设。2008～2009 年度，中国科协学术期刊的学术显示度持续增强，国内外学术影响力持续提升。

### 一、总体质量国内领先

作为我国学术期刊的重要组成部分和具有代表性的刊群，中国科协学术期刊的整体学术水平在国内持续领先，涌现出一批优秀期刊及优秀论文，为中国学术期刊的发展起到良好的引领示范作用。

#### (一)国内数据库收录情况

目前，国内有 8 大核心期刊遴选系统，包括：北京大学图书馆《中文核心期刊要目总览》、南京大学“中文社会科学引文索引来源期刊”、中国科学技术信息研究所“中国科技论文统计源期刊”、中国社会科学院文献信息中心“中国人文社会科学核心期刊”、中国科学院国家科学图书馆“中国科学引文数据库(CSCD)来源期刊”、清华大学图书馆《中国学术期刊综合引证报告》、中国人文社会科学学报学会“中国人文社科学报核心期刊”以及万方

① Robert K. Merton. The Sociology of Science: An Episodic Memoir[M]. Southern Illinois University Press, 1977: 47.

② 叶继元. 学术期刊质量评价与核心期刊评价之异同[J]. 图书情报工作, 2009, 53(18): 5～7, 16.

数据股份有限公司的"中国核心期刊遴选数据库"。

通过分析有代表性的期刊遴选系统收录情况，可全面呈现中国科协学术期刊的整体学术水平，揭示其在国内学术期刊中的影响力状况。

1.《中文核心期刊要目总览》收录情况

《中文核心期刊要目总览》(2008 年版)在前 4 版的基础上，进一步改进了评价方法，力求评价结果尽可能更准确地揭示中文期刊的实际情况，增加了反映期刊论文质量的评价因素，修改了影响因子和被引率的计算方法，评价方法更加客观合理。经过定量评价和定性评审，《中文核心期刊要目总览》(2008 年版)从我国正在出版的中文期刊中评选出 1 983种核心期刊，分属 7 大编 73 个学科类目。其中，中国科协期刊 476 种，占收录总量的 24.0%，占中国科协期刊总数的 49.9%。

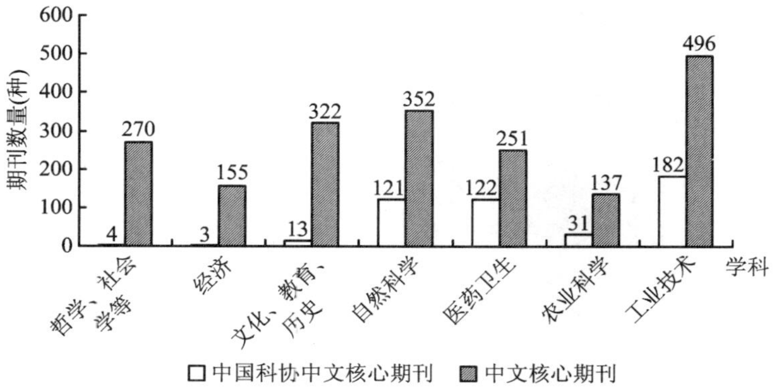


图 2—1 中国科协期刊在《中文核心期刊要目总览》(2008 年版)的收录情况

数据来源:《中文核心期刊要目总览》(2008 年版)

从学科分布情况来看，中国科协学术期刊在工业技术、医药卫生、自然科学三大领域优势明显(见图 2—1)。在这三大学科领域中，中国科协期刊被收录的数量分别是 182 种、122 种和 121 种，占各自领域核心期刊总数的 36.7%、48.6%和 34.4%，比例较高。尤其是工业技术领域，中国科协期刊在各个子学科中均有分布，其中一般工业技术，金属学与金属工艺，机械、仪表工业，原子能技术类，自动化技术、计算机技术所占比例均超过收录数量的一半以上(见图 2—2)。可见，中国科协期刊在《中文核心期刊要目总览》中占有十分重要的地位。

2.《中国科技期刊引证报告》收录情况

《中国科技期刊引证报告》(核心版)以中国科技论文与引文数据库(CSTPCD)为基础，选择数学、信息与系统科学、物理学、力学、化学、天文学、地学、生物学、医药卫生、农业科学、工业技术、环境科学等学科的重要科技期刊作为来源期刊。

《中国科技期刊引证报告 2009》(CJCR2009)收录中国科技论文统计源期刊共 1 868 种，分为 58 个学科。其中，中国科协期刊 615 种，占收录总量的 32.9%，分布在 56 个学科①。在全国科技期刊中，CJCR2009 收录的总被引频次≥1 000 的期刊有 447 种，中国科

① 58 个学科中包含农业大学学报类和医科大学学报类，但不属于科协刊群。

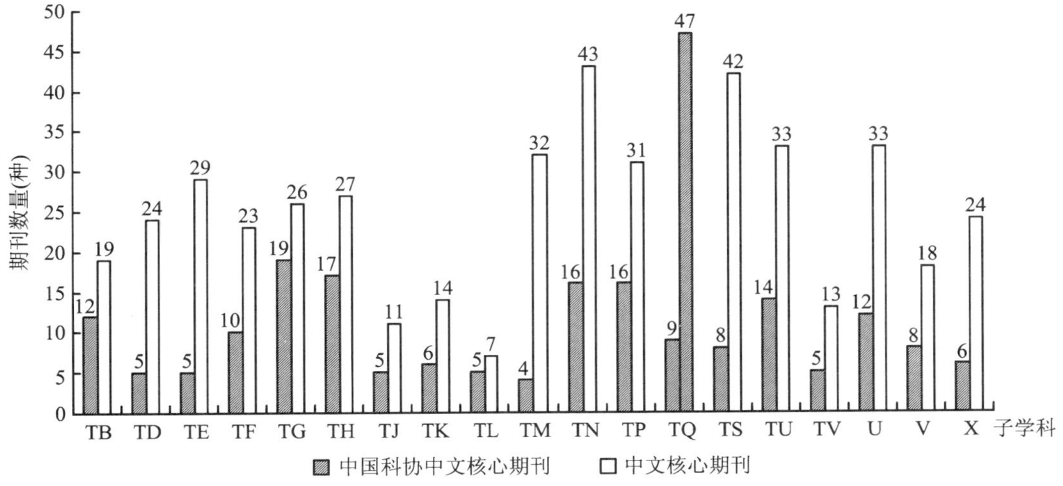


图2—2 中国科协期刊在工业技术类核心期刊中的学科分布

TB 一般工业技术 TD 矿业工程 TE 石油、天然气 TF 冶金工业 TG 金属学与金属工艺
TH 机械、仪表工业 TJ 武器工业 TK 能源与动力工程 TL 原子能技术类 TM 电工技术
TN 无线电电子学、电信技术 TP 自动化技术,计算机技术 TQ 化学工业 TS 轻工业、手工业
TU 建筑科学类 TV 水利工程类 U 交通运输 V 航空航天类 X 环境科学、安全科学

数据来源:《中文核心期刊要目总览》(2008年版)

协期刊为226种,占50.6%;影响因子≥1的期刊有123种,中国科协期刊为64种,占52.0%。由此可见,在CJCR2009的该两项指标中,中国科协学术期刊均占半数以上。

中国科协期刊在部分学科具有突出优势。在其中15个学科中,中国科协期刊被收录量占该学科收录总量的一半以上,例如力学类占83.3%、核科学技术类占77.8%、物理学类占76.5%、基础医学类占68.2%、农业工程类占61.5%、预防医学与卫生学类占60.0%。

中国科协期刊在CJCR2009中的相关引证指标如表2—1所示。2009年,中国科协期刊在48个学科中平均总被引频次大于本学科期刊的平均被引频次,同2008年持平;在53个学科中平均影响因子大于本学科期刊的平均影响因子,较2008年47个学科有所增加。

**表2—1 中国科协期刊在CJCR2009中的引证指标**

| 学科 | 中国期刊数量 | 中国科协期刊数量 | 比例(%) | 中国期刊平均总被引频次 | 中国科协期刊平均总被引频次 | 中国期刊平均影响因子 | 中国科协期刊平均影响因子 |
|---|---|---|---|---|---|---|---|
| 保健医学 | 13 | 6 | 46.2 | 1318.5 | 2239.5 | 0.460 | 0.621 |
| 兵工技术 | 12 | 5 | 41.7 | 322.2 | 409.4 | 0.272 | 0.353 |
| 材料科学 | 36 | 18 | 50.0 | 726 | 740.3 | 0.467 | 0.462 |
| 测绘学 | 10 | 4 | 40.0 | 650.4 | 642.5 | 0.562 | 0.561 |
| 大气科学 | 12 | 1 | 0.8 | 1311 | 2390 | 1.211 | 1.482 |

续表

| 学　科 | 中国期刊数量 | 中国科协期刊数量 | 比例(%) | 中国期刊平均总被引频次 | 中国科协期刊平均总被引频次 | 中国期刊平均影响因子 | 中国科协期刊平均影响因子 |
|---|---|---|---|---|---|---|---|
| 地理科学 | 14 | 4 | 28.6 | 1030.6 | 1469.8 | 0.857 | 0.874 |
| 地球科学 | 36 | 13 | 36.1 | 938.8 | 970.6 | 0.842 | 0.847 |
| 地质科学 | 32 | 9 | 28.1 | 984.4 | 1383.8 | 0.926 | 1.223 |
| 电子、通信与自动控制 | 67 | 19 | 28.4 | 542.6 | 877.2 | 0.310 | 0.454 |
| 动力与电力工程 | 35 | 7 | 20.0 | 1027 | 2014.1 | 0.422 | 0.636 |
| 妇产科学、儿科学 | 23 | 7 | 30.4 | 1059.1 | 1421.1 | 0.507 | 0.563 |
| 管理学 | 20 | 5 | 25.0 | 331.6 | 543.8 | 0.285 | 0.498 |
| 海洋科学 | 17 | 8 | 47.1 | 601.3 | 698.4 | 0.477 | 0.558 |
| 航空、航天科学技术 | 27 | 7 | 25.9 | 406.3 | 583.1 | 0.275 | 0.377 |
| 核科学技术 | 9 | 7 | 77.8 | 269 | 249.3 | 0.284 | 0.302 |
| 护理医学 | 12 | 2 | 16.7 | 2648.5 | 5672.5 | 0.587 | 0.881 |
| 化学工程 | 67 | 12 | 17.9 | 503.5 | 951.3 | 0.365 | 0.487 |
| 化学 | 34 | 19 | 55.9 | 1167.3 | 1389.9 | 0.644 | 0.695 |
| 环境科学技术、安全科学技术 | 34 | 9 | 26.5 | 1152.9 | 1150.2 | 0.737 | 0.811 |
| 机械工程 | 65 | 33 | 50.8 | 541.9 | 720.7 | 0.283 | 0.350 |
| 基础医学 | 44 | 30 | 68.2 | 544 | 643.7 | 0.385 | 0.428 |
| 计算机科学技术 | 25 | 14 | 56.0 | 1356.4 | 1666.4 | 0.419 | 0.536 |
| 交通运输工程 | 39 | 11 | 28.2 | 399 | 435.6 | 0.316 | 0.360 |
| 军事医学与特种医学、医学影像学 | 24 | 9 | 37.5 | 989.5 | 958.9 | 0.423 | 0.421 |
| 口腔医学 | 16 | 2 | 12.5 | 550.1 | 1160 | 0.400 | 0.491 |
| 矿山工程技术 | 21 | 5 | 23.8 | 398.5 | 564.6 | 0.297 | 0.382 |
| 理工大学学报、工业综合 | 93 | 3 | 3.2 | 508.6 | 387.7 | 0.282 | 0.299 |
| 力学 | 12 | 10 | 83.3 | 819.4 | 658.4 | 0.470 | 0.478 |
| 林学 | 18 | 2 | 11.1 | 804.7 | 1490.5 | 0.504 | 0.543 |
| 临床医学 | 57 | 19 | 33.3 | 959.3 | 1435.6 | 0.432 | 0.463 |
| 内科学 | 41 | 15 | 36.6 | 1153.9 | 1631.1 | 0.520 | 0.739 |
| 能源科学技术 | 41 | 7 | 17.1 | 717.7 | 1154.6 | 0.518 | 0.754 |
| 农学 | 45 | 9 | 20.0 | 1091.7 | 1500.1 | 0.589 | 0.731 |
| 农业工程 | 13 | 8 | 61.5 | 1253 | 1201.8 | 0.562 | 0.591 |
| 农艺学、园艺学 | 30 | 10 | 33.3 | 869.9 | 1188.6 | 0.535 | 0.689 |
| 轻工、纺织科学技术、食品科学技术 | 36 | 8 | 22.2 | 671.5 | 540.3 | 0.368 | 0.442 |
| 神经病学、精神病学 | 33 | 11 | 33.3 | 822.4 | 1318.5 | 0.461 | 0.564 |
| 生物学 | 60 | 35 | 58.3 | 1276.1 | 1611.7 | 0.625 | 0.694 |

续表

| 学 科 | 中国期刊数量 | 中国科协期刊数量 | 比例(%) | 中国期刊平均总被引频次 | 中国科协期刊平均总被引频次 | 中国期刊平均影响因子 | 中国科协期刊平均影响因子 |
|---|---|---|---|---|---|---|---|
| 数学 | 29 | 10 | 34.5 | 311.1 | 415.8 | 0.212 | 0.247 |
| 水产学 | 10 | 3 | 30.0 | 587.5 | 819.7 | 0.612 | 0.896 |
| 水利工程 | 19 | 4 | 21.1 | 608.6 | 1404.8 | 0.448 | 0.708 |
| 天文 | 4 | 2 | 50.0 | 96 | 107 | 0.240 | 0.274 |
| 土木建筑工程 | 44 | 14 | 31.8 | 673.2 | 1248.9 | 0.344 | 0.490 |
| 外科学 | 51 | 25 | 49.0 | 1152.5 | 1420.1 | 0.545 | 0.613 |
| 物理学 | 34 | 26 | 76.5 | 1119.1 | 1337.6 | 0.612 | 0.696 |
| 信息科学与系统科学 | 11 | 4 | 36.4 | 1203.8 | 2074.8 | 0.435 | 0.549 |
| 畜牧、兽医科学 | 14 | 7 | 50.0 | 901.9 | 1155.6 | 0.657 | 0.940 |
| 眼科学、耳鼻咽喉科学 | 17 | 4 | 23.5 | 814.8 | 1620.3 | 0.377 | 0.512 |
| 药学 | 40 | 19 | 47.5 | 985.4 | 1336.2 | 0.455 | 0.536 |
| 冶金工程技术 | 24 | 9 | 37.5 | 543.8 | 951.4 | 0.341 | 0.489 |
| 医学综合 | 44 | 10 | 22.7 | 930.2 | 1483.2 | 0.299 | 0.312 |
| 仪器仪表技术 | 11 | 6 | 54.5 | 604.5 | 821.7 | 0.455 | 0.591 |
| 预防医学与卫生学 | 55 | 33 | 60.0 | 964.2 | 1174.2 | 0.476 | 0.485 |
| 中医学与中药学 | 55 | 21 | 38.2 | 982.1 | 1473.4 | 0.351 | 0.405 |
| 肿瘤学 | 26 | 14 | 53.8 | 696.8 | 786.8 | 0.397 | 0.424 |
| 综合 | 83 | 1 | 1.2 | 461.3 | 853 | 0.308 | 0.575 |

数据来源:《中国科技期刊引证报告 2009》

总被引频次在本学科排名第一的 58 种期刊中,中国科协学术期刊有 42 种,占 72.4%,较 2008 年的 43 种略有下降;影响因子在本学科排名第一的 58 种期刊中,中国科协学术期刊有 40 种,占 69.0%,较 2008 年增加 4 种;综合评价总分①在本学科排名第一的 58 种期刊中,中国科协学术期刊有 44 种,占 75.9%。三者同时排名第一的中国学术期刊有 20 种,其中中国科协学术期刊为 17 种,占 85%。三者同时排名第一的 17 种中国科协学术期刊是:《数学学报》、《地理学报》、《生态学报》、《中华结核和呼吸杂志》、《中国药理学通报》、《中华医院感染学杂志》、《中国组织工程研究与临床康复》、《中华儿科杂志》、《中华护理杂志》、《中华

① 综合评价总分是《中国科技期刊引证报告 2009》(核心版)中新增加的一个综合评价指标。该指标根据科学计量学原理,系统性地综合考虑被评价期刊的各影响力指标(总被引频次、影响因子、他引率、基金论文比、引文率等)在其所在学科中的相对位置,并按照一定的权重系数将这些指标进行综合集成。

口腔医学杂志》、《中华耳鼻咽喉头颈外科杂志》、《中华放射学杂志》、《中国有色金属学报》、《中国电机工程学报》、《岩石力学与工程学报》、《水利学报》和《航空学报》。可见,在中国高影响力学术期刊中,中国科协期刊在数量上占绝对优势。

3.《中国学术期刊综合引证报告》收录情况

《中国学术期刊综合引证报告》(CAJCCR)是以我国6 000余种中英文期刊的数百万条引文及"中国期刊网"中心网站年均1.5亿篇次的全文下载记录作为样本基础,按"同类相聚,同级相比"的原则分类排序列表,经统计分析后编制而成的一部综合性大型科学文献计量报告。CAJCCR为了解我国各学科期刊的学术影响力、进行科学文献评价研究提供了依据。

CAJCCR2009显示,在刊均载文量、总被引频次平均值、影响因子平均值、3年影响因子平均值、被引期刊数平均值、基金论文比平均值、Web即年下载率平均值、被引半衰期平均值、即年指标平均值等多个引证指标中,中国科协期刊均高于中国期刊的平均水平(见表2—2)。

**表2—2　中国科协期刊在CAJCCR2009中的引证指标**

| 统计项 | 中国期刊 | 中国科协期刊 |
|---|---|---|
| 刊均载文量 | 262 | 309 |
| 总被引频次平均值 | 688 | 1070 |
| 影响因子平均值 | 0.390 | 0.516 |
| 3年影响因子平均值 | 0.464 | 0.598 |
| 他引总引比平均值 | 87.24% | 84.03% |
| 被引期刊数平均值 | 142 | 288 |
| 基金论文比平均值 | 0.35 | 0.39 |
| Web即年下载率平均值 | 31 | 34 |
| 被引半衰期平均值 | 4.66 | 4.85 |
| 即年指标平均值 | 0.053 | 0.061 |

数据来源:《中国学术期刊综合引证报告2009》

## (二)期刊及论文的国内认可度

中国科协学术期刊始终坚持发表高水平成果论文,倡导优良学风,发挥学术期刊作用,推动前沿问题研究。其刊发的科研成果论文覆盖了学术界广泛关注的热点领域,获得了较高的国内认可度,为我国科学技术的发展作出了积极贡献。

1. 优秀期刊比例较高

2009年底,中国科技论文与引文数据库(CSTPCD)再次发布"2008年中国百种杰出学术期刊",由于本年度首次增加了权威因子(PageRank),考虑了不同引用之间的重要性区别,更重要的引用被赋予更高的权值,因此可以更好地反映期刊的权威性。

中国科协学术期刊在国内高水平学术期刊群中具有较强的竞争优势。在中国科学技术信息研究所2009年发布的“2008年中国百种杰出学术期刊”中，有67种来自中国科协学术期刊(详见附录)，占67.0%。

2. 优秀论文数量增长

中国科协学术期刊群在国内具有较强的学术号召力，是国内优秀论文的主要发表平台。在中国科学技术信息研究所2009年发布的“2008年中国百篇最具影响国内文章”中，中国科协46种学术期刊发表的69篇论文入选(2007年为63篇)，占2/3以上的绝对优势，如表2—3所示。

**表2—3　发表在中国科协学术期刊上的“2008年中国百篇最具影响国内文章”**

| 序号 | 论文题目 | 来源期刊信息 | 作者 | 被引次数 | PageRank ($\times 10^7$) |
|---|---|---|---|---|---|
| 1 | 中国住院冠心病患者糖代谢异常研究——中国心脏调查 | 中华内分泌代谢杂志 2006,22(01):7 | 中国心脏调查组 | 44 | 18.260 |
| 2 | 异丙酚复合芬太尼或瑞芬太尼靶控静脉麻醉与静吸复合麻醉的比较 | 中华麻醉学杂志 2004,24(01):14 | 耿志宇 | 40 | 25.081 |
| 3 | 早发型重度先兆子痫的临床及定及保守治疗探讨 | 中华妇产科杂志 2005,40(05):302 | 杨　孜 | 51 | 22.328 |
| 4 | 软件工程技术发展思索 | 软件学报 2005,16(01):1 | 杨芙清 | 54 | 16.064 |
| 5 | 新型造影剂与灰阶超声造影技术对肝肿瘤的诊断价值 | 中华超声影像学杂志 2004,13(01):38 | 陈敏华 | 63 | 23.211 |
| 6 | 中国心房颤动现状的流行病学研究 | 中华内科杂志 2004,43(07):491 | 周自强 | 114 | 39.411 |
| 7 | 2002～2003年中国革兰阴性细菌耐药性监测研究 | 中华检验医学杂志 2005,28(01):19 | 李家泰 | 96 | 41.009 |
| 8 | 氟比洛芬酯注射的药理作用及临床应用 | 中国新药杂志 2004,13(09):851 | 段砺瑕 | 54 | 29.356 |
| 9 | 现代建模与仿真技术发展中的焦点 | 系统仿真学报 2004,16(09):1871 | 李伯虎 | 37 | 16.708 |
| 10 | 非饱和土的性状及膨胀土边坡稳定问题 | 岩土工程学报 2004,26(01):1 | 包承纲 | 34 | 14.378 |
| 11 | 钬激光在泌尿外科中的应用 | 中华泌尿外科杂志 2005,26(01):62 | 孙颖浩 | 24 | 21.757 |
| 12 | 多发伤的救治 | 中华创伤杂志 2004,20(01):1 | 王正国 | 45 | 28.584 |
| 13 | 腹腔镜辅助胃癌根治术105例 | 中华外科杂志 2006,44(19):1303 | 余佩武 | 35 | 15.452 |
| 14 | 逆向物流系统结构研究的现状及展望 | 中国管理科学 2004,12(01):131 | 达庆利 | 49 | 15.691 |

续表

| 序号 | 论文题目 | 来源期刊信息 | 作者 | 被引次数 | PageRank (×10[7]) |
|---|---|---|---|---|---|
| 15 | Web服务核心支撑技术:研究综述 | 软件学报 2004,15(03):428 | 岳　昆 | 122 | 44.097 |
| 16 | 不明原因慢性咳嗽的病因分布及诊断程序的建立 | 中华结核和呼吸杂志 2006,29(02):96 | 赖克方 | 36 | 16.939 |
| 17 | 复杂适应系统及基于Agent的建模与仿真方法 | 系统仿真学报 2004,16(01):113 | 廖守亿 | 32 | 15.903 |
| 18 | 构造基于推荐的Peer-to-Peer环境下的Trust模型 | 软件学报 2004,15(04):571 | 窦　文 | 84 | 26.924 |
| 19 | Web服务描述语言QWSDL和服务匹配模型研究 | 计算机学报 2005,28(04):505 | 胡建强 | 39 | 15.107 |
| 20 | 水体光谱测量与分析Ⅰ:水面以上测量法 | 遥感学报 2004,8(01):37 | 唐军武 | 51 | 14.535 |
| 21 | 有限元强度折减法在土坡与岩坡中的应用 | 岩石力学与工程学报 2004,23(19):3381 | 郑颖人 | 83 | 27.472 |
| 22 | 静力弹塑性分析(Pushover Analysis)的基本原理和计算实例 | 世界地震工程 2004,20(01):45 | 汪大绥 | 34 | 17.941 |
| 23 | 入侵中国内地的红火蚁的鉴定及发生为害调查 | 昆虫知识 2005,42(02):144 | 曾　玲 | 47 | 15.085 |
| 24 | 新型标记SRAP在棉花$F_2$分离群体及遗体多样性评价中的适用性分析 | 遗传学报 2004,31(06):622 | 林忠旭 | 50 | 14.150 |
| 25 | AHP——模糊综合评价方法的分析与研究 | 中国安全科学学报 2004,14(07):86 | 韩　利 | 27 | 15.541 |
| 26 | 中国城市成人社区获得性肺炎665例病原学多中心调查 | 中华结核和呼吸杂志 2006,29(01):3 | 刘又宁 | 73 | 34.803 |
| 27 | 自适应变异的粒子群优化算法 | 电子学报 2004,32(03):416 | 吕振肃 | 81 | 25.737 |
| 28 | 严重创伤救治的策略——损伤控制性手术 | 中华创伤杂志 2005,21(01):32 | 王一镗 | 45 | 26.336 |
| 29 | 我国建筑耗能状况及有效的节能途径 | 暖通空调 2005,35(05):30 | 江　亿 | 30 | 16.040 |
| 30 | 高强不锈钢绞线网一渗透性聚合砂浆抗弯加固的试验研究 | 建筑结构学报 2005,26(02):1 | 聂建国 | 34 | 14.410 |
| 31 | 股骨粗隆间粉碎性骨折不同内固定疗效分析 | 中国骨与关节损伤杂志 2005,20(01):18 | 刘海春 | 29 | 22.379 |

续表

| 序号 | 论文题目 | 来源期刊信息 | 作者 | 被引次数 | PageRank（$\times 10^{7}$） |
|---|---|---|---|---|---|
| 32 | 64 层螺旋 CT 在冠状动脉造影中的应用 | 中华放射学杂志 2005,39(11):1201 | 王锡明 | 40 | 18.582 |
| 33 | 标准外伤大骨瓣与常规骨瓣治疗重型颅脑损伤多中心前瞻性临床对照研究 | 中华神经外科杂志 2004,20(01):37 | 江基尧 | 63 | 34.728 |
| 34 | 股骨转子间骨折不同手术方法比较 | 中华骨科杂志 2005,25(01):7 | 张经纬 | 41 | 24.507 |
| 35 | 上海市成人脂肪肝患病率及其危险因素流行病学调查 | 中华肝脏病杂志 2005,13(02):83 | 范建高 | 72 | 25.115 |
| 36 | 近红外光谱检测技术在农业和食品分析上的应用 | 光谱学与光谱分析 2004,24(04):447 | 王多加 | 54 | 18.264 |
| 37 | 一种保证全局收敛的 PSO 算法 | 计算机研究与发展 2004,41(08):1333 | 曾建潮 | 43 | 16.954 |
| 38 | 人力资源个体价值计量—当期实现价值系数法 | 中国管理科学 2004,12(05):69 | 刘凤霞 | 60 | 17.159 |
| 39 | 彩色图像分割方法综述 | 中国图像图形学报 2005,10(01):1 | 林开颜 | 50 | 20.994 |
| 40 | 无线传感器网络中的自身定位系统和算法 | 软件学报 2005,16(05):857 | 王福豹 | 70 | 22.864 |
| 41 | 数值模拟技术在汽车覆盖件成形中的应有 | 锻压技术 2006,31(01):15 | 赵　侠 | 20 | 16.134 |
| 42 | 分布式协同设计技术综述 | 计算机辅助设计与图形学学报 2004,16(02):149 | 高曙明 | 40 | 22.431 |
| 43 | 变速恒频风力发电机空载并网控制 | 中国电机工程学报 2004,24(03):6 | 刘其辉 | 61 | 18.984 |
| 44 | 本体论研究综述 | 计算机研究与发展 2004,41(07):1041 | 李善平 | 42 | 17.930 |
| 45 | 基于本体论和词汇语义相似度的 Web 服务发现 | 计算机学报 2005,28(04):595 | 吴　健 | 40 | 14.837 |
| 46 | 中国 3 岁以上人群乙型肝炎血清流行病学研究 | 中华流行病学杂志 2005,26(09):655 | 梁晓峰 | 143 | 56.739 |
| 47 | 中国 2001～2003 年流行性感冒流行特征分析 | 中华流行病学杂志 2004,25(06):461 | 张　静 | 39 | 29.459 |
| 48 | 中国居民营养与健康状况调查的总体方案 | 中华流行病学杂志 2005,26(07):471 | 杨晓光 | 50 | 24.993 |

续表

| 序号 | 论文题目 | 来源期刊信息 | 作者 | 被引次数 | PageRank (×$10^7$) |
|---|---|---|---|---|---|
| 49 | 聚变发电反应堆概念设计研究 | 核科学与工程 2005,25(01):76 | 吴宜灿 | 45 | 16.513 |
| 50 | 严防危险性害虫红火蚁入侵 | 昆虫知识 2005,42(01):6 | 张润志 | 36 | 15.183 |
| 51 | 红火蚁在中国的分布区预测 | 昆虫知识 2005,42(01):57 | 薛大勇 | 36 | 13.002 |
| 52 | 无线传感器网络研究进展 | 计算机研究与发展 2005,42(01):163 | 崔　莉 | 122 | 33.790 |
| 53 | 网络蠕虫研究与进展 | 软件学报 2004,15(08):1208 | 文伟平 | 52 | 19.906 |
| 54 | 我国中学生症状自评量表(SCL-90)评定结果分析 | 中国心理卫生杂志 2004,18(02):88 | 刘　恒 | 35 | 19.544 |
| 55 | 外来植物黄顶菊的入侵警报及防控对策 | 生物多样性 2004,12(02):274 | 高贤明 | 22 | 15.610 |
| 56 | 深部开采岩体力学研究 | 岩石力学与工程学报 2005,24(16):2803 | 何满潮 | 47 | 17.368 |
| 57 | 微生物蛋白农药研究进展 | 中国生物防治 2004,20(02):91 | 邱德文 | 41 | 14.845 |
| 58 | 2002年临床常见细菌耐药性监测 | 中华检验医学杂志 2004,27(01):38 | 马　越 | 156 | 75.103 |
| 59 | 临床52家医院常见分离菌株的药物敏感性监测 | 中华检验医学杂志 2006,29(05):452 | 李景云 | 23 | 15.446 |
| 60 | 中国居民2002年营养与健康状况调查 | 中华流行病学杂志 2005,26(07):478 | 李立明 | 128 | 45.916 |
| 61 | 重组人血管内皮抑素联合NP方案治疗晚期NSCLC随机、双盲、对照、多中心III期临床研究 | 中国肺癌杂志 2005,08(04):283 | 王金万 | 65 | 23.835 |
| 62 | 中国人群2002年吸烟和被动吸烟的现状调查 | 中华流行病学杂志 2005,26(02):77 | 杨功焕 | 139 | 55.930 |
| 63 | 中国成年人代谢综合征的患病率 | 中华糖尿病杂志 2005,13(03):181 | 顾东风 | 68 | 25.954 |
| 64 | 中国胃癌死亡率20年变化情况分析及其发展趋势预测 | 中华肿瘤杂志 2004,26(01):4 | 孙秀娣 | 85 | 28.166 |

续表

| 序号 | 论文题目 | 来源期刊信息 | 作者 | 被引次数 | PageRank ($\times 10^7$) |
| --- | --- | --- | --- | --- | --- |
| 65 | 无线传感器网络综述 | 通信学报 2004,25(04):114 | 马祖长 | 44 | 17.831 |
| 66 | 大功率并联混合型有源电力滤波器的研究 | 中国电机工程学报 2004,24(03):41 | 谭甜源 | 70 | 20.347 |
| 67 | 2型糖尿病早期胰岛素强化治疗改善胰岛β细胞功能是现实还是梦想? | 中华内分泌代谢杂志 2006,22(04):309 | 李光伟 | 24 | 15.639 |
| 68 | CT导向下125I粒子植入治疗肺转移瘤 | 中华放射学杂志 2004,38(09):906 | 张福君 | 49 | 22.410 |
| 69 | 942例川崎病的临床分析 | 中华儿科杂志 2006,44(05):324 | 张　伟 | 25 | 13.217 |

数据来源:《中国科技期刊引证报告2009》

从学科分布来看,中国科协期刊入选的69篇文章中,34篇属医药卫生类。从刊物分布来看,中国科协有5种期刊表现突出,分别是:《软件学报》(5篇)、《中华流行病学杂志》(5篇)、《计算机研究与发展》(3篇)、《中华检验医学杂志》(3篇)和《昆虫知识》(3篇),这5种期刊共有19篇文章入选,占总量的近1/5。

3. 基金资助情况

根据《国家自然科学基金重点学术期刊专项基金管理办法》,规定"重点学术期刊专项基金的申请者必须是已被汤森路透SCI、SCI-E或SCI-Search收录的中国自然科学类期刊;或在《中国科技期刊引证报告》公布的年度总被引频次排在前50名的中国自然科学类期刊。"评审过程中综合考虑的因素有:期刊的主要数据指标、期刊的国际竞争力和期刊的发展潜力等。

2008年度国家自然科学基金重点学术期刊专项基金遴选出31种期刊,资助期限为两年,资助强度分别为16万元(季刊)、20万元(双月刊)和24万元(月刊和半月刊),总经费700万元。其中,中国科协学术期刊17种入选,占基金资助期刊总量的54.8%。入选重点学术期刊专项基金是对中国科协17种期刊综合发展水平的认可。

## 二、国际影响力进一步扩大

检索是一种获得大量信息的有效方法,利用国际公认的检索工具进行文献计量学和科学计量学研究是科学统计与评价的主要手段,也是研究期刊发展的重要途径。

### (一)国际检索系统收录情况

《科学引文索引》、《工程索引》、《医学索引》等国际著名检索数据库有着非常严格的收录标准,被这些国际著名检索数据库收录说明期刊具有一定的国际影响力,这也是期刊得到国际同行和相关领域科研人员认可的重要体现。

1.《科学引文索引》收录情况

《科学引文索引》(Science Citation Index,SCI)是由美国科学信息研究所 1961 年创办出版的引文数据库,学科覆盖面广,最能反映基础学科研究水平和论文质量,许多国家和地区均以被 SCI 收录及引证的论文情况作为评价学术水平的一个重要指标。2009 年 SCI 共收录中国学术期刊 123 种,其中中国科协学术期刊 62 种,较 2008 年增加 3 种,已超过中国被收录总量的一半。

2.《工程索引》收录情况

《工程索引》(Engineering Index,EI)是当前世界上一种鉴定、评价科学研究人员、工程技术人员论文学术成果的权威性工具,具有综合性强、资料来源广、地理覆盖面广、报道量大、报道质量高、权威性强等特点。EI 收录文献几乎涉及工程技术各个领域,包括动力、电工、电子、自动控制、矿冶、金属工艺、机械制造、土建、水利等,但不收录纯基础理论方面的论文。其期刊主要来源于世界上工程技术类几十个国家和地区的期刊、会议录、科技报告、标准、图书等出版物。2009 年 EI 核心库收录中国大陆期刊 190 种,其中中国科协学术期刊 90 种,较 2008 年增加 1 种,占中国内地被收录期刊总量的 47.4%,在国内处于前列。

3.《医学索引》收录情况

《医学索引》(Index Medicus,IM)创刊于 1879 年,由美国国立医学图书馆(National Library of Medicine)编辑出版,收录世界 70 多个国家和地区、40 余种文字出版的 4 800 种生物医学及相关学科期刊,是当今世界最具权威的生物医学文献检索系统,收录文献反映了全球生物学领域较高水平的研究成果。该系统有较为严格的选刊程序和标准,期刊发展水平彰显度较为客观合理。2009 年 IM 收录中国大陆科技期刊 89 种,其中中国科协学术期刊 54 种,较 2008 年增加 3 种,占中国大陆被收录期刊总量的 60.7%,显示中国科协期刊在医药卫生领域具有较强实力。

## (二)JCR 影响力分析

1. 国际影响力持续增强

据汤森路透《期刊引证报告》(Journal Citation Report,JCR)显示,JCR2008 共收录中国学术期刊 78 种,其中中国科协学术期刊 43 种,占 55.1%。2004～2008 年间,JCR 收录中国科协学术期刊的数量分别为 36 种、39 种、39 种、41 种和 43 种、呈现稳步增长的趋势(见图 2—3)。其中,影响因子≥1 的期刊数量变化不大,维持在 4、5 种之间;影响因子在 0.5～1(不含 1)之间的期刊逐年增多,同时影响因子<0.5 的期刊逐年减少,说明期刊的国际影响力有所增强。

JCR2008 收录的 43 种中国科协学术期刊中,《细胞研究》影响因子最高,为 4.535,同时该刊也是中国大陆影响因子最高的学术期刊。2005～2008 年,《细胞研究》的影响因子逐年稳步提升,分别为 2.161、3.426、4.217 和 4.535,逐步迈向国际权威期刊行列,成为中国科协学术期刊质量建设的成功案例。《细胞研究》近年来展现出的持续、快速、健康的发展态势,一方面得益于广大科学家的大力支持,另一方面,其学术水平的不断提升已使其逐步成为我国和国际科学家优秀科研成果的一个重要传播发布平台。根据有关数据预测,《细胞研究》

2009年的影响因子还会有新的跨越，将接近甚或超越部分本领域的国际权威期刊①。

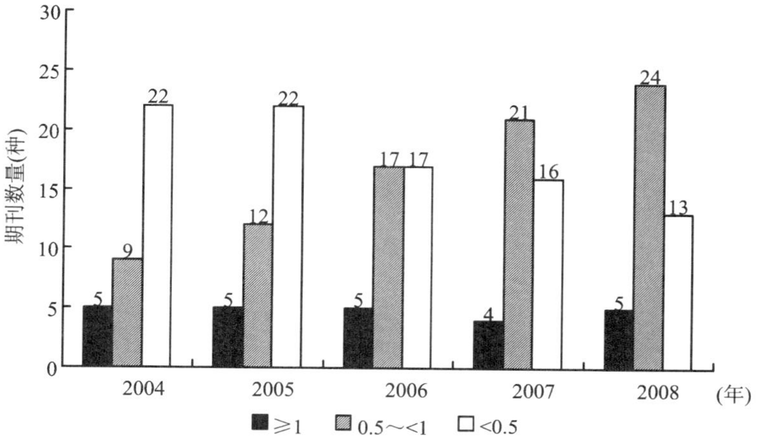


图2—3　中国科协学术期刊2004～2008年影响因子分布②

数据来源：ISI Web of Science

另据统计，在近5年间，《物理化学学报》和《植物学报》两刊的影响因子一直保持着较快增长，如图2—4所示。其中《物理化学学报》在2005～2006年增速最快，2006～2008年保持平稳增长；《植物学报》的影响因子在2006～2008年间基本保持着线性增长的态势。

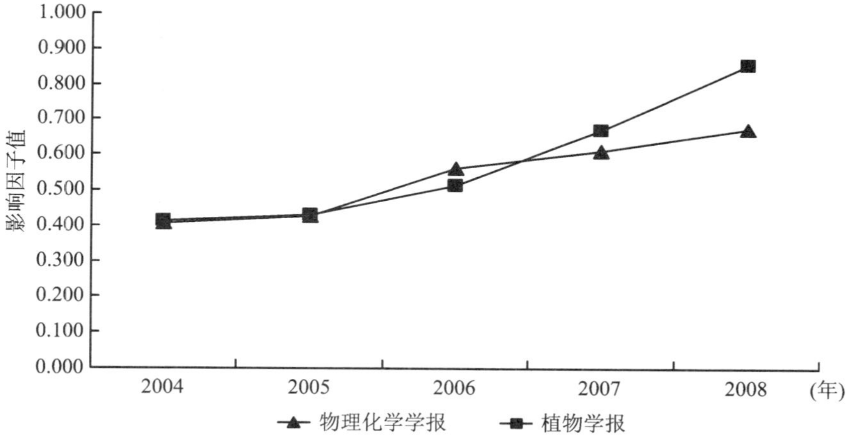


图2—4　《物理化学学报》和《植物学报》2004～2008年影响因子变化情况

数据来源：ISI Web of Science

① 中国科学院上海生命科学研究院. Cell Research(《细胞研究》)再进一步，最新影响因子4.535 [EB/OL]. (2009-06-24). [2009-12-25]. http://www.sibs.cas.cn/xwzx/ttxw/200906/t20090624_2360508.html.

② 《颗粒学报》自2007年才被SCI收录，没有影响因子数值，所以2008年有影响因子数据的期刊实际数量为42种。

2. 平均影响力水平有待进一步提高

表2—4显示了2008年JCR收录中国学术期刊和中国科协学术期刊的平均影响力水平。中国科协学术期刊在收录数量、影响因子极值、被引频次平均值等方面都优于非科协学术期刊。但在影响因子平均值、被引频次极值等方面低于非科协学术期刊,平均影响力水平有待进一步提高。

**表2—4 JCR收录中国期刊(科协VS非科协)分析**

| 比较项目 | 中国非科协学术期刊 | 中国科协学术期刊 |
|---|---|---|
| 收录数量 | 35 | 43 |
| 最高影响因子 | 2.279 | 4.535 |
| 最低影响因子 | 0.148 | 0.162 |
| 影响因子平均值 | 0.772 | 0.753 |
| 最高被引频次 | 10 822 | 6 421 |
| 最低被引频次 | 61 | 8 |
| 被引频次平均值 | 964.8 | 1 221.3 |

数据来源:ISI Web of Science

语言国际化是期刊提升影响力、扩大海外传播的一个重要因素。JCR2008共收录中国学术期刊78种,其中英文期刊有63种。在中国科协被收录的43种学术期刊中,有32种为英文科技期刊,占JCR2008收录中国英文期刊总量的50.8%。表2—5分析了中国科协英文期刊和非科协英文期刊在JCR中的相关引证指标。结果显示,中国科协英文期刊不仅在JCR收录数量上占有一定优势,而且在影响因子、总被引频次、学科排名等方面均高于非科协英文期刊的平均水平。

**表2—5 JCR2008收录中国英文期刊分析(科协VS非科)**

| 比较项目 | 非科协英文期刊 | 科协英文期刊 |
|---|---|---|
| 收录数量 | 31 | 32 |
| 影响因子平均值 | 0.779 | 0.798 |
| 总被引频次平均值 | 1 030 | 1 047 |
| 学科排名平均值(%) | 73.0 | 71.1 |

数据来源:ISI Web of Science

## 第二节 学术期刊的质量要素

在期刊学术质量评价中,主要采取多指标综合评价的方法,各种评价指标比较科学客观地反映了期刊的学术质量或学术影响力。透过这些数据,揭示影响期刊学术质量的核心问题对学术期刊而言具有现实意义。学术期刊的出版过程是一个由作者、编辑、专家和读者四大主体组成的一个四位一体系统。在这一系统中,不同的主体扮演不同角色,承担不同义务,他们对学术质量的关注点和认定标准也不尽相同。分析中国科协科技期刊2009年统计数据以及学科专家问卷调查,结果显示,学术交流能力、学术规范建设和学科发展水平是目前影响期刊学术质量的核心要素。

## 一、学术交流与期刊质量建设

探讨学术交流方式是研究期刊学术质量建设的一个客观背景。当今,科学研究的环境正逐步走向数字化、网络化,学术交流方式也因此呈现出新的特点和趋势。这种学术交流方式的转变对学术期刊的发展提出了新的要求。提升期刊的学术质量和学术影响力,要求期刊能够真正地融入科研、服务科研。2008～2009 年度,中国科协学术期刊普遍采取了有效举措提升期刊在学术交流中的参与度和期刊的科研服务能力,为期刊学术质量建设提供了重要支撑。

### (一)学术交流的新特点

学科专家问卷调查显示,96.1%的学科专家通过电子文献(含期刊、会议论文、报告等)获取科研资源,阅读传统纸本文献的比例仅占 53.5%。同时,网络开放资源(如 WWW 开放资源、博客、学术社区等)虽然不是公共渠道提供的正式资源,但对于科研人员而言,仍然是一种非常重要的交流手段,52.2%的人会通过网络开放资源来获取科研信息(见图 2—5)。

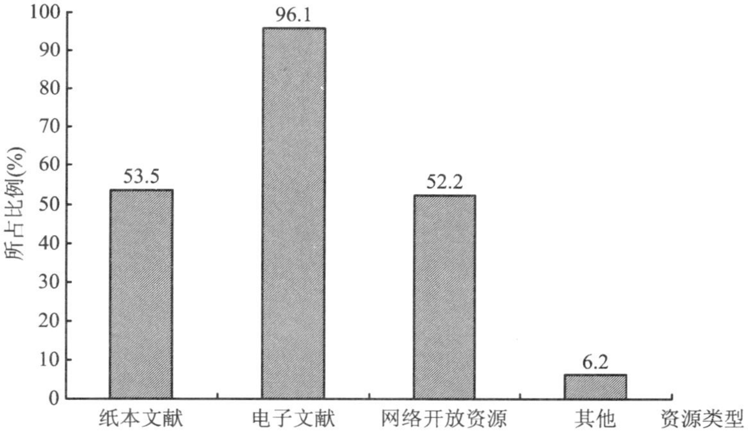


图 2—5　学科专家获取科研资源的主要渠道

数据来源:学科专家问卷调查

学术期刊是传统思维中最“正式”的信息交流渠道,但学术期刊有其天然局限性,比如发表周期长、传播途径单一等。这使得学术期刊始终处于学术交流的末端。随着网络信息技术的发展,互联网上各种开放信息资源数量剧增,比如开放获取期刊、会议报告、教育资源、软件资源等,这些资源大多已不按传统方式进行出版,但它们时效性强,而且很容易融入到科研活动和学术交流中,因此对科研人员来说是不可或缺的。各种不同类型信息资源构成了当前学术交流体系的主体,而随着各种多媒体技术、Web2.0 社会化软件的普及应用,这种倡导“交互、共享、个性化、自组织”的多元化学术交流模式已成为学术交流的未来发展趋势。

## (二)期刊在学术交流中的参与度提升

中国科协学术期刊参与学术交流主要体现在把握学科前沿、提升编辑素质、优化稿源结构等方面。策划组稿、国际来稿以及基金论文比是从不同侧面对优质稿源的反映。2007～2009年,中国科协学术期刊组织优质稿源成效显著,各项指标逐年增长,这些成绩的取得与期刊编辑部积极参与各种学术交流活动,主动把握学科前沿并加强组织策划是密切相关的。因此,提升期刊在学术交流中的参与度是促进学术期刊质量建设的有效途径之一。

1. 主动把握学科前沿

准确把握学科前沿是学术期刊质量建设的重要基础。2008～2009年度,中国科协学术期刊编辑部普遍采取了积极有效的措施来跟踪本学科的前沿热点。调查显示,94.2%的学术期刊经常性参加学术会议,听取学术报告;88.1%的编辑部能够阅读本领域的最新文献;46.1%的编辑部通过组织主办学术研讨会来跟踪把握学科前沿;42.3%的编辑部开始走进科研一线,与科研人员直接开展交流(见图2—6)。通过"走进科研一线"这种深入的交流方式,编辑部能够及时获取最新的科研动向,准确了解期刊读者和作者的需求,从而能够有针对性地开展科研服务。因此,"走进科研一线"是学术期刊参与学术交流、把握学科前沿的有效方式。

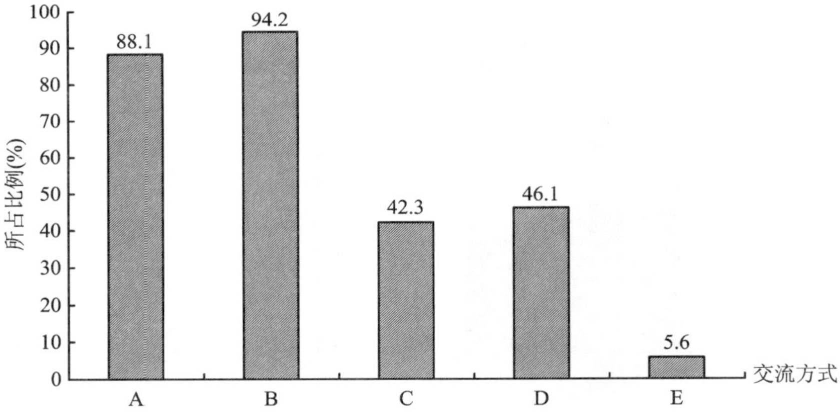


图2—6 编辑部参与学术交流的主要渠道

A 阅读本领域的最新文献 B 参加学术会议,听取学术报告 C 走进科研一线,参与科研交流 D 组织主办学术研讨会 E 其他

数据来源:中国科协科技期刊2009年统计数据

2. 积极参与学术活动

2007～2009年,中国科协学术期刊参加各类学术活动的次数逐年上升。统计显示,参加国内外学术会议、考察活动及业务培训的次数每年均有10%～20%的增长(见表2—6)。通过积极参与国内外学术会议和业务考察培训活动,不仅有效提升了期刊编辑团队的专业素质,而且也凸显期刊在学术交流中的重要地位。

表 2—6　2007～2009 年中国科协学术期刊参加各类学术活动情况

| 年　份 | 国内学术会议（次） | 国际学术会议（次） | 国内考察（次） | 国外考察（次） | 编辑业务培训（次） |
|---|---|---|---|---|---|
| 2007 | 1 913 | 284 | 412 | 67 | 686 |
| 2008 | 2 168 | 326 | 449 | 73 | 772 |
| 2009（上半年） | 1 441 | 201 | 331 | 44 | 571 |

数据来源：中国科协科技期刊 2009 年统计数据

3. 加强优质论文的组织策划

优质的原创性科研论文是学术期刊的生命线，也是同行期刊之间相互竞争的焦点。从稿源数量来看，中国科协学术期刊在近三年刊均收稿量呈现出稳定的增长态势。刊均来稿量 2007 年为 923.6 篇，2008 年为 1 024 篇，2009 年上半年为 584 篇。

进一步分析稿源结构，约稿量、海外来稿量和基金论文量均呈现上升趋势。策划组稿是获取优质稿源的一个重要渠道。虽然同行期刊之间竞争激烈，约稿的难度加大，但从整体效果来看，中国科协学术期刊每年的约稿量仍在持续增长（见表 2—7）。调查显示，2007 年刊均约稿量是 68.2 篇，2008 年提升至 71.5 篇，2009 年上半年刊均已完成约稿量 47 篇。

稿源的国际化程度是优质学术期刊国际化战略的重要体现。目前中国科协学术期刊的论文主体仍然是中国国内论文，国际论文比例较低，有待进一步提升。调查显示，2007 年中国科协学术期刊的海外来稿总量 3 854 篇（有效问卷 177 份），2008 年是 4 965 篇（有效问卷 189 份），2009 年上半年已经达到 2 955 篇（有效问卷 164 份），这说明期刊稿源的国际化程度在不断提升，部分期刊在世界范围内已具有一定的影响力（见表 2—7）。尽管稿源国际化程度有所改善，但中国科协学术期刊实际发表的国际论文量还比较有限，2007 年至今三年来每年国际论文的实际发表量占载文量比例不足 10%。

表 2—7　2007～2009 年中国科协学术期刊来稿状况

| 统计项目 | 2007 年 | 2008 年 | 2009 年上半年 |
|---|---|---|---|
| 海外来稿量（篇/刊均） | 21.8 | 26.3 | 18.0 |
| 约稿量（篇/刊均） | 68.2 | 71.5 | 47.0 |

数据来源：中国科协科技期刊 2009 年统计数据

基金论文数量是衡量期刊质量的重要指标之一。根据对已发表论文的统计，中国科协学术期刊的基金论文一直保持较高比例。调查显示，刊均基金论文比例 2007 年为 47.4%，2008 年为 50.7%，2009 年上半年为 54.6%。近三年的数据显示，基金论文所占比例整体上呈现平稳增长。

## （三）科研服务能力不断增强

期刊的学术影响力和号召力与学术质量建设是相辅相成、互相促进的。2008～2009 年度，中国科协学术期刊积极组织和开展各类学术活动，充分反映了其学术影响力和号召力在不断增强。因此,强化学术交流服务职能,也是提升期刊显示度和学术质量的有效途径。

1. 加快出版频率,增加信息容量

编辑部对审稿周期及发表周期的控制,某种程度上体现了期刊对学术交流的服务意识和服务能力。2008～2009 年度,中国科协学术期刊审稿速度加快,审稿周期缩短。

科研成果的传播速度很大程度上受论文审稿周期和发表周期的影响。科研人员希望研究成果能够尽早发表,获得同行交流的机会。因此,审稿周期和发表周期是影响作者选择投稿期刊的重要因素之一。调查显示,2008～2009 年度,中国科协学术期刊的平均审稿周期是 54.1 天,有 290 种学术期刊较上一年度缩短了审稿周期,平均提前 12.3 天;平均发表周期为 7.1 个月,有 230 种期刊较 2007～2008 年度调查缩短了发表周期,平均提前 1.7 个月。

对学术期刊而言,争取优质稿源尤其应注重控制论文的审稿周期和发表周期。调查显示,中国科协学术期刊大多采取了切实有效的措施来缩短论文的审稿周期和发表周期。但平均近两个月的审稿周期以及 7 个多月的发表周期对于作者和读者而言,发表时滞问题并没有得到根本解决。特别对于那些有原创价值的科研论文,确立首发权意义重大。因此,在现有的审稿机制和出版流程中,期刊编辑部应对原创科研论文的首发权给予足够重视,适当采取灵活的处理方式,使优质论文及早发表,更好地满足科研交流的需求。比如,一些期刊编辑部在录用后立即在其网络平台发布电子版,这种"即时出版"(ASAP)方式也是一种加快出版频率的有效举措。

2. 发挥资源优势,促进学术交流

中国科协学术期刊拥有丰富的学术资源,以期刊编辑部为单元组织学术活动是对学术资源优势的有效利用,也是期刊深入科研开展交流和服务、提升学术影响力的重要手段。2007～2009 年,中国科协学术期刊在组织学术会议和培训、开展刊际交流方面都取得了显著的成绩。

调查显示,2007 年中国科协学术期刊共组织国内学术会议 477 次,2008 年上升至 537 次,2009 年上半年已组织国内学术会议 352 次,增长趋势明显。虽然 2008 年举办国际学术会议较 2007 年有所减少,但 2009 年上半年已组织国际会议 27 次,呈增长趋势。在刊际交流方面,中国科协学术期刊与国内外期刊同行之间的交流非常活跃,2007～2009 年,国内刊际交流每年达 300 次以上,国际期刊交流每年也在以 20%的速度递增(见表 2—8)。

**表 2—8　2007～2009 年中国科协学术期刊学术交流情况**

| 年　份 | 国内会议(次) | 国际会议(次) | 专题培训班(次) | 国内刊际交流(次) | 国际刊际交流(次) |
|---|---|---|---|---|---|
| 2007 | 477 | 44 | 135 | 320 | 70 |
| 2008 | 537 | 41 | 147 | 350 | 84 |
| 2009(上半年) | 352 | 27 | 113 | 308 | 51 |

数据来源:中国科协科技期刊 2009 年统计数据

## 二、学术规范与期刊质量建设

学术规范①建设是当前中国学术界包括期刊界面临的主要任务之一。学术规范关乎学术期刊的学术公信力，也是学术期刊质量建设的重要环节。学术规范建设是一项系统工程，内容涉及期刊的基本规范、审稿规范、编辑规范、出版规范、评价规范等。因此，探讨中国科协学术期刊审稿规范的建立和执行情况，分析期刊目前普遍面临的学术不端行为以及采取的防范措施，对学术期刊质量建设具有现实意义。

### (一)审稿制度的建立及执行情况

稿件评审是一个复杂的过程，评审质量是多种因素共同作用的结果。建立完善的审稿标准、严格执行同行评议只是一个基础，稿源仍是期刊面临的核心问题。提升专家审稿质量，也需要稿源的整体质量有所提升，这样才能保证同行评议在具体操作中更加切实可行。同时，学科专家自身对国内学术期刊的心理认可度不足，这也将影响到学术期刊的论文审稿效果。学科专家的认可度与期刊本身的质量建设是一个共生态的过程。克服对国内学术期刊的心理认可不足，一方面期刊编辑部应加强对学科专家的引导并且敢于提出要求，另一方面则有赖于我国期刊学术质量和学术影响力的整体提升。

1. 采用科学的评审方式

稿件评审是保证论文质量、提高期刊质量的重要环节。由于学术成果的评审具有很强的专业性和复杂性，因此引入审稿专家进行同行评议是目前比较科学、通行的审稿方式。调查显示，中国科协的学术期刊已有98.4%的编辑部采用了同行评议的审稿方式，这一举措充分保证了学术期刊审稿流程的科学严谨。

与2006～2007年度调查结果比较，完全实行同行评议的期刊数量大幅提升，其比例由57.1%上升至目前的98.7%，说明中国科协学术期刊整体上已经建立了科学的评审方式。

2. 重视并完善审稿标准

中国科协大部分学术期刊已经建立了完善的审稿标准，少数期刊尚有所欠缺。任何学术期刊都必须建立一套适合其自身的质量评价体系，明确地定义论文的审查要素和审查标准，并将这一系列的标准完整如实地告知审稿人，才能保证稿件在审核过程中有据可

---

① 学术规范是指学术共同体根据学术发展规律参与制定的有关各方共同遵守的有利于学术积累和创新的各种准则和要求，是整个学术共同体在长期学术活动中的经验总结和概括。学术规范包含四层含义：①学术规范的目的或精髓是要求学术积累和学术创新；②学术规范必须是学术共同体的产物；③学术规范的表现形式是条文化的、简明扼要的各种要求、规则等；④学术规范的研究对象是学术活动的全过程，即研究活动的产生、结果、评价等。见：叶继元．学术期刊与学术规范[J].学术界，2005(4)：57～68.

依、客观公正。调查显示,约79.6%的期刊已经建立了完善的审稿标准;但仍有小部分期刊没有建立完善的审稿标准,这其中的88家编辑部(约19.7%)表示虽然制定了相关审稿要求,但并不完善;另有3家期刊完全没有制定审稿标准。

相对于中国科协学术期刊整体上已建立科学的评审方式,审稿标准的建设则显得滞后,亟待完善。一套细致完善的审稿标准能够更有效地控制同行评议的审稿质量。因此,尚未完善审稿标准或是没有建立审稿标准的学术期刊应加快制定并完善审稿标准。

3. 专家审稿质量评价

通过从学科专家角度对审稿情况进行的调查,显示学科专家对审稿的认识和执行并不完全一致,其中的主要矛盾源于稿源本身质量。

据学科专家问卷调查,接受问卷调查的226位学科专家均是中国科协学术期刊审稿专家,其中171人同时担任了国外期刊和中国科协学术期刊的审稿专家。结果显示,在稿件审理过程中,29.8%的学科专家表示对国外期刊和国内期刊采取同等审稿标准,64.3%的学科专家会对国内期刊适当降低审稿要求,显然持双重审稿标准的学科专家比例最高(见图2—7)。

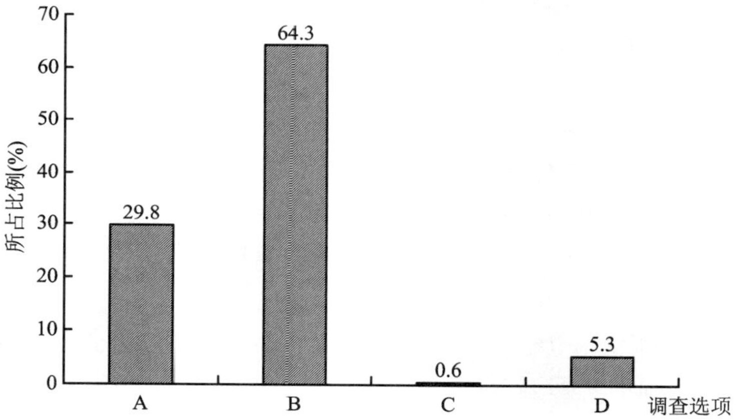


图2—7 审稿专家对国内期刊和国外期刊论文的审稿标准

A 采用同等标准 B 对国内期刊适当降低审稿标准

C 对国外期刊适当降低审稿标准 D 其他

数据来源:学科专家问卷调查

针对"对国内期刊适当降低审稿标准的原因"问题,据学科专家问卷调查结果显示,76.5%的审稿专家认为国内期刊送审稿件的质量普遍低于国外期刊,受制于稿源现状而降低审稿标准;47.1%的学科专家从心理上对国内学术期刊的认可度低于国外期刊,所以潜意识中认为应该降低审稿标准(见图2—8)。此外还有两点原因与期刊编辑部有关,17.6%的学科专家提出国内期刊提出的审稿要求低于国外期刊的要求,或者还有少量审稿人(占6.7%)认为国内期刊根本没有提出明确的审稿要求。

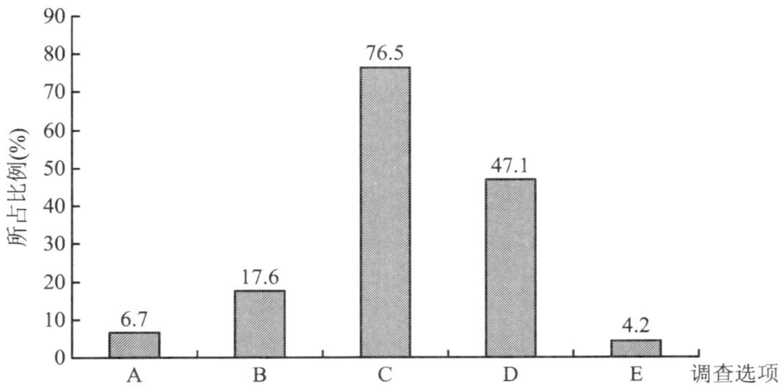


图 2—8 审稿专家对国内期刊适当降低审稿标准的原因

A 国内期刊未提出明确的审稿要求 B 国内期刊提出的审稿要求比国外期刊低

C 对国内期刊送审稿质量普遍低于国外期刊 D 对国内期刊的学术认可度低于国外期刊 E 其他

数据来源：学科专家问卷调查

## (二)审稿专家库的建立与维护

学术期刊建立的专家资源是学术质量建设的重要保障。同行评议、策划组稿都离不开学科专家的参与。因此，邀请更多的学科专家担任期刊审稿工作，尤其是开拓海外专家资源是提升期刊质量的必要举措。特别是对于英文期刊而言，重视并吸纳海外专家，采取国际化的办刊手段更是不可或缺的。

1. 扩大审稿专家库规模

中国科协学术期刊重视审稿专家库的建立与维护，近年来持续扩大审稿专家库规模。截至 2009 年 6 月统计数据，中国科协学术期刊刊均审稿专家 424 人。大多数编辑部的审稿专家库人数在 400 人以内(占 73.6%)，有 42 种期刊的审稿专家库超过 1200 人(占 10.3%)，数量分布如图 2—9 所示。其中 13 种期刊审稿专家库规模已超过 3 000 人，4 种期刊审稿专家规模超过 4 000 人。

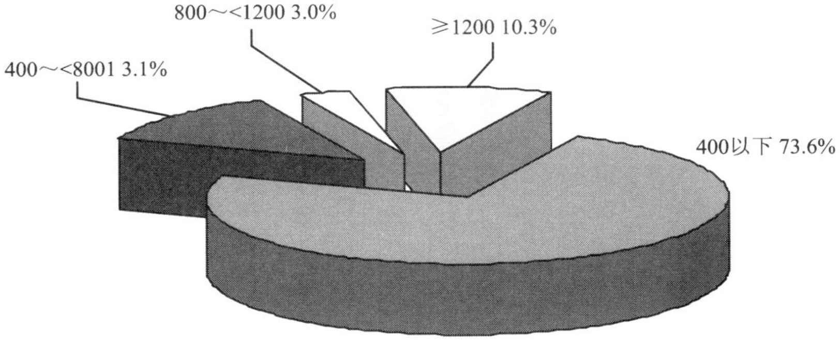


图 2—9 审稿专家规模状况

数据来源：中国科协科技期刊 2009 年统计数据

虽然中国科协学术期刊在审稿专家数量上存在较大差异,但总体规模有了很大提升。调查显示,截至2009年6月有191个学术期刊编辑部(约占47.8%)较上一年度扩大了期刊审稿专家库的规模,平均增加63人。2006～2007年度仅有17种学术期刊的审稿专家库人数超过1 000人,而2009年审稿专家库在1 000人以上的学术期刊已有49个。

2. 吸纳海外审稿专家

吸纳海外审稿专家是国际化办刊的一项重要举措。207种中国科协学术期刊已经建立了海外审稿专家队伍,英文期刊在组织海外审稿专家方面成绩尤其突出。

调查显示,2009年中国科协学术期刊海外审稿专家总体规模为12 816人,刊均61.9人。大部分期刊的海外审稿专家人数较少,其中106种期刊的海外审稿专家人数不超过10人。英文期刊因为其学术定位的需要,海外审稿专家相对较多。2009年中国科协英文期刊的海外审稿专家规模达12 670人,刊均达222.3人(有效问卷57份),远高于中国科协学术期刊的平均水平,其中海外审稿专家最多的三种英文期刊分别是《中国药理学报》(1 500人)、《动物学报》(1 100人)、《数学学报》(1 020人)。

## (三)学术不端行为对学术质量的影响

科研活动中的学术不端行为已严重侵害了社会公众对科学家及科学界的信任度,这一社会现象已经引起了科研机构、大学、基金会等组织乃至国家层面的重视。从教育、制度、监管、法律等方面有效地控制并防范学术不端行为将是科研道德回归的重要保障。2007年1月中国科协发布《科技工作者科学道德规范(试行)》,将学术不端行为定义为:在科学研究和学术活动中的各种造假、抄袭、剽窃和其他违背科学共同体惯例的行为。科研活动从项目申请、实施到成果形成和评价,到最终论文发表,每一阶段都可能存在各种学术不端行为。近几年,随着论文数量的急剧增多,在科研成果发表阶段的学术不端行为也在不断增加,这无疑给学术期刊的质量建设带来了巨大的压力。

1. 学术不端行为的主要表现形式

在论文发表阶段,常见的学术不端行为一般包括:抄袭剽窃、故意隐匿重要参考文献、一稿多投、署名不当、篡改伪造(弄虚作假、捏造数据)、引文标注或注释不合理、同一学术成果重复发表、编造虚假简历、请人代笔撰写论文等。

据“中国科协科技期刊2009年调查数据”和“学科专家问卷调查”,结果显示,编辑部认为比较突出的学术不端行为是:一稿多投(85.3%)、同一学术成果重复发表(58.7%)、抄袭剽窃(49.7%)、署名不当(33.1%);学科专家对学术不端表现形式的理解稍有不同,他们认为较突出的依次是:同一学术成果重复发表(71.4%)、故意隐匿重要参考文献(51.3%)、一稿多投(49.9%)、抄袭剽窃(44.2%),如图2－10所示。

一稿多投和同一学术成果重复发表有着一定的相似性。一稿多投是在同一时间内将同一论文投给两家或两家以上的期刊,从而增加发表概率。这种行为多是因为面临发表的时间压力。近年来,编辑部一般会在投稿时明确要求作者承诺未将稿件一稿多投,从而防范这种学术不端现象。而同一学术成果重复发表则是目前非常严重的不端行为,作者将论文重新包装,核心内容不变再次投稿,这无疑增加了审稿人鉴别处理的难度。它不仅扰乱了学术期刊正常的编辑出版工作,而且浪费了有限的科研资源。

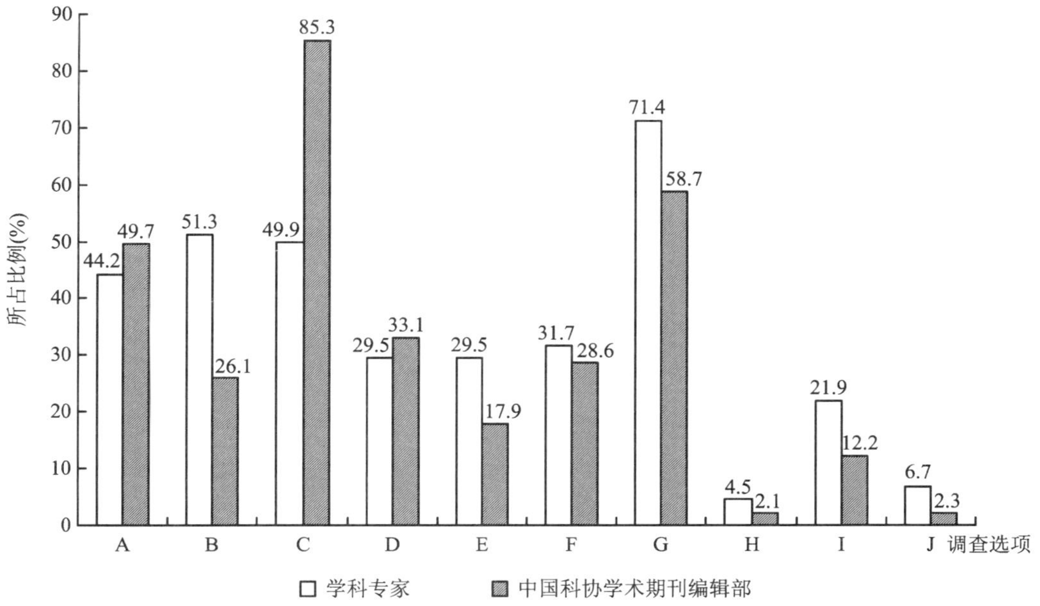


图 2—10　学术不端行为主要表现形式

A 抄袭剽窃　B 故意隐匿重要参考文献　C 一稿多投　D 署名不当　E 篡改伪造（弄虚作假、捏造数据）　F 引文标注或注释不合理　G 同一学术成果重复发表　H 编造虚假简历　I 请人代笔撰写论文　J 其他

数据来源：中国科协科技期刊 2009 年统计数据及学科专家问卷调查

抄袭剽窃、署名不当、故意隐匿重要参考文献这三项也是编辑部和学科专家公认比较突出的学术不端行为。调查结果也反映出，学科专家对“隐匿重要参考文献”和“引文标注或注释不合理”这两种不端行为比较重视。任何科研活动都是基于前人的基础进行，对他人成果不加以标注而直接引用，实际上是有意或无意地将他人成果转化为自己的原创性成果，这种行为对于原作者来说是极大的伤害，也给整个学术交流环境造成了不良的影响。

2. 学术不端行为的成因及影响

学术不端行为作为一种社会现象，其产生的原因错综复杂，通常与人性、各国具体的学术环境和整个社会大环境存在密切相关性。有研究表明，科研人员道德失范的诱因主要是现实的利益诱惑、业绩至上主义和社会期望值过高①。

据“学科专家问卷调查”，结果显示，学科专家认为论文发表中学术不端行为的产生原因主要在于“科研评价体系导向存在问题”、“学术道德教育缺失，作者意识欠缺”和“学术不端行为惩戒机制不健全”，其中尤以“科研评价体系导向存在问题”最为突出，近 80% 的学科专家认同这一点，如图 2—11 所示。设想科研评价体系导向一旦功利化，无疑将形成浓烈的急功近利的浮躁氛围，在无形中共同构筑一个利益怪圈并且使人深陷其中不能自

① 山崎茂明. 科学家的不端行为：捏造. 篡改. 剽窃[M]. 北京：清华大学出版社，2005.

拔,严重扭曲一些科研人员的心灵和行为①。这一点是学术不端行为产生的最主要的社会原因。

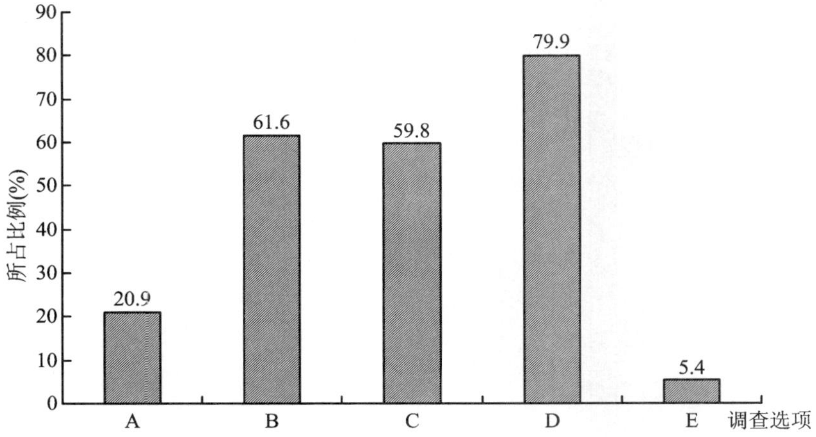


图 2—11　审稿专家认为国内学术不端现象产生的原因

A 审稿环节把关不够严格　B 学术道德教育缺失,作者意识欠缺　C 学术不端行为惩戒机制不健全　D 科研评价体系导向存在问题　E 其他

数据来源:学科专家问卷调查

"学术道德教育缺失,作者意识薄弱"也是产生学术不端行为的主要原因之一。2009年7月10日,中国科协发布的《全国科技工作者状况调查报告》显示,有超过六成的科技工作者认为当前我国科学界的科研道德素质有所下降,其中近半数科技人员认为当前学术不端行为是普遍现象,相当比例科技工作者持宽容态度。显然科研群体对抵制学术不端行为的意识比较淡薄,这一点与学术道德教育不到位有着直接关系。同时,监督机制和惩戒制度不完备在一定程度上助长了学术不端行为的产生,这其中不可免除学术期刊自身的责任。

学术不端行为的社会影响极其恶劣,不仅破坏了学术规则、败坏了学术风气,也玷污了学术界的神圣地位。特别是对学术期刊而言,刊登涉嫌学术不端的文章不仅有损期刊的声誉,也会对期刊的权威性和影响力造成不可估量的损失,甚至被质疑审稿制度的科学性和可操作性。因此,面对学术不端行为,学术期刊有责任也有义务加强引导、正确防范,与各方紧密合作,共同维护一个纯净的学术出版环境。

3. 防范对策与建议

中国科协学术期刊普遍认识到学术不端行为的危害,已经有意识地采取措施积极防范。调查显示,2009年,有81.1%的编辑部表示针对学术不端行为建立了惩戒制度。一般多采用"撤稿"(95.1%)、"列入黑名单,一定时限内限制该作者发表论文"(60.2%)、"口头或书面警告"(57.5%)这几种处理措施,较少编辑部能够进行公开处理,如图 2—12 所示。这些措施对作者会形成一定的约束,但明显力度不足,难以对科研工作者带来真正的触动。

---

① 游苏宁. 应重视科技学术期刊的社会责任[J]. 编辑学报. 2008,20(6).

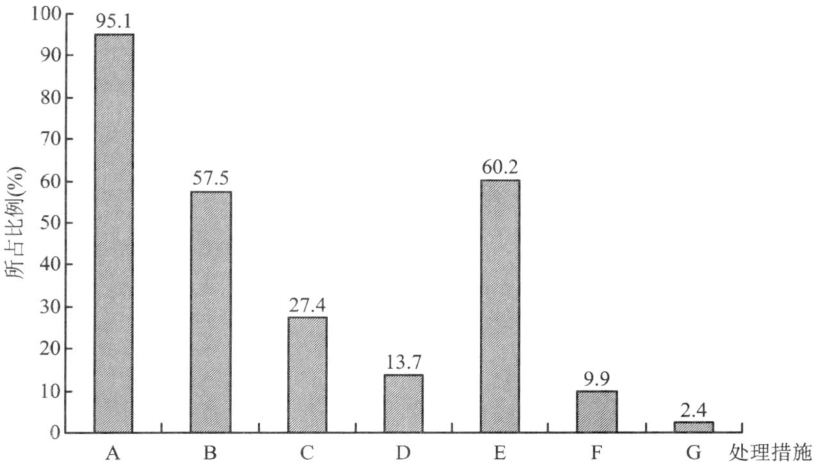


图 2—12 编辑部对学术不端行为的处理措施

A 撤稿 B 口头或书面警告 C 通知作者所在单位对其进行批评教育 D 期刊发表声明，公开通报批评 E 列入黑名单，一定时限内限制该作者发表论文 F 列入黑名单，一定时限内限制该课题组发表论文 G 其他

数据来源：中国科协科技期刊 2009 年统计数据

学术不端行为的成因是复杂的，预防学术不端行为的关键在于整个科学道德诚信体系的建设与完善。仅仅依赖于科学界的自律、学术期刊加强审稿力度和惩戒措施是远远不够的，必须从组织建设、制度建设和教育培训等多方面着手，全面防范抵制学术不端之风。

20 世纪 90 年代以来，各种学术不端行为的案例频繁在社会上曝光，引起了政府有关部门和科研机构的高度重视，纷纷出台了应对措施和处理办法。与此同时，成立了一些专门从事科研道德规范和科研诚信建设的组织机构。在政府层面，有科技部的科研诚信建设办公室、教育部学风建设委员会等；在科技机构和大学层面，有中国科学院学部科学道德建设委员会、国家自然科学基金委员会监督委员会等。这些相关组织机构相继出台了一系列科研道德制度①。比如，科技部于 2006 年发布的《国家科技计划实施中科研不端行为处理办法》(试行)、中国科学院制定的《中国科学院院士科学道德自律准则》和《关于加强科研行为规范建设的意见》、中国科学技术协会于 2007 年发布的《科技工作者科学道德规范》(试行)以及国家自然科学基金委员会 2005 年通过的《对科学基金资助工作中不端行为的处理办法》。

组织建设和制度建设在宏观层面上为防范杜绝学术不端行为提供了有力保障。针对学术论文中的不端行为，亟须建立更加具体可操作的防范措施，建议从四个层面予以关注。

建立健全国家层面的相关法律法规和政策。法律法规比道德规约更具威慑力和约束力，因此建议国家层面应加强针对各种学术不端行为的立法工作。在 2009 年第十一届中国科协年会正式开幕前的首个专项论坛——“科学道德建设论坛”上，科技界高层首次公

---

① 中国科学院．科研活动道德规范读本[M].北京：科学出版社，2009.

开提出了以法律手段惩治学术不端行为。

加强科学道德诚信教育,培养自律诚信的科学道德素质。比如,针对高校特别是研究型大学开设科研道德课程,针对科研机构强化科研人员的岗前培训等。"预防"远胜于"抓捕",只有通过全面的教育使科研人员逐步对学术不端行为形成正确的认识,明确科研道德底线,在发表论文过程中才能自觉规范自身的行为。

制定学术期刊(或学科领域内期刊)通行的学术不端行为防范处理措施,并在同行期刊之间形成紧密的合作机制。这一点对学术期刊而言是必要的也是可行的。问卷调研显示,高达97.4%的学术期刊编辑部呼吁制定领域期刊通行的学术不端行为惩戒制度。

编辑部完善制度建设,在加强防范的同时对学术不端行为进行严肃处理。例如,编辑部应根据审稿中发现的问题不断补充修正期刊的审稿制度。《科学》(*Science*)在"黄禹锡论文造假事件"之后,特别添加三项措施补充其审稿制度,杜绝类似情况的再次发生:要求论文所有作者指明自己在科研中的具体贡献;所有作者签署同意论文观点的声明;改进图像识别技术,利用科学手段鉴定图片真伪。其实,从细节入手完善制度、加强管理是编辑部层面防范学术不端行为最为切实有效的措施。

## 三、学科发展水平与期刊质量建设

期刊的学术质量与学科发展水平密切相关,学科发展水平较高,则该领域内学术期刊的办刊基础相对较好,对期刊的学术质量建设有一定促进作用。虽然如此,但大部分期刊的学术水平并不能与所在学科的发展保持同步,在很多优势学科领域,其期刊的学术水平和学术影响力往往滞后于学科本身的发展水平。

### (一)学科发展水平不断提高,相关领域期刊发展迅速

学科发展水平的不断提高,将促进相关领域的期刊迅速发展。统计分析表明,分布在我国优势学科中的中国科协学术期刊,其学术水平相对较高。

近年来,我国科学技术发展迅速,科技竞争力不断提高,已引起全球瞩目。科研机构、科研队伍是国家科技创新的重要力量,随着国家对科研机构的投入不断加大和对科研人才的重视不断提高,各个学科都获得了长足的发展,很多学科的科研水平已进入世界前列。据统计,以19个学科的综合分值为依据,中国的科学水平综合排名位列世界第7位(2009年),其中数学、物理、化学、工程技术、计算机、材料和地学学科都跻身于全球前8名之内,成为我国的优势学科(见表2—9)。

**表2—9 世界科学排名:前10名国家(地区)综合排名**

| 国家(地区) | 总排序 | A | B | C | D | E | F | G | H | I | J | K | L | M | N | O | P | Q | R | S |
|---|---|---|---|---|---|---|---|---|---|---|---|---|---|---|---|---|---|---|---|---|
| 美国 | 1 | 1 | 1 | 1 | 1 | 1 | 1 | 1 | 1 | 1 | 1 | 1 | 1 | 1 | 1 | 1 | 1 | 1 | 1 | 1 |
| 英格兰 | 2 | 5 | 4 | 5 | 2 | 2 | 2 | 3 | 3 | 4 | 2 | 2 | 2 | 2 | 2 | 4 | 4 | 5 | 2 | 2 |
| 德国 | 3 | 3 | 2 | 2 | 4 | 4 | 3 | 2 | 2 | 2 | 3 | 4 | 3 | 4 | 3 | 3 | 2 | 4 | 3 | 4 |
| 日本 | 4 | 11 | 3 | 3 | 5 | 3 | 4 | 6 | 4 | 8 | 8 | 3 | 5 | 18 | 4 | 5 | 6 | 3 | 7 | 12 |

续表

| 国家(地区) | 总排序 | A | B | C | D | E | F | G | H | I | J | K | L | M | N | O | P | Q | R | S |
|---|---|---|---|---|---|---|---|---|---|---|---|---|---|---|---|---|---|---|---|---|
| 法国 | 5 | 4 | 5 | 6 | 3 | 5 | 5 | 4 | 5 | 9 | 5 | 5 | 6 | 8 | 7 | 6 | 5 | 7 | 5 | 6 |
| 加拿大 | 6 | 8 | 11 | 8 | 7 | 6 | 6 | 5 | 6 | 3 | 4 | 7 | 4 | 3 | 5 | 8 | 9 | 9 | 4 | 3 |
| 中国 | 7 | 2 | 7 | 4 | 8 | 11 | 13 | 13 | 15 | 13 | 18 | 21 | 20 | 14 | 12 | 2 | 3 | 2 | 18 | 10 |
| 意大利 | 8 | 6 | 8 | 9 | 10 | 7 | 11 | 15 | 14 | 6 | 6 | 8 | 7 | 10 | 10 | 9 | 8 | 13 | 6 | 17 |
| 澳大利亚 | 9 | 15 | 17 | 15 | 6 | 12 | 7 | 8 | 7 | 11 | 9 | 9 | 10 | 6 | 8 | 16 | 13 | 17 | 9 | 5 |
| 荷兰 | 10 | 21 | 13 | 12 | 9 | 13 | 15 | 7 | 8 | 7 | 7 | 11 | 8 | 5 | 9 | 10 | 16 | 8 | 11 | 7 |

A 数学 B 物理 C 化学 D 地学 E 生物学与生物化学 F 分子生物学与遗传学 G 微生物学 H 动植物学 I 农林 J 临床医学 K 免疫学 L 神经科学与行为科学 M 精神病学与心理学 N 药学与毒理学 O 工程技术 P 计算机 Q 材料 R 空间 S 环境科学

数据来源：中国科学：在希望与挑战中前行，《科学观察》，2009，4(1)：28～52

科研水平的提高在一定程度上促进了该学科学术期刊的发展。据统计，JCR2008 共收录中国内地期刊 78 种，学科分布如图 2－13 所示，其中数学、地球科学、工程技术、材料科学、化学、生物科学和物理学的期刊数量居多，这些学科正是我国在世界上的优势学科。特别是在化学领域，JCR2008 共收录 16 种中国期刊，是所有学科中收录数量最多的。而中国化学学科目前世界排名第 4 位，这反映出学科发展对学术期刊的质量建设能够起到积极的推动作用。

JCR2008 收录中国科协学术期刊 43 种，占 JCR2008 收录中国期刊总数的 55.1%，其学科分布与中国优势学科的分布情况基本一致，在化学(12 种)、物理学(7 种)、材料科学(4 种)以及生物科学(6 种)中均占据数量上的绝对优势，如图 2－13 所示。

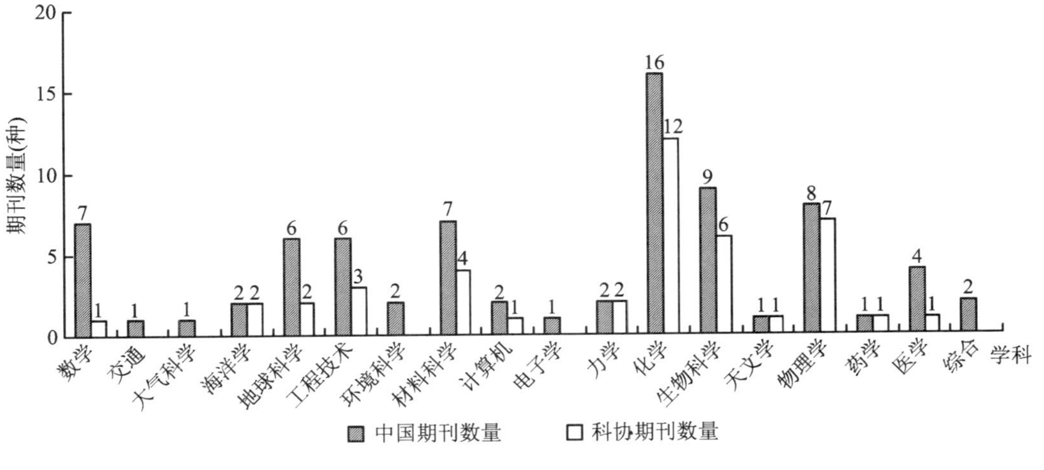


图 2－13 JCR2008 收录中国学术期刊的学科分布

数据来源：ISI Web of Science

以上数据显示，科学研究水平较高的学科，该学科领域进入国际视野的期刊数量也相对较多，整体学术水平具有一定优势。而在我国学科相对排名较弱的领域，科研产出的数量不足、质量不高，相应地会对期刊质量的提升产生制衡，如免疫学、神经科学与行为科学、空间科学领域暂时还没有期刊被收录。

## (二)学术期刊发展滞后于学科发展

国内学术水平较高、具备一定国际影响力的期刊大部分集中在我国的优势学科领域，但这些期刊的发展并没有与其所在学科的发展保持同步，而是滞后于学科的发展速度。调查显示，在优势学科中，虽然有较多的学术期刊进入国际视野，但大多数期刊在JCR中的学科排名处于偏后位置，难以进入国际高水平期刊的行列。

据统计，进入JCR2008的中国学术期刊有86.1%分别在各自学科领域中的排名为后50.0%中，能够进入该领域排名前1/3的期刊不足10%。所有期刊的学科相对排名平均值为71.6%，说明大部分期刊位于该领域的后1/3。尽管这些期刊在国内同类期刊中已属较高水平，但其国际影响力依然较弱。

图2—14呈现了8个学科JCR2008收录中国学术期刊及中国科协学术期刊的学科排名情况，所有学科期刊的平均排名均在60%～80%之间。在物理、材料科学、生物科学和化学这几个优势学科中，尽管其学术期刊的相对排名与该领域的学科发展水平有较大差距，但排名最靠前的期刊均为中国科协期刊，代表了国内学术期刊的最高水平。

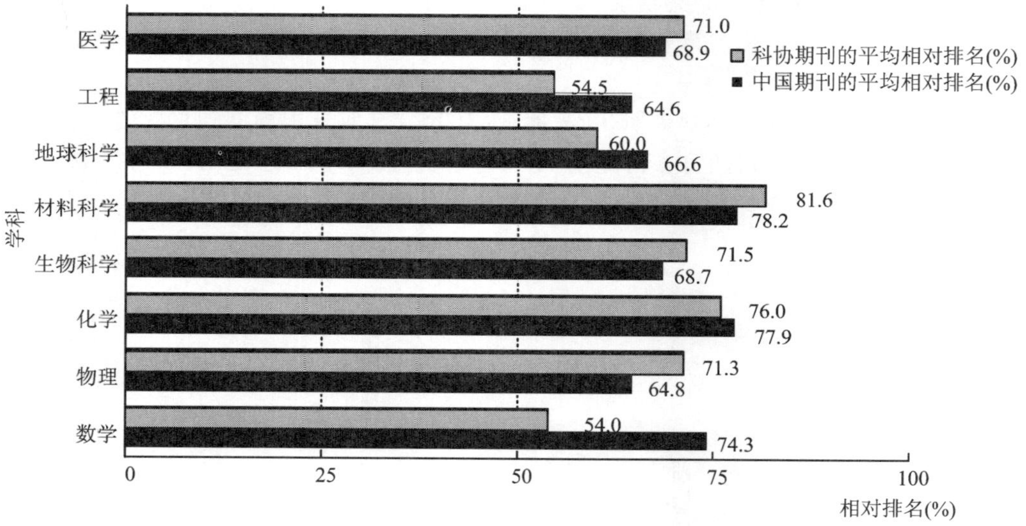


图2—14　JCR2008收录中国学术期刊及中国科协学术期刊的学科相对排名

数据来源：ISI Web of Science

物理学领域。中国物理学领域期刊的平均排名为64.8%，中国科协物理学领域期刊的平均排名虽然低于这一水平，但《中国物理B》(英文版)的学科相对排名为30.9%，进入前1/3，在中国物理学领域收录期刊中排名第二。

材料科学领域。中国材料科学领域期刊的平均排名为78.2%，中国科协期刊在这一领域的平均排名为81.6%。相对于中国材料科学世界排名第二，该学科期刊的发展尚有较大的提升空间。中国科协期刊《材料科学技术》(英文版)的学科排名为62.5%，是目前中国材料科学领域学科排名最好的期刊。

生物科学领域。中国生物科学领域期刊的平均排名为68.7%，中国科协期刊在这一领域的平均排名为71.5%。中国科协期刊《细胞研究》(英文版)近年来表现最为突出，2008年影响因子为4.535，是被JCR2008收录期刊中影响因子最高的中国大陆期刊，学科排名为28.7%，具有较强的竞争优势。

化学领域。中国化学领域期刊的平均排名为77.9%，中国科协期刊在这一领域的平均排名为76.0%。中国科协期刊《中国化学》(英文版)的学科排名为58.3%，是目前中国化学领域期刊的最好排名。

以化学学科为例进一步分析。中国在该学科世界排名第4，被收录期刊数量最多，但期刊的学术质量与国际知名刊物相比还存在较大差距。中国化学会主办了21种化学类期刊，其中11种被SCI-E收录。JCR2008数据显示，这11种刊物的影响因子分布在0.488～0.945之间，学科排名最前的《中国化学》(英文版)，其影响因子为0.945，篇均被引次数为2.28次。而英国皇家化学会RSC所办的《化学通讯》(*Chemical Communications*)，其影响因子为5.340，篇均被引次数高达18.74次。据统计，2008年中国作者在《化学通讯》上发表了263篇文章，占该刊总发文量的16.1%。这说明中国化学学科的科研水平不仅进入了世界前列，而且经常在世界一流刊物上发表科研成果。同时也反映出化学领域优秀稿件外流情况比较突出，在一定程度上制约了国内期刊的发展。

### (三)期刊质量对学科发展水平依赖各有不同

一般来说，期刊的学术质量会受学科发展水平的影响，但基于不同的定位和办刊模式，期刊学术质量对学科发展水平的依赖程度也各有不同。对于立足国内、面向国内市场为主的学术期刊，其学术质量的基础是该学科的发展水平，超越学科发展将面临稿源不足、难以维系的困境。例如我国的医学类期刊，尽管数量众多，但由于国内该学科的研究水平与国际医学研究水平还有相当的差距，因此进入国际视野的期刊也相对较少。采取立足国内、面向国际办刊模式的学术期刊，其学术质量的基础也是该学科的发展水平。目前进入国际视野的中国学术期刊大多数属于此类，但这些期刊的发展基本上滞后于本学科的发展水平。采取立足国际、面向国际办刊模式的学术期刊，其学术质量对国内学科发展水平的依赖性最小，但目前仅有少数刊物属于此类，当然这类期刊学术质量的发展也不可避免地会受到国内人才、出版水平、机制等因素的限制。

## 第三节　学术期刊质量问题及其对策

中国科协学术期刊积极提升在学术交流中的参与度，不断增强对科研服务的能力，在主动把握学科前沿、组织策划优质论文、规范审稿制度、推进数字化建设等方面进行了积极探索，取得了显著成效。与此同时，在学术质量建设进程中，存在的问题也不容忽视。因此，深入分析学术期刊质量建设的影响因素，提出期刊在精准定位、队伍建设、组织策划、发挥学会优势等方面的对策建议，将有利于增强中国科协学术期刊的核心竞争力，全面提升其学术质量和学术影响力。

## 一、学术期刊质量问题分析

科研经费的持续投入极大地提高了我国的科研创新能力，科技产出呈现迅猛发展态势。近十年间，中国科技论文的发表数量大幅增长，2006 年已经超越英、德、日、法等多个发达国家，位居世界第二，仅次于美国。尽管如此，中国学术期刊的发展并没有与中国各学科的发展保持同步，至今，中国学术期刊整体上还没有形成国际竞争力，与世界科技强国的学术期刊在学术质量及影响力方面仍存在较大差距。调查显示，编辑部及学科专家一致认为，“学科发展水平制约”、“优质稿件外流”和“科研评价导向”是影响我国期刊质量的三个主要因素，此外，期刊定位不清、学术道德及规范问题也严重影响了我国期刊的学术质量(见图 2－15)。

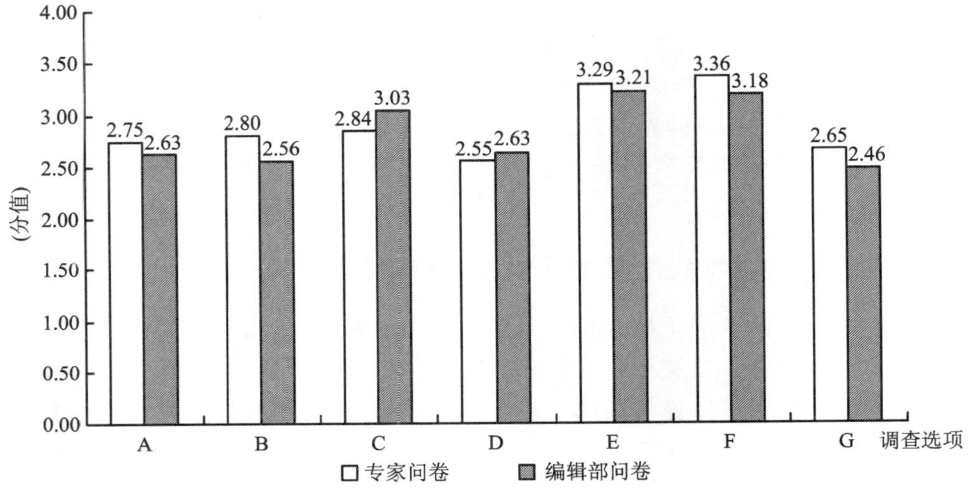


图 2－15 影响国内期刊学术质量提升的因素分析

A 期刊定位不清，特色不明 B 学术道德及学术规范问题 C 受本学科发展水平的限制，优质科研论文产出量有限 D 办刊理念、办刊模式不能与时俱进 E 国内优质科研论文外流情况严重 F 国内科研成果评价导向 G 论文评审欠严格

分值说明：1＝无关紧要；2＝一般；3＝重要；4＝非常重要

### (一)期刊学术质量与学科发展水平密切相关

中国科技产出能力的迅速提升引起了世界各国的关注。不仅中国学者在持续研究科技论文产出和学科发展态势，而且国际上许多著名计量学家也对中国科技论文产出进行统计分析，一些国际组织也正在对中国重要领域的发展态势开展跟踪和预测。如经济合作与发展组织(OECD)所发布的科技展望和专利统计等多种报告中，一直将中国作为一个重要部分与美国、欧盟等国家和地区进行全面的比较。研究结果显示，中国在很多学科领域都取得了长足的进步。

研究发现，期刊质量受制于学科发展水平。我国较有优势的学科，该领域被 SCI 收录的期刊数量也呈现优势。反之，学科发展水平对期刊发展也有一定的制约作用。因此，中国学术期刊质量的提升有赖于学科整体水平的提升和发展。据中国科学院国家科学图书馆前沿分析中心对中国各学科领域发展的科学计量学分析（见图 2－16），数学、材料科学、计算机科学、化学、物理学和工程科学 6 个领域是中国的相对优势学科，而免疫学、神经科学、临床医学、动植物科学等则相对较弱。从被 SCI 收录的我国期刊数量来看，汤森路透 ESI 科学指标数据库中共收录 22 个学科领域的 5 886 种期刊，其中中国期刊在 19 个领域（排除经济/商学、社会科学、多学科 3 个领域）被收录 110 种，其中在优势学科领域期刊被收录数据为：数学 8 种、材料科学 12 种、计算机 2 种、化学 20 种、物理学 11 种、地学 16 种、工程科学 15 种，而在中国的弱势领域，免疫学和神经科学分别只有 1 种期刊被收录。

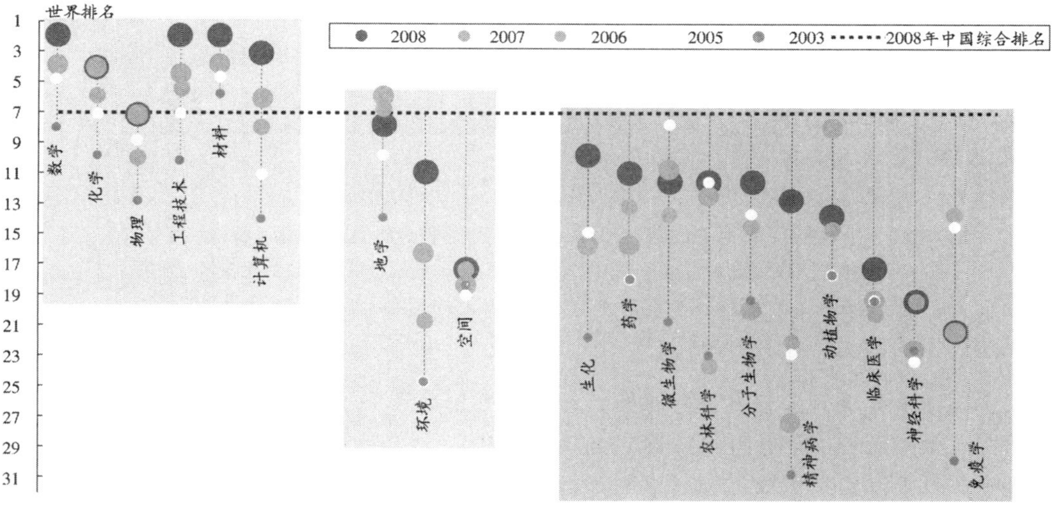


图 2－16　2003～2008 年中国各学科世界排名变化比较①

## （二）优质论文数量不足，论文外流现象严重

稿源质量是影响期刊学术质量的重要因素之一。针对“与本领域国际名刊相比，质量差距主要体现在哪些方面”的问题，调查显示，编辑部及学科专家一致认为，“优质论文数量不足”是目前国内期刊存在的最大问题，如图 2－17 所示。

中国期刊的学术质量建设无法获得良好的稿源基础，制约了中国期刊的良性发展。据汤森路透 2009 年 11 月发布的研究报告——《全球科研报告：中国》（Global Research Report：China，November 2009），中国 SCI 论文年产出量从 1998 年的 2 万篇上升到 2008 年的 11.2 万篇，位居世界第二。据此推论，中国期刊理应从大量论文产出中获得优质稿源，然而事实上，中国期刊的学术影响力并未随中国科技论文数量的持续增长而提升。究其原因不外乎两方面：第一，论文总量增加，优秀论文数量并没有同步增加。已有许多研

① 数据来源：杨立英等，中国科学：在希望与挑战中前行．科学观察，2009，4(1)：31.

究表明，中国论文学术影响力的提升速度远低于数量的增速。第二，论文严重外流，直接导致中国期刊优质稿源不足。

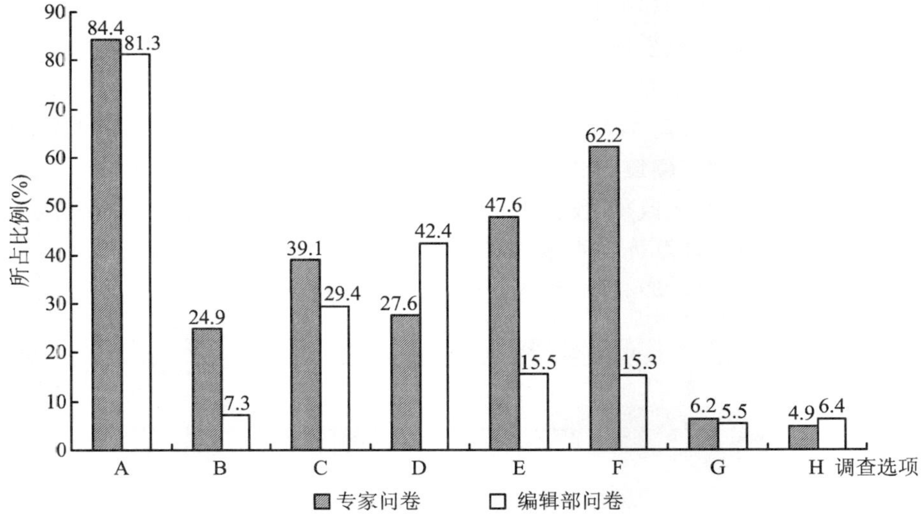


图 2—17　编辑部及学科专家对我国学术期刊的质量评价

A 优质科研论文的数量不足　B 学术规范欠严谨　C 选题对学术前沿的反映相对滞后

D 发表周期过长　E 在本领域的学术影响较小　F 低水平重复现象突出

G 对读者及作者的服务欠缺　H 其他

中国论文外流现象正在逐年加剧。图 2—18 反映了中国作者发表 SCI 论文的期刊分布情况。数据显示，中国作者发表的 SCI 论文中绝大部分投向了国外期刊，尤其近年来发表在国外期刊上的论文数量持续增加，2007 年较 2004 年已增长近一倍，而发表在国内期刊上的论文虽然有所增加，但增长缓慢。

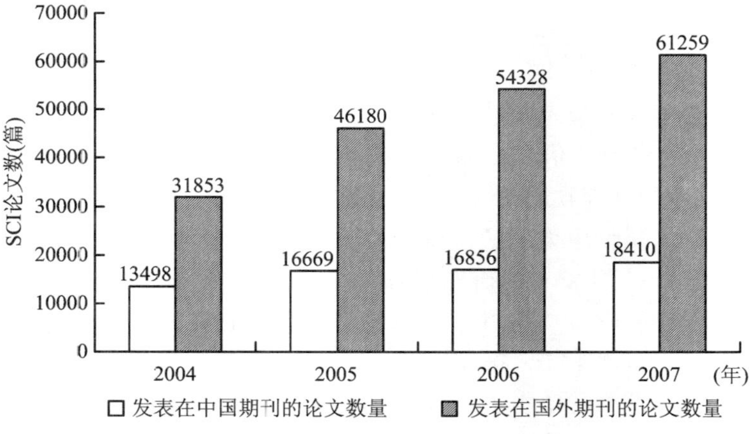


图 2—18　中国在国内外期刊发表的 SCI 论文的年度数据①

① 中国科技信息研究所根据汤森路透数据库统计。

外流的大量中国科研论文中，不乏极具科研价值和学术影响力的一流论文。据研究[①]，在JCR收录期刊中影响因子排名前80的化学期刊中（全部为国外期刊），中国作者发表论文数从1995年的205篇发展到2002年的1 533篇，7年中增加了6倍多。近年来，中国作者在数学领域高影响因子期刊上的发文数量同样迅速增加。如美国《工程学与科学中的计算机建模》（*CMES-Computer Modeling in Engineering & Sciences*）影响因子为4.785，2000年时还未发表中国作者论文，2008年发表中国作者论文数量达到33篇，占该刊全年载文量的16.7%，份额列美国之后位居第二（美国为42篇）[②]。在材料科学领域，论文外流现象也很突出。例如，《纳米快报》（*Nano Letters*，美国化学会主办，影响因子10.37，在JCR材料科学期刊中排名第6）2001年发表中国作者论文为5篇，而2009年则达到了72篇，如图2—19所示[③]。

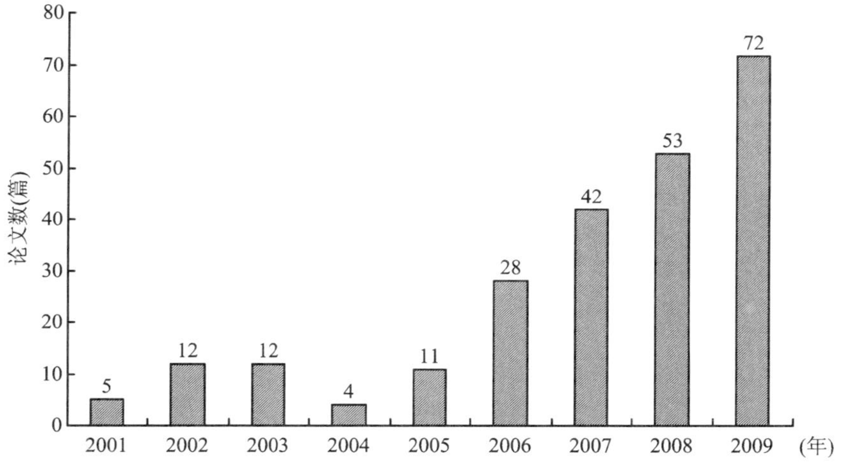


图2—19 《纳米快报》刊载中国论文数量的年度分布

优质论文外流的原因主要来自两个方面。①提高科研成果学术显示度的需要。国外高水平期刊的学术影响力普遍高于国内期刊，论文发表在具有较高影响力的期刊上，有利于研究成果在世界范围内更广泛地传播。仅就学术交流而言，国内科研群体选择高影响力期刊发表研究成果是完全合理的。②受国内科研评价导向的影响。对科研人员而言，在国外高影响因子期刊上发表论文，某种程度上更符合考核评价的需要。

### （三）科研评价导向失当，学术指标推崇备至

学者发表论文时一般会对期刊有所选择，考虑因素不外乎期刊声望、是否被权威数据库收录、影响因子、评审质量、出版时效等。针对“选择在何种期刊上发表论文的理由”问题，据学科专家问卷调查，结果显示，影响学科专家投稿倾向的因素按重要性排名依次是：

① 马建华. 中国化学研究产出的文献计量学评价研究. 北京大学博士研究生学位论文，2005：73.

② 数据来源：Thomson Reuters数据库Web of Knowledge及JCR. 检索时间：2009年12月20日。

③ 数据来源：Thomson Reuters数据库Web of Knowledge及JCR. 检索时间：2010年1月8日。

"期刊在学术界的声誉"、"期刊是否被 SCI 等数据库收录"、"期刊的影响因子排名"(见图 2—20)。

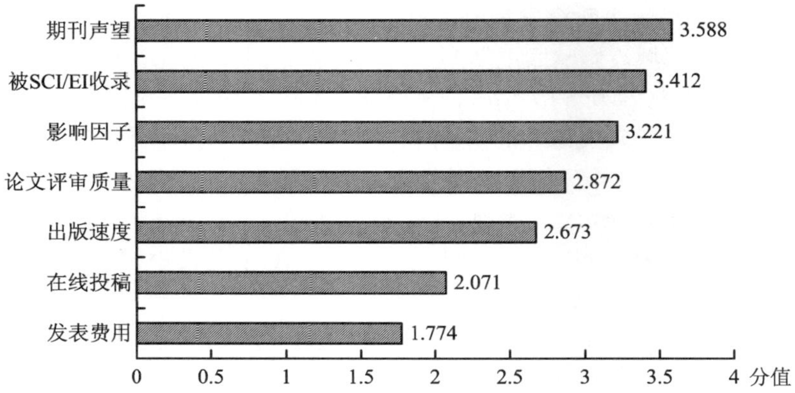


图 2—20 中国学者选择论文发表期刊的考虑因素

(1=无关紧要;2=一般;3=重要;4=非常重要)

期刊声誉是一个主观指标,它反映了科研人员对相应学科领域优秀期刊的认可度,该项位于投稿考虑因素首位,说明优秀期刊对学者具有很强的吸引力。而重要数据库收录及期刊影响因子排名情况被推崇,无疑在很大程度上曲解了学术交流的初衷。国外研究显示,科研人员选择投稿期刊最重视的因素有①:期刊的声誉(重要性分值 4.5,满分为 5 分)、期刊读者群(4.21)、期刊影响因子(4.04)、出版速度(3.89)、编委会声望(3.55)、在线投稿(3.43)。

中国学者过多关注发表期刊是否被权威数据库收录和期刊影响因子排名情况,这种倾向与各级科研主管部门的科研评价体系密切相关。学科专家问卷调查显示,科研评价导向对期刊学术质量的影响比较大,甚至 80%的学科专家认为国内科研评价导向存在问题是诱发学术不端行为的主要原因之一。在重视论文数量、期刊影响因子、核心期刊的"指挥棒"下,科研人员为了应对各种考核评价,研究生为了顺利获得学位,他们对发表论文的追求已不仅仅是为了学术交流的需要。同时,对 SCI 期刊发表论文的各种奖励政策也为这种行为日益升级起到了推波助澜的作用。为了追求在高影响因子期刊发表论文,我国学者投稿首选国外高影响力期刊,造成优秀稿件外流。长此以往,国内期刊无法获得优秀科研成果的首发权,内容质量和学术影响力难以提高。更为严重的是,中国的优秀科研成果不能为国内同行首先获悉,反而需要支付高昂的费用回购这些论文资源②。

事实上,将期刊评价指标应用于评价科研人员的科研水平是不当的。期刊影响因子是衡量学术期刊影响力的指标之一,尽管其本身也有一定的局限性,但作为期刊而言,该指标仍具备一定的参考价值。但是,将影响因子指标应用到科研人员的个人评价,则缺乏合理性和科学性。科学计量学研究表明,同样发表在一种期刊上的文章,其科学价值和影

① 中国科学技术协会学会学术部.数字环境下的学术出版.北京:中国科学技术出版社,2007:21.

② 游苏宁.中国科技期刊的追求和出路,中国科技期刊研究,2009,20(3):390~391.

响力可以存在极大差异。《光明日报》发表“核心期刊不应成为学术研究的唯一评价标准”的文章指出：“这种看似客观、简便的评价方式，严重背离了学术研究的宗旨，是一种过度量化、过于简单的学术评价方式，在某种程度上体现了我国学术评价机制的不健全，也催生出大量的‘学术泡沫’”。因此，很多学者指出，要建立健全正确的、符合中国国情的科研评价体系，使评价体系起到促进科研的作用，这也是国内期刊提升学术质量迫切需要解决的问题。

### (四)资源配置分散低效，低水平竞争现象严重

影响期刊整体质量提升的又一个因素是低水平重复办刊现象严重，缺乏总体布局和规划，期刊数量和学科结构动态调整不足。

据学科专家问卷调查，结果显示62.2%的学科专家表示中国学术期刊“低水平重复现象突出”。据统计，我国学术期刊数量已达4 000多种，但大多数期刊的学术质量和出版质量在低水平徘徊。具有较高的国际显示度、被世界范围科学家认可的期刊微乎其微。在第五届中国科技期刊发展论坛上(上海，2009)，中国期刊学会会长石峰表示：“中国科技期刊拿不到优秀的学术研究成果，说到底是因为自己‘技不如人’，国际、国内的学者都看不上。”中国学术期刊目前最大的问题是重复出版，在国内4 800种学术期刊中，有相当一部分是同领域、同定位的刊物，有的甚至是同一家单位出版的。以医学领域为例，仅内科医学就有100多种刊物，由此必然造成资源浪费和低水平竞争①。

分割性的体制使我国学术期刊的资源高度分散，配置低效，管理机构重叠。据《中国科协科技期刊发展报告(2009)》显示，中国科协所属全国学会主办的期刊中，科协主管435种，占45.3%；中国科学院主管107种，占11.1%；卫生部主管87种，占9.1%；其他180多个部门或单位主管331种。因此，有必要对现有的学术期刊结构进行重新调整，将刊号资源、种类资源和内容资源合理配置。

## 二、提升学术期刊质量的对策

提高期刊学术质量一直是科技界及科技期刊出版部门关注的问题。国家有关部门、各级期刊主管部门和主办单位也对提升期刊学术质量进行了积极的探索。近年来，从国家及期刊主管部门层面已经出台了许多相关政策和措施，从资金保障、人才引进和培养、数字平台建设等多方面推动期刊的质量建设，如中国科协精品科技期刊工程(2006年启动)、国家自然科学基金重点学术期刊专项基金(1999年启动)和中国科学院科学出版基金(1989年设立)等，这些扶持政策对期刊的质量提升起到了促进作用。2008年中国科学院重新启动了“中国科学院文献情报和期刊出版领域引进优秀人才计划”，从人力资源方面对期刊的质量提升提供保障。中国科协积极有序推进期刊的学术质量建设工作，中国科协精品科技期刊工程项目二期工作已经展开，各全国学会充分利用学科特点，以学科为

① 中新网.国内科技期刊为何拿不到优秀论文？内容重复水平低[EB/OL].[2009-10-28].http://it.chinanews.cn/edu/edu-xyztc/news/2009/10-28/1935419.shtml.

纽带,逐步形成规模化学科刊群,扩大了期刊在专业领域的学术影响力,提升了学会服务于专业科研人员的能力。中国科协将努力履行主管单位职责,为我国期刊学术质量提升作出应有的贡献。

## (一)确立期刊定位,形成内容特色

我国学术期刊数量众多,但具备国际影响力的高质量期刊较少。当今学科发展特点是更加趋于专业化,新的学科及交叉领域不断涌现,因此,世界期刊业的发展呈现出更加细分的特点,新的专业化期刊陆续创办。例如自然出版集团以旗舰杂志《自然》为品牌,先后创办了一系列专业期刊,包括研究系列(19 种)及评论系列(16 种)两个大类,这是自然出版集团针对市场细分所做的重大战略部署。与此同时,我国期刊紧跟学术领域的变化和新兴学科的形成而进行的调整力度不够。因此,我国科技期刊主管部门、主办单位和期刊编辑部应共同努力,精确期刊定位,确立内容特色,进行结构调整。①调整内容结构。内容上强化反映新兴产业、新兴技术的报道,优化学术期刊的内容结构。②调整类别结构。适应细分市场的需要,适度精简内容相近、学科覆盖面广的综合性多学科类期刊,重点发展单学科专业类学术期刊。③调整管理结构。精简学术期刊数量,完善期刊退出机制。将学术期刊分成公益性(或非营利性)和经营性等不同类别,政策上区别对待,操作上分类管理。

## (二)依靠专家资源,坚持专家办刊

人才资源对期刊发展是不可或缺的。学术期刊的发展历史表明,期刊主编及编委会在期刊发展中发挥着极为重要的作用。《细胞研究》在总结其成功经验时指出:成功＝不可动摇的战略定位＋灵活的战术抉择＋优秀的执行人才[①]。国外著名学术期刊主编都是由相应学科领域具有很高学术声望的科学家担任,他们在确定办刊宗旨、把握研究动向、捕捉学科前沿等方面发挥着重要作用。中国科协期刊正在积极按照国际期刊的发展规律调整办刊模式。问卷调查显示,2009 年,中国科协期刊中 25%的期刊主编由院士担任,国际编委数量及比例较上一年度有所提高,英文科技期刊国际编委达到了刊均 17 人。与此同时,中国科协期刊专职主编的比例仅占 26.1%,部分主编及编委并未发挥应有的职能。因此,应继续加强办刊队伍建设,将主编、编委的职责落实到位,使其在把握办刊方向、提升学术质量上发挥更大作用。

## (三)加强组稿策划,吸引优秀稿件

国外高影响力学术期刊的一个重要特点就是对优质稿件有很大的吸引力,优秀稿件都倾向于向这些期刊投稿。对于中国科协学术期刊而言,多数期刊尚未达到高学术影响力的水平,仅仅依靠作者投稿无法满足提升学术质量的要求。除坚持专家参与办刊、加强编审队伍建设外,期刊必须增强参与学术交流活动的意识,跟踪学术发展动向,深入科研

① 王莉萍.科学时报.影响因子达 3.4 探秘《细胞研究》的成功之道.http://www.sciencenet.cn/htmlnews/200792481318639190317.html.

一线，与科学家建立良好的联系，密切关注学科发展的热点和潜在生长点，及时发现重要研究成果并争取获得科研成果的首发权。事实上，国外知名期刊已经纷纷进入我国，目标瞄准中国优秀的研究成果。调查显示，许多国外期刊或出版机构，不仅聘请了多位活跃在科研一线的中国科学家担任编委，为其期刊组织优秀稿件，有的还在中国设立了办公机构，密切关注重要的科研动向。因此，中国科协的学术期刊不能忽视被国际期刊抢占稿源的态势，应制定行之有效的措施积极参与竞争，采取一定的激励政策，鼓励中国科学家的研究成果在国内期刊上发表，从源头逐步遏制优质稿件外流。

### (四)汇聚专业优势，带动数字化发展

在世界期刊市场上，虽然商业出版机构占据了很大份额，但是作为非营利性机构的学会所出版的学术期刊也极具竞争力。数据显示，学会出版的高质量学术期刊在数量上比商业出版机构更占优势。在 SCI 收录的高被引期刊中，非营利性机构主办的期刊在排名前 10 中占 8 种，前 20 中占 17 种，前 50 中占 42 种，前 100 中占到了 77 种(见图 2—21)①。

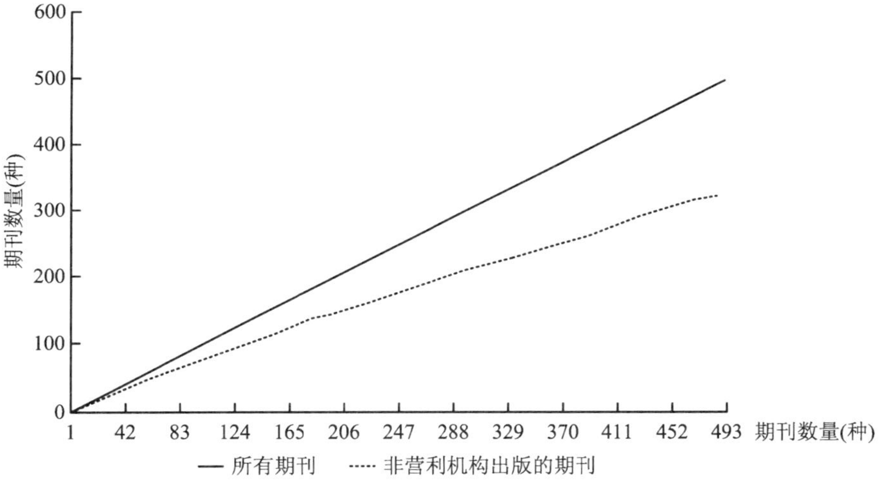


图 2—21　SCI 500 种高被引期刊中学会、大学等非营利机构出版期刊的数量

学会期刊的市场营销方面也有许多成功案例。在化学领域，美国化学会所属期刊达 40 多种，占国际化学类期刊市场份额的 48.4%②。美国化学会提供的信息服务产品在世界化学领域具有极强的竞争力，引领着当今化学信息集成和服务的发展方向。在物理学领域，英国物理学会出版社(IoPP)的运作模式也十分成功。IoPP 斥巨资打造网络出版平台，这种专业类学术期刊的集群化运作模式在国际上得到高度认可。其数字期刊的影响范围遍及 180 多个国家和地区的 4 000 多个研究机构，2007 年点击率突破 6 137 万次，全

---

① Sally Morris. Mapping the journal publishing landscape. Learned Publishing，2007，20(4)：299～308.

② 戴利华. 国外科技期刊发展环境. 北京：社会科学文献出版社，2007：118.

文下载量超过 1 000 万次。IoPP 在全球建立了完善的市场营销体系,竞争优势显著,获得了巨大的社会效益和经济效益。

全国学会应深入研究国外专业学会在期刊出版中的成功模式,结合中国实际,借鉴其先进的办刊理念和方法,在学会刊群的集群化、数字化和网络化建设,以充分发挥科技社团在学术交流和科学传播中的引领作用。

# 第三章　中国科协精品科技期刊建设

中国科协在"十一五"期间实施精品科技期刊发展战略，设立精品科技期刊工程项目，推动精品科技期刊建设。2006～2009 年，中国科协精品科技期刊工程首期项目顺利完成，取得明显成效，引起了科技期刊界的广泛关注和较大反响。2009 年，中国科协精品科技期刊工程项目进入第二个项目周期，设立精品科技期刊示范项目、科技期刊国际推广项目和科技期刊创新平台项目，旨在通过搭建科技期刊创新与发展平台、增强科技期刊基础条件和基础能力建设、加强精品科技期刊示范与引导，促进中国科协科技期刊深化改革、创新发展，增强科技期刊核心竞争力；努力提高科技期刊学术质量和出版质量，大力推进科技期刊国际化与网络化建设；培育一批在学科和专业领域内有较强影响力和辐射力的精品科技期刊，从而带动我国科技期刊整体质量和水平的提高，为推动科技发展和建设创新型国家服务。

## 第一节　中国科协精品科技期刊工程进入二期

自 2006 年，中国科协全面推进精品科技期刊发展战略，实施精品科技期刊工程，项目以 3 年为一个周期，到 2009 年上半年已完成首期项目的实施，并取得了较好的阶段性成果。精品科技期刊工程一期共实施资助项目 317 项(次)，累计资助资金 3 115 万元，资助期刊 152 种，其中连续 3 年获得资助的期刊有 67 种。主要支持领域包括医学、数理科学和化学、工程科学、生命科学等。项目实施以来，获资助期刊编辑出版质量持续提高，学术质量稳步上升，国际影响力不断提高，编辑队伍建设卓有成效，期刊学术交流能力不断加强，数字化和网络化建设初具规模。2009 年 4 月，据财政部《中央级教科文部门项目绩效考评报告》，2008 年该项目绩效评定结论为"优＋"。在一期工程取得阶段性成果的基础上，财政部加大了对中国科协精品科技期刊工程项目的财政拨款力度，2009 年中国科协精品期刊项目工程进入第二个项目周期。

为了进一步促进中国科协科技期刊的快速发展，更加合理地配置和有效利用资源，自 2009 年起，中国科协精品科技期刊示范项目对 A、B、C 三类支持项目进行了结构调整，保留了对 A 类(培育国际知名期刊)和 B 类(培育国内领衔期刊)项目的支持，取消了对 C 类(培育精品后备项目)的支持。按照"突出目标，重点支持，动态管理，竞争发展"的原则，围绕"打造国际化科技期刊、培育国内精品科技期刊"的战略目标，重点支持两种类型的期刊：重点支持和鼓励一批国际化程度较高、有一定国际影响力的科技期刊(英文版)或有一定国际化基础的我国优势学科、重点学科、民族特色学科科技期刊成长为在相关学科领域具有广泛影响的国际知名科技期刊；重点支持和鼓励一批在国内专业学科领域中综合评价指标居前、具有较好品牌效应或较强发展潜力、为我国科技发展战略确定的重点学科领域的科技期刊成长为学科或专业领域的领衔科技期刊。2009 年，项目二期重点培育国际化科技期刊 5 种，每种期刊资助 25 万元，培育国内精品科技期刊 40 种，每种期刊资助

15 万元,资助经费累计 725 万元。除上述两类资助项目之外,还评选出 100 种非资助类中国科协精品科技期刊示范项目。为大力宣传精品科技期刊示范项目,中国科协网特设立"精品期刊工程项目"专栏,每月从科技期刊示范项目期刊各选择一篇代表性论文予以刊登,进行广泛交流。

**表 3—1　中国科协示范精品科技期刊学科分类情况表**

| 学科组 | A 类 | B 类 | 非资助类 | 总计 |
|---|---|---|---|---|
| 数理科学 | 2 | 4 | 8 | 14 |
| 化学科学 | 1 | 3 | 7 | 11 |
| 地球科学 | 1 | 4 | 9 | 14 |
| 生命科学 | 0 | 4 | 10 | 14 |
| 农业科学 | 1 | 3 | 9 | 13 |
| 医学 | 0 | 9 | 21 | 30 |
| 工程科学 | 0 | 5 | 15 | 20 |
| 能源与环境科学 | 0 | 2 | 6 | 8 |
| 材料科学 | 0 | 2 | 5 | 7 |
| 信息科学 | 0 | 3 | 5 | 8 |
| 管理科学、综合 | 0 | 1 | 5 | 6 |
| 总计 | 5 | 40 | 100 | 145 |

## 第二节　打造国际化科技期刊

中国科协精品科技期刊工程二期要重点打造一批国际化科技期刊,目标是:重点培育一批国际化程度较高、有较强国际影响力的科技期刊或有较好国际化基础的我国优势学科和重点学科科技期刊,支持其在稿源、编审、出版、发行等方面进一步提高国际化水平,逐步成长为相关学科领域具有广泛影响的国际知名科技期刊。2009 年,中国科协对《中国药理学报》(英文版)、《地质学报》(英文版)、《数学学报》(英文版)、《中国物理 B》(英文版)和《植物学报》(英文版)5 种期刊提供了重点支持。这 5 种期刊在精品期刊项目一期得到了 3 年的连续资助,在工程二期项目中,这些期刊的国际化水平及国际影响力将得到进一步提升。

### 一、论文国际化

论文的国际化,是打造国际化科技期刊的核心。论文国际化包括论文作者国际化、论文研究对象国际化、论文研究水准达到世界领先水平。

基于国际知名科技期刊的定位,受资助的 5 种期刊通过开展针对性组稿、参加国内外学术会议约稿、委托国际编委组稿和推荐稿件等多种途径，发挥自身学科优势，积极争取国内外优秀稿件，论文的内容质量和国际化程度逐步提高。据汤森路透 Web of Science 数据库统计，2009 年 5 种受资助期刊刊均发表海外论文数量较上一年提升 2 个百分点，这些论文主要来自于美国、日本等科技发达的国家和地区。其中，《中国药理学报》(英文版)发表海外论文比例上升最多，增幅达 5 个百分点，由 2008 年的 17%上升至 2009 年的 21%。受资助期刊更加重视论文的学术水平与质量，2007～2009 年，《数学学报》(英文版)海外来稿比例三年来稳步上升，由 2007 年的 28.8%上升至 2009 年的 30.1%，2009 年 1～10 月，海外来稿 205 篇，发表海外论文的比例为 25.5%；2009 年 1～10 月，《植物学报》(英文版)海外来稿 119 篇，占总来稿量的 37.7%，但发表海外论文比例仅为 17.9%，丰富的海外稿源有利于期刊挑选更优秀的稿件。

5 种受资助期刊发表的论文具有较高的国际显示度。据 Web of Science 数据统计，2008～2009 年度，《植物学报》(英文版)2/3 的引文来自除中国内地之外的 41 个国家和地区，《中国药理学报》(英文版)的论文被 36 个国家和地区的作者引用，60%以上的引文来自于海外，《数学学报》(英文版)也有近一半的引文来自于海外。

受资助期刊始终坚持精心遴选国际水准的学术论文，通过组稿、选题策划，密切追踪研究热点。《地质学报》(英文版)几年来连续报道国际地科联国际合作项目成果，刊载国内具有世界先进水平领域的基础研究论文及国家重大奖项论文。2009 年 5 月，《地质学报》(英文版)在汶川地震一周年之际出版纪念专辑，第 5 期出版了第十一届地质科技奖获奖者专辑。《中国药理学报》邀请一名美国教授担任客座编辑，组织烟碱受体和尼古丁成瘾专刊，发表了来自中国、美国、法国和阿根廷等国家的论文 22 篇。《数学学报》(英文版)发挥主编优势向国际数学家联盟执委会委员约请优秀稿件，在 2009 年编委会换届之际，向编委约稿，目前，该刊正在策划 2010 年出版一期“纪念华罗庚先生 100 周年诞辰专辑”。

## 二、编审队伍国际化

拥有国际化的编委对期刊的国际化发展至关重要，这些编委不仅为期刊审稿、组织稿件或直接撰稿，还在世界范围内对期刊进行宣传。5 种受资助期刊逐步组织和建立了国际化的编委会，刊均海外编委比例达 34%，远超过中国科协科技期刊刊均海外编委 9.1%的比例。其中，《植物学报》(英文版)海外编委占编委会成员的半壁江山，海外编委分布在美国、英国、日本、意大利、荷兰等 12 个国家和地区，他们参与初审、推荐审稿人和终审等具体工作，在稿件质量把握方面发挥重要作用；编委还为期刊撰稿和组稿，该刊计划 2010 年出版 3 期专辑，由海外编委全权负责组稿、审稿和定稿工作。2009 年，《数学学报》(英文版)编委会换届，由上届的 29 人增加到本届的 44 人，海外编委占 18.2%，编委会将《数学学报》(英文版)定位为以中国数学会为品牌的杂志、中国数学会的标志性杂志和反映中国数学水平的国际知名杂志。

审稿专家的国际化，有利于提升期刊的国际显示度和影响力，同时保证论文评审的公正性和期刊的权威性。《中国药理学报》(英文版)审稿专家达 3 000 名，其中海外专家比例高达 70%，每篇送审稿件均有海外专家参与，实现了稿件的国际同行评审机制。《植物学报》(英文版)已有 3 500 余位审稿专家，为稿件质量审查提供了坚实的保障，海外审稿专家比例由 2007 年的 27.8%上升为 2009 年的 44.1%，审稿专家来自美国、英国、加拿大、荷兰和德国等 80 多个国家和地区。

受资助期刊注重编辑队伍自身建设，通过引进具有深厚学科背景的专业人才及聘请具有专业知识和科学研究背景的国际编辑，组建了专业化和国际化的编辑队伍。因为受资助期刊全部为英文刊，编辑部非常重视提升刊物的语言质量，通过聘请国际编辑或获得国际著名出版机构的语言润色服务等方式，提高刊物英文水平，努力向国际优秀期刊靠拢。如《地质学报》(英文版)特聘澳大利亚教授兼任编辑，对论文进行语言润色，对稿件质量严格把关。《植物学报》(英文版)聘请一名具有良好专业背景及语言优势的瑞典学者，在语言润色和对外宣传上担任重要角色，编辑部人员的英语水平也得到极大提高。

## 三、学术交流国际化

受资助期刊注重发挥自身优势，通过各种途径积极参与国际学术交流，直接获得国际最新科研成果，通过开展期刊的国际宣传与推广，从而提升刊物的国际知名度及影响力，编辑的国际学术交流能力也得到加强和提升。

《中国物理 B》(英文版)与英国物理学会出版社(IoPP)开展合作，2008 年参加了 14 次国际会议及展会对刊物进行有效宣传，在扩大期刊国际影响力、增加期刊海外发行量、吸引国际投稿等方面起到了积极作用。《地质学报》(英文版)通过参加国际学术会议和相关展会，把论文分做成单行本和光盘在会议上散发，并组织优秀稿件。《植物学报》(英文版)承办了“2009 整合植物生物学国际研讨会”，来自美国、英国、法国、日本、荷兰以及中国香港的 40 多位特邀嘉宾和中国大陆各地高校、研究院所、出版社和期刊社的 320 余位代表出席了此次会议，会后编辑部还举办了“年度优秀论文”的颁奖仪式。2009 年，该刊编辑还参加了 3 次国际学术会议，先后向读者赠刊 1 300 册，走近作者和读者，宣传刊物并进行组稿和约稿。

## 四、数字出版国际化

鉴于中国在网络平台和电子商务方面远远落后于世界水平，中国科技期刊的国际化进程通过“借船出海”的方式借助具备强大实力的国外出版商来实现，逐步提升期刊自身的能力，参与到国际交流中去，最终实现打造中国高质量学术期刊品牌的战略目标。受资助期刊依赖自身优势及特点，积极探索与国际接轨的数字出版形式。鉴于国外出版机构拥有知名的出版品牌、成熟的国际销售渠道及完善的网络平台，受资助期刊与国外知名出版机构开展了形式多样的项目合作。2009 年起，《中国药理学报》(英文版)同自然出版集团(Nature Publishing Group，NPG)合作出版，借助《自然》的知名品牌效应和先进的数字化网络平台(nature. com)，提高期刊的国际显示度，扩大刊物影响力，进一步推进期刊走向国际，实现国际化战略。至此，5 种受资助期刊全部实现了与国外知名出版机构的合作，见表 3－2。

表 3—2 中国科协 A 类精品科技期刊与国外出版机构合作情况

| 刊 名 | 合作机构 |
|---|---|
| 《地质学报》(英文版) | 威利—布莱克韦尔(Willey-Blackwell) |
| 《数学学报》(英文版) | 施普林格(Springer) |
| 《植物学报》(英文版) | 威利—布莱克韦尔(Willey-Blackwell) |
| 《中国物理 B》(英文版) | 英国物理学会出版社(IoPP) |
| 《中国药理学报》(英文版) | 自然出版集团(Nature Pubulishing Group) |

受资助期刊也十分重视期刊网站的建设,并致力于网站深层次功能的开发。《数学学报》(英文版)2009 年下半年对网站和数据库进行了全面升级,目前的网站风格更加简洁明快,贯穿编辑部的服务理念。数据库全面抛弃过去的客户端模式,全面启用网页模式。《中国物理 B》(英文版)网站首页新增加了每期的优秀论文推荐,在每篇文章的页面上增加了"查看/发表评论"的链接,在提高网站交互性、检索的方便快捷性等方面作了完善。目前,该刊计划 2010 年改按页码排序为按专业文章号排序,这是目前物理学科领域国际通用的方式,能实现快速全文上网,大大缩短论文发表时滞,也将有利于吸引国际优秀稿件。《植物学报》(英文版)正准备在网站上实现虚拟期功能:即将已发表过的、具有相似主题的文章收集在一起成为独立的一期,以便更好地为读者服务,吸引读者,引用虚拟期的文章也将计入期刊引用数。

## 五、国际影响力提升

精品科技期刊工程推动受资助期刊国际化进程加快,国际化建设成果日益显现。具体表现在以下方面:海外来稿数量及发表海外论文数量增大,海外作者国家分布更加广泛,论文的国际显示度提升,有更多的论文被国外作者引用;初步建立了海外编委占有一定比例的编委会,扩充了海外审稿专家占有一定比例的审稿专家库;开展多种形式的国际期刊学术交流活动,国际学术交流能力得到提升。良好的国际化基础及发展趋势,吸引国外著名出版机构与之开展合作,期刊的海外发行量和论文网络下载量稳定增长,多种因素促使受资助期刊的国际影响力不断提升。

据统计,《植物学报》(英文版)海外纸版发行量保持稳定,电子版发行量稳步上升,据 Willey-Blackwell 公司提供数据,该刊的电子版发行量 2008 年达到 6 805 个订户,比 2006 年增长了 63.4%。《中国物理 B》(英文版)2008 年网络版海外发行量为 1705 个订户,涉及 109 个国家和地区,2009 年 1～10 月在 IoPP 网站的下载量即达到近 8 万次,已经超过 2008 年全年下载量。《数学学报》(英文版)2009 年 1～9 月在 SpringerLink 的下载量为 4.2 万次,也已经超过 2008 年全年下载量。

精品科技期刊工程项目期刊的国际影响力不断提高,被很多国际检索系统和网站收录,进入国际科技传播的主渠道。以影响力较为广泛的《期刊引证报告》(JCR)的统计为例,5 种受资助期刊都被 JCR 收录,与 JCR 收录的同学科的中国科技期刊相比,其影响因子、学科排名和总被引频次等指标都处于领先的地位,5 种期刊 JCR 影响因子、学科排名和总被引频次等统计数据(2006～2008)见表 3－3。5 种期刊的影响因子都在 0.5 以上,其中,《地质学报》(英文版)、《中国物理 B》(英文版)和《中国药理学报》(英文版)3 年的影响因子一直保持在 1.0 以上。2006～2008 年,5 种期刊的影响因子、学科排名和总被引频次等指标整体呈上升趋势,其中《植物学报》(英文版)影响因子上升了 0.344,是 5 个期刊中影响因子增幅最大的。其他 4 种期刊 2008 年的各项指标与 2007 年相比略有下降,这可能与近年来期刊改版、扩容或更改刊名等因素有关。

**表 3－3　中国科协精品科技期刊 A 类的 JCR 统计数据(2006～2008)**

| 刊　名 | 年份 | 影响因子 | 学科排名 | 学科相对位置 | 总被引频次 |
|---|---|---|---|---|---|
| 《地质学报》(英文版) | 2006 | 1.121 | 60/131 | 45.8 | 875 |
| | 2007 | 1.781 | 40/137 | 29.2 | 1 216 |
| | 2008 | 1.431 | 58/144 | 40.3 | 1 312 |
| 《数学学报》(英文版) | 2006 | 0.440 | 107/187 | 57.2 | 598 |
| | 2007 | 0.562 | 93/207 | 44.9 | 791 |
| | 2008 | 0.543 | 116/215 | 53.9 | 961 |
| 《植物学报》(英文版) | 2006 | 0.515 | 113/147 | 76.9 | 107 |
| | 2007 | 0.671 | 104/152 | 68.4 | 281 |
| | 2008 | 0.859 | 92/156 | 59.0 | 536 |
| 《中国物理 B》(英文版) | 2006 | 1.479 | 23/68 | 33.8 | 2 396 |
| | 2007 | 2.103 | 16/68 | 23.5 | 3 765 |
| | 2008 | 1.680 | 21/68 | 30.9 | 4 070 |
| 《中国药理学报》(英文版) | 2006 | 1.397 | 47/142 | 33.1 | 2 016 |
| | 2007 | 1.677 | 41/128 | 32.0 | 3 166 |
| | 2008 | 1.676 | 47/127 | 37.0 | 3 498 |

## 第三节　培育国内精品科技期刊

中国科协培育国内精品科技期刊的目标是:重点培育一批国内专业学科领域中综合评价指标居前、具有较好品牌效应或具有较强发展潜力、为我国科技发展战略确定的重点学科领域或具有民族特色学科的科技期刊。支持其进一步提高学术质量和出版质量,逐步成长为学科或专业领域的领衔科技期刊。2009 年,中国科协对 40 种期刊进行了资助,其中 23 种期刊在一期工程得到了 3 年连续资助,6 种期刊在一期工程得到了两年的资助,4 种期刊得到了 1 年资助,7 种期刊新增为精品科技期刊工程项目期刊。这些受资助期刊积极采取措施进行精品期刊建设,在出版能力、学术质量、编辑队伍建设和学术交流能力等各方面都有所提升。

## 一、出版能力提升

受资助期刊通过积极调整刊期，扩大载容量，增加信息容量；通过吸引优质稿件，提升期刊的学术质量水平；通过加快稿件处理流程，缩短期刊出版周期，提高印刷质量与发行量。通过采取上述多种方式，受资助期刊出版能力明显提升。

加快出版频率，扩大信息容量。精品科技期刊二期工程资助的 40 种 B 类期刊中，其中旬刊 1 种，半月刊 2 种，月刊 29 种，双月刊 7 种，季刊 1 种。调查显示，2009 年《地球物理学报》、《水产学报》和《航空学报》3 种期刊由双月刊变更为月刊。11 种期刊增加了页码，平均期页码比上年增加了 44 页。

缩短稿件处理周期与论文发表周期。调查中 86％的期刊加快了论文的审稿速度，审稿周期平均缩短 15 天；73.3％的期刊缩短了论文发表周期，刊均论文发表周期为 8.2 个月，比 2008 年提前 1 个月。

吸引优质稿件，提升学术水平。来稿量的持续增加可以使期刊“优中选优”，获得更多高水平论文。2009 年上半年，接受调查期刊的来稿总量为 17 417 篇，比上年同期增长了 158 篇，其中，《仪器仪表学报》继续保持良好的来稿增长趋势，仅 2009 年上半年的来稿量即接近 2008 年的全年来稿量；接受调查期刊的海外来稿总量 382 篇，比上年同期增加 95 篇，刊均 11.9 篇，略高于中国科协科技期刊的平均数 10.2 篇。其中《地球物理学报》和《地理学报》2009 年上半年的海外来稿量已超过 2008 年全年的数量。2009 年上半年，接受调查期刊的载文量比上年同期增长了 90 篇；刊均基金论文比由 2008 年的 80％上升至 2009 年的 82.3％，是中国科协科技期刊刊均基金论文比的近 2 倍。

受资助期刊重视加强期刊的质量建设，注重跟踪国家重点科研攻关项目课题，密切追踪热点研究论文，加大主动策划组稿力度，出版内容具有时效性和前沿性的专辑和专题等。2009 年上半年，接受调查期刊的约稿量为 871 篇，超出 2008 年同期 130 篇；在接受调查期刊中，71％的期刊设有特色栏目，有 68％期刊不定期策划专辑和专题。

## 二、学术影响力提高

培育国内精品期刊，旨在建设一批在国内专业学科领域中综合评价指标居前，品牌效应较好，发展潜力较强的科技期刊，进一步提升学术质量和学术水平。项目期刊呈现出较强的学术影响力与发展潜力。在受资助的 B 类精品期刊中，27 种期刊分别被美国《科学引文索引》(SCI)、《工程索引》(EI)和《医学索引》(Medline)三大检索系统收录。其中 6 种期刊被 SCI 收录，12 种期刊被 EI 收录，11 种期刊被 Medline 收录。

中国科协精品期刊项目连续资助的期刊发展势头良好，学术质量不断提高，相关指标及学科排名在本领域保持前列。在 SCI 收录的 6 种期刊中，除《遗传学报》(英文版)为 2008 年新收录期刊，其他 5 个期刊的影响因子均保持在 0.5 以上。受资助的 40 种期刊全部被《中国科技期刊引证报告 2009》(CJCR2009)收录，占收录中国科协期刊总数(615 种)的 6.5％。综合评价总分学科排名第 1 的中国科协科技期刊 44 种，其中 B 类精品期刊 19 种，占 43.2%，影响因子学科排名第 1 的中国科协科技期刊 40 种，其中 B 类精品期刊 10 种，占 25%，总被引频次学科排名第 1 的中国科协科技期刊 42 种，其中 B 类精品期刊 18 种，占 42.8%。《地理学报》、《中华结核和呼吸杂志》、《中华儿科杂志》、《中华耳鼻咽喉头颈外科杂志》、《中国有色金属学报》、《中国电机工程学报》、《岩石力学与工程学报》和《航空学报》8 种期刊的综合评价总分、影响因子、总被引频次都在学科排名中位列榜首，占三者同时排名第 1 的中国学术期刊(20 种)比例达 40%。《中国电机工程学报》在 CJCR2009 收录的 1 868 种中国科技期刊中总被引频次最高，达 9 678 次。

## 三、持续发展能力增强

精品科技期刊项目推动受资助期刊持续发展能力不断增强，受资助期刊在编辑队伍建设、学术交流能力及数字网络化建设方面取得了长足发展。

### (一)编审队伍建设

受资助期刊注重加强编委会建设，注重吸纳具有国际影响力的知名学者为编委。编委会作为期刊的学术领导和决策机构，其组成规模、构成及水平对期刊的持续发展举足轻重，编委在撰稿、组稿、与专家联络、审稿等方面发挥重要作用。2009 年，在接受调查期刊中有 35.5%的期刊增选了编委，刊均编委数量达 70 人，刊均院士数量 11 人，刊均国际编委数量 11 人，刊均国际编委国家分布数量为 4 个，半数以上的期刊国际编委数量超过了 10%。其中，《中国昆虫科学》(英文版)国际编委数量超过了半数。

受资助期刊重视人才队伍建设，通过吸引高学历和专业化人才不断调整人才结构。据统计，2009 年 B 类期刊编辑博士、硕士和本科学历的比例平均为 1:2.6:2.7，硕士及以上学历编辑人员占 56.9%；而中国科协科技期刊编辑中硕士及以上学历的只占整体的 35.1%，博士、硕士和本科学历结构比例为 1:1.85:3.76。

受资助期刊重视编辑的继续教育，积极选派编辑人员参与国内外学术交流活动，提高编辑人员的学术水平及业务素质。通过参加国内外学术交流研讨活动，加强编辑对学科发展热点问题、新进展和未来发展趋势的了解，提高编辑队伍的专业素质。通过选派编辑人员参加各类期刊编辑业务培训，提高编辑人员的专业素养和编辑水平。2009 年，接受调查期刊平均有 1.3 人次参加了编辑业务培训。

### (二)学术交流能力建设

受资助期刊通过举办或参加国内外学术会议、论坛、座谈会和专题培训班等活动，开展国内外期刊宣传与推广，加强编辑与作者、审者的联系，增强国内外学术交流的力度。2009 年，接受调查期刊中，刊均 4.2 人次参加国内学术会议，0.6 人次参加国外学术会议。通过参加国内外学术会议，编辑对学术前沿和研究热点的敏感性和判断把握能力增强，各刊积极策划组织热点学术专辑。通过积极组织国内外各类学术会议，一方面展示了期刊的学术影响力；另一方面，一些实力较强的期刊联合相关部门举办学术会议，邀请业内知名科学家参与，在学术交流方面发挥了积极作用。

### (三)数字化和网络化建设

受资助期刊采用数字化手段,积极改变传统办刊模式,加快期刊网站建设,发挥网络平台作用,期刊数字化和网络化建设初具规模。

受资助的B类期刊中95%有自建网站。自建网站的功能多集中在发布有关期刊各种信息,编辑部在线办公,期刊内容数字化,为读者提供服务及在线经营管理等功能。2009年,又有10种期刊实现了OA功能,B类期刊中有24种期刊已经实现了OA功能,这有利于期刊的学术内容交流与传播,扩大期刊的显示度和影响力。另外,《中国昆虫科学》(英文版)、《遗传学报》(英文版)及《作物学报》与国际知名出版机构也开展合作,这对期刊提升国际显示度,扩大国际影响力起到了良好的示范作用。

受资助期刊应用"稿件远程编辑系统",实现网上投稿、审稿、查稿,使作者能够及时了解稿件处理情况,并积极配合稿件修改,加快了稿件处理速度。同时,还实现了网上组稿并实时发布,方便读者及时了解期刊最新信息。实现了远程终审和编辑,使主编和编辑可以在异地对稿件进行处理,大大提高了工作效率。

随着期刊网络化程度不断加深,部分期刊开始尝试一种新的出版方式——在线预发表,即在文章正式印刷出版之前将文章电子版本在网上提前发表。例如,《作物学报》2008年及时上传更新本刊网站"最新录用"的稿件,网上预出版比印刷版提前了2期。《水产学报》将"最新录用"的文章全文在网上预出版,比印刷版提前了3期,并将所有当期文章做成网络版与印刷版同步发行,开放阅读,读者可免费下载。《药学学报》2009年对网站及在线系统全面升级改版,增加了网络预出版功能,出版英文网刊。

## 第四节 英文科技期刊国际化建设

国际化既是中国期刊的现实选择,也是未来战略。我国政府把握机遇,实施期刊"走出去,引进来"的政策,积极鼓励我国科技期刊国际化发展①。在世界经济一体化进程的推动下,科技期刊国际化发展趋势日益明显。科技期刊在一定程度上可以反映出一个国家的科技发展水平,英文科技期刊是对外推介中国科技成果的有效途径之一。中国科技期刊要走向世界,主要依赖于英文科技期刊的发展。据统计,我国目前有200余种英文科技期刊,其中中国科协主办英文科技期刊69种,占1/3。2009年,中国科协设立科技期刊国际推广项目,重点支持英文科技期刊发展,扩大我国科技期刊"走出去"队伍,重点培育一批有国际影响力的科技期刊。

### 一、设立科技期刊国际推广项目

为进一步提高中国科协英文科技期刊的质量和水平,提升其国际竞争能力,加快其国

① 黄逸秋,杨春兰.陈英明:以国际合作促进中国期刊业崛起.[2009-12-6].http://media.people.com.cn/GB/22114/45733/136325/8192956.html.

际化进程,中国科协精品科技期刊工程二期特设立专项资助项目,即“科技期刊国际推广项目”,加大对英文科技期刊的支持力度。2009 年 5 月,首批推出科技期刊国际推广项目 7 项,每项资助 8 万元(见表 3—4)。

**表 3—4 中国科协科技期刊国际推广项目入选情况**

| 期刊名称 | 学科类别 | 主管单位 | 主办单位 |
|---|---|---|---|
| 高分子科学(英文版) | 数理科学和化学 | 中国科协 | 中国化学会、中国科学院化学研究所 |
| 海洋学报(英文版) | 天文学、地球科学 | 中国科协 | 中国海洋学会 |
| 稀土学报(英文版) | 工业技术 | 中国科协 | 中国稀土学会 |
| 中国航空学报(英文版) | 航空、航天 | 中国科协 | 中国航空学会 |
| 中国化学(英文版) | 数理科学和化学 | 中国科协 | 中国化学会、中国科学院上海有机化学研究所 |
| 中国化学工程学报(英文版) | 工业技术 | 中国科协 | 中国化工学会、化学工业出版社 |
| 中国机械工程学报(英文版) | 工业技术 | 中国科协 | 中国机械工程学会 |

数据来源:英文科技期刊国际化推广项目名单。按刊名汉语拼音排序

科技期刊国际推广项目进一步推动了中国科协英文科技期刊的国际化发展。国际推广项目的主要内容包括两个方面。①培养科技期刊国际化专业人才:提高科技期刊学人办刊的国际化水平,广泛建立与国外同行专家的联系;开展科技期刊国际化专业人才培训,学习借鉴国外先进的办刊经验,引进先进的编辑出版理念和技术。②扩大科技期刊国际交流与合作:开展科技期刊出版专题国际学术交流与研讨,促进科技期刊编辑出版国际合作;组织参加重要国际出版会议及期刊展览,展示科技期刊学术水平和整体优势;推介国内优秀科技期刊加入国际著名检索系统。

## 二、英文科技期刊出版概况

2008～2009 年度,中国科协英文科技期刊被引状况良好,被国际检索系统收录种类增多,逐渐获得国际学术界的认可,有部分期刊已具有一定的国际影响力。

### (一)主管单位、学科分布和地域分布

2009 年,中国科协主办英文科技期刊 69 种,占中国科协主办科技期刊总量(954 种)的 7.2%。其主管单位分布情况为,中国科协主管 40 种,中国科学院主管 20 种,其他单位主管 9 种,如图 3—1。

69 种英文科技期刊涉及工业技术、航空航天、生物科学、数理科学和化学、天文学和地球科学、医药卫生、自然科学总论等领域;主要集中在工业技术(20 种)、数理科学和化学(16 种)以及医药卫生(14 种)三个领域。

2009 年,接受问卷调查的英文科技期刊共有 56 种,占中国科协英文科技期刊总量的 81.2%。中国科协英文科技期刊(69 种)与接受问卷调查的英文科技期刊的学科分布情况如图 3—2 所示。由图可知,调查问卷的样本涵盖中国科协英文科技期刊涉及的所有学

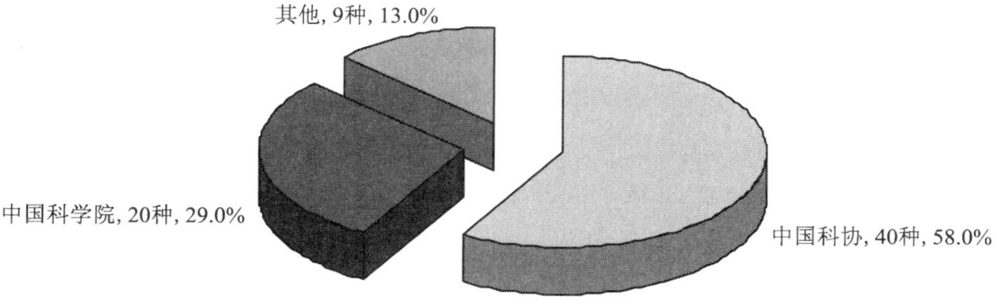


图 3—1　中国科协英文科技期刊主管单位分布

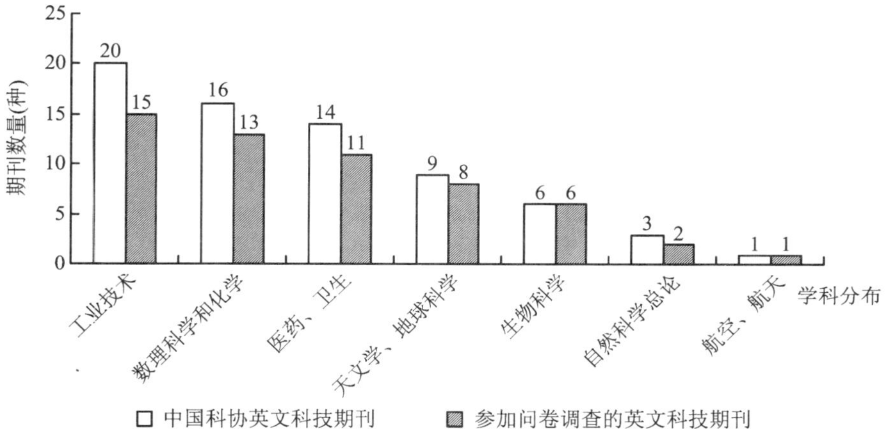


图 3—2　中国科协英文科技期刊学科领域分布

科领域，具有代表性，基本能反映出中国科协英文科技期刊的发展现状。

英文科技期刊的创办与发展，在一定程度上显示出学科的发展水平，也从侧面反映出各地区的科研实力和科技发展状况。中国科协 69 种英文科技期刊的地区分布，与各地科研院所的数量和科研实力成正相关关系，统计表明，中国科协英文科技期刊主要分布在北京、上海等科研院所较集中的地区。其中，68.1％的英文科技期刊集中分布于北京，8.7％分布于上海，如图 3—3。

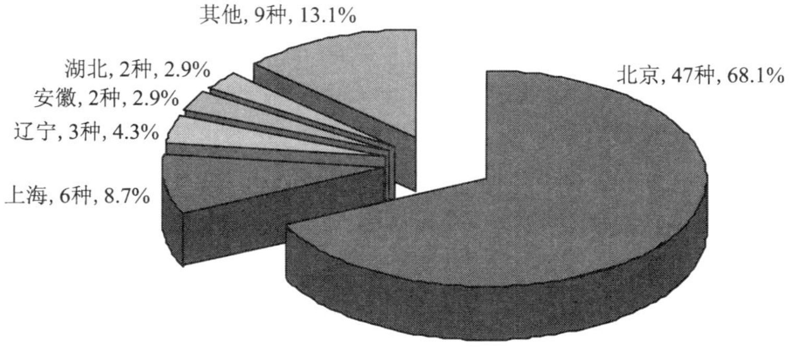


图 3—3　中国科协英文科技期刊地域分布

## (二)刊载容量增加

中国科协英文科技期刊刊均页码逐年增加,刊均载文量稳步增长。

刊载容量是从信息输出的角度评价期刊的重要指标①。刊载容量的增加主要从两个方面体现。①体现为期刊页码的增加。调查显示,2009 年中国科协英文科技期刊的刊均页码为 189 页,比 2008 年的 185 页增加了 2.2%,比 2007 年的 154 页增加了 22.7%。②体现为载文量的增长。载文量是判断科技期刊信息输出量大小的主要依据。调查显示,2009 年中国科协英文科技期刊刊均载文量为 175 篇,较 2008 年的 174 篇基本相当,较 2007 年的 146 篇增长了 19.9%(见图 3—4)。

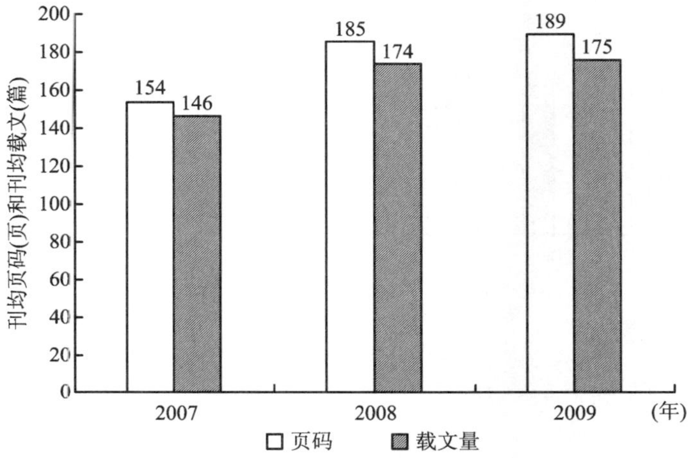


图 3—4　中国科协英文科技期刊刊均页码及刊均载文量

## (三)出版频率亟待加快

中国科协英文科技期刊急需调整出版周期,加快出版频率。

出版周期可以反映出科技期刊刊载学术信息的时效性和出版的灵活性。国外学术期刊大部分为半月刊和月刊,甚至旬刊或周刊,刊期短,出版灵活②。与之相比,中国科协英文科技期刊出版周期偏长,这也是我国英文科技期刊出版的薄弱环节。

统计表明,69 种中国科协英文科技期刊中没有周刊、旬刊和年刊,而是以双月刊为主(33 种,47.8%),其次是月刊(19 种,27.5%)和季刊(14 种,20.3%)。相对于 954 种中国科协科技期刊整体以月刊(42.0%)和双月刊(42.2%)为主的情况,英文科技期刊出版灵活度欠佳,落后于中国科协科技期刊整体水平。调查显示,2009 年 4 种英文科技期刊由季刊改为双月刊,英文刊出版周期的调整步伐仍需加快。

---

① 曹兵,佟建国,蒋伟,等.高校学报英文版的发展——基于《北京科技大学学报》(英文版)的分析与思考[J].中国科技期刊研究,2008,19(6):1048～1050.

② 周庆辉,殷惠霞,凌昌金,等.英国 Nature 杂志的成功经验及其对我国科技期刊的启示[J].中国科技期刊研究,2006,17(6):1062～1065.

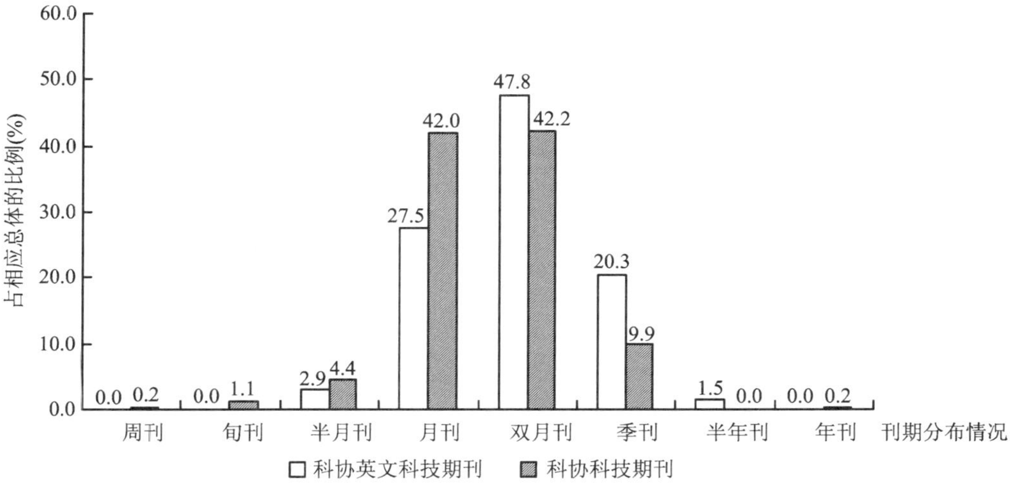


图 3－5　中国科协英文科技期刊刊期分布以及与中国科协科技期刊整体对比情况

## (四)发行状况趋于稳定

中国科协英文科技期刊秉承立足国际、面向国际、服务世界范围内学术交流的理念，在稳定国内发行数量的同时关注国外发行情况，积极推进国际化进程。由于采取了开展国际合作等富有成效的举措，中国科协英文科技期刊近两年的国际发行态势良好，国内外期发行数量保持稳定。

调查显示，2007～2009 年，中国科协英文科技期刊的平均期印数基本稳定在 840 册左右。2008 年，刊均国内、国外期发行数较 2007 年大幅提升；2009 年，刊均国内期发行数稍有回落但基本保持 2008 年水平，刊均国外期发行数则与 2008 年数量持平(见图 3－6)。其中，

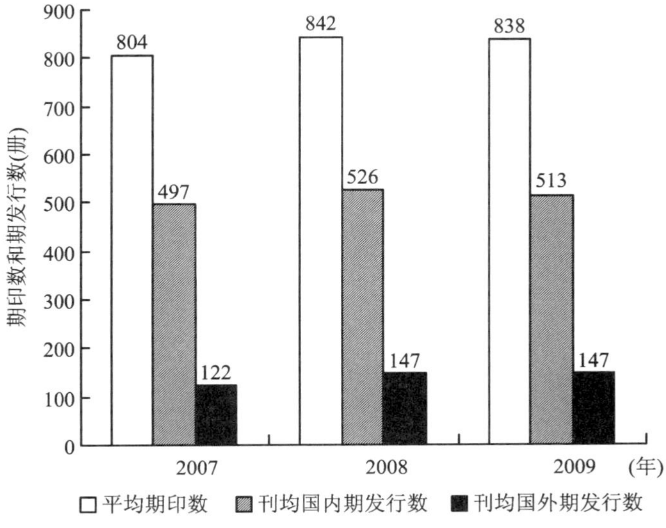


图 3－6　中国科协英文科技期刊期印数与期发行情况

由卫生部主管、中国康复医学会主办、中国神经再生研究杂志社与科学出版社共同出版的《中国神经再生研究》(英文版),连续3年平均期印数达3 000册,国内期发行量达2 000册,居中国科协英文科技期刊国内发行榜首。由国家中医药管理局主管、中国中医药学会和中国中医研究院联合主办的《中医杂志》(英文版),2007～2009年国外期发行量呈现先快速增长后维持稳定的局面,分别发行722册、1 310册和1 300册,居中国科协英文科技期刊国外发行榜首。

## 三、国际化水平提升

论文国际化、编审国际化以及拥有国际学术影响力是期刊国际化的重要表现,也是判断其是否国际化的重要依据①。中国科协英文科技期刊在出版语言方面具有先天优势,相对于中国科协科技期刊整体而言,其国际论文和国际合作论文数量较多,论文国际化程度远高于中国科协科技期刊的平均水平。英文科技期刊的编审国际化程度明显提高,海外编委国家分布范围不断扩大,被国际知名检索系统收录期刊数量增多以及期刊影响因子提升,反映出国际学术界对中国科协英文科技期刊的关注和认可,反映了中国科协英文科技期刊的国际化程度越来越高。

### (一)论文国际化优势明显

论文国际化是科技期刊国际化的核心内容。随着期刊国际化进程的推进,中国科协英文科技期刊的刊均收稿量——特别是刊均海外来稿量呈递增趋势。调查显示,2009年中国科协英文科技期刊的刊均海外来稿量为88篇,占刊均总收稿量的14.9%,远高于中国科协科技期刊刊均海外来稿占总收稿量1.0%的水平。与中国科协科技期刊整体相比,中国科协英文科技期刊的国际化优势明显。但是,与国际一流期刊相比,期刊的国际影响力普遍不高②,无法吸引高质量的海外论文。中国科协英文科技期刊尚需进一步提高论文国际化程度。

科技期刊刊载论文的构成可以反映出期刊的国际化程度。调查显示,2007～2009年,中国科协英文科技期刊发表国际论文(所有作者均来自国外)由2007年的刊均16.8篇上升至2009年的刊均25.5篇,增幅达51.8%;发表国际合作论文(部分作者来自国外)由刊均11.4篇上升至刊均15.0篇,增幅为31.6%。对比中国科协科技期刊的整体水平(刊均发表国际论文1.2篇,国际合作论文1.1篇),英文科技期刊发表论文的国际化程度较高(见图3—8)。

为进一步了解中国科协英文科技期刊稿源的国际化程度和论文的国际显示度,现以汤森路透JCR2008收录的32种中国科协英文科技期刊为数据源进行分析,见表3—5。

---

① 贾贤.浅析如何办好我国英文科技期刊[J].科技与出版,2005,(1):56～58.

② 杨兵,彭超群,李向群等.开放存取出版模式与中国学术期刊国际化[J].中国科技期刊研究,2009,20(3):516～518.

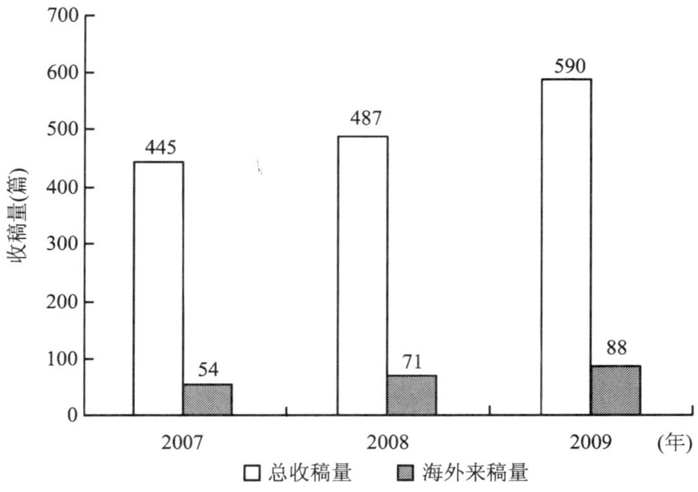


图 3－7　中国科协英文科技期刊总收稿量和海外来稿情况

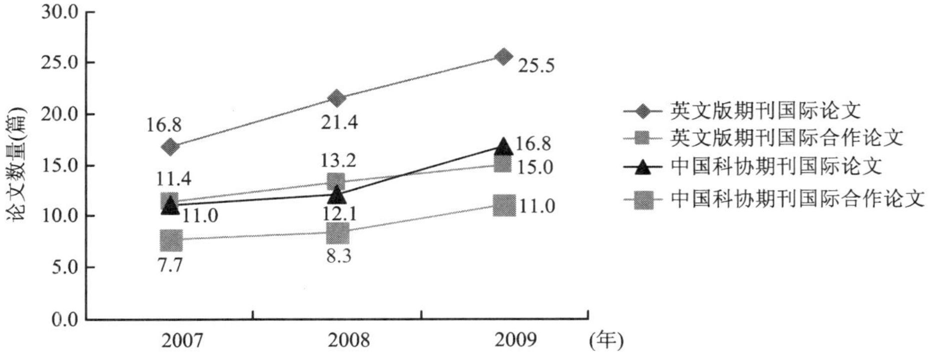


图 3－8　中国科协期刊及其英文科技期刊发表国际论文和国际合作论文统计

**表 3－5　JCR2008 收录的 32 种中国科协英文科技期刊作者分布**

| 序号 | 刊　名 | 中国作者比例（%） | 作者国家（地区）分布数量 | 论文引用作者国家（地区）分布数量 |
|---|---|---|---|---|
| 1 | 中国昆虫科学（英文版） | 35.4 | 33 | 41 |
| 2 | 颗粒学报（英文版） | 41.2 | 16 | 19 |
| 3 | 细胞研究（英文版） | 52.9 | 26 | 49 |
| 4 | 计算机科学技术学报（英文版） | 71 | 32 | 39 |
| 5 | 数学学报（英文版） | 71.7 | 54 | 57 |
| 6 | 材料科学技术（英文版） | 71.8 | 27 | 46 |
| 7 | 植物学报（英文版） | 79.5 | 37 | 69 |
| 8 | 高分子科学（英文版） | 81.4 | 18 | 25 |

续表

| 序号 | 刊　名 | 中国作者比例(%) | 作者国家(地区)分布数量 | 论文引用作者国家(地区)分布数量 |
|---|---|---|---|---|
| 9 | 中国药理学报(英文版) | 83.1 | 10 | 10 |
| 10 | 力学学报(英文版) | 83.3 | 25 | 33 |
| 11 | 植物分类学报(英文版) | 85.9 | 9 | 23 |
| 12 | 遗传学报(英文版) | 88.5 | 11 | 28 |
| 13 | 中国海洋工程(英文版) | 89 | 15 | 6 |
| 14 | 中国化学(英文版) | 89 | 24 | 49 |
| 15 | 等离子体科学和技术(英文版) | 89.8 | 26 | 35 |
| 16 | 稀有金属(英文版) | 91.9 | 23 | 36 |
| 17 | 稀土学报(英文版) | 93.1 | 31 | 44 |
| 18 | 中国物理快报(英文版) | 93.9 | 57 | 67 |
| 19 | 中国化学工程学报(英文版) | 94 | 26 | 48 |
| 20 | 天文和天体物理学研究(英文版) | 94.4 | 26 | 47 |
| 21 | 地质学报(英文版) | 94.7 | 24 | 30 |
| 22 | 中国化学快报(英文版) | 96.3 | 20 | 58 |
| 23 | 中国物理 C(英文版) | 96.7 | 10 | 12 |
| 24 | 海洋学报(英文版) | 96.8 | 18 | 23 |
| 25 | 中国有色金属学报(英文版) | 96.8 | 25 | 47 |
| 26 | 固体力学学报(英文版) | 97.2 | 9 | 15 |
| 27 | 中华医学杂志(英文版) | 97.3 | 30 | 75 |
| 28 | 理论物理通讯(英文版) | 97.5 | 27 | 43 |
| 29 | 化学物理学报(英文版) | 98.7 | 12 | 36 |
| 30 | 金属学报(英文版) | 99.0 | 11 | 28 |
| 31 | 结构化学(英文版) | 99.2 | 14 | 34 |
| 32 | 中国物理 B(英文版) | 99.8 | 22 | 51 |
| | 平均值 | 86.0 | 23.4 | 38.2 |

数据来源：Web of Science；按中国作者比例排序

中国科协英文科技期刊应进一步拓展海外稿源。优质稿源是学术期刊质量最有力的保障①，稿源国际化是期刊国际化的重要体现之一。从表 3－5 可以看出，32 种中国科协英文科技期刊的作者国家(地区)分布主要在中国，刊均中国作者比例高达 86.0%；其中，

① 郑芹珠，肖宏，任丹青等．从《亚洲男科学杂志》看我国英文科技期刊如何国际化[J]．编辑学报，2005，(17)4：264～265.

比例最高的是《中国物理 B》(英文版),为 99.8%,比例最低的是《中国昆虫科学》(英文版),为 35.4%。32 种中国科协英文科技期刊的平均作者国家(地区)分布数量为 23.4 个。作者国家(地区)分布数量在 20 个以下的期刊有 12 种,占统计样本的 37.5%;分布数量在20～30(不含 30)区间的英文科技期刊有 13 种,占 40.6%;分布数量为 30 个及以上的英文科技期刊有 7 种,占 21.9%。

中国科协英文科技期刊在国际上已具有一定的学术影响力,其刊载论文已得到国际范围的关注和认可。从表 3－5 可以看出,32 种中国科协英文科技期刊论文引用作者的国家(地区)分布较作者国家(地区)分布广泛一些,其平均值为 38.2 个。32 种期刊中,论文引用作者国家(地区)分布数量在 30 个以下的期刊有 10 种,占统计样本的 31.2%;分布数量在 30～49 区间的期刊为 16 种,占 50.0%;分布数量为 50 个及以上的期刊也有 6 种,占 18.75%。

### (二)编审国际化程度较高

期刊编委会构成的国际化,即编委的国际化是科技期刊国际化的重要特征之一。中国科协英文科技期刊的国际编委数量呈逐年增加的态势,英文科技期刊更注重编委的国际化。调查显示,2009 年,中国科协英文科技期刊中,26.8%的期刊国际编委人数在 1～9 区间,32.1%的期刊国际编委人数在 10～19 区间,7.1%的期刊国际编委人数在 20～29 区间,14.3%的期刊国际编委人数在 30 人及以上(见图 3－9)。中国科协英文科技期刊刊均国际编委为 16.7 人,远高于中国科协科技期刊整体的平均值(4.2 人);其国际编委刊均国家分布为 6.4 个。其中《中国神经再生研究》(英文版)的国际编委数量达 82 位,是接受问卷调查的 50 种中国科协英文科技期刊中国际编委数量最多的。

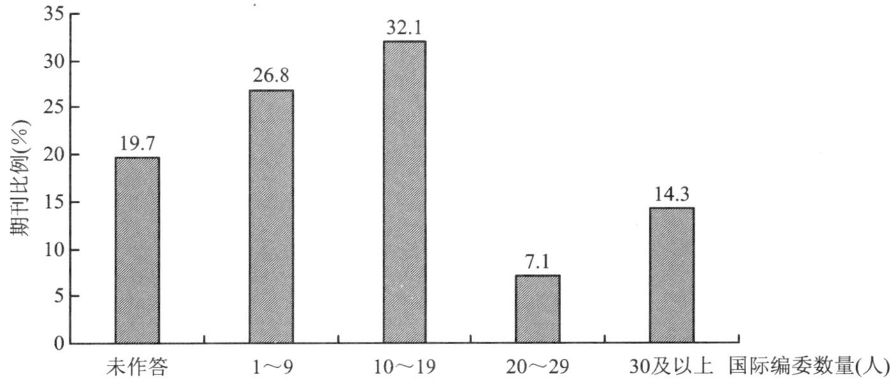


图 3－9　中国科协英文科技期刊国际编委数量分布

审稿专家的国际化是反映科技期刊国际化的重要因素之一。调查显示,2009 年中国科协英文科技期刊中 39 种期刊回答聘有海外审稿专家,占 50 种接受问卷调查的英文科技期刊的 78.0%,刊均海外审稿专家数量为 329.0 人。33.3%的期刊海外审稿专家人数在 50 人以下;18.0%的期刊海外审稿专家人数在 200～499 区间;18.0%的期刊海外审稿专家人数在 500 人及以上(见图 3－10)。

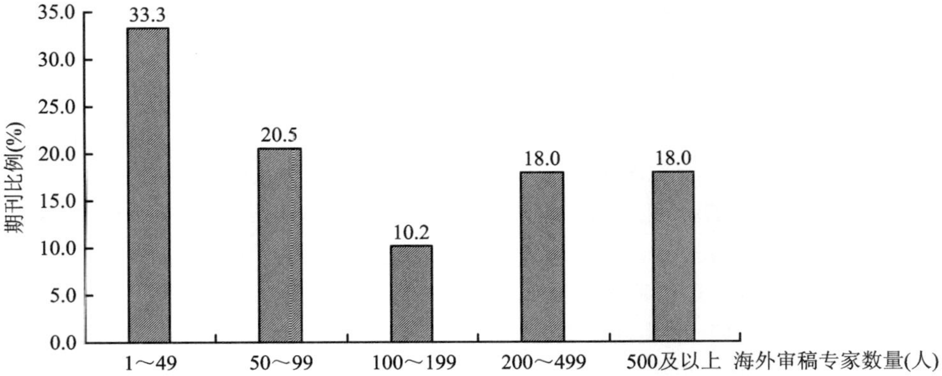


图 3－10　中国科协英文科技期刊海外审稿专家数量分布

## (三)出版语言规范化和国际化

以国际学术交流的通用语言英语为出版语言，推介中国科研成果、展示中国科技发展水平，实行“走出去”战略，是我国科技期刊国际化的主要措施之一①。

非母语出版是我国英文科技期刊的先天不足。因此，准确使用英语进行出版是英文科技期刊首先要解决的问题。据新闻出版总署 2007 年重点项目——“学术期刊英文版语言规范与编校质量分析评估报告”，对抽样选取的我国 160 种英文科技期刊的语言规范和编校质量进行抽查，抽检合格率仅为 27.3%。该项目进一步指出，我国英文科技期刊在语言规范和编校质量方面存在的主要问题是，文章作者和编校人员基本不具备或不完全具备使用英语就学术观点、理念、方法、发现等进行阐述和交流的能力。

单纯依靠编辑进行语言润色无法保证英文科技期刊的质量，进而会阻碍其国际化发展的步伐。中国科协英文科技期刊已经认识到出版语言的规范化和国际化问题，采取多种形式进行语言润色，以提高出版语言的水平。调查显示，37.6%的中国科协英文科技期刊依靠编辑进行语言润色，其余的期刊分别通过特邀专人(34.4%)、依靠国际合作方(20.5%)、交给翻译公司或语言润色公司(7.5%)完成语言润色工作(见表 3－6)。

**表 3－6　中国科协英文科技期刊语言润色方式**

| 语言润色方式 | 本刊编辑 | 编辑部特邀专人 | 国际合作方 | 翻译公司或语言润色公司 |
|---|---|---|---|---|
| 中国科协英文科技期刊比例(%) | 37.6 | 34.4 | 20.5 | 7.5 |
| 中国科协期刊比例(%) | 41.3 | 51.0 | 5.5 | 2.2 |

数据来源：中国科协科技期刊 2009 年调查数据(英文科技期刊有效问卷 56 份)

## (四)国际学术影响力扩大

随着刊载论文国际化程度的加深以及期刊学术质量的提高，中国科协英文科技期刊

① 贾贤.中国英文科技期刊面临的机遇与挑战[J].编辑学报，2005，(17)5：349～351.

被国际著名检索机构收录的数量逐步增多，且各项指标明显优于中国科协科技期刊的整体水平。美国《科学引文索引》(扩展库)、《工程索引》和《医学索引》收录的中国科协英文科技期刊数量分别占其收录中国科协期刊数量的75.8%、17.6%和18.5%，远高于英文科技期刊在中国科协科技期刊中6.5%的比例，见表3—7。

**表3—7 中国科协英文期刊被国际期刊检索系统收录情况**

| 中文名称 | 英文名称 | 国家 | 收录中国科协科期刊数量(种) | 收录中国科协英文科技期刊数量(种) | 收录中国科协英文期刊占中国科协科技期刊比例(%) |
|---|---|---|---|---|---|
| 科学引文索引 | Science Citation Index-E，SCI-E | 美国 | 62 | 47 | 75.8 |
| 工程索引 | Compendex(Core)，EI | 美国 | 91 | 16 | 17.6 |
| 医学索引 | Index Medicus / Medline，IM | 美国 | 54 | 10 | 18.5 |

数据来源：中国高等学校自然科学学报研究会对外联络委员会、中国科学技术期刊编辑学会国际交流工作委员会、国际检索系统咨询部，数据统计截至2009年12月

据汤森路透JCR2008，中国科协英文科技期刊2008年度的平均影响因子为0.822，比中国科协科技期刊整体平均水平的0.736高0.086。其中14种中国科协英文科技期刊的影响因子比上一年度有所上升，上升幅度较大的有《材料科学技术》(英文版)和《力学学报》(英文版)，分别提高了0.401和0.356。

2006～2008年，中国科协英文科技期刊影响因子上升较快。影响因子介于0.5～1.0(不含1.0)的期刊数量逐年增加，已由2006年的10种增加至2008年的15种。但是，影响因子≥1.0的期刊数量有所减少，2007年由2006年的6种跌至4种，2008年维持不变(见表3—8)。这4种期刊分别为《细胞研究》(英文版)、《中国物理B》(英文版)、《中国药理学报》(英文版)和《地质学报》(英文版)。其中，《细胞研究》(英文版)2008年的影响因子高达4.535，是JCR收录的中国科技期刊中影响因子最高的。

**表3—8 2006～2008年中国科协英文期刊JCR影响因子分布**

| 年份 | <0.5的期刊数量(种) | 0.5～1.0(不含1.0)的期刊数量(种) | ≥1.0的期刊数量(种) |
|---|---|---|---|
| 2006 | 13 | 10 | 6 |
| 2007 | 13 | 12 | 4 |
| 2008 | 10 | 15 | 4 |

数据来源：JCR 2008，JCR 2007，JCR 2006

## 四、国际交流与合作潜力巨大

中国期刊要融入世界期刊竞争的大潮，必然要以国际化作为现实选择和未来战略。中国科协英文科技期刊因出版语言的优势，更容易开展与国际知名出版机构的合作，从而融入国际交流体系，参与国际竞争。在我国科技期刊市场机制尚未健全的情况下，走与外

商合作之路是一种“曲线救刊”的权宜之计。通过合作,不仅在中国科技期刊市场上多了一种竞争元素,而且中国科技期刊也有了如何办好期刊的直接体验。合作只是一种手段,最终目的是要发展中国的科技期刊,要从整体上将中国科技期刊带入良性发展的轨道。

## (一)国际交流是办好英文期刊的必经之路

中国科协科技期刊遵循“立足国内、面向国际”的办刊宗旨,积极参与国际交流,提升期刊的国际竞争力。作为中国期刊学术水平的最有力代表,中国科协英文科技期刊进一步将立足国际、面向国际、服务世界范围内学术交流确立为办刊宗旨,积极参与国际竞争,努力打造世界一流学术期刊。这不仅是国家赋予英文科技期刊的期望,也是英文科技期刊理应肩负的社会责任。

2009 年,中国科协精品科技期刊工程开展科技期刊国际推广项目,支持英文科技期刊做大做强,积极参与国际竞争,加强国际交流与合作。项目的实施为英文科技期刊的国际化发展提供了良好契机和强大助力,英文科技期刊国际化发展的空间广阔。

参加国际学术会议,了解世界学术前沿,联系相关领域的专家学者,对英文科技期刊组织国际稿件、促进编审队伍国际化具有不可替代的作用;积极进行刊际交流,学习和借鉴国际同行先进的办刊经验,对英文期刊的发展也是必不可少的。中国科协英文科技期刊作为国际化的践行者和推动者,积极参与国际交流,形式多样,效果明显。

2007～2009 年,中国科协英文科技期刊参加国际学术会议和刊际交流呈现出积极的发展态势。调查显示,参加国际学术会议的英文科技期刊有 31 种,占 56 种接受问卷调查的英文科技期刊的 55.4%,刊均每年有 2.2 人次参加国际学术会议。组织开展国际考察的英文科技期刊为 12 种,占 21.4%,年均每种刊物有 1.2 人次参加国际考察。举办国际学术会议的英文科技期刊为 7 种,刊均每年举办 1.6 次学术会议。组织国际刊际交流活动的英文科技期刊为 12 种,刊均每年举办 1.1 次国际刊际交流活动,其中《中国神经再生研究》(英文版)编辑部年均举办 2.3 次国际刊际交流活动,居接受问卷调查的英文科技期刊之首。

## (二)国际合作是英文期刊融入国际学术交流体系的主要手段

中国科协英文科技期刊开展国际合作,旨在融入国际交流体系,提高刊物的知名度和论文的被引频次,从而提高刊物的国际影响力和市场竞争力。调查显示,67.8%的中国科协英文科技期刊已经开展了与国际出版机构的合作,8.9%的正在接洽相关事宜,14.3%的有合作愿望,仅有 5.4%的期刊在短期内不予考虑合作事宜。

加入国际期刊网络平台是英文科技期刊融入国际交流体系快捷有效的方式之一。调查显示,2009 年共有 28 种中国科协英文科技期刊加入了国际期刊网络平台。其中,加入施普林格 SpringerLink 平台的期刊有 9 种,加入爱思唯尔 ScienceDirect 平台的期刊有 5 种,加入 Wiley-Blackwell 的 InterScience 平台和加入英国皇家物理学会的 IOPscience 平台的期刊分别有 4 种,另有 6 种期刊选择了其他国际期刊平台。在实际合作过程中,有的期刊加入了 1 个以上的国际期刊平台,如《结构化学》(英文版)同时加入了 3 个平台。

国际合作加快了中国科协英文科技期刊融入国际学术交流体系的进程。针对中国科

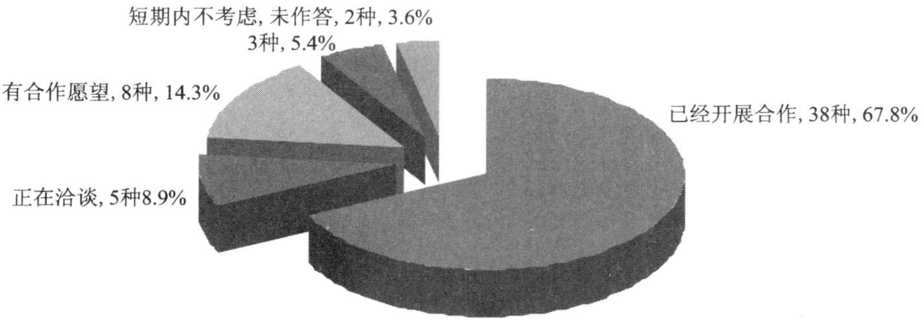


图 3—11　中国科协英文科技期刊与国际出版机构合作情况

协英文科技期刊加入国际期刊平台的具体情况，课题组对相关期刊编辑部进行了电话访谈，调研期刊的国际合作效果。调研显示，14 种英文科技期刊编辑部返回相关信息，其中 7 种英文科技期刊加入 SpringerLink 平台、3 种加入 IOPscience 平台、3 种加入 ScienceDirect 平台、1 种加入 InterScience 平台。就整体情况而言(见图 3—12)，加入国际期刊平台后，刊均海外全文下载数量呈现快速增长的态势。

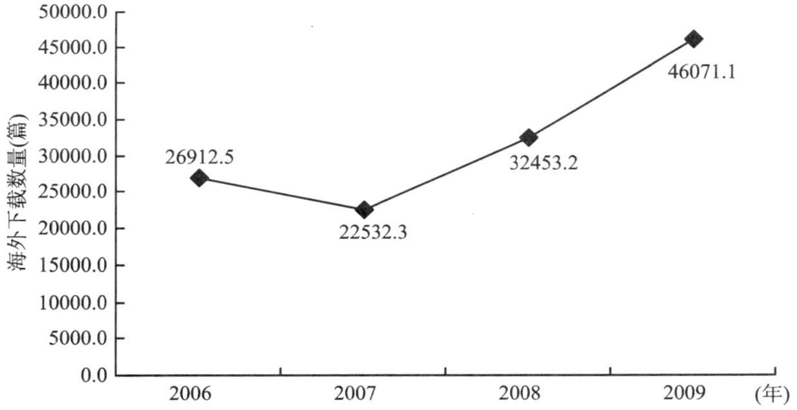


图 3—12　中国科协英文科技期刊加入国际期刊平台后刊均海外全文下载统计

# 第四章　中国科协科技期刊数字化和网络化建设

科技期刊的数字化和网络化是信息传播与交流的发展趋势，也是科技期刊自身可持续发展的要求。随着各类数字出版媒体的出现和互联网技术的迅速发展与普及，科技期刊读者获取信息的方式和渠道已发生了重大变化，传统的印刷版科技期刊编辑和出版正面临着向数字化、网络化转型的深刻变革①。《中国科协科技期刊发展报告(2008)》发布了中国科协所属 898 种科技期刊数字化和网络化建设状况，调查结果认为，2007 年中国科协科技期刊数字化和网络化建设虽已初具规模，却依然任重道远。2009 年通过系统调查，并与 2007 年相关结果作比较分析，结果显示，中国科协科技期刊的数字化和网络化建设呈现快速发展的态势：期刊网站数量日趋增加、内容日趋丰富、功能日趋完善、设计日趋合理，服务日趋多样；2009 年中国科协科技期刊中的全文开放存取期刊、加入学科信息网和国外出版商网络平台的期刊数量大幅增加。但仍然存在资源分散、缺乏竞争力、网站质量良莠不齐、网站赢利模式尚未建立等问题。因此，大力促进期刊网站信息集成，加强期刊网站服务功能，实现网站运营良性循环，是中国科协科技期刊数字化和网络化建设的发展方向。

## 第一节　中国科协科技期刊网站建设现状

期刊建设网站是提高工作效率、扩大显示度、吸引读者和规范管理的有效途径②。期刊网站不仅可以实现期刊信息和内容发布、为作者和读者服务的网络化，而且还可以实现期刊编辑流程、出版发行和经营管理的全方位功能的数字化和网络化③。2009 年 5～7 月，为了解 954 种中国科协科技期刊网站建设现状，通过 Google 搜索引擎对中国科协科技期刊的刊名进行全面搜索，并参照北京玛格泰克科技发展有限公司网站(http://www.magtech.com.cn/)、北京勤云科技发展有限公司网站(http://www.e-tiller.com/ch/)、西安三才电子有限公司网站(http://www.cnsce.com/)和北京志清伟业科技有限公司网站(http://www.yywkt.cn/)的有关资料做补充分析，结果显示，中国科协期刊自建网站的数量大幅增加，自建网站期刊的地区分布更加广泛，网站信息更加丰富，网站功能更加完善，加入行业信息网和国外出版平台的期刊数量快速增加，网站建设的资金来源和运营方式呈现多元化态势。

---

① 郝振省. 2007～2008 年中国数字出版产业年度报告. 北京：中国古籍出版社，2008，38.

② 刘飚，邢飞，徐威. 国外科技期刊网站的调查与思考. 中国科技期刊研究，2009，20(3)：479～483.

③ 冯向春. 我国自然科学核心期刊网络服务功能剖析. 编辑学报，2008，20(1)：76～78.

## 一、期刊自建网站数量增加，质量提高

2009 年，中国科协科技期刊积极转变观念，主动建设期刊网站，自建网站数量大幅增加，自建网站期刊地区和学科分布更加广泛，自建网站的总体质量明显提高。

### （一）自建网站数量增加

据统计①，2009 年共有 581 种中国科协科技期刊通过自建网站形式上网（不包括在 CNKI、万方、维普、台湾华艺等期刊全文数据库上网），占 954 种中国科协科技期刊的 60.9%，比 2007 年 49.9%的比例（448 种/898 种②）增加了 11.0%。其中，中国科协主管 436 种期刊有 294 种自建网站（占 67.4%），全国学会主办 518 种期刊有 287 种自建网站（占 55.4%），分别比 2007 年增加了 13.7 和 9.0 个百分点（表 4—1）。

表 4—1　中国科协科技期刊自建网站数量

| | 2009 年 | | | 2007 年 | | |
|---|---|---|---|---|---|---|
| | 期刊数量（种） | 自建网站数量（个） | 自建网站期刊比例（%） | 期刊数量（种） | 自建网站数量（个） | 自建网站期刊比例（%） |
| 中国科协主管期刊 | 436 | 294 | 67.4 | 428 | 230 | 53.7 |
| 其他部委主管全国学会主办期刊 | 518 | 287 | 55.4 | 470 | 218 | 46.4 |
| 合计／比例 | 954 | 581 | 60.9 | 898 | 448 | 49.9 |

注：数据统计截至 2009 年 5 月

根据顶级域名的种类可将 581 种期刊自建网站的上网形式归纳为 5 种（见表 4—2）：①一刊单独上网（单刊编辑部注册独立域名）336 种，占 57.8%；②数刊联合上网（2 刊或 2 刊以上共同注册独立域名）82 种，占 14.1%；③依托主办单位上网 85 种，占 14.7%；④依托学科信息网上网 70 种，占 12.1%；⑤在国外出版商网络出版平台上网 8 种，占 1.4%。

与 2007 年统计数据相比，“一刊单独上网”和“数刊联合上网”这两种期刊社自主申请独立域名、建设网站的明显比例增加了 10.1 个百分点。这种具有独立域名的网站更容易被各种搜索引擎方便地找到，是提高期刊网站显示度的有效方法。

---

① 统计方法为：a. 统计期刊编辑部或杂志社/期刊社建立的具有顶级域名的网站；b. 如果无 a 类网站，则统计期刊在主办单位网站或主办单位主办的学科或行业信息网的上网情况；仅有一页期刊简介的未计入；c. 如果无 a 类和 b 类网站，则统计在期刊相关学科或行业信息网的上网情况；仅有一页期刊简介的未计入；d. 对英文科技期刊，如果无 a 类和 b 类，则统计在国外期刊网络出版平台的上网情况；e. 如果期刊在自建网站的同时加入学科或行业信息网，或在国外出版平台上网，则只统计其自建的网站。

② 中国科学技术协会. 中国科协科技期刊发展报告(2008). 北京：中国科学技术出版社，2008.

**表 4—2　中国科协科技期刊自建网站的上网形式**

| 上网形式 | 2009 年 | | 2007 年 | |
|---|---|---|---|---|
| | 中国科协科技期刊自建网站分类统计(种) | 分类比例(%) | 中国科协科技期刊自建网站分类统计(种) | 分类比例(%) |
| 一刊单独上网 | 335 | 57.8 | 223 | 49.8 |
| 数刊联合上网 | 82 | 14.1 | 54 | 12.0 |
| 依托主办单位上网 | 85 | 14.6 | 81 | 18.1 |
| 依托学科信息网上网 | 70(118[a]) | 12.1 | 79 | 17.6 |
| 在国外出版平台上网 | 8(60[b]) | 1.4 | 11 | 2.5 |
| 合计 | 581 | 100 | 448 | 100 |

注:数据统计截至 2009 年 5 月

a:实际依托中国科技论文在线、首席医学网、龙源期刊网、中国光学期刊网、中华医学会杂志社稿件远程处理系统等学科期刊网上网的期刊为 118 种,其余 48 种以前 3 种形式之一上网,不作重复计算。

b:实际在国外出版平台上网的期刊为 60 种,其余 52 种以前 3 种形式之一上网,不作重复计算。

## (二)自建网站期刊地区和学科分布广泛

中国科协自建网站期刊(581 种)分布在北京、上海、辽宁、江苏和湖北等 29 个省市区,与 2007 年统计数据相比,自建网站期刊的地区分布更加广泛。中国科协自建网站最多的是学术类期刊,其次为技术类期刊,再次是科普类期刊。

表 4—3 显示,中国科协 581 种自建网站期刊有 330 种分布在北京(占 56.8%),高于中国科协 954 种期刊中北京期刊所占比例(占 50.0%),其次分布在上海(42 种,占 7.2%)、辽宁(26 种,占 4.5%)、江苏(23 种,占 4.0%)和湖北(21 种,占 3.6%)等 29 个省市区。与 2007 年相比,增加了广西和宁夏 2 个省区;江苏自建网站数量由第 4 位上升到第 3 位。

地区自建网站期刊所占比例高于总体平均值(60.9%)的省市排序为:广东(73.7%)、重庆(70.6%)、辽宁(70.3%)、北京(69.2%)、陕西(61.1%)。与 2007 年相比,广东由第 2 位上升到第 1 位,重庆由第 7 位上升到第 2 位,陕西由第 12 位上升到第 5 位。这说明近两年广东、重庆和陕西的期刊网络化发展速度相对较快。

**表 4—3　中国科协科技期刊自建网站的地区分布**

| 地区(登记地) | 中国科协科技期刊数量(种) | 占期刊总数比例(%) | 自建网站期刊数量(种) | 占自建网站期刊比例(%) | 自建网站期刊占地区期刊比例(%) |
|---|---|---|---|---|---|
| 北京 | 477 | 50.0 | 330 | 56.8 | 69.2 |
| 上海 | 74 | 7.7 | 42 | 7.2 | 56.8 |
| 辽宁 | 37 | 3.9 | 26 | 4.5 | 70.3 |
| 江苏 | 41 | 4.3 | 23 | 4.0 | 56.1 |
| 湖北 | 40 | 4.2 | 21 | 3.6 | 52.5 |

续表

| 地区（登记地） | 中国科协科技期刊数量(种) | 占期刊总数比例(%) | 自建网站期刊数量(种) | 占自建网站期刊比例(%) | 自建网站期刊占地区期刊比例(%) |
|---|---|---|---|---|---|
| 广东 | 19 | 2.0 | 14 | 2.4 | 73.7 |
| 天津 | 33 | 3.5 | 13 | 2.2 | 39.4 |
| 安徽 | 22 | 2.3 | 12 | 2.1 | 54.5 |
| 重庆 | 17 | 1.8 | 12 | 2.1 | 70.6 |
| 陕西 | 18 | 1.9 | 11 | 1.9 | 61.1 |
| 四川 | 21 | 2.2 | 11 | 1.9 | 52.4 |
| 吉林 | 22 | 2.3 | 10 | 1.7 | 45.5 |
| 浙江 | 15 | 1.6 | 9 | 1.5 | 60.0 |
| 黑龙江 | 18 | 1.9 | 8 | 1.4 | 44.4 |
| 湖南 | 17 | 1.8 | 7 | 1.2 | 41.2 |
| 山东 | 20 | 2.1 | 6 | 1.0 | 30.0 |
| 河南 | 13 | 1.4 | 5 | 0.9 | 38.5 |
| 山西 | 11 | 1.2 | 5 | 0.9 | 45.5 |
| 甘肃 | 7 | 0.7 | 4 | 0.7 | 57.1 |
| 福建 | 10 | 1.0 | 3 | 0.5 | 30.0 |
| 海南 | 2 | 0.2 | 2 | 0.3 | — |
| 河北 | 5 | 0.5 | 2 | 0.3 | 40.0 |
| 内蒙古 | 6 | 0.6 | 2 | 0.3 | 33.3 |
| 贵州 | 3 | 0.3 | 1 | 0.2 | 33.3 |
| 宁夏 | 1 | 0.1 | 1 | 0.2 | — |
| 青海 | 1 | 0.1 | 1 | 0.2 | — |
| 广西 | 1 | 0.1 | 0 | 0 | 0 |
| 江西 | 1 | 0.1 | 0 | 0 | 0 |
| 云南 | 2 | 0.2 | 0 | 0 | 0 |
| 合计 | 954 | 100 | 581 | 100 | (平均值)60.9 |

注:数据统计截至 2009 年 5 月;按地区自建网站期刊数量排序

表 4—4 统计显示,中国科协自建网站期刊学科分布数量前 6 个依次是:“工业技术”(181 种)、“医学/卫生”(157 种)、“数理科学和化学”(61 种)、“生物科学”(38 种)、“农业科学”(35 种)和“天文学/地球科学”(34 种)。中国科协自建网站期刊所占比例高于平均值(60.9%)的学科依次为:“生物科学”(82.6%)、“航空/航天”(81.8%)、“环境科学/安全科学”(77.8%)、“自然科学总论”(76.7%)、“数理科学和化学”(74.4%)、“天文学/地球科学”(66.7%)、“农业科学”(66.0%)和“工业技术”(63.7%)。其排列顺序与 2007 年统计

结果基本一致。

**表 4—4　中国科协科技期刊自建网站的学科分布**

| 学　科 | 中国科协科技期刊数量(种) | 占期刊总数比例(%) | 自建网站期刊数量(种) | 占自建网站期刊比例(%) | 自建网站期刊占学科期刊比例(%) |
|---|---|---|---|---|---|
| 工业技术 | 284 | 29.8 | 181 | 31.2 | 63.7 |
| 医学/卫生 | 320 | 33.5 | 157 | 27.1 | 49.1 |
| 数理科学和化学 | 82 | 8.6 | 61 | 10.5 | 74.4 |
| 生物科学 | 46 | 4.8 | 38 | 6.5 | 82.6 |
| 农业科学 | 53 | 5.5 | 35 | 6.0 | 66.0 |
| 天文学/地球科学 | 51 | 5.3 | 34 | 5.9 | 66.7 |
| 自然科学总论 | 30 | 3.1 | 23 | 4.0 | 76.7 |
| 文化/科学/教育/体育/其他 | 33 | 3.4 | 20 | 3.4 | 60.6 |
| 交通运输 | 26 | 2.7 | 10 | 1.7 | 41.7 |
| 航空/航天 | 11 | 1.2 | 9 | 1.5 | 81.8 |
| 环境科学/安全科学 | 9 | 0.9 | 7 | 1.2 | 77.8 |
| 经济 | 11 | 1.2 | 6 | 1.0 | 54.5 |
| 合计 | 954 | 100 | 581 | 100 | (平均值)60.9 |

注:数据统计截至 2009 年 5 月;按学科自建网站期刊数量排序

由表 4—5 可见,中国科协自建网站期刊中学术类期刊所占比例(71.9%)略高于中国科协全部期刊中学术类期刊所占比例(69.3%)。661 种学术类期刊中有 418 种自建网站,其比例(63.2%)略高于科普类期刊(60.0%)和综合类期刊(60.9%)自建网站期刊所占比例,明显高于技术类期刊(53.0%)自建网站期刊所占比例。与 2007 年相比,类别自建网站期刊占类别期刊总数比例的增加幅度的排序为学术类、科普类和技术类,分别增加了 12.4、11.9 和 4.3 个百分点。

**表 4—5　中国科协科技期刊自建网站的类别分布**

| 期刊类别 | 中国科协科技期刊数量(种) | 占期刊总数比例(%) | 自建网站期刊数量(种) | 占自建网站期刊比例(%) | 自建网站期刊占类别期刊比例(%) |
|---|---|---|---|---|---|
| 学术类 | 661 | 69.3 | 418 | 71.9 | 63.2 |
| 技术类 | 183 | 19.2 | 97 | 16.7 | 53.0 |
| 科普类 | 60 | 6.3 | 36 | 6.2 | 60.0 |
| 综合指导类 | 46 | 4.8 | 28 | 4.8 | 60.9 |
| 检索类 | 4 | 0.4 | 2 | 0.4 | 50.0 |
| 合计 | 954 | 100 | 581 | 100 | (平均值)60.9 |

注:数据统计截至 2009 年 5 月;按类别自建网站期刊数量排序

## (三)自建网站总体质量明显提高

期刊网站建设质量体现在两个层面,一是功能层面(由硬件和软件构成);二是内容层面。功能层面由IT业的软件和硬件开发商提供,内容层面由期刊编辑部提供。网站内容须建立在相应的功能之上,网站功能的效用只有通过内容才能体现。

期刊网站功能(内容)可概括为由信息发布、采编系统、网刊发布和综合服务4项:①信息发布:发布有关期刊各种信息的功能,使读者通过网站对期刊有更全面、深入的了解;②采编系统:期刊在线办公功能,可实现在线投稿、在线审稿、远程编辑等;③网刊发布:期刊内容数字化功能,包括印刷版内容的数字化,论文辅助信息(音频、视频)的发布、纯网络版期刊的发布等;④综合服务:为读者提供服务的功能,如基于期刊内容的系统内和跨系统检索、参考文献的系统内和跨系统链接、读者个性化文献定制、在线留言等;期刊在线经营和管理功能,如读者会员管理、在线订阅、在线支付等;统计功能;其他扩展功能,如发布广告和行业信息、博客、论坛等。建设网站的目的不同、期刊的学科和类别不同、网站的客户服务群体不同,网站上的功能和内容的侧重点则不同。

根据信息发布、采编系统、网刊发布和综合服务4项内容的"有"和"无",将中国科协期刊网站划分为4大类、14小类(见表4—6)。仅有1项内容的为Ⅰ类网站,有2项内容的为Ⅱ类网站,有3项内容的为Ⅲ类网站,有全部4项内容的为Ⅳ类网站。统计表明,与2007年相比,Ⅰ类、Ⅱ类和Ⅲ类的网站所占比例分别减少了3.4、4.2和7.3个百分点,而具有全部4项内容的Ⅳ类网站所占比例增加了14.9个百分点。表4—7显示,网站上信息发布、网刊发布、采编系统、综合服务4项内容所占比例分别比2007年增加了2.4、6.2、7.5和9.7个百分点。中国科协期刊中使用远程稿件采编系统、实现编辑办公网络化的期刊比例由2007年的26.9%上升至2009年的37.4%。

**表4—6　中国科协期刊网站的类型***

| 类型 | 网站内容 | | | | 2009年 | | 2007年 | |
|---|---|---|---|---|---|---|---|---|
| | 信息发布 | 网刊发布 | 采编系统 | 综合服务 | 期刊(种) | 比例(%) | 期刊(种) | 比例(%) |
| Ⅰ—1 | 有 | | | | 26 | 4.5 | 25 | 5.6 |
| Ⅰ—2 | | 有 | | | 1 | 0.2 | 2 | 0.5 |
| Ⅰ—3 | | | 有 | | 25 | 4.3 | 27 | 6.0 |
| Ⅰ—4 | | | | 有 | 5 | 0.8 | 5 | 1.1 |
| 小计 | | | | | 57 | 9.8 | 59 | 13.2 |
| Ⅱ—1 | 有 | 有 | | | 87 | 15.0 | 86 | 19.2 |
| Ⅱ—2 | 有 | | 有 | | 3 | 0.5 | 6 | 1.3 |
| Ⅱ—3 | 有 | | | 有 | 16 | 2.7 | 7 | 1.6 |
| Ⅱ—4 | | 有 | | 有 | 0 | 0 | 2 | 0.5 |
| Ⅱ—5 | | 有 | 有 | | 1 | 0.2 | 0 | 0 |
| 小计 | | | | | 107 | 18.4 | 101 | 22.6 |

续表

| 类型 | 网站内容 | | | | 2009 年 | | 2007 年 | |
|---|---|---|---|---|---|---|---|---|
| | 信息发布 | 网刊发布 | 采编系统 | 综合服务 | 期刊(种) | 比例(%) | 期刊(种) | 比例(%) |
| Ⅲ－1 | 有 | 有 | 有 | | 12 | 2.1 | 17 | 3.8 |
| Ⅲ－2 | 有 | 有 | | 有 | 89 | 15.3 | 79 | 17.6 |
| Ⅲ－3 | 有 | | 有 | 有 | 25 | 4.3 | 35 | 7.8 |
| Ⅲ－4 | | 有 | 有 | 有 | 1 | 0.2 | 0 | 0 |
| 小计 | | | | | 127 | 21.9 | 131 | 29.2 |
| Ⅳ | 有 | 有 | 有 | 有 | 290 | 49.9 | 157 | 35.0 |
| 合计 | | | | | 581 | 100 | 448 | 100 |

* 各项统计为内容层面的统计，网站设计有某项功能而无内容或未使用的未作统计

**表 4－7　中国科协期刊网站的内容变化情况**

| 网站内容 | 2009 年 | | | 2007 年 | | |
|---|---|---|---|---|---|---|
| | 期刊(种) | 占自建网站期刊比例(%) | 占全部期刊比例(%) | 期刊(种) | 占自建网站期刊比例(%) | 占全部期刊比例(%) |
| 信息发布 | 548 | 94.3 | 57.4 | 412 | 91.9 | 45.9 |
| 网刊发布 | 481 | 82.8 | 50.4 | 343 | 76.6 | 38.2 |
| 采编系统 | 357 | 61.4 | 37.4 | 242 | 53.9 | 26.9 |
| 综合服务 | 426 | 73.3 | 44.7 | 285 | 63.6 | 31.1 |

## 二、期刊网站内容丰富，功能增强

与 2007 年相比，2009 年中国科协期刊自建网站上发布的期刊介绍、投稿要求、编委会名单等一般性信息更加丰富，发布的期刊目次、论文摘要和全文的比例比 2007 年分别增加了 5.0、5.6 和 0.6 个百分点。提供 201 期以上目次的期刊由 2007 年的 16 种明显增加至 2009 年的 32 种，实现“网络预出版”的中国科协期刊由 2007 年的 6 种增加至 2009 年的 32 种。自建网站上具备“在线投稿”、“在线审稿”、“在线查稿”和“远程编辑”4 项功能所占比例比 2007 年分别增加了 6.9、7.4、8.7 和 10.0 个百分点。自建网站的服务功能也更加完善，检索、相关/友情链接、行业信息、RSS 等项服务功能均有不同程度的增强。自建网站的 581 种中国科协科技期刊中有 152 种的网站有英文版网页(英文科技期刊则为相对应的中文版网页)，占 26.2%，比 2007 年增加了 3.7 个百分点；有 19 种期刊建有全英文网站。

### (一)在线发布信息丰富

各类期刊网站中出现频次较高(20 刊以上)的一般性信息统计结果表明(表 4－8)，期

刊类别不同,发布有关期刊信息的侧重点也不同。学术类和技术类期刊网站提供信息的相似之处较多,提供期刊介绍、投稿要求、被数据库收录情况、编委会名单、期刊信息动态、期刊获奖情况和下载中心的比例均较高,科普类期刊的网站则较少出现这些信息。

**表 4—8　中国科协期刊自建网站发布的主要信息**

| 序号 | 提供有关期刊主要信息 | 自建网站(581 刊) | | 学术类(418 刊) | | 技术类(97 刊) | | 科普类(36 刊) | | 综合指导类(28 刊) | |
|---|---|---|---|---|---|---|---|---|---|---|---|
| | | 刊数 | % | 刊数 | % | 刊数 | % | 刊数 | % | 刊数 | % |
| 1 | 期刊介绍 | 523 | 90.0 | 377 | 90.2 | 92 | 94.8 | 29 | 80.6 | 24 | 85.7 |
| 2 | 编辑部联系方式 | 484 | 83.3 | 342 | 81.8 | 88 | 90.7 | 30 | 83.3 | 22 | 78.6 |
| 3 | 投稿要求 | 444 | 76.4 | 342 | 81.8 | 76 | 78.4 | 10 | 27.8 | 16 | 57.1 |
| 4 | 被数据库收录情况 | 400 | 68.8 | 244 | 58.4 | 48 | 49.5 | 0 | 0 | 8 | 28.6 |
| 5 | 编委会名单 | 385 | 66.3 | 301 | 72.0 | 64 | 66.0 | 6 | 16.7 | 14 | 50.0 |
| 6 | 期刊征订启事 | 377 | 64.9 | 276 | 66.0 | 67 | 69.1 | 14 | 38.9 | 20 | 71.4 |
| 7 | 期刊信息动态 | 367 | 63.2 | 282 | 67.5 | 59 | 60.8 | 12 | 33.3 | 14 | 50.0 |
| 8 | 版权转让协议 | 179 | 30.9 | 150 | 36.0 | 20 | 20.6 | 2 | 5.6 | 7 | 25.0 |
| 9 | 期刊获奖情况 | 156 | 26.9 | 133 | 31.9 | 18 | 18.6 | 0 | 0 | 5 | 17.9 |
| 10 | 下载中心 | 148 | 25.5 | 123 | 29.5 | 21 | 21.6 | 0 | 0 | 4 | 14.3 |
| 11 | 论文模板 | 111 | 19.1 | 93 | 22.2 | 13 | 13.4 | 0 | 0 | 5 | 17.9 |
| 12 | 论文点击或下载排行 | 74 | 12.8 | 53 | 12.7 | 10 | 10.3 | 9 | 25.0 | 2 | 7.1 |
| 13 | 编辑部成员介绍 | 57 | 9.8 | 54 | 12.9 | 0 | 0 | 1 | 2.8 | 2 | 7.1 |
| 14 | 读者调查 | 24 | 4.1 | 10 | 2.4 | 6 | 6.2 | 3 | 8.3 | 2 | 7.1 |

注:数据统计截至 2009 年 5 月

除表 4—8 列出的 14 项出现频次较高的信息外,自建网站提供的信息还有:EI 收录数据、编读往来、编辑部服务公约、编辑道德规范、编辑流程、编委分布地图、编委申请、标点符号国标、病毒名称、诚聘审稿专家、出版日程、大事记、订阅办法(使用在线支付系统"支付@网")、读者分布统计、对一稿两投问题的处理、规章制度(编辑部成员岗位职责)、国际审稿专家、国际咨询委员会、绘图体例、科技论文写作规范、英文摘要写作规范、审稿流程、审稿人名单、审稿专家自荐表、视频期刊介绍、校对符号、写作指南、优秀论文评选、写作讲座 PPT(可下载)、珍贵资料、专家风采、专题介绍、综述文章、作图参数、作者索引、作者园地等。

## (二)在线发布网刊总量增加

中国科协期刊网站发布的网刊总量呈逐年增加的趋势。期刊网站(特别是学术期刊网站)的信息量主要是指提供目次、摘要和全文的数量。从目次到摘要再到全文,是期刊网站揭示期刊内容由浅至深的三个层次。据 2009 年 5 月统计(见表 4—9),中国科协 581 种期刊自建网站中提供期刊目次、论文摘要、全文的比例分别为 79.7%、55.2% 和

40.8%,其中有195种期刊实现全文开放存取,占提供全文期刊的82.3%。与2007年数据相比,自建网站上发布的目次、摘要和全文所占比例分别增加了5.0、5.6和0.6个百分点(见表4—10)。

**表4—9 中国科协期刊自建网站提供的期刊内容**

| 期刊内容 | 中国科协自建网站(581刊) | | 学术类(418刊) | | 技术类(97刊) | | 科普类(36刊) | | 综合指导类(28刊) | |
|---|---|---|---|---|---|---|---|---|---|---|
| | 刊数 | % | 刊数 | % | 刊数 | % | 刊数 | % | 刊数 | % |
| 目次 | 463 | 79.7 | 343 | 82.1 | 78 | 80.4 | 28 | 77.8 | 14 | 50.0 |
| 摘要 | 321 | 55.2 | 250 | 59.8 | 52 | 53.6 | 11 | 30.6 | 8 | 28.6 |
| 全文 | 237 | 40.8 | 194 | 46.4 | 23 | 23.7 | 14 | 38.9 | 7 | 25.0 |
| 其中:OA | 195 | — | 172 | — | 13 | — | 6 | — | 4 | — |
| 收费 | 42 | — | 21 | — | 10 | — | 8 | — | 3 | — |

注:数据统计截至2009年5月

**表4—10 中国科协自建网站期刊内容的在线发布**

| 网站内容 | 2009年 | | | 2007年 | | |
|---|---|---|---|---|---|---|
| | 期刊(种) | 占自建网站期刊比例(%) | 占全部期刊比例(%) | 期刊(种) | 占自建网站期刊比例(%) | 占全部期刊比例(%) |
| 目次 | 463 | 79.7 | 48.5 | 355 | 74.7 | 39.5 |
| 摘要 | 321 | 55.2 | 33.6 | 222 | 49.6 | 24.7 |
| 全文 | 238 | 40.8 | 24.9 | 180 | 40.2 | 20.0 |

中国科协期刊网站发布的期刊目次总量也呈逐年增加的趋势。中国科协581种期刊的自建网站上有463种提供目次,提供50期以下目次的期刊有262种(占56.6%),51期以上的期刊有201种(占43.4%)。提供50期以下目次期刊所占比例比2007年减少了10.7个百分点;与之相对应,提供50期以上目次期刊所占比例比2007年增加了10.7个百分点。提供201期以上目次的期刊由2007年的16种明显增加到32种。

中国科协期刊网站发布的目次回溯年代分布越来越长。由图4—1可见,中国科协期刊网站提供目次的463种期刊中,目次回溯年代分布在1999年(含)以后的有338种,占73.0%;回溯年代在1999年(不含)以前的有125种,占27.0%。回溯年代最长的10种期刊依次为:《物理学报》(1933年)、《地理学报》(1934年)《数学学报》(1936年)、《植物分类学报》(1951年)、《植物学报(英文版)》(1952年)、《机械工程学报》(1953年)、《药学学报》(1953年、《微生物学报》(1953年)、《中国中药杂志》(1955年)、《水生生物学报》(1955年)。

中国科协实现网络预出版的期刊愈来愈多。网络预出版方式多样,主要是在目次、摘要和全文3个不同层次实现网络预出版,目的是利用互联网信息传播的速度快、范围广、时效性强、交互性好等特点,有效缩短期刊出版周期,最大化地提高期刊的影响力。网络

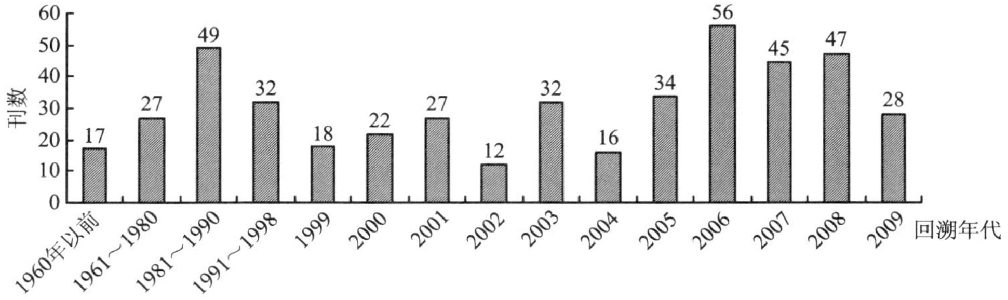


图 4—1 中国科协科技期刊自建网站上提供期刊目次的回溯年代分布(463 刊)

预出版还具有在读者和作者中增加期刊网站的亲和度、在一定程度上防止一稿多发的作用①。截至 2009 年 5 月,实现网络预出版的中国科协期刊有 32 种(见表 4—11),而 2007 年仅有 6 种。

**表 4—11 中国科协科技期刊网络预出版状况**

| 序号 | 刊 名 | 网络预出版方式 |
|---|---|---|
| 1 | 计算机科学技术学报(英文版) | 待发表文章导读 |
| 2 | 科普研究 | 待发表文章目次 |
| 3 | 生命的化学 | 待发表文章目次 |
| 4 | 水产学报 | 待发表文章目次 |
| 5 | 岩石力学与工程学报 | 待发表文章目次 |
| 6 | 园艺学报 | 待发表文章目次 |
| 7 | 植物生理学通讯 | 待发表文章目次 |
| 8 | 中国药学(英文版) | 待发表文章目次 |
| 9 | 中国针灸 | 待发表文章目次 |
| 10 | 测绘学报 | 待发表文章目次和摘要 |
| 11 | 分子植物(英文版) | 待发表文章目次和摘要 |
| 12 | 国际遗传学杂志 | 待发表文章目次和摘要 |
| 13 | 红外与毫米波学报 | 待发表文章目次和摘要 |
| 14 | 生理学报 | 待发表文章目次和摘要 |
| 15 | 畜牧兽医学报 | 待发表文章目次和摘要 |
| 16 | 原子与分子物理学报 | 待发表文章目次和摘要 |
| 17 | 植物分类学报(英文版) | 待发表文章目次和摘要 |
| 18 | 植物学报(中文版) | 待发表文章目次和摘要 |
| 19 | 遗传学报 | 超前 1 期目次和摘要 |

① 冯向春.我国自然科学核心期刊网络服务功能剖析.编辑学报,2008,20(1):76~78.

续表

| 序号 | 刊　名 | 网络预出版方式 |
|---|---|---|
| 20 | 材料科学技术(英文版) | 待发表文章目次、摘要和OA全文 |
| 21 | 动物学报 | 待发表文章目次、摘要和OA全文 |
| 22 | 物理化学学报 | 待发表文章目次、摘要和OA全文 |
| 23 | 中国机械工程学报(英文版) | 待发表文章目次、摘要和OA全文 |
| 24 | 自动化学报 | 待发表文章目次、摘要和OA全文 |
| 25 | 作物学报 | 待发表文章目次、摘要和OA全文 |
| 26 | 细胞研究(英文版) | 已排版但尚无正式页码的文章目次、摘要和OA全文 |
| 27 | 中国结合医学杂志(英文版) | 已排版但尚无正式页码的文章目次、摘要和OA全文 |
| 28 | 植物学报(英文版) | 已接受但尚未排版的文章目次、摘要和OA全文<br>已排版但尚无页码的文章目次、摘要和OA全文 |
| 29 | 半导体学报 | 超前1期目次、摘要和OA全文 |
| 30 | 计算机工程与应用 | 超前1期目次、摘要和OA全文 |
| 31 | 遗传 | 超前1期目次、摘要和OA全文 |
| 32 | 中国药理学报(英文版) | 超前1期目次、摘要和OA全文 |

注:数据统计截至2009年5月

## (三)在线办公系统普及

使用在线稿件处理系统呈日益普及的发展趋势。具有“在线投稿”、“在线审稿”、“在线查稿”、“在线远程编辑”等功能是实现期刊办公网络化的关键,是许多期刊自建网站的主要目的之一。由表4—12可见,中国科协581种期刊自建网站上,半数的期刊网站具有“在线投稿”(56.2%)、“在线审稿”(54.1%)、“在线查稿”(50.0%)和“在线远程编辑”(45.9%)功能。对不同类别期刊网站提供4项功能的统计结果显示,学术类期刊网站具备4项功能的比例明显高于其他类别期刊网站,尤其高于科普类期刊。与2007年相比,2009年自建网站上4项功能所占比例分别增加了7.0、7.5、8.7和10.1个百分点。具备4项功能的网站一般由专业公司设计制作并提供技术支持,其网站质量一般较高。

**表4—12　中国科协期刊自建网站提供的在线稿件处理功能**

| 在线稿件处理功能 | 中国科协自建网站(581刊) | | 学术类(418刊) | | 技术类(97刊) | | 科普类(36刊) | | 综合指导类(28刊) | |
|---|---|---|---|---|---|---|---|---|---|---|
| | 刊数 | % | 刊数 | % | 刊数 | % | 刊数 | % | 刊数 | % |
| 在线投稿 | 327 | 56.3 | 264 | 63.2 | 45 | 46.4 | 7 | 19.4 | 11 | 39.3 |
| 在线审稿 | 315 | 54.2 | 262 | 62.7 | 45 | 46.4 | 1 | 2.8 | 7 | 25.0 |
| 在线查稿 | 285 | 50.0 | 243 | 58.1 | 34 | 35.1 | 1 | 2.8 | 7 | 25.0 |
| 远程编辑 | 267 | 46.0 | 233 | 55.7 | 26 | 26.8 | 1 | 2.8 | 7 | 25.0 |

注:①数据统计截至2009年5月;②2种检索类期刊的网站未提供在线稿件处理功能

## (四)服务功能趋于完善

对中国科协581种期刊自建网站调查显示(见表4—13),有16项服务功能和扩展信息(广告等)刊登的频次较高(20刊以上)。对不同类别期刊网站的调查结果如下。

(1)学术类期刊网站:提供相关/友情链接、检索、阅读软件下载、RSS、E-mail Alert、会议消息4项服务的比例高于其他类别期刊,而提供广告的比例明显低于其他类别期刊。

(2)技术类期刊网站:提供广告征集、读者会员注册、广告、行业信息和常见问题解答的比例最高,尤其是提供广告和行业信息的比例明显高于其他类别期刊。

(3)科普类期刊网站:提供读者在线留言、论坛、读者在线订阅、书讯4项服务的比例最高,而提供文章检索、读者信箱服务的比例最低。

(4)综合指导类期刊网站:由于其内容的“综合”,网站特点不突出,相比之下提供读者会员注册、行业信息2种服务的比例较低。

网站的“广告征集”绝大多为印刷版征集广告,而为期刊网站征集广告的很少,如《通信学报》、《中华高血压杂志》、《世界中西医结合杂志》和《中国总会计师》网站上的“广告征集”则是为网站征集广告。《船舶工程》、《电力系统通信》、《给水排水》、《精细化工》、《科学中国人》、《矿冶工程》、《自动化博览》等刊的网站上有大量广告。

与2007年相比,提供检索、RSS、行业信息、读者会员注册、相关/友情链接、读者在线留言、会议消息、广告/广告征集、阅读软件下载、书讯、常见问题解答10项服务功能和信息所占比例有不同程度增加;E-mail Alert、论坛、读者信箱、读者在线订阅功能所占比例则有不同程度减少。

**表4—13　中国科协期刊自建网站提供的主要服务功能**

| 服务功能 | 中国科协自建网站(581刊) | | 学术类(418刊) | | 技术类(97刊) | | 科普类(36刊) | | 综合指导类(28刊) | |
|---|---|---|---|---|---|---|---|---|---|---|
| | 刊数 | % | 刊数 | % | 刊数 | % | 刊数 | % | 刊数 | % |
| 相关/友情链接 | 345 | 59.4 | 253 | 60.5 | 54 | 55.7 | 22 | 61.1 | 16 | 57.1 |
| 检索 | 318 | 54.7 | 241 | 57.7 | 51 | 52.6 | 14 | 38.9 | 12 | 42.9 |
| 广告征集 | 228 | 39.3 | 145 | 34.8 | 58 | 59.8 | 12 | 33.3 | 13 | 46.4 |
| 读者在线留言 | 173 | 29.8 | 125 | 30.0 | 25 | 25.8 | 16 | 44.4 | 7 | 25.0 |
| 读者会员注册 | 147 | 25.3 | 99 | 23.7 | 33 | 34.0 | 9 | 25.0 | 6 | 21.4 |
| 阅读软件下载 | 101 | 17.4 | 85 | 20.4 | 14 | 14.4 | 1 | 2.8 | 1 | 3.6 |
| 广告 | 98 | 16.9 | 47 | 11.2 | 39 | 40.2 | 6 | 16.7 | 6 | 21.4 |
| 读者信箱 | 90 | 15.5 | 58 | 13.9 | 23 | 23.7 | 2 | 5.6 | 7 | 25.5 |
| 行业信息 | 77 | 13.3 | 43 | 10.3 | 27 | 27.8 | 5 | 13.9 | 2 | 7.1 |
| RSS | 72 | 12.4 | 59 | 14.1 | 10 | 10.3 | 1 | 2.8 | 3 | 10.7 |
| E-mail Alert | 62 | 10.7 | 55 | 13.2 | 4 | 4.1 | 1 | 2.8 | 2 | 7.1 |
| 论坛 | 56 | 9.7 | 39 | 9.4 | 10 | 10.3 | 5 | 13.9 | 2 | 7.1 |
| 会议消息 | 49 | 8.4 | 41 | 9.8 | 7 | 7.2 | 0 | 0 | 1 | 3.6 |

续表

| 服务功能 | 中国科协自建网站(581 刊) | | 学术类(418 刊) | | 技术类(97 刊) | | 科普类(36 刊) | | 综合指导类(28 刊) | |
|---|---|---|---|---|---|---|---|---|---|---|
| | 刊数 | % | 刊数 | % | 刊数 | % | 刊数 | % | 刊数 | % |
| 读者在线订阅 | 42 | 7.2 | 28 | 6.7 | 8 | 8.2 | 3 | 8.3 | 3 | 10.7 |
| 常见问题解答 | 29 | 5.0 | 23 | 5.5 | 6 | 6.2 | 0 | 0 | 0 | 0 |
| 书讯 | 22 | 3.8 | 14 | 3.4 | 5 | 5.2 | 3 | 8.3 | 0 | 0 |

注:数据统计截至 2009 年 5 月;按提供服务功能的自建网站期刊数量排序

除表 4—13 中列出的 16 项出现频次较高的服务功能和信息外,有些期刊网站还为读者提供其他种类的服务,如:科普园地、分类代码 PACC、行业数据资料、下载源代码、文献翻译、名词术语查询、计算机领域国家科技奖、专家博客、科普电子挂图、编辑荐图、阅览室、热卖图书、热门图文、政策法规、可再生能源新图、读者俱乐部、施工信息、技术资料、广告服务(网络广告征集、广告价格、网站信息发布协议)、成果展示、参考书推介、产研合作、植物分类数据库、新仪器介绍、专家讲座、培训资讯、跨刊检索等。

### (五)英文版网页和网站数量增加

581 种自建网站的中国科协科技期刊中有 141 种期刊网站的主页为中文版(有相对应的英文版界面,仅 1 页英文版简介的未计入),有 11 种期刊网站的主页为英文版,以上两类网站之和为 152 种,占 581 种自建网站期刊的 26.2%,比 2007 年增加了 3.7 个百分点。

建有全英文网站的期刊有 19 种:《材料科学技术》(英文版)、《兵工学报》(英文版)、《计算机科学技术学报》(英文版)、《金属学报》(英文版)、《理论物理通讯》(英文版)、《数学学报》(英文版)、《细胞研究》(英文版)、《稀土学报》(英文版)、《系统科学与系统工程学报》(英文版)、《应用数学学报》(英文版)、《植物学报》(英文版)、《中国光学快报》(英文版)、《中国免疫学杂志》(英文版)、《中国天文和天体物理学报》(英文版)、《中国物理 B》(英文版)、《中国物理快报》(英文版)、《中国药理学报》(英文版)、《中国肿瘤临床》(英文版)和《中华医学杂志》(英文版)。

## 三、期刊自建网站形式多样,追求实效

中国科协科技期刊自建网站形式多样,包括直接冠以学科或行业信息网名称、加盟学科期刊网和借助国外出版平台上网等形式,注重信息集成和多重数字化,追求实现数字传播的实际效果。

### (一)与“行业信息网”有机结合

有些期刊自建网站可称为“行业信息网站”,特点是网站上与期刊相关内容同网站总体信息量相比较少。有些期刊网站直接冠以学科或行业信息网的名称,如:《雕塑》(冠名“雕塑在线”)、《工程塑料应用》(冠名“工程塑料网”)、《数码影像时代》(冠名“数码影像行

业网”)、《硅酸盐通报》[冠名“无机材料(期刊)网”]、《国际石油经济》(冠名“石油经济网”)、《暖通空调》(冠名“暖通空调在线”)、《野生动物》(冠名“野生动物网”)、《遗传学报》(冠名“中国遗传网”)、《中国动脉硬化杂志》(冠名“中国动脉粥样硬化网”)、《中国国家地理》(冠名“中国国家地理网”)、《中国总会计师》(冠名“中国总会计师网”)、《中国组织工程研究与临床康复》(冠名“CRTER 网站群”)、《中华肝脏病杂志》(冠名“中华肝病网”)、《中华急诊医学杂志》(冠名“中华急诊网”)、《中华消化内镜杂志》(冠名“中华消化内镜网”)、《中华眼底病杂志》(冠名“眼底病论坛”)、《铸造》(冠名“铸造世界网”)、《自动化博览》(冠名“控制网”)、《中国科学探险》(冠名“DEEP 中国科学探险网”)、《科学养鱼》(冠名“中国渔业信息网”)等。

### (二)加盟学科期刊网

加入期刊学科信息网、实现信息集成和多重数字化呈现出较快的发展趋势。与 2007 年相比,加入“中国科技论文在线”(http://www.paper.edu.cn/)的中国科协期刊由 2 种增加到 13 种(见表4—14);加入“首席医学网”(http://www.shouxi.net/)的由 7 种增加到 23 种(见表 4—15);加入“光学期刊网”(http://www.opticsjournal.net/)的由 10 种增加到 12 种(见表 4—16)。另有 36 种和 58 种分别加入了“龙源期刊网”(http://cn.qikan.com/)(见表 4—17)和“中国地学期刊网”(http://www.geojournals.cn/)。中国科协科技期刊中有 60 种期刊在国外出版平台全文上网(2007 年为 42 种)。以上 203 种加入学科信息网和在国外出版平台上网的中国科协期刊中,有 125 种自建网站,占 61.9%。2009 年,针对是否愿意加入所在学科的期刊联盟网站,中国科协期刊问卷调查的有效问卷为 531 份。调查显示,有 448 份问卷回答愿意,占 84.4%,仅有 83 份做了否定回答,占 15.6%。

**表 4—14 “中国科技论文在线”收录的中国科协期刊**

| 序号 | 刊名 | 回溯年代 | OA 全文篇数 | 自建网站 |
|---|---|---|---|---|
| 1 | 草地学报 | 2004～2007 | 183 | 是 |
| 2 | 草业科学 | 2006～2007 | 292 | 否 |
| 3 | 草业学报 | 2003～2007 | 561 | 是 |
| 4 | 测试技术学报 | 2007～2009 | 92 | 是 |
| 5 | 弹箭与制导学报 | 2005～2007 | 594 | 是 |
| 6 | 工程设计学报 | 2000～2009 | 747 | 是 |
| 7 | 湖泊科学 | 2003,2008～2009 | 248 | 是 |
| 8 | 机械工程学报 | 2006～2007 | 121 | 是 |
| 9 | 计算机应用研究 | 2005～2009 | 5048 | 是 |
| 10 | 计算力学学报 | 2003～2007 | 397 | 是 |
| 11 | 应用光学 | 2005～2009 | 702 | 是 |
| 12 | 振动与冲击 | 2005～2009 | 1496 | 是 |
| 13 | 中国中药杂志 | 2006 | 115 | 是 |

注:数据统计截至 2009 年 7 月;按刊名汉语拼音排序

**表 4－15 “首席医学网”收录的中国科协期刊**

| 序号 | 刊　名 | 回溯年代(期次) | OA全文期数 | 自建网站 |
|---|---|---|---|---|
| 1 | 儿科药学杂志 | 2006(3)～2009(2) * | 13 | 否 |
| 2 | 国际眼科杂志 | 2001(1)～2009(3) | 42 | 否 |
| 3 | 黑龙江医学 | 2001(1)～2005(9) | 57 | 否 |
| 4 | 岭南现代临床外科 | 2005(1)～2006(4) | 8 | 否 |
| 5 | 宁夏医学杂志 | 2001(1)～2005(9) | 54 | 否 |
| 6 | 陕西中医 | 2001(1)～2005,26(9) | 57 | 否 |
| 7 | 实用医技杂志 | 2006(1)～2008(36) | 96 | 是 |
| 8 | 细胞与分子免疫学杂志 | 2001(4)～2009(3) | 46 | 否 |
| 9 | 中国比较医学杂志 | 2002(6)～2005(4),2007(12) | 18 | 否 |
| 10 | 中国动脉硬化杂志 | 2001(1)～2005(4) | 27 | 是 |
| 11 | 中国肺癌杂志 | 2008(1)～2009(3) | 9 | 否 |
| 12 | 中国公共卫生 | 2007(1)～2009(1) | 25 | 否 |
| 13 | 中国免疫学杂志 | 2001(1)～2007(9) | 81 | 是 |
| 14 | 中国热带医学 | 2005(2)～2008(12) | 30 | 是 |
| 15 | 中国实验血液学杂志 | 2001(1)～2007(5) | 57 | 否 |
| 16 | 中国微循环 | 2000(2)～2005(4) | 26 | 否 |
| 17 | 中国学校卫生 | 2004(4)～2006(1) | 40 | 是 |
| 18 | 中国中医骨伤科杂志 | 2001(1)～2005(3) | 27 | 是 |
| 19 | 中华疾病控制杂志 | 2000(1)～2008(6) | 60 | 是 |
| 20 | 中华消化外科杂志 | 2002(1)～2008(2) | 27 | 否 |
| 21 | 中华医院感染学杂志 | 2001(1)～2005(12) | 50 | 否 |
| 22 | 中医文献杂志 | 2001(1)～2008(3) | 29 | 是 |
| 23 | 肿瘤防治研究 | 2002(1)～2009(3) | 9 | 是 |

注:数据统计截至 2009 年 5 月;按刊名汉语拼音排序

**表 4－16 “中国光学期刊网”收录的中国科协期刊**

| 序号 | 刊　名 | 回溯年代 | 期数 | 自建网站 |
|---|---|---|---|---|
| 1 | 光散射学报 | 2002(1)～2007(4) | 24 | 否 |
| 2 | 光学精密工程 | 2002(1)～2008(5) | 27 | 是 |
| 3 | 光学学报 | 1990(1)～2009(4) | 232 | 否 |
| 4 | 光学仪器 | 2005(5)～2008(2) | 14 | 否 |
| 5 | 光子学报 | 2002(1)～2008(5) | 77 | 是 |
| 6 | 红外与毫米波学报 | 2001(1)～2008(3) | 41 | 是 |
| 7 | 激光生物学报 | 2002(1)～2008(2) | 38 | 是 |
| 8 | 量子电子学报 | 2000(1)～2008(3) | 51 | 否 |
| 9 | 应用激光 | 2002(1)～2008(2) | 35 | 否 |
| 10 | 中国光学快报(英文版) | 2003(1)～2009(5) | 77 | 是 |
| 11 | 中国激光 | 1990(1)～2009(5) | 368 | 否 |
| 12 | 中国激光医学杂志 | 2002(1)～2008(2) | 32 | 否 |

注:数据统计截至 2009 年 5 月;按刊名汉语拼音排序

**表 4—17 "龙源期刊网"收录的中国科协期刊**

| 序号 | 刊　名 | 回溯年代 | 期数 | 自建网站 |
|---|---|---|---|---|
| 1 | 兵器知识 | 2005(1)～2009(7) | 55 | 否 |
| 2 | 测绘学报 | 2003(2)～2009(3) | 12 | 是 |
| 3 | 电子竞技 | 2006(2)～2009(7) | 82 | 否 |
| 4 | 雕塑 | 2006(2)～2009(7) | 82 | 是 |
| 5 | 航空知识 | 1958(2)～2009(6) | 87 | 否 |
| 6 | 环境化学 | 2005(1)～2009(3) | 25 | 是 |
| 7 | 家用电脑与游戏 | 2006(5)～2008(6) | 42 | 是 |
| 8 | 健康向导 | 2003(5)～2009(6) | 74 | 否 |
| 9 | 今日科苑 | 2008(1)～2009(7) | 31 | 是 |
| 10 | 昆虫知识 | 2003(1)～2009(1) | 26 | 否 |
| 11 | 流行色 | 2003(3)～2009(3) | 55 | 否 |
| 12 | 农业工程技术 | 2009(1)～2009(3) | 9 | 否 |
| 13 | 森林与人类 | 2006(7)～2009(4) | 34 | 否 |
| 14 | 生命世界 | 2006(1)～2008(12) | 36 | 是 |
| 15 | 数据采集与处理 | 2009(1)～2009(5) | 5 | 否 |
| 16 | 数理天地(初中版) | 2004(1)～2009(5) | 65 | 是 |
| 17 | 数理天地(高中版) | 2004(1)～2009(5) | 65 | 是 |
| 18 | 数学的实践与认识 | 2003(11)～2006(10) | 28 | 是 |
| 19 | 太空探索 | 2001(5)～2009(1) | 96 | 否 |
| 20 | 糖尿病新世界 | 2005(1)～2009(4) | 40 | 否 |
| 21 | 网友世界 | 2006(1)～2009(11) | 81 | 否 |
| 22 | 物理 | 2006(1)～2009(5) | 41 | 是 |
| 23 | 心理与健康 | 2003(11)～2007(2) | 40 | 是 |
| 24 | 药物与人 | 2006(1)～2009(6) | 42 | 是 |
| 25 | 运筹与管理 | 2005(1)～2009(1) | 24 | 否 |
| 26 | 中国健康心理学杂志 | 2007(1)～2009(3) | 27 | 否 |
| 27 | 中国科学美容 | 2007(5)～2009(4) | 23 | 否 |
| 28 | 中国葡萄酒 | 2005(1)～2009(7) | 23 | 是 |
| 29 | 中国农用医药 | 2006(1)～2009(18) | 96 | 是 |
| 30 | 中国心理卫生杂志 | 2005(1)～2009(7) | 55 | 是 |
| 31 | 中国学校卫生 | 2005(10)～2009(4) | 43 | 是 |
| 32 | 中国针灸 | 2005(1)～2009(7) | 55 | 是 |
| 33 | 中国总会计师 | 2006(1)～2008(12) | 17 | 是 |
| 34 | 中华急诊医学杂志 | 2005(1)～2009(5) | 53 | 是 |
| 35 | 中华老年医学杂志 | 2003(6)～2006(12) | 40 | 否 |
| 36 | 中外管理 | 2005(1)～2009(7) | 65 | 是 |

注:数据统计截至 2009 年 7 月;按刊名汉语拼音排序

## (三)借助国外出版平台上网

截至2009年7月,中国科协有60种期刊在国外出版平台全文上网(见表4—18),比2007年的42种增加了18种。其中有52种同时自建网站。

**表4—18 在国外出版平台全文上网的中国科协期刊**

| 国外出版机构 | 网络出版平台 | 期刊 | 全文 | 刊期 | 自建网站 |
|---|---|---|---|---|---|
| Elsevier | ScienceDirect | 催化学报* | 2006(1)～2009(5) | 月 | 是 |
| | | 分析化学* | 2006(1)～2009(6) | 月 | 是 |
| | | 固体力学学报(英文版) | 2006(1)～2009(2) | 双 | 是 |
| | | 核技术(英文版) | 2006(1)～2008(6) | 双 | 否 |
| | | 交通运输系统工程与信息* | 2006(1)～2009(3) | 双 | 是 |
| | | 金属学报(英文版) | 2006(1)～2009(3) | 双 | 是 |
| | | 颗粒学报(英文版) | 2008(1)～2009(3) | 双 | 是 |
| | | 燃料化学学报* | 2006(1)～2009(2) | 双 | 否 |
| | | 色谱* | 2006(1)～2008(6) | 双 | 是 |
| | | 生态学报* | 2006(1)～2008(12) | 月 | 是 |
| | | 生物工程学报* | 2006(1)～2008(12) | 月 | 是 |
| | | 物理化学学报* | 2006(1)～2008(12) | 月 | 是 |
| | | 稀土学报(英文版) | 2006(1)～2009(3) | 双 | 是 |
| | | 稀有金属(英文版) | 2006(1)～2008(6) | 双 | 是 |
| | | 稀有金属材料与工程* | 2008(1)～(3) | 月 | 是 |
| | | 系统工程理论与实践* | 2007(1)～2008(6) | 月 | 是 |
| | | 系统工程与电子技术(英文版) | 2006(1)～2008(6) | 双 | 是 |
| | | 遗传学报(英文版) | 2007(1)～2009(6) | 月 | 是 |
| | | 中国航空学报(英文版) | 2007(1)～2009(3) | 双 | 是 |
| | | 中国化学工程学报(英文版) | 2006(1)～2009(2) | 双 | 是 |
| | | 中国化学快报(英文版) | 2007(1)～2009(8) | 月 | 是 |
| | | 中国天然药物* | 2008(2)～2009(2) | 双 | 是 |
| | | 中国有色金属学会会刊(英文版) | 2006(1)～2009(3) | 双 | 是 |
| | | 中华创伤杂志(英文版) | 2008(1)～2009(3) | 双 | 否 |
| | | 中医杂志(英文版) | 2008(1)～2009(2) | 季 | 是 |
| | | 自动化学报* | 2007(1)～2009(6) | 月 | 是 |
| | | 作物学报* | 2008(1)～2009(3) | 月 | 是 |

续表

| 国外<br>出版机构 | 网络出版平台 | 期刊 | 全文 | 刊期 | 自建<br>网站 |
|---|---|---|---|---|---|
| IoPP | Electronic Journals from IoPP | 中国物理C(英文版) | 2009(1)～(6) | 月 | 是 |
| | | 等离子体科学和技术(英文版) | 1999(1)～2009(3) | 双 | 否 |
| | | 化学物理学报(英文版) | 2006(1)～2009(2) | 双 | 是 |
| | | 理论物理通讯(英文版) | 2005(1)～2009(6) | 月 | 是 |
| | | 中国天文和天体物理学报(英文版) | 2001(1)～2009(7) | 月 | 是 |
| | | 中国物理B(英文版) | 1992(1)～2009(7) | 月 | 是 |
| | | 中国物理快报(英文版) | 1984(1)～2009(6) | 月 | 是 |
| Nature Publishing Group | nature. com | 中国药理学报(英文版) | 2005(1)～2009(7) | 月 | 是 |
| | | 细胞研究(英文版) | 1999(1)～2009(7) | 月 | 是 |
| Optical Society of America | OpticsInfoBase | 中国光学快报(英文版) | 2003(1)～2009(6) | 月 | 是 |
| Oxford University Press | Oxford Journals | 分子植物(英文版) | 2008(1)～2009(3) | 双 | 是 |
| Springer | SpringerLink | 地理学报(英文版) | 2001(1)～2009(2) | 双 | 是 |
| | | 地震工程与工程振动(英文版) | 2002(1)～2009(2) | 季 | 是 |
| | | 地震学报(英文版) | 1988(1)～2008(6) | 双 | 否 |
| | | 计算机科学技术学报(英文版) | 1986(1)～2009(3) | 双 | 是 |
| | | 力学学报(英文版) | 1985(1)～2009(3) | 双 | 是 |
| | | 煤炭学报(英文版) | 2008(1)～2009(3) | 季 | 是 |
| | | 数学学报(英文版) | 1985(1)～2009(6) | 月 | 是 |
| | | 系统科学与系统工程学报(英文版) | 2003(1)～2009(2) | 季 | 是 |
| | | 应用地球物理(英文版) | 2004(1)～2009(2) | 季 | 否 |
| | | 应用数学学报(英文版) | 1984(1)～2009(3) | 双 | 是 |
| | | 中国癌症研究(英文版) | 1998(1)～2009(2) | 季 | 否 |
| | | 中国病毒学(英文版) | 2007(2)～2009(4) | 双 | 是 |
| | | 中国地球化学学报(英文版) | 1985(4)～2009(2) | 季 | 否 |
| | | 中国海洋湖沼学报(英文版) | 1982(1)～2009(1) | 季 | 是 |
| | | 中国结合医学杂志(英文版) | 1995(1)～2009(3) | 双 | 是 |
| | | 中国肿瘤临床(英文版) | 2004(1)～2009(1) | 双 | 是 |

续表

| 国外出版机构 | 网络出版平台 | 期刊 | 全文 | 刊期 | 自建网站 |
|---|---|---|---|---|---|
| Wiley-Blackwell | Wiley InterScience | 地质学报(英文版) | 1922(1)～2009(3) | 双 | 是 |
| | | 植物学报(英文版) | 2005(1)～2009(7) | 月 | 是 |
| | | 中国化学(英文版) | 2005(1)～2009(7) | 月 | 是 |
| | | 中国昆虫科学(英文版) | 1994(1)～2009(3) | 双 | 是 |
| | | 植物分类学报(英文版) | 2009(1)～(4) | 双 | 是 |
| World Scientific Publishing | WorldSciNet | 高分子科学(英文版) | 2005(1)～2009(4) | 双 | 是 |

注:数据统计截至 2009 年 7 月

* 该期刊为中文版期刊,每期精选部分优秀中文论文译成英文,借助 Elsevier 的 ScienceDirect 平台出版英文网络版,无英文印刷版。

## 四、期刊网站的公益性及其多元化运营

问卷调查显示,中国科协期刊自建网站的目的是"为读者和作者提供服务"、"树立期刊品牌形象,扩大期刊的国内外显示度"、"实现编辑办公的网络化"和"在线发布网刊"。网站建设的资金来源主要包括主办单位投资、编辑部自筹和基金资助 3 种,以编辑部自筹为主;按投资方的多少又可分为单方投资和多方投资两大类,以单方投资为主。期刊网站赢利模式基本未建立,网站运营以免费浏览(85.3%)和无收入(79.3%)为主。

### (一)网站建设的公益性

2009 年,针对期刊网站建设目的,中国科协科技期刊问卷调查的有效问卷为 518 份,调查结果依频次的多少列于表 4—19。调查显示,有超过七成的期刊认为期刊网站建设目的是"为读者和作者提供服务"、"树立期刊品牌形象,扩大期刊的国内外显示度"、"实现编辑办公的网络化"和"在线发布网刊"。1/3 的期刊认为通过网站建设来实现期刊全文开放存取;1/4 的期刊认为期刊网站应为行业综合信息网站;仅有 6.4%的期刊认为通过网站建设可增加收入。此外,还有一些期刊认为建设期刊网站可实现"建设学科首席专业数据库"、"增加宣传渠道"、"与国外数据库互联"、"自办发行"、"实现作者、读者在线交流"、"提高效率和便捷性"、"建立学术互动,捕捉学术动态,建立学科发展脉络"等目标。

### (二)期刊网站建设资金来源以编辑部自筹为主

2009 年,针对期刊网站建设资金来源,中国科协科技期刊问卷调查的有效问卷为 374 份。调查显示(见表 4—20),网站建设资金来源主要有主办单位投资、编辑部自筹和基金资助 3 种,以编辑部自筹(占 53.7%)为主,其次为主办单位(包括承办单位)投资(占

17.6%)，第三为基金资助(占2.7%)。这里所指的基金主要有3类，中国科协精品科技期刊工程项目、国家自然科学基金重点学术期刊专项基金和中国科学院期刊出版基金。按投资方的多少又可分为单方投资和多方投资两大类，以单方投资为主(占75.2%)，其次为多方投资(占24.8%)。

**表4－19　中国科协科技期刊网站建设目的**

| 期刊网站建设目的 | 期刊数量(种) | 比例(%) |
|---|---|---|
| 为读者和作者提供服务 | 457 | 88.2 |
| 树立期刊品牌形象，扩大期刊的国内外显示度 | 446 | 86.1 |
| 实现编辑办公的网络化(在线投稿、在线审稿等) | 429 | 82.8 |
| 网刊(目次、摘要、全文)的在线发布 | 377 | 72.8 |
| 实现(全文)开放存取 | 178 | 34.4 |
| 建设行业综合信息网站 | 130 | 25.1 |
| 增加收入 | 33 | 6.4 |
| 其他 | 12 | 2.3 |

数据来源：中国科协科技期刊2009年调查数据(有效问卷518份)

**表4－20　期刊网站建设和维护的资金来源**

| 资金来源 | | 期刊数量(种) | 比例(%) |
|---|---|---|---|
| 单方投资 | | | |
| A | 主办单位投资 | 66 | 17.6 |
| B | 编辑部自筹 | 201 | 53.7 |
| C | 基金资助 | 10 | 2.7 |
| D | 其他(期刊合作单位投资等) | 4 | 1.2 |
| 小计 | | 281 | 75.2 |
| 多方投资 | | | |
| A＋B | 主办单位投资＋编辑部自筹 | 32 | 8.5 |
| A＋C | 主办单位投资＋基金资助 | 9 | 2.4 |
| B＋C | 编辑部自筹＋基金资助 | 33 | 8.8 |
| A＋B＋C | 主办单位投资＋编辑部自筹＋基金资助 | 18 | 4.8 |
| A＋B＋C＋D | 主办单位投资＋编辑部自筹＋基金资助＋其他 | 1 | 0.3 |
| 小计 | | 93 | 24.8 |
| 合计 | | 374 | 100 |

数据来源：中国科协科技期刊2009年调查数据(有效问卷374份)

## (三)期刊网站运营以免费浏览为主

2009年，针对自建网站的经营方式和经营状况，中国科协科技期刊问卷调查的有效问卷为368份。调查显示(见表4—21),有85.3%的网站为免费浏览,有14.1%的网站浏览全文收费或对会员收费;另有20.1%的网站上开展广告等增值服务。从网站的经营状况看(见表4—22),有79.3%的网站完全无收入,有13.0%的网站有收入但小于支出;两项合计后可见,共有92.3%的网站处在亏损运营状态。能够赢利的网站非常少,仅占2.5%;如果加上5.2%的收入等于支出的网站,不亏损、能够独立运营的网站仅占7.7%。

**表4—21　中国科协期刊网站的经营方式**

| 网站经营方式 | 期刊数量(种) | 比例(%) |
|---|---|---|
| 网站免费浏览 | 314 | 85.3 |
| 全文浏览收费(网刊订阅) | 36 | 9.8 |
| 会员收费 | 16 | 4.3 |
| 刊登广告、信息收费 | 55 | 14.9 |
| 提供信息服务收费 | 19 | 5.2 |
| 其他 | 4 | 1.1 |

数据来源:中国科协科技期刊2009年调查数据(有效问卷368份)

**表4—22　中国科协期刊网站的经营状况**

| 网站经营状况 | 期刊数量(种) | 比例(%) |
|---|---|---|
| 收入大于支出 | 9 | 2.5 |
| 收入等于支出 | 19 | 5.2 |
| 有收入但小于支出 | 48 | 13.0 |
| 无收入 | 292 | 79.3 |
| 合计 | 368 | 100 |

数据来源:中国科协科技期刊2009年调查数据(有效问卷368份)

## (四)自建网站运行稳定

据对中国科协自建网站期刊的问卷调查显示(有效问卷315份),其中有170种期刊的网站购置了服务器,占54.0%。另据对自建网站期刊的调查显示(有效问卷387份),128种期刊的网站还没有升级或改版计划(占33.1%);86种期刊的网站计划在近期内升级或改版(占22.2%);167种期刊的网站进行过1～6次较大规模的升级或改版(占42.2%)。

针对期刊最关心的网站和在线办公系统问题,中国科协科技期刊问卷调查的有效问卷为549份。调查显示(见表4—23),关注程度最高的是"系统的稳定性"(占90.9%),其次是"系统的安全性"(占87.1%),再次是"系统的运行速度"(占78.0%)和"编辑部自主更新信息的能力"(占70.3%)。另有一些期刊关心"建设、维护经费问题"、"功能多,能作个性化设计"、"使用方便,特别是采编系统,作者投稿、专家审稿操作的方便性"、"与其他国内外网络体系的兼容性"、"浏览量、下载量大"、"读者作者的实时交互能力,互动性好"等问题。

表 4—23 编辑部最关心网站和在线办公系统的问题

| 最关心的问题 | 期刊数量(种) | 比例(%) |
| --- | --- | --- |
| 系统的稳定性 | 499 | 90.9 |
| 系统的安全性 | 478 | 87.1 |
| 系统的运行速度 | 428 | 78.0 |
| 编辑部自主更新信息的能力 | 386 | 70.3 |
| 其他 | 14 | 2.6 |

数据来源:中国科协科技期刊 2009 年调查数据(有效问卷 549 份)

### (五)购置成熟软件系统是自建网站的技术选择

购置成熟的专业公司软件系统,由专业公司设计制作网站并提供运行技术支持,是大部分中国科协期刊自建网站的技术选择。调查显示,581 种中国科协自建网站期刊中,162 种使用北京玛格泰克科技发展有限公司的软件系统,46 种使用北京勤云科技发展有限公司的软件系统,7 种使用西安三才电子有限公司的软件系统,6 种使用北京志清伟业科技有限公司的软件系统。

2009 年,针对期刊采用远程办公系统的方式,中国科协科技期刊问卷调查的有效问卷为 532 份。调查显示,75.8%的期刊选择"购置成熟的专业公司软件系统",16.7%的期刊选择"自行开发",7.5%的期刊选择"租用"。针对期刊租用编辑办公系统的具体方式,中国科协科技期刊问卷调查的有效问卷为 269 份,调查显示,48.0%的期刊选择"按流量(每篇文章)计费租用",48.3%的期刊选择"按使用时间计费租用"等。

## 第二节 中国科协科技期刊开放存取出版现状

开放存取出版(Open Access Publishing,OAP)最基本的特征为信息数字化、在线出版和传播、免费获取(全文)和赋予用户宽泛的使用权限。OA 是学术出版领域里的一场革命,是科学技术高度发展的必然结果,是世界范围内及时、迅速、畅通地开展学术交流的需要,是未来学术出版的一个新的发展方向和大趋势①。"OA 期刊"是继"数字化期刊"和"网络化期刊"后出现的新型出版模式,为中国科技期刊带来了机遇和挑战②。《中国科协科技期刊发展报告(2008)》发布了中国科协所属 898 种科技期刊 OA 出版现状(数据截至 2007 年 5 月),2009 年 5 月,通过在互联网上使用 Google 搜索引擎,对 954 种中国科协科技期刊的刊名进行全面调研,并参照北京玛格泰克科技发展有限公司网站、北京勤云科技发展有限公司网站、西安三才电子有限公司网站、北京志清伟业科技有限公司网站、中

① 欧红叶,黄颖,游中胜,等.学术期刊编辑对开放获取认识的调查与分析.编辑学报,2008,20(6):547~549.

② 钱欣平.开放存取及其为中国科技期刊带来的机遇和挑战,中国科技期刊研究,2006,17(4):664~665.

国科技论文在线和首席医学网的有关资料做补充分析。结果显示,中国科协科技期刊全文开放存取期刊数量由2007年的140种增加到2009年的206种。与2007年相比,中国科协OA期刊开放全文的期数、篇数和回溯年代均有较大幅度的增加,OA期刊总被引频次、影响因子和即年指标的5年平均增长率分别高于非OA期刊11.6、5.6和2.1个百分点。

## 一、数量增加,分布广泛

中国科协科技期刊开放存取出版发展越来越快,OA期刊数量逐年增加,OA期刊地区和学科分布更加广泛,呈现出良好的发展势头。

### (一)OA期刊数量增加

截至2009年5月,954种中国科协科技期刊中共有OA期刊206种,比2007年的140种净增66种(见表4—24)。206种OA期刊中,中国科协主管期刊96种,其他部委主管全国学会主办期刊110种;英文科技期刊32种(2007年仅为20种),占中国科协全部69种英文科技期刊的46.4%;2007年延续OA期刊117种,占56.8%;有89种为新增OA期刊,占43.2%。2007年统计的140种OA期刊中,有23种变更为非OA期刊,占16.4%。

**表4—24 中国科协OA期刊数量**

| | 2009年 | | | 2007年 | | |
|---|---|---|---|---|---|---|
| | 期刊(种) | OA期刊(种) | OA期刊比例(%) | 期刊(种) | OA期刊(种) | OA期刊比例(%) |
| 中国科协主管期刊 | 436 | 96 | 22.0 | 428 | 61 | 14.3 |
| 其他部委主管全国学会主办期刊 | 518 | 110 | 21.2 | 470 | 79 | 16.8 |
| 合计/比例 | 954 | 206 | 21.6 | 898 | 140 | 15.6 |

注:①数据统计截至2009年5月

②OA期刊指整期完全OA期刊。统计中有4刊未计入OA期刊:《物理》1972(1)~2009(5)研究快讯或约稿标注free,重要研究论文为非OA;《工程图学学报》每期两篇文章OA;《硅谷》主页有30篇OA全文,有上传时间,但看不出期次;《润滑与密封》从2008年第11期起每期4~5篇文章OA

③《植物学报》(英文版)(*Journal of Integrative Plant Biology*)在自建网站上开放全文335期(1952~2004年),2005年起改为英文版并与Wiley-Blackwell合作,改为非OA期刊。由于OA全文的回溯年代长,并有已接受但尚未排版(Accepted articles)和已排版但尚无页码(Online early)的文章目次、摘要和OA全文,计入OA期刊

④《遗传学报》(英文版)(*Journal of Genetics and Genomics*)在自建网站上开放全文193期(1974~2005年),2006年起与Elsevier合作改为英文版和非OA期刊,由于OA的期数多、影响大,计入OA期刊

中国科协科技期刊主要通过自建网站的形式实现开放存取。根据顶级域名的种类可将206种OA期刊的上网形式归纳为5种(见表4—25):①一刊单独上网(单刊编辑部注册独立域名):126种,占61.2%;②数刊联合上网(2刊或2刊以上的期刊共同注册独立

域名):37 种,占 18.0%;③依托主办单位上网:10 种,占 4.8%;④依托学科信息网上网:32 种,占 15.5%;⑤在国外出版商网络平台上网:1 种。与 2007 年相比,"一刊单独上网"和"数刊联合上网"这两种期刊社自主申请独立域名、建设网站的比例增加了 7.6%和 1.6%,而"依托主办单位上网"有减少了 8.8 个百分点。

**表 4—25 中国科协 OA 期刊的上网形式**

| 上网形式 | 2009 年 | | 2007 年 | |
|---|---|---|---|---|
| | 954 种期刊实现 OA 数量(种) | 占 OA 期刊比例(%) | 898 种期刊实现 OA 数量(种) | 占 OA 期刊比例(%) |
| 一刊单独上网 | 126 | 61.2 | 75 | 53.6 |
| 数刊联合上网 | 37 | 18.0 | 23 | 16.4 |
| 依托主办单位上网 | 10 | 4.8 | 19 | 13.6 |
| 依托学科信息网上网 | 32 | 15.5 | 22 | 15.7 |
| 在国外出版商网络出版平台上网 | 1 | 0.5 | 1 | 0.7 |
| 合计 | 206 | 100 | 140 | 100 |

注:数据统计截至 2009 年 5 月。《草业学报》、《弹箭与制导学报》、《湖泊科学》、《机械工程学报》、《计算机应用研究》、《应用光学》、《振动与冲击》、《中国动脉硬化杂志》、《中国天文和天体物理学报》(英文版)、《中国物理 B》(英文版)、《中国学校卫生》、《中国中药杂志》、《肿瘤防治研究》等 13 刊在自建网站、学科信息网或/和国外期刊网络出版平台实现双重 OA,统计 OA 全文篇数多的网站

## (二)OA 期刊地区和学科分布广泛

中国科协 206 种 OA 期刊分布在北京、上海、辽宁、陕西等 24 个地区(表 4—26),与 2007 年相比,OA 期刊分布的地区由 18 个增加到 24 个(新增的 6 个地区为甘肃、河南、内蒙古、宁夏、山西和重庆),OA 期刊数增加最多的 3 个地区为北京、陕西和上海,分别增加了 30 种、7 种和 6 种。

**表 4—26 中国科协科技期刊及 OA 期刊的地区分布**

| 序号 | 地区(登记地) | 中国科协期刊数量(种) | 占中国科协期刊比例(%) | OA 期刊数量(种) | 占 OA 期刊比例(%) | 地区 OA 期刊占地区期刊比例(%) |
|---|---|---|---|---|---|---|
| 1 | 北京 | 477 | 50.0 | 108 | 52.4 | 22.6 |
| 2 | 上海 | 74 | 7.7 | 16 | 7.8 | 21.6 |
| 3 | 辽宁 | 37 | 3.9 | 13 | 6.3 | 35.1 |
| 4 | 陕西 | 18 | 1.9 | 11 | 5.3 | 61.1 |
| 5 | 湖北 | 40 | 4.2 | 6 | 2.9 | 15.0 |
| 6 | 四川 | 21 | 2.2 | 5 | 2.4 | 23.8 |
| 7 | 江苏 | 41 | 4.3 | 5 | 2.4 | 12.2 |
| 8 | 安徽 | 22 | 2.3 | 5 | 2.4 | 22.7 |

续表

| 序号 | 地区（登记地） | 中国科协期刊数量(种) | 占中国科协期刊比例(%) | OA期刊数量(种) | 占OA期刊比例(%) | 地区OA期刊占地区期刊比例(%) |
|---|---|---|---|---|---|---|
| 9 | 吉林 | 22 | 2.3 | 4 | 1.9 | 18.2 |
| 10 | 湖南 | 17 | 1.8 | 4 | 1.9 | 23.5 |
| 11 | 广东 | 19 | 2.0 | 4 | 1.9 | 21.1 |
| 12 | 浙江 | 15 | 1.6 | 4 | 1.9 | 26.7 |
| 13 | 山东 | 20 | 2.1 | 3 | 1.5 | 15.0 |
| 14 | 重庆 | 17 | 1.8 | 2 | 1.0 | 11.8 |
| 15 | 天津 | 33 | 3.5 | 2 | 1.0 | 6.1 |
| 16 | 山西 | 11 | 1.2 | 2 | 1.0 | 18.2 |
| 17 | 黑龙江 | 18 | 1.9 | 2 | 1.0 | 11.1 |
| 18 | 河南 | 13 | 1.4 | 2 | 1.0 | 15.4 |
| 19 | 海南 | 2 | 0.2 | 2 | 1.0 | — |
| 20 | 甘肃 | 7 | 0.7 | 2 | 1.0 | 28.6 |
| 21 | 青海 | 1 | 0.1 | 1 | 0.5 | — |
| 22 | 宁夏 | 1 | 0.1 | 1 | 0.5 | — |
| 23 | 内蒙古 | 6 | 0.6 | 1 | 0.5 | 16.7 |
| 24 | 福建 | 10 | 1.0 | 1 | 0.5 | 10.0 |
| 25 | 云南 | 2 | 0.2 | 0 | 0 | 0 |
| 26 | 江西 | 1 | 0.1 | 0 | 0 | 0 |
| 27 | 河北 | 5 | 0.5 | 0 | 0 | 0 |
| 28 | 贵州 | 3 | 0.3 | 0 | 0 | 0 |
| 29 | 广西 | 1 | 0.1 | 0 | 0 | 0 |
| 30 | 合计 | 954 | 100 | 206 | 100 | (平均)21.6 |

注:数据统计截至2009年5月;按地区OA期刊数量排序

从表4—27可见,OA期刊数分布最多的前4个学科为“医学/卫生”(55种)、“工业技术”(49种)、“数理科学和化学”(34种)和“生物科学”(24种)。与2007年相比,12个学科中,有10学科的OA期刊数量有所增加,1个学科没有变化(“文化/科学/教育/体育/其他”),1个学科有所减少(“自然科学总论”)。OA期刊数增加最多的3个学科为“医学/卫生”、“农业科学”和“数理科学和化学”,分别增加了15种、11种和10种。“医学/卫生”的OA期刊数由2007年的第2位上升至第1位,这与其期刊总数由第2位上升至第1位有关。

学科中OA期刊所占比例最高的4个学科为“生物科学”(52.2%)、“数理科学和化学”(41.5%)、“天文学/地球科学”(33.3%)和“农业科学”(28.3%)。与2007年相比,排序的前三位与2007年相同，“农业科学”从第9位上升至第4位，“工业技术”由第4位下降至第7位。

表4—27 中国科协科技期刊及OA期刊学科分布

| 学科 | 中国科协期刊数量(种) | 占中国科协期刊比例(%) | OA期刊数量(种) | 占OA期刊比例(%) | 占学科期刊比例(%) |
|---|---|---|---|---|---|
| 医学/卫生 | 320 | 33.5 | 55 | 26.7 | 17.2 |
| 工业技术 | 284 | 29.8 | 49 | 23.8 | 17.3 |
| 数理科学和化学 | 82 | 8.6 | 34 | 16.5 | 41.5 |
| 天文学/地球科学 | 51 | 5.4 | 17 | 8.3 | 33.3 |
| 农业科学 | 53 | 5.5 | 15 | 7.3 | 28.3 |
| 生物科学 | 46 | 4.8 | 24 | 11.7 | 52.2 |
| 自然科学总论 | 30 | 3.1 | 2 | 1.0 | 6.7 |
| 交通运输 | 24 | 2.5 | 3 | 1.4 | 12.5 |
| 航空/航天 | 11 | 1.2 | 3 | 1.4 | 27.3 |
| 经济 | 11 | 1.2 | 0 | 0 | 27.3 |
| 环境科学/安全科学 | 9 | 0.9 | 0 | 0 | 0 |
| 文化/科学/教育/体育/其他 | 33 | 3.5 | 4 | 1.9 | 12.1 |
| 合计 | 954 | 100 | 206 | 100 | (平均)21.6 |

注:数据统计截至2009年5月

由表4—28可见，中国科协206种OA期刊中有88.8%为学术类期刊，明显高于中国科协全部期刊中学术类期刊所占比例(69.3%)。与2007年相比，OA期刊由140种增加到206种，净增66种。学术类期刊中，OA期刊增加65种；综合指导类期刊中，增加3种；而技术类和科普类期刊中，OA期刊各减少1种。OA期刊中学术类期刊所占比例由2007年的84.3%上升至2009年的88.8%，增加了4.5个百分点。

表4—28 中国科协科技期刊及OA期刊类别分布

| 类别 | 中国科协期刊数量(种) | 占中国科协期刊比例(%) | OA期刊数量(种) | 占OA期刊比例(%) | 占类别期刊比例(%) |
|---|---|---|---|---|---|
| 学术类 | 661 | 69.3 | 183 | 88.8 | 27.7 |
| 技术类 | 183 | 19.2 | 13 | 6.3 | 7.1 |
| 科普类 | 60 | 6.3 | 6 | 2.9 | 10.0 |
| 综合指导类 | 46 | 4.8 | 4 | 2.0 | 8.7 |
| 检索类 | 4 | 0.4 | 0 | 0 | 0 |
| 总计 | 954 | 100 | 206 | 100.0 | 21.6 |

注:数据统计截至2009年5月

## 二、OA期刊开放信息量呈增加趋势

2007年以来，中国科协OA期刊开放全文的回溯年代、开放期数、开放篇数等均有较大幅度增加；OA期刊开放全文的时滞(纸版发表与在线开放的时间差)两极分化更为显著；OA出版的策略更加灵活多样。

### (一)OA期刊开放全文的回溯年代愈来愈长

由图4－2可见，中国科协206种OA期刊回溯年代大多分布在1999年以后(148种)，占总数的71.8%。将自创刊以来所有论文全文开放的期刊由2007年的22种增加到48种。回溯年代最长的前10名OA期刊(13种)见表4－29，这13种期刊的OA全文全部回溯至创刊号，其中有2007年延续OA期刊8种，新增OA期刊5种。

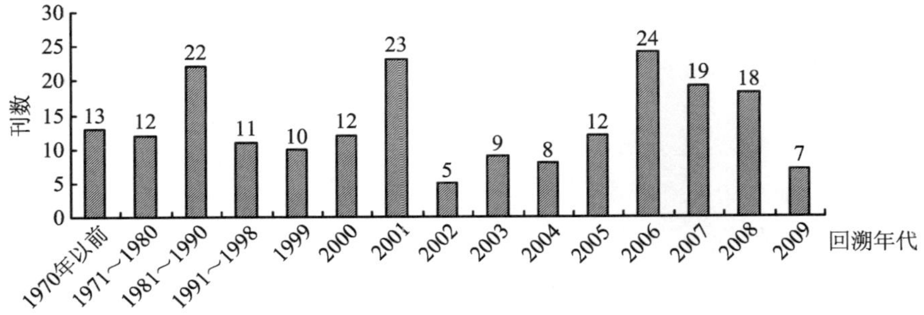


图4－2　中国科协OA期刊的回溯年代(206刊)

注：数据统计截至2009年5月

**表4－29　回溯年代最长的中国科协OA期刊**

| 排序 | 刊　名 | 回溯年代 | 创刊年 | 延续情况 |
|---|---|---|---|---|
| 1 | 物理学报 | 1933(1)～2009(4) | 1933 | 延续 |
| 2 | 数学学报 | 1936(1)～2008(1) | 1936 | 延续 |
| 3 | 植物分类学报(英文版) | 1951(1)～2009(2) | 1951 | 延续 |
| 4 | 植物学报(英文版) | 1952(1)～2004(12) | 1952 | 延续 |
| 5 | 机械工程学报 | 1953(1)～2009(4) | 1953 | 新增 |
| 6 | 微生物学报 | 1953(1)～2009(5) | 1953 | 新增 |
| 7 | 药学学报 | 1953(1)～2008(12) | 1953 | 延续 |
| 8 | 中国中药杂志 | 1955(1)～2009(10) | 1955 | 新增 |
| 9 | 畜牧兽医学报 | 1956(1)～2009(4) | 1956 | 新增 |
| 10 | 海洋与湖沼 | 1957(1)～2005(5) | 1957 | 延续 |
| 11 | 中国图书馆学报 | 1957(1)～2009(3) | 1957 | 新增 |
| 12 | 植物生态学报 | 1958(1)～2009(3) | 1958 | 延续 |
| 13 | 作物学报 | 1962(1)～2009(5) | 1962 | 延续 |

注：数据统计截至2009年5月，按回溯年代排序

## (二)OA期刊开放全文的期数增加

2007年以来,中国科协OA期刊在两年中开放全文的期数有较大幅度的增加(见表4—30)。206种OA期刊开放全文的期数多于101期的有53种,占25.7%(比2007年增加了4.5个百分点);51～100期的有47种,占22.8%(比2007年增加了4.6个百分点);26～50期的有46种,占22.4%(比2007年减少了1.7个百分点);少于25期的有60种,占29.1%(比2007年减少了7.4个百分点)。

**表4—30 中国科协OA期刊的期数分布(206刊)**

| 期数分布 | 2009年 | | 2007年 | |
|---|---|---|---|---|
| | 期刊数量(种) | 比例(%) | 期刊数量(种) | 比例(%) |
| 25期以下 | 60 | 29.1 | 50 | 36.5 |
| 26～50期 | 46 | 22.4 | 33 | 24.1 |
| 51～100期 | 47 | 22.8 | 25 | 18.2 |
| 101以上 | 53 | 25.7 | 29 | 21.2 |
| 合计 | 206 | 100 | 137 | 100 |

注:数据统计截至2009年5月

开放全文101期以上的期刊由2007年的29种增加到53种(见表4—31),增加了182.8%,其中41种为延续OA期刊,12种为新增OA期刊。另外,在两年中有些OA期刊开放全文的期数发生较大变化,主要是将历年过刊全文上网并OA。

**表4—31 中国科协开放全文101期以上的OA期刊**

| 序号 | 刊名 | 开放期数 | 延续情况 | 序号 | 刊名 | 开放期数 | 延续情况 |
|---|---|---|---|---|---|---|---|
| 1 | 物理学报 | 661 | 延续 | 14 | 微生物学通报 | 213 | 新增 |
| 2 | 药学学报 | 452 | 延续 | 15 | 软件学报 | 209 | 延续 |
| 3 | 中国中药杂志 | 408 | 新增 | 16 | 中国物理B(英文版) | 200 | 延续 |
| 4 | 半导体学报 | 353 | 延续 | 17 | 遗传学报(英文版) | 193 | 延续 |
| 5 | 植物学报 | 352 | 延续 | 18 | 遗传 | 192 | 延续 |
| 6 | 中国物理快报(英文版) | 332 | 延续 | 19 | 作物学报 | 192 | 延续 |
| 7 | 中国物理C(英文版) | 285 | 延续 | 20 | 畜牧兽医学报 | 191 | 新增 |
| 8 | 微生物学报 | 273 | 新增 | 21 | 生态学报 | 190 | 延续 |
| 9 | 农村电气化 | 259 | 延续 | 22 | 自动化学报 | 185 | 延续 |
| 10 | 机械工程学报 | 244 | 新增 | 23 | 生理学报 | 182 | 延续 |
| 11 | 植物分类学报(英文版) | 233 | 延续 | 24 | 农业工程学报 | 180 | 延续 |
| 12 | 生物化学与生物物理进展 | 228 | 延续 | 25 | 地球化学 | 176 | 延续 |
| 13 | 物理化学学报 | 228 | 延续 | 26 | 中国图书馆学报 | 176 | 新增 |

续表

| 序号 | 刊名 | 开放期数 | 延续情况 | 序号 | 刊名 | 开放期数 | 延续情况 |
|---|---|---|---|---|---|---|---|
| 27 | 中国药理学报(英文版) | 173 | 延续 | 41 | 计算机工程与应用 | 124 | 延续 |
| 28 | 海洋与湖沼 | 170 | 延续 | 42 | 金属学报 | 123 | 延续 |
| 29 | 中华医学杂志(英文版) | 167 | 延续 | 43 | 岩石力学与工程学报 | 122 | 延续 |
| 30 | 农电管理 | 157 | 延续 | 44 | 核化学与放射化学 | 118 | 延续 |
| 31 | 植物生态学报 | 157 | 延续 | 45 | 无机化学学报 | 115 | 延续 |
| 32 | 中国生物化学与分子生物学报 | 154 | 新增 | 46 | 数学学报(英文版) | 114 | 新增 |
| 33 | 色谱 | 149 | 延续 | 47 | 数学学报 | 112 | 延续 |
| 34 | 系统工程理论与实践 | 142 | 延续 | 48 | 菌物学报 | 108 | 新增 |
| 35 | 中国修复重建外科杂志 | 138 | 新增 | 49 | 化学通报 | 104 | 延续 |
| 36 | 水利学报 | 137 | 延续 | 50 | 癌变·畸变·突变 | 103 | 延续 |
| 37 | 植物学报(中文版) | 136 | 延续 | 51 | 质谱学报 | 103 | 延续 |
| 38 | 中国电机工程学报 | 126 | 延续 | 52 | 化学学报 | 101 | 延续 |
| 39 | 生物工程学报 | 125 | 延续 | 53 | 理论物理通讯(英文版) | 101 | 新增 |
| 40 | 岩石学报 | 125 | 新增 | | | | |

注:数据统计截至2009年5月;按开放期数排序

## (三)OA期刊开放全文的篇数增多

基于“中国期刊全文数据库”和各期刊自建网站的统计结果表明,2009年中国科协206种OA期刊开放全文的篇数大幅增加(表4—32):开放全文的分布高峰为“2001篇以上”(占37.4%,2007年为24.4%),其次为“500篇以下”(占25.7%,2007年为36.0%)。

**表4—32　中国科协OA期刊的论文篇数分布**(206刊)

| 篇数分布 | 2009年 | | 2007年 | |
|---|---|---|---|---|
| | 期刊数量(种) | 比例(%) | 期刊数量(种) | 比例(%) |
| 500篇以下 | 53 | 25.7 | 50 | 36.0 |
| 501～1000篇 | 39 | 18.9 | 30 | 21.6 |
| 1001～2000篇 | 37 | 18.0 | 25 | 18.0 |
| 2001篇以上 | 77 | 37.4 | 34 | 24.4 |
| 合计 | 206 | 100 | 139 | 100 |

注:数据统计截至2009年5月

将开放全文篇数位居前30位的期刊列于表4—33,这其中,有20种为延续OA期刊,另有10种为新增OA期刊。

表 4—33　开放全文篇数最多的中国科协科技期刊

| 序号 | 刊名 | 篇数 | 延续情况 | 序号 | 刊名 | 篇数 | 延续情况 |
|---|---|---|---|---|---|---|---|
| 1 | 物理学报 | 14526 | 延续 | 16 | 岩石力学与工程学报 | 5173 | 延续 |
| 2 | 中国中药杂志 | 12976 | 新增 | 17 | 物理化学学报 | 5150 | 延续 |
| 3 | 中国物理快报(英文版) | 10372 | 新增 | 18 | 生物化学与生物物理进展 | 4821 | 延续 |
| 4 | 计算机工程与应用 | 8529 | 延续 | 19 | 汽车之友 | 4800 | 新增 |
| 5 | 实用医技杂志 | 7738 | 新增 | 20 | 微生物学报 | 4780 | 新增 |
| 6 | 农业工程学报 | 6772 | 延续 | 21 | 中国物理 B(英文版) | 4715 | 延续 |
| 7 | 药学学报 | 6534 | 延续 | 22 | 中国物理 C(英文版) | 4702 | 延续 |
| 8 | 机械工程学报 | 6143 | 新增 | 23 | 微生物学通报 | 4684 | 新增 |
| 9 | 计算机应用研究 | 5961 | 延续 | 24 | 黑龙江医学 | 4645 | 新增 |
| 10 | 农电管理 | 5859 | 延续 | 25 | 中国热带医学 | 4620 | 延续 |
| 11 | 半导体学报 | 5685 | 延续 | 26 | 数学学报 | 4332 | 延续 |
| 12 | 生态学报 | 5562 | 延续 | 27 | 遗传 | 4285 | 延续 |
| 13 | 中国修复重建外科杂志 | 5546 | 新增 | 28 | 国际眼科杂志 | 4182 | 新增 |
| 14 | 农村电气化 | 5466 | 延续 | 29 | 中国组织工程研究与临床康复 | 4095 | 延续 |
| 15 | 医学与哲学 | 5262 | 延续 | 30 | 作物学报 | 4063 | 延续 |

注:数据统计截至 2009 年 5 月;按开放全文篇数排序

## (四)OA 期刊开放全文的时滞两极分化

对中国科协 206 种 OA 期刊开放全文时滞的统计表明(见表 4—34 和表 4—35),“现刊”所占比例最大(占 41.9%),其次为“滞后 3 期及以上”(占 32.7%)。

与 2007 年相比,发布“超前”和“现刊”OA 全文网站所占比例增加了 12.3 个百分点,“滞后 3 期以上”和“滞后 13 个月以上”的期刊所占比例也分别增加了 6.3 和 10.3 个百分点。实现“超前”OA 出版模式的期刊由 2007 年的 4 种增加到 2009 年的 11 种。以上数字恰是期刊办刊者对 OA 的两种截然不同态度的体现,形成两种完全不同的 OA 策略。将“超前”和“现刊”的 OA 全文上网者认为,应充分利用互联网信息传播速度快、范围广的优点,有效缩短印刷版本的出版周期,最大限度地扩大期刊影响,进而提高期刊的总被引频次、影响因子、即年指标等引证指标,再进一步可吸引到更多优质稿源,从而使期刊步入良性发展的轨道。另有一些期刊办刊者担心开放全文会影响期刊印刷版本的发行量和发行收入①,而将 OA 全文滞后于印刷版发布。

由表 4—34 和表 4—35 还可见,实现“超前”OA 出版模式的期刊由 2007 年的《作物

① 程维红,任胜利,王应宽,等. 对建设中国科协科技期刊网络平台的问卷调查. 编辑学报,2008,20(5):420～422.

学报》、《物理化学学报》、《中国天文和天体物理学报》(英文版)和《中国生物工程杂志》4种增加到12种。《细胞研究》(英文版)、《中国机械工程学报》(英文版)、《物理化学学报》、《自动化学报》、《作物学报》、《动物学报》和《材料科学技术》(英文版)7刊网站有待发表文章目次、摘要和OA全文;《半导体学报》、《计算机工程与应用》、《遗传》和《中国药理学报》(英文版)4刊网站有超前1期目次、摘要和OA全文。另外,《植物学报》(英文版)虽因与Wiley-Blackwell合作后改为非OA期刊,但在自建网站上有“已接受但尚未排版”(Accepted articles)和“已排版但尚无页码”(Online early)的文章目次/摘要/OA全文。

**表4—34　中国科协OA期刊开放全文的时滞(期)分布(206刊)**

| 时滞(期)分布 | 2009年 | | 2007年 | |
|---|---|---|---|---|
| | 刊数 | 所占比例(%) | 刊数 | 所占比例(%) |
| 超前 | 12 | 5.8 | 4 | 2.9 |
| 现刊 | 86 | 41.8 | 44 | 32.4 |
| 滞后1期 | 27 | 13.1 | 42 | 30.9 |
| 滞后2期 | 13 | 6.3 | 10 | 7.3 |
| 滞后3期及以上 | 68 | 33.0 | 36 | 26.5 |
| 合计 | 206 | 100 | 136 | 100 |

注:数据统计截至2009年5月

**表4—35　中国科协OA期刊开放全文的时滞(月)分布(206刊)**

| 时滞(月)分布 | 2009年 | | 2007年 | |
|---|---|---|---|---|
| | 刊数 | 所占比例(%) | 刊数 | 所占比例(%) |
| 超前 | 12 | 5.8 | 4 | 2.9 |
| 现刊 | 86 | 41.8 | 44 | 32.4 |
| 滞后1～12个月 | 68 | 33.0 | 76 | 55.9 |
| 滞后13个月以上 | 40 | 19.4 | 12 | 8.8 |
| 合计 | 206 | 100 | 136 | 100 |

注:数据统计截至2009年5月

## (五)OA期刊出版模式多样

1. 多平台OA期刊

所谓多平台OA期刊,即除自建网站实现OA外,通过其他平台同时实现开放存取出版。中国科协有13种期刊为多平台OA期刊。除自建网站实现OA外,《草业学报》、《弹箭与制导学报》、《湖泊科学》、《机械工程学报》、《计算机应用研究》、《应用光学》、《振动与冲击》和《中国中药杂志》8刊另在“中国科技论文在线”实现OA;《中国动脉硬化杂志》、《中国学校卫生》和《肿瘤防治研究》3刊另在“首席医学网”实现OA;《中国天文和天体物理学报》(英文版)和《中国物理B》(英文版)两刊另在IoPP实现OA。

2. 附加限制条件浏览OA全文的期刊

所谓附加限制条件浏览OA全文的期刊，即OA期刊在网站上为全文的浏览设置了门槛。如《机械工程学报》、《热带作物学报》、《医学与哲学》、《中国机械工程学报》(英文版)、《中华医学美学美容杂志》5种期刊网站，须免费注册为会员才能看到全文；《应用基础与工程科学学报》网站上的过刊查询系统须输入文题、第一作者、卷、期4项之一后才能看到全文。

3. 部分OA的期刊

所谓部分OA的期刊，即期刊网站提供的目次、摘要的期数多于OA全文的期数。这其中还可细分为3种类型：①OA全文滞后于目次和摘要；②目次和摘要的回溯年代要长于OA全文的回溯年代；③同时具有上述两种情况。第一种情况主要是基于既OA又不影响印刷版发行量和发行收入的考虑；第二种情况主要是基于OA全文制作、上传(将大量过刊数字化)需要投入较多人力、物力和财力的考虑。

## 三、OA期刊的学术影响力明显提高

为探讨OA对期刊总被引频次、影响因子和即年指标的影响，将中国科协科技期刊中于2006年7月前即已开放全文的37种中文版① OA期刊在《中国科技期刊引证报告》(CJCR)核心版2005～2009年②中的总被引频次、影响因子和即年指标的平均值，与随机选取的37份中国科协非OA中文版期刊③的3项指标平均值作对比研究发现，OA期刊总被引频次、影响因子和即年指标5年平均增长率分别高于非OA期刊11.6、5.6和2.1个百分点，见表4－36。

**表4－36　2005～2009年中国科协37种中文OA期刊和37种非OA期刊引证指标平均值及增长率**

| 年份 | 总被引频次/增长率(%) | | 影响因子/增长率(%) | | 即年指标/增长率(%) | |
|---|---|---|---|---|---|---|
| | OA期刊 | 非OA期刊 | OA期刊 | 非OA期刊 | OA期刊 | 非OA期刊 |
| 2005 | 795 | 461 | 0.615 | 0.383 | 0.083 | 0.047 |
| 2006 | 1120/40.9 | 550/19.3 | 0.709/15.3 | 0.390/1.8 | 0.096/15.7 | 0.064/36.2 |
| 2007 | 1366/22.0 | 695/26.4 | 0.793/11.9 | 0.438/12.3 | 0.110/14.6 | 0.043/－0.3 |
| 2008 | 1611/17.9 | 761/9.5 | 0.885/11.6 | 0.420/－4.1 | 0.109/－0.9 | 0.047/9.3 |
| 2009 | 1913/18.8 | 842/10.6 | 0.845/－4.5 | 0.419/－0.2 | 0.090/－17.4 | 0.046/－2.1 |
| 平均 | 1361/28.1 | 662/16.5 | 0.769/7.5 | 0.410/1.9 | 0.098/1.7 | 0.049/－0.4 |

① 程维红，任胜利. 中国科技期刊开放存取出版现状. 编辑学报，2007，19(3)：196～198.

② 中国科学技术信息研究所. 中国科技期刊引证报告(2005～2009年版). 北京：科学技术文献出版社。

③ 37种非OA期刊的选取须符合3个条件：中国科协中文版期刊、2007年和2009年两年为非OA期刊、被CJCR 2005～2009年版收录。选取方法：在以汉语拼音排序的954种"中国科协科技期刊名录(2009)"中，每隔20刊选取1刊，遇OA和英文科技期刊时跳过，再与CJCR 2005～2009年版比对，去除未收录的期刊。

针对中国科协科技期刊对OA与学术影响力的观点,2009年,中国科协科技期刊问卷调查的有效问卷为539份。调查显示(表4—37,5个选项可多选),认为OA期刊的传播范围更广、传播速度更快的分别占89.2%和86.6%;认为期刊实现OA可提高期刊的总被引频次和影响因子的分别占56.2%和58.6%;另有部分认为实现OA可增加期刊网站的浏览量和下载量。

**表4—37　实现OA对学术传播和期刊影响力的影响**

| | 期刊数 | 比例(%) |
|---|---|---|
| 传播范围更广 | 481 | 89.2 |
| 传播速度更快 | 467 | 86.6 |
| 期刊的总被引频次随之增加 | 316 | 58.6 |
| 期刊的影响因子随之提升 | 303 | 56.2 |
| 没有任何影响/变化 | 8 | 1.5 |
| 其他 | 9 | 1.7 |

数据来源:中国科学科技期刊2009年调查数据(有效问卷539份)

## 四、OA对期刊发行和运营成本的影响

调查显示,随着OA的逐渐增多和对OA认识的不断深入,编辑部对影响OA因素的回答出现了不同程度的变化(见表4—38)。与中国科协科技期刊2007年调查数据相比,2009年"担心实现OA减少期刊印刷版发行量和发行收入"所占比例继续居首位,并明显增加了17.4个百分点;"担心版权问题"所占比例增加了9.7个百分点。而"担心增加编辑部工作量"和"担心由作者付费,影响稿源"所占比例分别减少了1.5和5.0个百分点。值得注意的是,"没有任何顾虑"的期刊由2007年的9种大幅增加到59种。还有一些问卷显示,与国内商业数据库(如CNKI、万方)和国外出版商签订的排他性合作协议是影响期刊OA的主要因素。

**表4—38　影响中国科协科技期刊实现OA的因素**

| 调查项目 | 2009年(有效问卷539份) | | 2007年(有效问卷502份) | |
|---|---|---|---|---|
| | 期刊数量(种) | 比例(%) | 期刊数量(种) | 比例(%) |
| 担心减少印刷版发行量和发行收入 | 398 | 73.8 | 283 | 56.4 |
| 担心版权问题 | 232 | 43.0 | 167 | 33.3 |
| 担心增加期刊经营成本 | 193 | 35.8 | 155 | 30.9 |
| 担心增加编辑部工作量 | 181 | 33.6 | 176 | 35.1 |
| 担心印刷版会消失 | 125 | 23.2 | 102 | 20.3 |
| 担心由作者付费,影响稿源 | 117 | 21.7 | 134 | 26.7 |
| 担心期刊质量下降 | 76 | 14.1 | 48 | 9.6 |
| 没有任何顾虑 | 59 | 10.9 | 9 | 1.8 |
| 其他 | 18 | 3.3 | 7 | 1.4 |

受近年来我国期刊大环境的影响，与非 OA 期刊一样，中国科协 OA 期刊同样面临着发行量和发行收入减少的困扰，而 OA 与否对期刊整体运营成本影响不大。

针对实现 OA 对期刊实际发行量、发行收入和期刊运营成本影响的问题，中国科协科技期刊 2009 年问卷调查的有效问卷为 123 份，占全部 OA 期刊的 59.7%。调查显示(见表 4－39)，实现 OA 后期刊印刷版发行量、发行收入和运营成本“基本持平”的比例最大，分别为 55.3%、53.7%和 48.8%；也有为数不少的期刊实现 OA 以来发行量和发行收入“略有下降”而运营成本“略有上升”。

与 2007 年的调查相比(见表 4－39)，实现 OA 后期刊发行量“略有下降”和“大幅下降”比例分别提高了 4.3 和 6.8 个百分点，发行收入“略有下降”和“大幅下降”比例分别提高了 8.4 和 6.8 个百分点；期刊运营成本“基本持平”的提高了 10.6 个百分点；而发行量“略有上升”和“基本持平”的比例分别减少了 5.4 和 5.2 个百分点，发行收入“略有上升”和“基本持平”的比例分别减少了 8.0 和 5.5 个百分点，期刊运营成本“略有上升”的减少了 7.3 个百分点。

**表 4－39　OA 对中国科协科技期刊发行收入和运营成本的影响**

| 选项 | 印刷版发行量 | | | 发行收入 | | | 运营成本 | | |
|---|---|---|---|---|---|---|---|---|---|
| | 频次 | 2009 年(%) | 2007 年(%) | 频次 | 2009 年(%) | 2007 年(%) | 频次 | 2009 年(%) | 2007 年(%) |
| 大幅上升 | 0 | 0 | 0 | 1 | 0.8 | 2.6 | 5 | 4.1 | 1.3 |
| 略有上升 | 3 | 2.5 | 7.9 | 8 | 6.5 | 14.5 | 46 | 37.4 | 44.7 |
| 基本持平 | 68 | 55.3 | 60.5 | 66 | 53.7 | 59.2 | 60 | 48.8 | 38.2 |
| 略有下降 | 41 | 33.3 | 29.0 | 33 | 26.8 | 18.4 | 7 | 5.7 | 5.3 |
| 大幅下降 | 10 | 8.1 | 1.3 | 10 | 8.1 | 1.3 | 1 | 0.8 | 1.3 |
| 未答 | 1 | 0.8 | 1.3 | 5 | 4.1 | 4 | 4 | 3.2 | 9.2 |
| 合计 | 123 | 100 | 100 | 123 | 100 | 100 | 123 | 100 | 100 |

数据来源：中国科协科技期刊 2007 年和 2009 年调查数据

## 第三节　中国科协科技期刊在国内期刊数据库全文上网情况

科技期刊的商业数据库传播模式是伴随着网络技术和现代通信技术的发展应运而生的一种传播模式，以代替科技期刊传统的纸质传播模式来满足人们阅读方式改变的需要。我国科技期刊商业数据库发展了十几年，现已相对成熟①，主要代表数据库有 CNKI(国家知识基础设施，National Knowledge Infrastructure)系列数据库之一的“中国期刊全文数据库”(简称“CNKI”)、万方数据资源系统的“万方数据——中国数字化期刊群”数据库(简称“万方”)和重庆维普资讯的“中文科技期刊数据库”(简称“维普”)。上述“三大数据

① 赵文义，王磊，宋庆国，等. 学术期刊的网络传播模式分析. 中国科技期刊研究，2008，19(1)：80～82.

库”是我国科技期刊数字化的主体，有相对成熟的赢利模式和高市场占有率。2009 年 6 月，通过以 954 种中国科协科技期刊的刊名为检索词，对中国科协科技期刊被“三大数据库”全文收录情况进行调研，并对“三大数据库”全文上网回溯年代和全文更新时滞进行了比较研究。结果显示，中国科协科技期刊在“三大数据库”全文上网的数量分别是，CNKI 872 种(占 91.4%)、万方 856 种(占 89.7%)、维普 763 种(占 80.0%)，在“三大数据库”同时全文上网的有 729 种(占 76.4%)，“三大数据库”全文上网的回溯年代分布各有特点，更新时滞差异较大。

## 一、超过 80%的中国科协期刊被“国内三大数据库”全文收录

2009 年，中国科协科技期刊中有 872 种(占 91.4%)在 CNKI、856 种(占 89.7%)在万方、763 种(占 80.0%)在维普全文上网，其中有 729 种在“三大数据库”同时全文上网，占 76.4%。与 2007 年相比，被 CNKI 和维普全文收录的比例基本没有变化，被万方全文收录的比例增加了 3.7 个百分点(见表 4—40)。

**表 4—40 中国科协科技期刊在 CNKI、万方和维普全文上网情况**

| 数据库 | 收录情况 | 期刊数量(种) | 2009 年占中国科协期刊比例(%) | 2007 年占中国科协期刊比例(%) |
|---|---|---|---|---|
| CNKI | 全文收录 | 872 | 91.4 | 91.7 |
| | 未收录 | 82 | 8.6 | 8.3 |
| | 合计 | 954 | 100 | 100 |
| 万方 | 全文收录 | 856 | 89.7 | 86.0 |
| | 未收录 | 98 | 10.3 | 14.0 |
| | 合计 | 954 | 100 | 100 |
| 维普 | 全文收录 | 763 | 80.0 | 81.0 |
| | 未收录或收录无全文 | 191 | 20.0 | 19.0 |
| | 合计 | 954 | 100 | 100 |
| 3 个数据库同时全文收录 | | 729 | 76.4 | — |
| 2 个数据库同时全文收录 | | 131 | 13.7 | — |
| 1 个数据库全文收录 | | 42 | 4.4 | — |
| 3 个数据库均未全文收录 | | 52 | 5.5 | — |
| 合计 | | 954 | 100 | — |

注：数据统计截至 2009 年 6 月

## 二、“三大数据库”收录全文的回溯年代各有特点

中国科协 954 种科技期刊在 CNKI、万方和维普全文上网的回溯年代分布差异较大(见表 4—41)。CNKI 收录期刊 70.3% 回溯至创刊号，万方和维普回溯至创刊号的期刊

分别只占4.7%和11.7%。由于CNKI致力于从创刊号起收录期刊，因此回溯年代无明显的个别年度分布高峰。万方回溯年代的分布高峰在2000年(253种，占29.6%)、1999年(227种，占26.5%)、1998年(171种，占20.0%)和2001年(145种，占16.9%)。维普回溯年代分布高峰在1989年(470种，占61.6%)。

**表4—41 CNKI、万方和维普全文收录中国科协期刊的回溯年代**

| 全文收录回溯年代 | CNKI | | 万方 | | 维普 | |
|---|---|---|---|---|---|---|
| | 刊数 | 所占比例(%) | 刊数 | 所占比例(%) | 刊数 | 所占比例(%) |
| 1950年以前 | 12 | 1.4 | 0 | 0 | 0 | 0 |
| 1951～1960年 | 55 | 6.3 | 0 | 0 | 1 | 0.1 |
| 1961～1970年 | 33 | 3.8 | 0 | 0 | 1 | 0.1 |
| 1971～1980年 | 165 | 18.9 | 0 | 0 | 4 | 0.5 |
| 1981～1990年 | 287 | 32.9 | 0 | 0 | 503 | 65.9 |
| 1991～2000年 | 270 | 31.0 | 651 | 76.0 | 186 | 24.5 |
| 2001年以后 | 50 | 5.7 | 205 | 24.0 | 68 | 8.9 |
| 合计 | 872 | 100 | 856 | 100 | 763 | 100 |
| 从创刊号起收录 | 613 | 70.3 | 40 | 4.7 | 89 | 11.7 |

## 三、"三大数据库"全文上网的更新时滞差异明显

中国科协科技期刊在"三大数据库"全文上网的更新情况显示(表4—42)，在CNKI，"滞后1期"所占比例最大(占50.3%)；在万方，"滞后2期"和"滞后3期"所占比例最大(分别占34.2%和33.0%)；在维普，"滞后4期及以上"所占比例最大(占41.3%)。CNKI中与印刷版同步的"现刊"所占比例明显高于万方和维普。值得注意的是，虽然CNKI全文上网的更新情况最好，但"滞后4期及以上"的比例却高于万方。原因在于，其中111种中华医学会系列期刊与万方签署了独家期刊数据库合作协议，7种英文科技期刊分别与IoPP、Nature Publishing Group、Oxford University Press、Springer和Wiley-Blackwell等国外出版商合作签订了排他性的合作出版合同。

**表4—42 中国科协期刊在CNKI、万方、维普全文更新时滞**

| 更新时滞 | CNKI | | 万方 | | 维普 | |
|---|---|---|---|---|---|---|
| | 期刊数量(种) | 所占比例(%) | 期刊数量(种) | 所占比例(%) | 期刊数量(种) | 所占比例(%) |
| 现刊 | 46 | 5.3 | 25 | 2.9 | 11 | 1.4 |
| 滞后1期 | 439 | 50.3 | 293 | 34.2 | 164 | 21.5 |
| 滞后2期 | 163 | 18.7 | 282 | 33.0 | 183 | 24.0 |
| 滞后3期 | 56 | 6.4 | 122 | 14.3 | 90 | 11.8 |
| 滞后4期及以上 | 168 | 19.3 | 134 | 15.6 | 315 | 41.3 |
| 合计 | 872 | 100 | 856 | 100 | 763 | 100 |

## 四、未被"三大数据库"全文收录的中国科协期刊

调查表明(表4—43),954种中国科协期刊中有225种未被1~3个三大数据库收录,未被收录的期刊分别占学术类、技术类、科普类、检索类和综合类期刊的17.3%、18.0%、90.0%、100.0%和43.5%,其中科普类和检索类期刊所占比例明显较高。有34种英文科技期刊未被1~3种数据库收录,占69种中国科协英文科技期刊的49.3%,这应当与许多英文科技期刊与国外出版商合作签订了排他性的出版合同有关。

表4—43 中国科协期刊未在CNKI、万方、维普全文上网情况

| 类别 | 1个数据库未收录 | 2个数据库未收录 | 3个数据库未收录 | 未被1~3个数据库收录合计(A) | 中国科协期刊(B) | A/B(%) |
|---|---|---|---|---|---|---|
| 学术类 | 91 | 12 | 11 | 114 | 660 | 17.3 |
| 技术类 | 26 | 7 | 0 | 33 | 183 | 18.0 |
| 科普类 | 7 | 15 | 32 | 54 | 60 | 90.0 |
| 检索类 | 1 | 0 | 3 | 4 | 4 | 100.0 |
| 综合类 | 6 | 8 | 6 | 20 | 46 | 43.5 |
| 合计 | 131 | 42 | 52 | 225 | 954 | — |

中国科协科技期刊中有52种期刊的全文未被三大数据库收录。这52种期刊中,包括中国科协主管期刊35种、其他部委主管全国学会主办的期刊17种;按类别分,科普类期刊32种,占61.5%,占中国科协全部60种科普类期刊的53.3%。52种期刊中有30刊有自建网站,22刊无自建网站。

# 第四节 中国科协科技期刊数字化和网络化发展对策

顺应时代发展,完成由传统期刊运作向互联网信息提供商和内容服务商的转变,是包括中国科协期刊在内的中国科技期刊必须攻克的堡垒。

## 一、立足现实,分析问题

中国科协科技期刊数字化和网络化建设呈现快速发展态势的同时,存在发展中的三个问题:①与发达国家相比,我国科技期刊在数字化和网络化方面的发展规模和技术水平均明显滞后,缺乏整体竞争力。作为一次文献的主体,我国科技期刊(中国科协科技期刊也不例外)在近20年来信息化带来的产业升级中没有得到集中的、大规模的投入,未与发达国家同步完成科技出版业的产业升级。②中国科协科技期刊自建网站尚存在功能和内容不够完善、专业设计缺乏、网刊发布单一且不规范、网站服务功能低端、网站更新不及时等问题。③中国科协科技期刊网站赢利模式尚未建立,可持续发展问题亟待解决。大部

分网站处在免费浏览和无收入运营状态，尚依赖印刷版期刊的传统赢利模式。



### (一)资源分散，缺乏竞争力

20世纪末以来，数字技术和网络技术的进步正在迅速改变着包括科技出版在内的整个出版业的生存方式。在这些新技术的影响下，发达国家的科技出版业纷纷以积极姿态迎接数字化的挑战。目前，美国、英国、德国以及荷兰的一些大型科技出版企业和主流科技期刊基本完成了数字化转型，实现了科技出版的产业升级。不仅出版活动的全流程基本实现了数字化，而且一些大型科技出版企业(科技文献首次出版商)也嬗变为科技内容资源服务商①。世界前四大学术出版商(Elsevier, Springer, Wiley-Blackwell, Taylor & Francis)、著名科技社团出版社(美国电气电子工程师学会出版社、美国物理联合会出版社、英国物理学会出版社、美国化学会出版社)相继于20世纪90年代中后期创建了集期刊稿件采编、文章在线发布(大部分为现刊和网络预出版)、全文数据库、并集成各类资源的一站式网络出版平台②。网络出版平台的建立拓展了科技出版的价值链条，包括了图书、期刊、电子产品等多种衍生产品。

西方发达国家的出版企业由于经历了充分的市场竞争，早已实现了集团化、规模化经营，产业集中度高，便于实施数字化产业升级③。而中国科协科技期刊处在管理体制复杂、出版资源分散和市场主体缺失的状态中④，自建网站数量众多、上网形式多样从一个侧面充分印证了这一点。与西方发达国家相比，中国科协科技期刊数字化和网络化总体程度较低，发展不均衡。从出版流程看，中国科协科技期刊中仅有37.4%的出版业务流程实现了网络化改造(表4—7)，多数科技期刊仍然因循传统的运作方式。从出版产品形式看，除80%以上的中国科协期刊依托CNKI、万方、维普、龙源等几家商业数据库(非科技文献首次出版者)将科技期刊以二次文献集成的方式作数字化发布并提供以数据库为基础的多样性的科技信息服务外，大部分期刊出版者(科技文献首次出版者)能够为用户提供的仍然是以传统科技出版产品为主，或通过自建网站提供分散的低端科技信息服务。

在发达国家，各大学术出版商(科技期刊内容生产的主体)已成功转型为数字出版的主体，探索出了数字出版的赢利模式，数字出版业务逐渐成为其主要收入来源。据爱思唯尔战略总监包亚峰(Alexander van Boetzelaer)在"第五届中国科技期刊发展论坛"(上海，2009)上称，爱思唯尔在短短十年内初步完成了从一个"传统出版商"过渡到"信息解决方案提供商"的转型，目前公司80%的收入来自于数字化产品。但在我国，期刊数字出版业务的主体仍然是IT业，如CNKI、万方、维普、龙源等，期刊出版单位更多的是被动地被卷

① 方卿主编.科技出版国际竞争力研究.武汉：武汉大学出版社，2008：37～38.

② 程维红，任胜利，王应宽，等.国外科技期刊的在线出版.中国科技期刊研究，2008，18(6)：948～953.

③ 郝振省主编.2007～2008年中国数字出版产业年度报告.北京：中国书籍出版社，2008：6.

④ 中国科协技术协会主编.中国科协科技期刊发展报告(2009).北京：中国科学技术出版社，2009：46～73.

入到数字化的浪潮之中,在数字出版业务中所发挥的作用也非常有限①。由于多为分散办刊,处于被动的局面中,没有与商业数据库讨价还价的实力,期刊数字化收入在整个期刊运营收入中所占比例较小,无法弥补因数字化造成的印刷版发行收入减少的缺口。这是我国科技期刊在被数字化浪潮冲击中所产生的困惑之一。

## (二)网站质量良莠不齐

由于期刊网站建设的发展速度快、准入门槛儿低,相关管理部门尚未出台科学严谨的网站质量评估指标体系,对已建成网站缺乏指导、监督和检查,大多数期刊自建网站是科技期刊的自发愿望和自觉行动,因此,期刊网站从内容到功能的整体质量良莠不齐,表现为功能不全、内容简单、设计不够专业、网刊发布单一、网站更新不及时等方面。

1. 网站功能和内容尚待完善

虽然建设网站的目的不同、期刊学科和类别不同、网站服务群体不同,网站功能和内容也应该各有千秋,但如表 4—6 所示,有 9.8%的网站仅具有"信息发布"、"采编系统"、"网刊发布"、"综合服务"4 项功能之中的 1 项,18.4%的网站仅具有 2 项,21.7%的网站具有 3 项,说明有为数不少的网站存在功能和内容不够完善的问题。

2. 编辑办公的网络化程度低

虽然 357 种期刊(占自建网站期刊 581 刊的 61.4%)的网站具有远程稿件采编功能(见表 4—7),但其中 36 种期刊网站只有"在线投稿"功能,22 种期刊网站只有"在线查稿"功能。因此,具有完备的稿件采编系统的期刊实际上只有 259 种,占 581 种自建网站期刊的 44.6%,仅占全部 954 种中国科协期刊的 27.1%。与国际主流期刊相比,存在很大差距②。相当数量的自建网站期刊实际上并没有实现稿件处理和编辑出版流程的网络化。

3. 缺乏规范的专业网站设计

有些期刊网站缺乏专业设计,表现为界面不规范、内容分散无序,如有的网站将很多内容放在一个网页上,访问者需要滚动数屏才能阅读完整;某网站发布的印刷版期刊目次在主页的"公告"、"各期目次"、"资讯"和"关注排行"等多个板块中重复出现;有些网站将"目次"、"导读"、"问卷调查"、"招商启事"、"征稿启事"等几种不同类型的信息和内容混合发布在同一板块中等。

4. 网刊发布格式单一且不规范

有些期刊网站发布的目次、摘要和全文的年、卷、期不连续、排列混乱、期次不清;有些期刊网站上的目次、摘要标有"现刊"或上传日期,但看不出是哪一年、哪一期,有些网站发布网刊的内容极少,仅几篇文章。网刊发布格式单一且不规范,如绝大多数网站只有一种 PDF 格式,而国外期刊网站一般都有 PDF、HTML、XML、PS 等多种格式。

5. 网站服务功能差距较大

与国外期刊网站相比,中国科协期刊在网站服务功能方面差距较大,很多期刊的网站

---

① 聂震宁.出版业与数字出版的距离有多远.见:黄先蓉,罗紫初.数字出版与网络教育.北京:高等教育出版社,2009:5.

② 程维红,任胜利,王应宽,等.国外科技期刊的在线出版.中国科技期刊研究,2008,19(6):948~953.

是静态的，无系统内和跨系统检索功能，网站计量与评价功能弱，互动性差，网站不稳定，访问与下载速度慢。有些网站为读者访问设置了限制条件，有些OA期刊网站上，读者要想看到OA全文须首先免费注册为会员，这种做法一定程度上使OA的作用大打折扣。

6. 网站更新和维护不及时

有些期刊网站发布网刊的内容极少，一直处于"建设中"的状态。网站应方便读者访问，才能发挥其功效，但有些期刊网站有恶意软件，访问者打开后死机，有的期刊网站在使用Google搜索时显示"该网站可能含有恶意软件，有可能会危害您的电脑"。一些期刊网站最新发布的网刊或动态信息为数年前的或各项内容和功能都无法点开，这样已废弃的网站在使用Google搜索时仍可找到，对期刊形象会产生不良影响，应尽早更新、维护或删除。

### （三）网站赢利模式亟待建立

西方主流学术出版商已完成了由传统出版向数字出版的产业转型和升级，建立了内容和服务多元化的数字出版平台，形成了在数字化和网络化出版方式和环境下的赢利模式。在国内，将期刊数字化和网络化的商业数据库经过十几年的发展也建立了较为成熟的赢利模式，赢利模式主要有网上包库、镜像站点、按流量计费和刊登广告4种[①]。而目前中国科协科技期刊网站尚未找到自身成熟的赢利模式，大部分网站处在免费浏览和无收入的运营状态，仅是印刷版期刊运营的一个附属产品。

## 二、与时俱进，积极应对

随着现代通信技术、数字印刷技术和网络技术的发展，科技期刊的出版和传播方式正在发生重大变革，期刊出版和经营将越来越多地借助现代科技手段，表现为高效同步、多媒体、多时空的特征[②]。因此，积极采用新技术，转变出版模式，促进科技期刊网站信息集成和网络传播，推进学术期刊开放存取出版，促进传统出版向网络出版过渡，建立数字出版赢利模式，将是中国科协科技期刊实现跨越发展的必经之路。

### （一）改变传统出版思维，顺应媒介融合趋势

数字和网络环境下，出版不仅克服了纸质期刊在时滞、版面、形式、发行、获取、交互性等方面的缺点，还融入了超链接、信息检索和多媒体技术为代表的信息技术，改变了论文本身的逻辑结构和表达方式[③]，使网络出版与纸质出版发生了质的区别。

---

① 李广宇等.2007～2008年中国互联网期刊出版产业年度报告.见：郝振省.2007～2008年中国数字出版产业年度报告.北京：中国书籍出版社，2008：86～115.

② 朱丹红.科技出版国际竞争力研究综述.见：黄先荣主编.出版学研究进展.武汉：武汉大学出版社，2006：477.

③ 田丽.试论科技论文的网络发表.见：黄先荣，罗紫初主编.数字出版与出版教育.北京：高等教育出版社，2009：357～364.

近年来国际报刊界一系列的事件也充分表明,传统的纸质出版向网络出版的转变是大势所趋。2008 年 11 月 28 日《基督教科学箴言报》(*The Christian Science Monitor*)在其网站刊登消息,宣布于 2009 年 4 月起停止出版纸质日报,而专注于制作网络版①;创刊于 1922 年的《读者文摘》于 2009 年 8 月 17 日宣布,将按照美国《破产法》申请预先破产保护,原因是由于互联网对杂志行业传统商业模式的颠覆而开始寻求新的细分市场②。从 2010 年开始,美国地球物理学会(AGU)将不再出版纸质期刊,除一份报纸外,所有期刊都将数字化,订户也不再收到纸本期刊③。鉴于学术信息的获取和使用情况,某些研究机构图书馆已经或正在考虑实施 E-only 模式;越来越多的图书馆不再仅仅因为馆藏需要而续订纸质期刊;美国的某些州市甚至建立大学图书馆联合储备书库,以节省大学图书馆的物理空间④。

随着我国经济的快速发展、信息技术和互联网应用水平的持续提高、国民阅读习惯和阅读环境的变化等,我国数字出版产业在 2007～2008 年迎来了一个高速发展期。与传统出版产业相比,数字出版产业表现出了强劲的发展势头。2007 年,我国传统期刊出版收入增长率为 12.3%,而网络期刊收入的增长率则高达 26.7%⑤。调查表明,我国阅读传统出版物的人数在以每年 12%的速度下降,而阅读新媒体的人数则以 30%的速度在增长⑥。为顺应媒介融合的发展趋势,出版商正在通过技术提升来寻找发展其传统业务和拓展新的内容服务的机会⑦,如《中国国家地理》杂志开通了手机报,将传统出版产业链进行价值延伸,寻求新的经济增长点。这些事实都说明了数字化阅读已经被接受,人们的阅读、学习习惯已经发生根本转变⑧。

由于网络出版成熟的赢利模式尚未建立,免费出版仍将是网络出版形式之一。在网络出版替代印刷出版的过程中,传统出版和数字出版将呈现分工合作的趋势,即网络出版在一段时间将是传统出版扩大影响力、提升服务的重要手段,网络期刊的重要使命在于对具有原创内容的印刷版期刊做再次传播;在印刷版期刊读者群市场日益细分的趋势下,网络出版将进一步试探个性化的出版方式,以弥补印刷版期刊在出版周期和信息容量限制

---

① 美国百年大报“弃纸上网”. http://news.xinhuanet.com/world/2008-10-31/content_10283525.htm 转载广州日报[2008-10-31].

② 书聿. 新浪科技:美国读者文摘申请破产保护. http://tech.sina.com.cn/i/2009-08-18/09553361144.shtml[2009-08-18].

③ 任霄鹏. Publishing 2.0:学术出版的未来之路? 科学时报,2008-11-11 A4 专题 http://www.sciencenet.cn/sbhtmlnews/2008/11/212611.html.

④ 任胜利博客. 纸版学术期刊:红旗还能打多久? http://www.sciencenet.cn/blog/user_content.aspx? id=210019.

⑤ 郝振省. 2007～2008 年中国数字出版产业年度报告. 北京:中国书籍出版社,2008:16.

⑥ 阎晓宏. 大力推进数字出版业的发展.[2007-07-16]http://media.people.com.cn/GB/40606/5990400.html.

⑦ 方卿主编. 科技出版国际竞争力研究. 武汉:武汉大学出版社,2008:381.

⑧ 史庆华. 我国数字化出版现状及高校学报面临的机遇与挑战. 中国科技期刊研究,2009,20(4):712～714.

等弱点①。

在主动转变出版模式方面，科技期刊应加强对数字出版本质的认识，而不应仅停留在建网站或与数据库运营商签订这样那样的委托数字化协议阶段②。要更新传统的期刊出版观念，树立"大出版"理念，彻底改变长期在传统出版模式下形成的思维方式和运营模式；要重塑角色定位，做内容的出版者，更要做内容的服务商③。因此，一方面要继续做好期刊内容的生产，积极组织优质稿源，做好内容的策划和编辑；另一方面要顺应时代潮流，增加数字业务，开展网络营销，顺应媒介融合的发展趋势。

### （二）有序整合数字资源，促进网站信息集成

数字化期刊包括分散式的单个数字化期刊和集群式的数字化期刊群。后者是将大量的、分散的期刊加以有序集成、整合，使期刊资源形成规模后得到更加有效的利用，是数字化的发展方向。世界各大出版商、著名科技社团的出版社已创建了集期刊稿件采编、文章在线发布、全文数据库、并集成各类资源的一站式网络出版平台。因此可以说，全世界的主流科技期刊已全面实现了编辑出版的数字化、网络化，数字化和网络化是科技出版的大势所趋。与国际科技期刊出版界相比，中国科协科技期刊的网络化水平相对较低，954种期刊中只有37.4%的期刊使用了期刊稿件采编系统（表4－7），只有24.9%的期刊网站有全文网刊在线发布功能。从上网形式看，中国科协期刊自建网站的86.5%为分散上网（表4－2），未形成信息集成的优势，难以在学科内产生广泛影响。自建网站在线发布网刊的文章基本没有DOI号，也没有与国际同行期刊的网络平台建立互链接和互操作，多呈"信息孤岛"状态。这种分散的期刊网站一般无法对期刊内容进行深度挖掘和延伸开发，难以对读者提供大规模、高质量的定制服务，增值能力低④。

目前，我国科技期刊数字化发展在3个商业数据库（CNKI、万方、维普）的推动下已经具备了相当的规模，中国科协期刊中虽有80%以上在CNKI、万方、维普全文上网，但3个网上发布的全文普遍滞后于印刷版（表4－42），未体现科技期刊传播科技信息的时效性，从某种意义上说这种全文上网方式称不上是期刊网络版的在线发布，而只是期刊论文后印本的网络仓储，读者对文献的访问大多采用图书馆集团购买或按篇付费形式，限制了科技文献的广泛传播和高效使用。3个数据库为期刊提供的主页模板千刊一面，无法推荐特色栏目；3个数据库至今尚未开发出实用的、被编辑部普遍接受的期刊稿件采编系统，以实现编辑流程的网络化。

谁对内容资源具有更强大的集约整合能力，谁就拥有更大的市场控制力⑤。我国大

① 黄凯卿，王宇. 我国网络出版研究综述. 见：黄先荣主编. 出版学研究进展. 武汉：武汉大学出版社，2006：340.

② 郝振省. 2007～2008年中国数字出版产业年度报告. 北京：中国书籍出版社，2008：29.

③ 黄凯卿，王宇. 我国网络出版研究综述. 见：黄先荣主编. 出版学研究进展. 武汉：武汉大学出版社，2006：302～363.

④ 杨中启. 我国科技期刊数字化发展透视. 中国科技期刊研究，2009，20（3）：519～521.

⑤ 黄凯卿，王宇. 我国网络出版研究综述. 见：黄先荣主编. 出版学研究进展. 武汉：武汉大学出版社，2006：302～363.

多数期刊出版单位由于出版体制的原因，只是数字资源的提供者而不是控制者，真正占据我国网络期刊出版平台主导地位的并不是内容版权的拥有者，而是CNKI等商业数据库。新闻出版总署已经出台报刊改革的具体指导方案，并已确定明确的时间表。非时政类报刊出版单位的转制工作将全面启动，并计划于2011年年底前完成。对于中央和中央各部门各单位报刊出版单位中的非独立法人报刊编辑部，原则上不得以改革为名赋予其独立法人资格。鼓励和支持有条件的出版传媒企业对上述报刊出版资源进行兼并重组①。期刊体制改革的导向是集团化，伴随集团化的体制改革，期刊数字化、网络化发展也应向集团化发展，即：在自建网站数量不断增加、质量不断提高的背景下，按学科、行业、出版集团等形式将这些数字资源集成、整合。

为避免重复建设，造成资源浪费，期刊网站的信息集成与我国已建成的商业化运作的数据库(CNKI、万方、维普等)的区别应体现在：①致力于OA，大力推动OA运动在我国的发展，包括OA期刊和我国重点基金资助论文预印本和后印本的OA仓储；②有期刊稿件采编系统，以全面实现中国科协科技期刊编辑办公的网络化；③有期刊文章的网络预出版和同步出版的网刊在线发布系统，以加快科技信息的传播，从而便于大众传媒记者对科技信息的采编和发布，有利于科技成果的传播与转化；④除期刊的全文内容外，有与中文版完全对应的英文版网页，以提高中国科协科技期刊的国际显示度；⑤将网络平台中的文献在CrossRef引文链接服务系统注册DOI号，通过CrossRef引文链接服务系统，与许多其他CrossRef合作机构的资源建立双向链接，尽快将中国科协的科技期刊纳入国际性科学交流渠道，以实现文献在全球范围的最广泛地传播。

赢利模式也应当是数字资源整合过程中需要探索的。传统出版单位可以借助新媒体的体制和机制灵活的优势，实行资源整合、优势互补，采取合作、并购、重组并以改制等方式进行合作，特别是已经改制的出版单位也可以投资，探索股份制的多种形式的赢利模式和合作模式②。

### (三)积极应用前沿技术，精心建设期刊网站

期刊网站拥有许多印刷版期刊没有的内容和无法实现的功能，是期刊经营活动和期刊品牌形象的横向拓展和纵向延伸。期刊通过建设网站提高工作效率，扩大期刊影响，推进期刊国际化进程，提升服务水平，使编辑部管理更加规范和透明，但同时增加了期刊运营资金投入，增加了编辑工作量，对人员素质提出了更高的要求。

1. 网站类型选择

期刊类别和学科不同，网站建设类型会有所区别，对于占中国科协期刊69.3%的学术类期刊，作者和读者群大多分布在信息化基础设施较好的高校和研究单位，并具有较高的文化水平及计算机和网络使用能力，随着数字化和网络化时代的到来，他们更倾向于利用互联网方便、快捷、经济、直观以及互联等优点，以网络的搜索、阅读代替印刷版期刊的

---

① 新闻出版署网站 http://www.gapp.gov.cn/cms/html/21/index.html.

② 王国庆.抓住机遇，积极应对数字化浪潮.见：郝振省.2007～2008年中国数字出版产业年度报告.北京：中国书籍出版社，2008：402.

订阅。随着作者和读者对网络的依赖性日益增强，互联网正在逐渐成为信息交流和学术交流的主渠道。因此，学术类期刊建设信息发布、采编系统、网刊发布、综合服务4项内容完全的网站（见表4—6）应为首选。对于技术类和科普类期刊，网站建设可侧重于信息发布和综合服务，以聚集人气，扩大发行量，增加点击量，吸引更多的广告客户，开展各种类型的增值服务。

2. 网站经营模式选择

由于期刊网站自身成熟的赢利模式没有形成，因此网站经营模式的选择，实际是在"期刊扩大影响"和"网站获得直接经济回报"之间做出选择。目前，可供选择的期刊网站经营模式主要有以下几种。

(1)免费模式：读者可免费浏览网站提供的各种信息和全部网刊（从网络预出版、现刊到全部过刊），即实现开放存取。其优点在于，虽然网站自身经营处于亏损状态，但通过网站可扩大期刊影响，加快科技信息传播，提高期刊整体竞争力，进而可提高期刊的总被引频次、影响因子和即年指标，吸引到更多的优质稿源，扩大期刊的发行量，争取更多的基金资助，以促进期刊步入良性发展轨道。

(2)会员模式：将网刊和/或信息服务等只对会员开放，向会员收取一定费用，或只对印刷版订户开放，也可与期刊主办单位的会员发展相结合，以实现赢利。对分散上网的网站，由于网站聚集的信息量较少，这种模式的经济效益一般不大。

(3)信息超市模式：在网站刊登或聚集大量有用、新颖的学科或行业信息，以提高网站的访问量，然后以广告收入来获取经济回报。随着网民数量的不断增长和网络环境的日渐成熟，网络广告的影响力将逐年增加，所占市场份额将逐年递增①。网络广告形式多样，成本低廉，广告主可以购买网页的不同位置，也可按点击数支付广告费。期刊网站刊登广告还打破了传统期刊内容与广告必须捆绑在一起的弱点，实现了广告与期刊内容的分离②。

(4)混合模式：综合"免费"模式和信息超市模式，一方面扩大期刊影响；另一方面刊登网络广告，使网站摆脱亏损运营状态，以探索网站赢利模式。

3. 网站管理和信息更新

期刊网站一旦建立，编辑部则面临大量的网站管理和维护问题，如需要及时发布更新网站的各类动态信息，将期刊最新出版的内容及时数字化并上网，及时回答作者和读者"在线留言"的各种问题等。当网站出现问题或对网站功能设置有新的想法时，需要编辑部及时与网站专业制作公司沟通，以便及时解决问题或对网站做相应的技术改造。数字技术和网络技术发展很快，要时常关注网站的变化和发展，定期对网站的软、硬件进行改版和升级，使网站功能保持领先水平。

4. 功能方便，吸引读者

对用户而言，好的期刊网站主要体现在网站反应速度快、界面友好、信息量大、更新及

---

① 匡文波. 电子与网络出版教程. 北京：中国人民大学出版社，2008：72.

② 李广宇，等. 2007～2008年中国互联网期刊出版产业年度报告. 见：郝振省主编. 2007～2008年中国数字出版产业年度报告. 北京：中国书籍出版社，2008：86～115.

时、功能完备、易于检索等方面。网络时代读者对科技信息需求的多样化使得静态网页内容已不能满足要求，期刊网站要用内容和特色及多种形式的衍生服务来吸引读者，提高点击率①。例如，可建立一个方便快捷获取本领域相关专业知识的信息库，将所需信息进行科学的筛选整合，深度的加工处理，有序地串联成一个个知识体系，提供给科学共同体内的人员使用②；可引入 Web 2.0 功能，并与手机媒体进行有效接合，实现信息向读者的主动推送，实现对读者和作者的个性化、深层次服务；通过开办论坛、博客等，搭建期刊编者与读者、作者的互动平台，增加期刊网站的人气，提高期刊在科学共同体中的凝聚力。

### (四)立足学术期刊稿源，推进开放存取出版

优质稿源是科技期刊的生存和立足之本，优质稿源匮乏是当前我国学术期刊面临的最主要的发展障碍。实现 OA 可最大限度地提高期刊文献的可获取性，追求总被引频次、影响因子和即年指标等体现期刊学术指标的最大化，从而有更多机会获得更多的高水平论文。与此同时，开放存取在完善同行评审、控制质量、维护科研诚信、防范学术不端等方面也大有可为。

我国与西方国家 OA 产生的背景不同：在西方国家，近年来出版商为了追求利润最大化而不断提高期刊的定价，面对逐年升高的订阅费用，图书馆的订刊预算并没有同步增长，使得很多图书馆不得不减少订阅期刊的品种。这种现象激起了学术界对出版商的不满情绪。另一方面，很多科学研究项目都是由政府基金资助的，因此纳税人有权免费获取这些科研成果。基于上述原因，人们开始探讨开放存取作为一种新的出版模式的可行性③。在我国，大多数学术类期刊想依靠订阅来提高发行量、扩大其影响力(特别是国际影响力)是十分困难的。然而，覆盖面极为宽广的互联网技术以及近年来兴起的 OA 运动所倡导的无障碍传播理念给学术类期刊扩大影响、拓宽读者面带来了机遇，成为提高期刊总被引频次和影响因子的有效途径。学术期刊的公益性和市场收入比例较小的特点恰好与 OA 出版的理念不谋而合。

期刊对 OA 最大的顾虑是降低期刊发行量、减少期刊发行收入。2009 年调查显示，自 OA 以来印刷版发行量和发行收入“基本持平”的期刊分别占 55.3%和 53.7%(见表 4—40)。研究表明，期发行量在 1 000 册以下的期刊，其订户基本是机构订户，实现 OA 对发行量基本没有影响；但如果期发行量在 3 000 册以上，订户中会有相当多的个人订户，OA 可能会对其发行量造成一定影响。可见，对发行量大的学术期刊 OA 后可能会产生一定影响，而对发行量小的学术期刊，影响不会大，还可能会提高发行量④。因此，大多

---

① 刘飚，邢飞，徐威.国外科技期刊网站的调查与思考.中国科技期刊研究，2009，20(3)：479～483.

② 王莉莎，李迎莉，李薇薇，等.CRTER 网站群特色.中国组织工程研究与临床康复，2008，12(6)：1137～1139.

③ 钱欣平.开放存取及其为中国科技期刊带来的机遇和挑战.中国科技期刊研究，2006，17(4)：664～665.

④ 欧红叶，黄颖，游中胜，等.学术期刊编辑对开放存取认识的调查与分析.编辑学报，2008，20(6)：547～549.

数学术类期刊不必像技术类和科普类期刊那样考虑OA后带来的发行量下降问题;相反,通过实现OA可使体现期刊影响力的各项指标得以提升,这正是期刊最为关心的。学术类期刊应该充分认识到这一点,尽快实现OA出版,以实现期刊的可持续的发展①。

无论在发达国家还是在发展中国家,英语国家还是非英语国家,科技期刊都是科学技术研究成果评价和交流的主渠道。然而,发展中国家和非英语国家的科技期刊在发行与流通中却面临着多种障碍,限制了这些国家科技信息的获取和利用。日本的J-STAGE和巴西的SciELO开放存取期刊网络平台的建立,大大提高了日本、巴西、智利、哥伦比亚、西班牙、委内瑞拉、阿根廷、秘鲁、古巴、墨西哥、葡萄牙等非英语国家和发展中国家科技文献的国际显示度②。我国有80%的OA期刊为分散上网③,处在一种自发无序的状态。因此我国应尽快建立国家层面的期刊平台,将分散在互联网上的OA期刊,特别是大量中文版OA期刊,集成到同一网络平台上,设中文和英文两个界面,以加速我国科技文献的全球传播。

---

① 董丽波,马爱芳.我国高校学报网络化现状及开放存取出版问题探讨.中国科技期刊研究,2008,19(1):89~91.

② 程维红,任胜利,王应宽,等.国外科技期刊开放存取网络平台.中国科技期刊研究,2009,19(1):36~43.

③ Weihong Cheng,Shengli Ren. Evolution of open access publishing in Chinese scientific journals. Learned Publishing,2008,21(2):140~152.

# 第五章　中国科协科技期刊队伍建设

《中国科学技术协会事业发展规划纲要(2007～2011)》指出:要加强科技期刊理论建设和业务交流,培养一支新型的精通现代科技期刊工作的编辑出版人员队伍。探讨科技期刊办刊队伍建设,既是落实国家“人才强国”战略的需要,也是中国科协科技期刊适应新形势加快形成竞争优势的战略举措。因此,调查中国科协科技期刊办刊队伍现状①,总结成绩和问题,分析办刊队伍建设要考虑的因素,提出中国科协科技期刊办刊队伍的建设方向、发展目标和对策与建议,对于推进中国科协科技期刊办刊队伍建设,促进中国科协科技期刊的持续发展,具有重要的现实意义。

## 第一节　中国科协科技期刊队伍现状

随着中国科协科技期刊的迅速发展,一支职业化的科技期刊办刊队伍初步形成。2008～2009年度,中国科协科技期刊办刊队伍规模不断扩大,结构不断优化,素质不断提升,高层次人员比例不断加大,从而为中国科协科技期刊的稳步发展提供了重要保障。基于“中国科协科技期刊2009年调查数据”和“中国科协科技期刊2009年专职办刊队伍调查数据②”,全面梳理中国科协科技期刊办刊队伍规模、结构、素质及主编队伍现状,为中国科协科技期刊办刊队伍建设提供现实依据,为科技期刊编辑个人职业生涯规划提供参考。

### 一、办刊队伍结构

办刊队伍结构是指办刊队伍中人员自身条件要素的构成比例及其相互联系,如办刊人员的职称、年龄、性别、学历、专业等要素的构成比例及其相互之间的关系。为适应科技期刊发展新形势的需要,中国科协科技期刊办刊队伍结构不断进行动态调整和优化。办刊队伍结构的要素可分为两类:一类是显而易见又可以量化的基本要素,如办刊人员的职称、年龄、性别、学历、专业等,它能显示办刊队伍的质量、能力和学术水平等基本状况;另一类是可以描述但难以准确量化的要素,如办刊人员的思想政治素质、专业素质、创新素质等,它直接影响办刊队伍的整体效能及稳定状况。2008～2009年度,中国科协科技期刊办刊队伍从规模、年龄、职称、专业分布等方面进行了优化和改善,具备了一定优势:队

---

① 本章的“中国科协科技期刊办刊队伍”主要是指直接参与中国科协科技期刊编辑出版工作的专职管理和业务人员,也包括参与中国科协科技期刊规划、组织和管理的非专职主编。

② 课题组于2009年8月至10月对中国科协科技期刊专职办刊队伍进行了问卷调查,回收有效问卷442份。本章所称“中国科协科技期刊2009年专职办刊队伍调查数据”(简称“2009年专职办刊队伍调查数据”)均基于此。

伍年轻化，中青年人员成为办刊队伍骨干力量，高学历、高职称人员比例较大，专业分布基本合理。

### （一）队伍规模

保证一定的办刊队伍规模，是期刊发展的关键问题。调查显示，截至 2009 年 9 月底，中国科协科技期刊刊均 7.0 人，总规模为 6 678 人。

按照国家新闻出版总署《科学技术期刊管理办法》规定，专职编辑人员按任务定编，一般季刊（或半年刊）不少于 3 人，双月刊不少于 5 人，月刊不少于 7 人，并设一定数量的专职编务人员，外文版期刊编辑部应配备外文专职编辑。调查显示，954 种中国科协科技期刊中，季刊 96 种、双月刊 390 种、月刊 408 种，因此 954 种期刊的人员规模应在 5 094 人以上，而实际人员总量达 6 678 人。可见，中国科协科技期刊办刊队伍的总体规模是符合国家规定数量要求的。

中国科协科技期刊办刊队伍中的女性比例，高于全国科技人力资源中女性所占的比例①。在中国科协科技期刊办刊队伍中，女性比例为 54.3%，硕士及以上学历人员中，女性比例为 49.3%，高级职称人员中，女性比例为 48.1%。根据中国科协对中国科技人力资源发展现状数据统计，我国女性科技人力资源总量为 1 437 万人，占我国科技人力资源总量的 33.0%。可见女性已经成为中国科协科技期刊办刊队伍的重要力量，其积极性和创造性的发挥决定着中国科协科技期刊整体办刊队伍的水平。

### （二）年龄结构

办刊队伍的年龄结构是指办刊人员的平均年龄和各年龄段人员分布状况，它在一定程度上反映了办刊队伍的活力，是衡量办刊队伍创造力高低的主要指标。

调查显示，2009 年，中国科协科技期刊办刊队伍的年龄结构较为合理，老、中、青大致呈均衡分布，35 岁以下的占 33.7%，36～45 岁占 26.8%，46～55 岁占 23.5%，56 岁以上的占 16.0%（见图 5—1）。据“2009 年专职办刊队伍调查数据”，结果显示，在硕士及以上学历人员中，老、中、青的比例为 1∶2.4∶3.6（见图 5—2）；在高级职称人员中，老、中、青的比例为 2.9∶3.4∶1（见图 5—3）。由此可见，中国科协科技期刊办刊队伍具有合理的年龄结构，并且中青年人员已逐步发展成为办刊队伍的骨干力量。

人员整体年龄的均衡分布，以及不同学历和不同层次人员在三个年龄层次的分布状态，表明中国科协科技期刊办刊队伍具有合理的年龄结构。

目前，中青年人员已经成为中国科协科技期刊办刊队伍的骨干力量，中青年办刊人员的素质高低，已经直接影响科技期刊的质量。如何培养中青年办刊人员，充分发挥其内在潜能，是目前办刊队伍素质建设中的关键问题。

### （三）学历结构

办刊队伍的学历结构是指办刊队伍中具有不同学历（学位）的人员数量的构成状况，

① 中国科协科技人力资源发展课题组．我国科技人力资源发展现状．学习时报，2008-5-5(7).

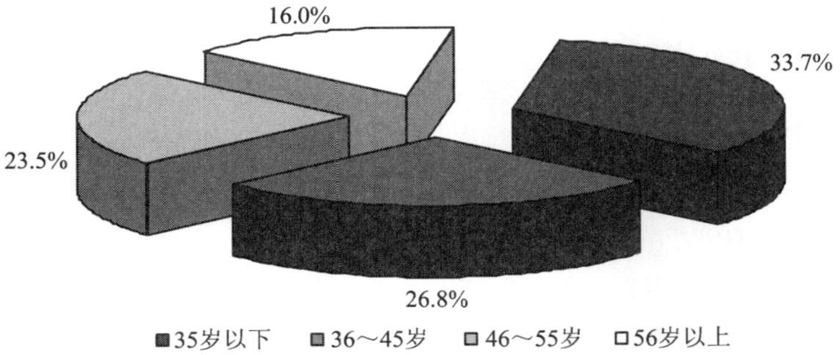


图 5－1　中国科协科技期刊办刊队伍年龄结构

数据来源:中国科协科技期刊 2009 年调查数据

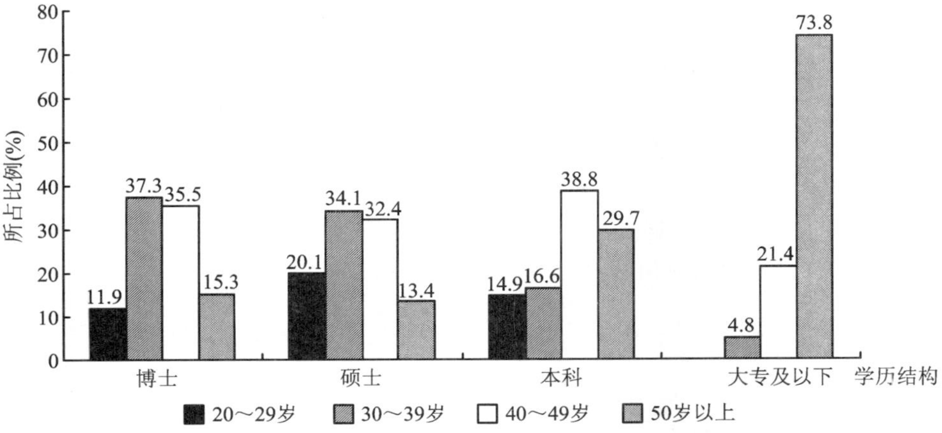


图 5－2　中国科协科技期刊办刊队伍年龄与学历分布(按学历由高到低排序)

数据来源:2009 年专职办刊队伍调查数据

是衡量办刊人员群体学术水平和研究能力的重要指标。

调查显示,2009 年中国科协科技期刊办刊队伍中,具有硕士及以上学历的人员占 35.1%,比 2008 年增加了 3.2 个百分点,其中博士学历的人员占 12.3%,硕士学历的人员占 22.8%。具有本科学历的占 46.2%,大专及以下学历的占 18.7%(见图 5－4)。

高学历人员比例进一步增加,一批相当数量的高学历专业人才进入到中国科协科技期刊办刊队伍中,成为推动中国科协科技期刊高素质办刊队伍的主要力量,这在一定程度上也反映了中国科协科技期刊办刊队伍正向较高的专业知识和素质水平发展。

## (四)职称结构

办刊队伍的职称结构是指办刊队伍中具有初级、中级和高级专业技术职务的人员数量构成情况,是反映办刊队伍整体状况的重要指标之一。

调查显示,2009 年中国科协科技期刊办刊队伍中,具有中高级职称的人员占有较大比例,为 73.8%,与 2008 年相比变化不大(见表 5－1),比例相对稳定。

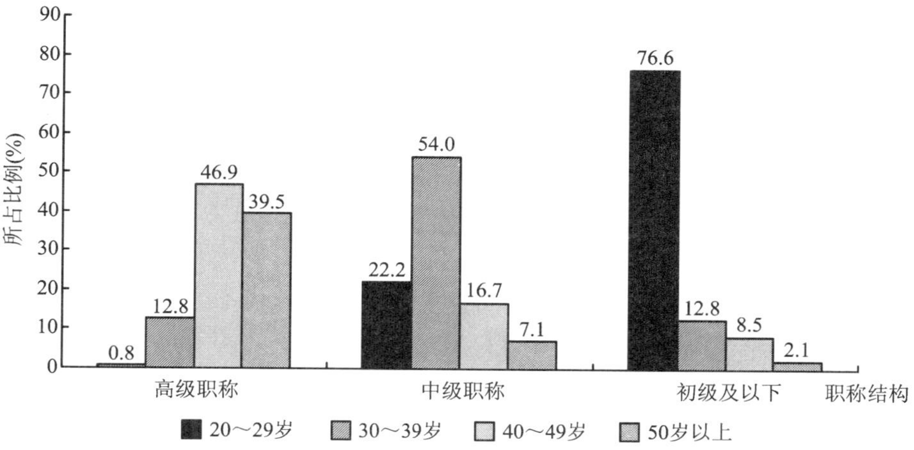


图 5－3　中国科协科技期刊办刊队伍年龄与职称分布(按职称由高到低排序)

数据来源:2009 年专职办刊队伍调查数据

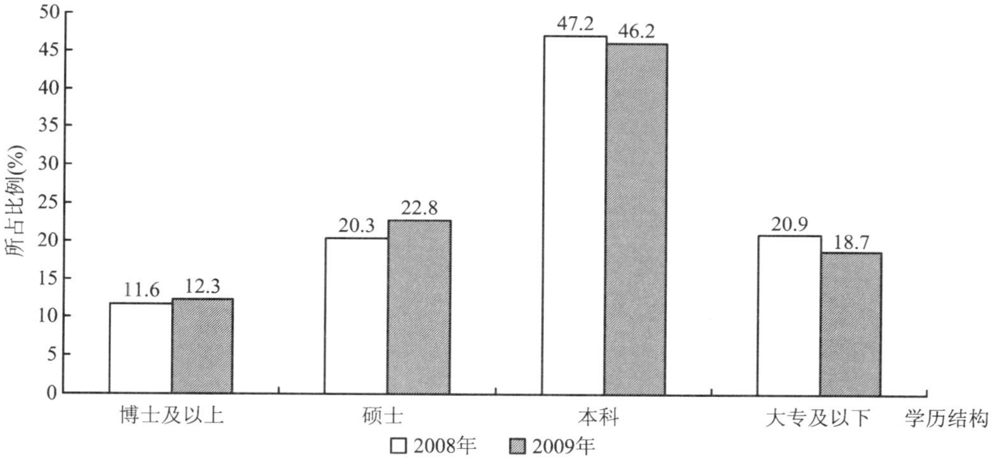


图 5－4　中国科协科技期刊办刊队伍学历结构(按学历由高到低排序)

数据来源:中国科协科技期刊 2009 年调查数据

**表 5－1　中国科协科技期刊办刊队伍职称结构**

| 年　份 | 高级职称比例(%) | 中级职称比例(%) | 初级职称比例(%) | 合计(%) |
|---|---|---|---|---|
| 2008 | 45.6 | 28.2 | 26.2 | 100 |
| 2009 | 46.1 | 27.8 | 26.1 | 100 |

数据来源:中国科协科技期刊 2009 年调查数据

一定数量的高层次人员数量显示出中国科协科技期刊有着较强的专业学术能力,高层次人员的稳定性也是科技期刊具有创新力的重要保证,中国科协科技期刊具备了一定数量且相对较稳定的高层次人才。

## (五)岗位结构

办刊队伍的岗位结构是指办刊队伍中编辑人员、经营人员、管理人员的构成情况。长期以来，重编辑、轻经营是我国科技期刊面临的普遍问题。调查显示，目前，中国科协科技期刊办刊队伍中编辑人员、经营人员、管理人员的比例为 4.8∶1∶1.2，其中编辑人员所占比例为 68.6%，经营人员所占比例为 14.3%，管理人员所占比例为 17.1%。考虑到经营人员在新形势下期刊建设中的重要性，课题组对经营人员专门做了分析，结果显示，在中国科协科技期刊中，设有专门的经营部门的期刊仅占 20.3%，设有专职经营人员的期刊仅占 29.8%，可见多数期刊没有设置专门的经营部门或专门的经营人员，经营人员力量薄弱(见表 5—2)。

**表 5—2　中国科协科技期刊办刊队伍专业岗位结构**

| 年　份 | 编辑人员 | | 经营人员 | | 管理人员 | |
|---|---|---|---|---|---|---|
| | 刊均人数 | 比例(%) | 刊均人数 | 比例(%) | 刊均人数 | 比例(%) |
| 2008 | 4.6 | 62.0 | 1.3 | 18.0 | 1.5 | 20.0 |
| 2009 | 4.8 | 68.6 | 1.0 | 14.3 | 1.2 | 17.1 |

数据来源：中国科协科技期刊 2009 年调查数据

针对中国科协科技期刊办刊队伍结构存在的问题，据“2009 年专职办刊队伍调查数据”，结果显示，在被调查的科技期刊中，有 54.1%的期刊认为岗位类别是办刊队伍结构中存在的最大问题，其次是专业技术职务和年龄分布，分别占被调查期刊的 51.7%和 43.8%。认为身份性质、学历层次及性别比例三因素存在问题的比例不高，分别占被调查期刊的 32.8%、29.8%、27.7%(见图 5—5)。

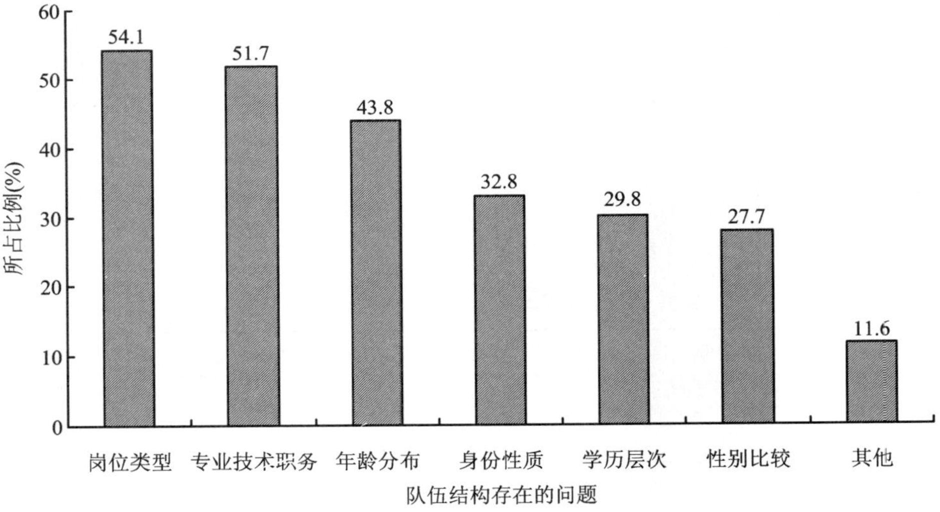


图 5—5　中国科协科技期刊办刊队伍结构问题调查

数据来源：2009 年专职办刊队伍调查数据

针对中国科协科技期刊目前需要充实的人才问题，据“2009 年专职办刊队伍调查数据"显示，经营管理人才是目前最需要的，比例达57.0%，其次是营销策划人才、学科编辑和数字出版技术人才，比例分别为42.1%、40.9%和33.5%(见图5—6)。

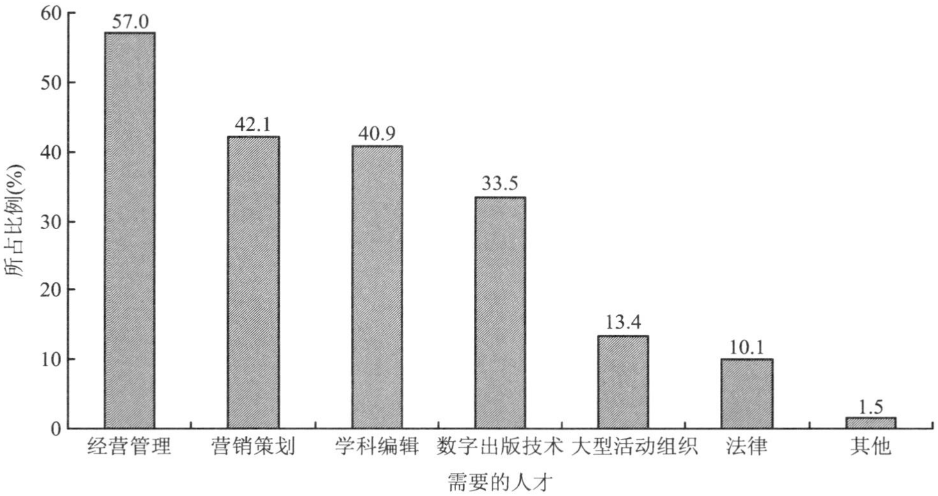


图5—6　中国科协科技期刊办刊队伍最需要充实人才调查

数据来源：2009年专职办刊队伍调查数据

因此，加快建设一支精通编辑出版业务、熟悉科技期刊运营、能够把握市场的经营管理人才，是当前中国科协科技期刊办刊队伍结构调整的重要内容之一。

### (六)主编队伍结构

主编是科技期刊的学术领军人物，主编的学术权威性将有效提高科技期刊在读者和作者心目中的地位。中国科协科技期刊主编队伍结构基本合理，主编在制定办刊宗旨、把握学科前沿和制定期刊发展战略规划方面发挥了重要作用。

调查显示，中国科协科技期刊1/4的主编由院士担任，具有硕士及以上学历的占59.0%；在年龄结构方面，45岁以下的占5.7%，45～59岁的占44.7%，60～79岁的占44.2%，80岁以上的占5.4%(见图5—7)；从职称结构看，89.9%的主编具有正高职称；在是否专职方面，专职主编仅占26.1%。

目前，中国科协科技期刊的专职主编比例较小，部分期刊的主编是由科学家挂名，基本不参与具体工作。而国际一流期刊主编，如《自然》、《科学》等期刊主编，都是专职主编。当然，国际期刊一直有聘请外国知名科学家做主编的学术传统，因此，国外学术期刊主编兼职的也很多，但由于中外学术传统的关系，在欧美，主编本学科的学术期刊是其学术工作中的一部分，不一定有很多报酬，甚至没有报酬，施普林格的期刊运作就是这种模式。但是，无论是全职办刊人，还是兼职办刊人，都要投入大量的时间与精力参与到办刊工作中，这是国际一流学术期刊高品质的重要因素。

科技期刊主编的职能主要体现在担负期刊发展战略、对期刊学术质量和编辑质量把关等方面。针对中国科协科技期刊的主编职能问题，调查显示，75.0%以上被调查期刊的

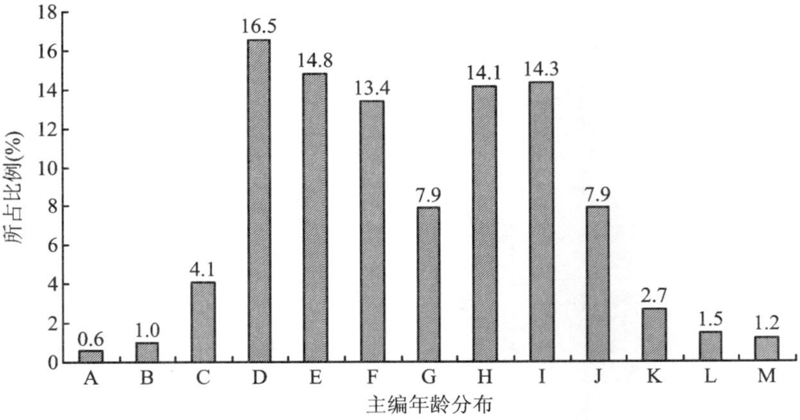


图 5—7 中国科协科技期刊主编年龄分布

A 30～34 岁 B 35～39 岁 C 40～44 岁 D 45～49 岁 E 50～54 岁 F 55～59 岁 G 60～64 岁 H 65～69 岁 I 70～74 岁 J 75～79 岁 K 80～84 岁 L 85～89 岁 M 90～94 岁

数据来源:中国科协科技期刊 2009 年调查数据

主编在制定办刊宗旨、把握学科前沿和制定期刊发展战略规划方面行使其职能,超过 65.0%的期刊主编承担终审和期刊质量把关工作,接近 50.0%的期刊主编承担组稿工作,43.4%的主编负责编辑队伍培养,不参与日常工作的主编占 5.0%(见图 5—8),部分被调查期刊的主编还承担编委会组织、重大选题确定、疑难稿件处理以及约稿等上述未提及的其他工作。

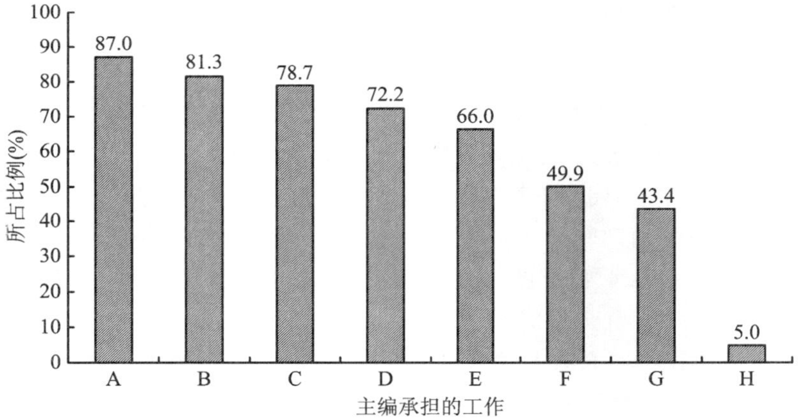


图 5—8 中国科协科技期刊主编承担工作情况

A 确定期刊宗旨 B 发展战略规划制定 C 把握本领域前沿 D 负责稿件终审 E 确保期刊质量 F 制定组稿计划 G 培养编辑队伍 H 不参与日常工作

数据来源:中国科协科技期刊 2009 年调查数据

主编是科技期刊的灵魂人物,主编作用的体现是科技期刊发展的重要因素,因此还需要进一步加强主编的作用。

## 二、办刊队伍素质

素质结构是影响办刊队伍整体水平和刊物质量的关键因素。我国对科技期刊办刊人员在素质方面的主要要求包括:政治素质、专业素质、创新素质和职业道德素质,其中,专业素质涵盖学科专业知识、信息技术、语言文字处理、编辑出版业务、外语水平、市场意识、策划组织能力等方面的内容。

针对中国科协科技期刊办刊队伍整体素质现状评价问题,据"2009 年专职办刊队伍调查数据",结果显示,中国科协科技期刊办刊队伍普遍具有较高的科学素养、专业的学科背景、扎实的编辑技能、规范的职业道德(见图 5—9)。

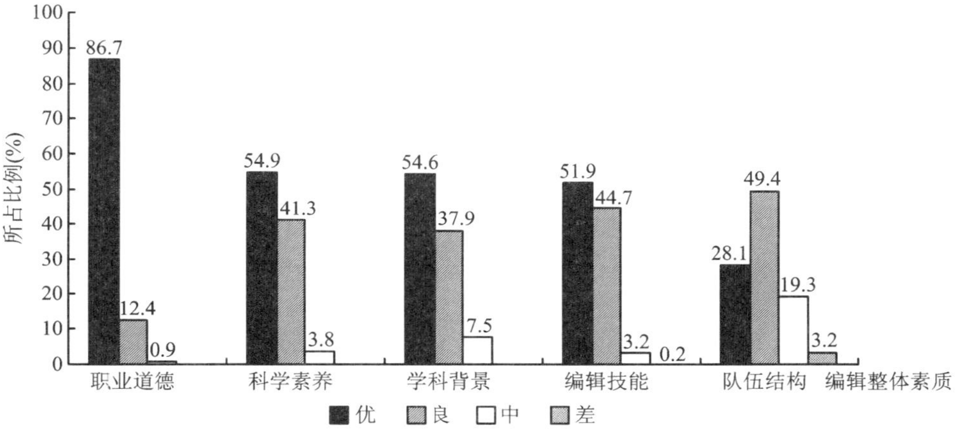


图 5—9　中国科协科技期刊办刊队伍整体素质调查

数据来源:2009 年专职办刊队伍调查数据

针对中国科协科技期刊办刊人员应具备的素质内容问题,据"2009 年专职办刊队伍调查数据",结果显示,在中国科协科技期刊办刊队伍应具备的素质中,学科专业素质和编辑出版业务素质得到较多的认同,分别达 88.7%和 75.3%;其次,多数办刊人员还认为优秀的科技期刊办刊人员应具备的素质还包括内容策划、语言文字处理、外语、组织协调能力、网络与信息技术、市场营销等。值得注意的是,网络和信息技术能力被认同的比例偏低(见图 5—10)。

鉴于科技期刊逐步走向市场化,期刊负责人的经营责任也在加强。针对优秀科技期刊经营者应具备的能力问题,据"2009 年专职办刊队伍调查数据"中对科技期刊专职负责人的调查结果,组织协调能力、专业学术能力、拓展发行能力以及沟通与公关能力在经营工作中显得尤为重要,争取资助或融资能力、营销策划能力也有较强的需求(见图 5—11)。

对中国科协科技期刊办刊队伍的素质分析,不仅可为队伍建设规划提供依据,还可为队伍建设中涉及的继续教育、人员招聘、绩效考核等人力资源工作提供参考。

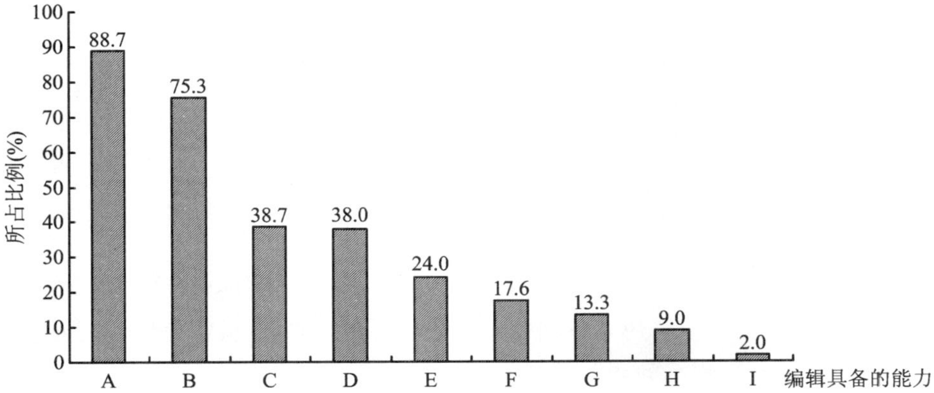


图 5—10　中国科协科技期刊办刊队伍应具备能力调查

A 学科专业　B 编辑出版业务　C 语言文字　D 内容策划　E 组织协调

F 外语　G 网络与信息技术　H 市场营销　I 其他

数据来源:2009 年专职办刊队伍调查数据

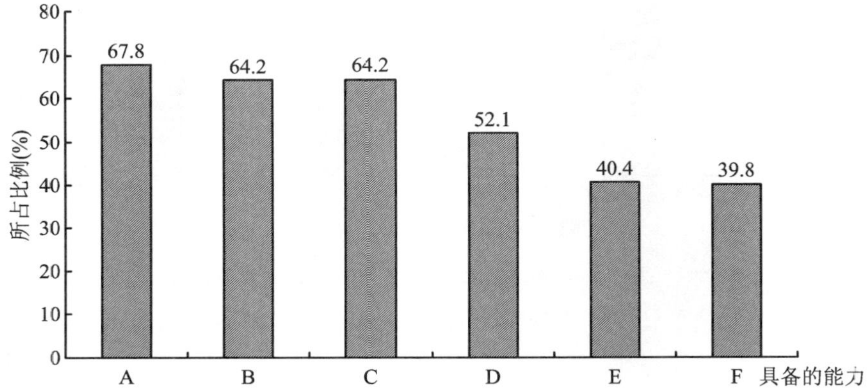


图 5—11　中国科协科技期刊经营者应具备能力调查

A 组织协调能力　B 专业学术能力　C 拓展发行能力　D 沟通与公关能力

E 营销策划能力　F 争取资源/融资能力

数据来源:2009 年专职办刊队伍调查数据

## 三、人才激励与考核评价

办刊人员最大限度地发挥其积极性是科技期刊快速发展的保证,而科技期刊的人事管理体制在很大程度上影响着办刊人员的工作积极性。流动开放的人员聘用机制和科学合理的激励考核体系,可充分调动办刊人员的主观能动性,保障期刊的可持续发展。

### (一)岗位聘任制逐步推进

中国科协科技期刊的办刊主体是全国学会(含少数中国科协直属机构),全国学会长期以来采取挂靠体制，从而形成了目前中国科协科技期刊错综复杂的人事管理体制。在这种传统的管理体制下，人才不能充分自由流动，一定程度上影响了科技期刊事业的发展。目前，中国科协科技期刊主办单位已经相继开展了以岗位聘任制为基础的人事制度探索。一些期刊根据发展的需要，按照国家和地方人事部门的要求进行岗位设置，公开招聘，择优录用，实行人事关系的契约化管理。采取固定编制与聘用编外人员相结合的新的岗位管理模式，在一定程度上促进了中国科协科技期刊的人才流动，盘活了科技期刊的人力资源。

调查显示，2009 年，中国科协科技期刊办刊队伍中，事业编制人员比例占 55.1%，非事业编制人员的比例占 44.9%(见表 5—3)，非事业编制人员较 2008 年有所上升。

**表 5—3　中国科协科技期刊办刊队伍人员身份情况**

| 年　份 | 事业编制人员比例(%) | 非事业编制比例(%) | 合计(%) |
|---|---|---|---|
| 2008 | 57.0 | 43.0 | 100 |
| 2009 | 55.1 | 44.9 | 100 |

数据来源：中国科协科技期刊 2009 年调查数据

人员社会化程度的提高一方面顺应了国家新闻出版体制改革的趋势，同时也为中国科协科技期刊在人事管理、分配制度、职称评定、福利待遇等方面提出了新的要求和新的课题。随着办刊队伍的不断扩大，如何维护体制内外不同办刊群体的切身利益，解决不同编制下的同工不同酬等敏感问题，不仅影响着科技期刊办刊队伍的凝聚力，也是中国科协科技期刊长远发展必须要解决的问题。

## (二)激励与考核体系尚需完善

科学的激励与考核是调动办刊队伍积极性、激发人员潜能、促进人员自我发展、提高办刊队伍整体素质的必要途径。据“2009 年专职办刊队伍调查数据”显示，中国科协科技期刊中 23.9%的出版单位已经具有设计合理的薪酬激励制度与考核机制，37.3%的正在制定或完善，38.8%的缺乏相应的考核与评价机制(见图 5—12)。

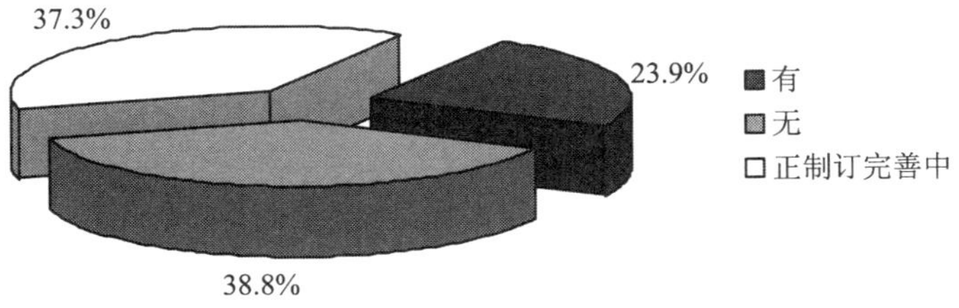


图 5—12　中国科协科技期刊办刊队伍薪酬激励制度与考核机制情况

数据来源：2009 年专职办刊队伍调查数据

考核评价体系改革滞后，不利于人才的长期发展。由此，建立和完善人才激励和考核体系，用好现有人才，引进急需人才，发挥人员的积极性和创造性，是当前中国科协科技期刊亟待解决的问题。

## 四、继续教育与人才培养

继续教育是办刊队伍建设的重要环节。继续教育对提高办刊人员素质、优化办刊队伍结构、保障办刊队伍的可持续发展具有重要意义。

### (一)继续教育形式多样

2008～2009年,中国科协科技期刊参加和组织各项学术活动的人次增加,特别是参加国际学术会议和国外考察的人次增幅较大。中国科协科技期刊继续教育已经具备比较完善的框架体系,为办刊人员提供了继续教育方式的多种选择。

针对中国科协科技期刊办刊队伍继续教育的形式、内容、经费投入情况,据“2009年专职办刊队伍调查数据”,结果显示,2009年办刊队伍继续教育的形式主要有:参加国际或国内学术会议(包括论坛、座谈会、研讨会、专题讲座等)、国内外考察、编辑业务培训、专题培训、刊际交流、学历/学位进修班等。除了学术会议,编辑人员还参加了编辑业务等培训(见表5—4)。

**表5—4 中国科协科技期刊2008～2009年编辑参加学术活动情况**

| 年份 | 国内学术会议(人次) | 国际学术会议(人次) | 国内考察(人次) | 国外考察(人次) | 编辑业务培训(人次) |
|---|---|---|---|---|---|
| 2008 | 2 959 | 422 | 636 | 99 | 965 |
| 2009(上半年) | 1 953 | 268 | 490 | 62 | 725 |

数据来源:中国科协科技期刊2009年调查数据

作为信息交流的媒介,期刊编辑部是读者、作者和专家联系的纽带,编辑组织学术活动具有先天的优势。调查显示,2008年中国科协科技期刊组织国内、国际会议和专题培训班分别为699次、55次和198次;2009年仅上半年,组织国内、国际会议和专题培训班已分别达到463次、35次和146次。中国科协科技期刊还组织国内、国际的刊际交流活动,与国内外同行交流办刊经验,以提升编辑业务能力(见表5—5)。

**表5—5 中国科协科技期刊2008～2009年编辑部组织学术活动情况**

| 年份 | 国内学术会议(次) | 国际学术会议(次) | 专题培训班(次) | 国内刊际交流(次) | 国际刊际交流(次) |
|---|---|---|---|---|---|
| 2008 | 699 | 55 | 198 | 433 | 95 |
| 2009(上半年) | 463 | 35 | 146 | 385 | 58 |

数据来源:中国科协科技期刊2009年调查数据

部分编辑部结合期刊本身特点参与或组织了特色活动,如《中药药理与临床》撰写学科发展引导性论文,《建筑电气》编辑部参与行业标准规范的制订修订,《计算机技术与发展》设计竞赛活动等。

中国科协科技期刊通过多种方式关注与跟踪本学科发展前沿。调查显示,中国科协科技期刊通过参加学术会议获取学科发展信息的占被调查期刊的92.7%,通过阅读本领域最新文献获取学科发展信息的占83.7%,通过组织主办学术研讨会的占46.9%,通过走进科研一线、参与科研交流从而把握学科发展方向的占41.5%。同时,还有一些期刊通过定期网络查询、与学会合作评审论文、组织编辑参加每年博士、硕士毕业答辩、举办审稿专家座谈会等多种方式,提升期刊编辑的学术素养。

## (二)明确继续教育内容

针对办刊人员认为应提升的素质内容问题,据"2009年专职办刊队伍调查数据",结果显示,中国科协科技期刊办刊队伍对继续教育的内容表现出一定的倾向性,办刊人员认为首先需要在内容策划、学科专业、外语和市场营销等方面得到提升;其次,网络与信息技术、组织协调能力与编辑出版业务等方面的知识也需要得到补充(见图5—13)。

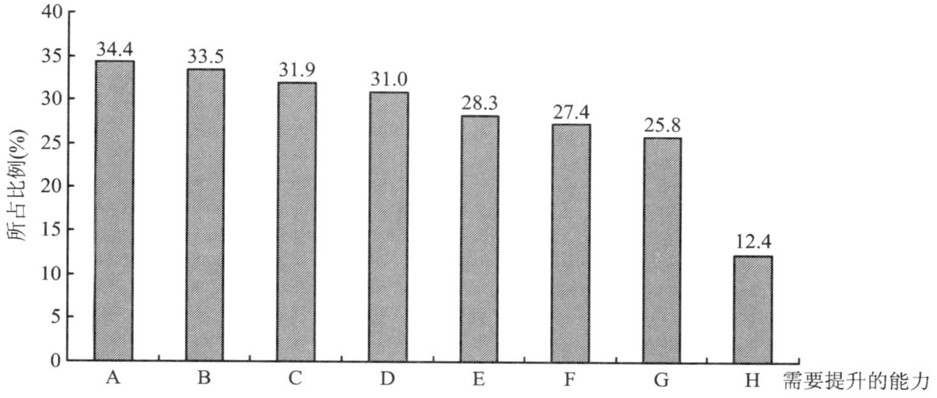


图5—13　中国科协科技期刊办刊人员需要提升的能力调查

A 内容策划　B 学科专业　C 市场营销　D 外语　E 网络与信息技术

F 组织协调　G 编辑出版业务　H 语言文字

数据来源:2009年专职办刊队伍调查数据

调查结果可以为中国科协科技期刊继续教育内容选择提供参考,同时也反映出当前科技期刊办刊人员对提升学科专业知识、开展国际交流和市场经营能力的期望。

## (三)职业资格认证和岗位培训

新闻出版总署于2002年6月颁布实施《出版专业技术人员职业资格管理规定》,对从事出版专业技术工作的人员实行职业资格认证制度,目前出版专业技术人员职业资格考试在业内的认可度越来越高,已成为出版业界有影响的重要业务活动。《出版专业技术人员职业资格管理规定》明确提出,出版专业资格获得者应不断更新知识,接受继续教育和业务培训,努力学习和钻研出版专业理论和实务,了解出版行业动态,不断提高工作能力。实践证明,通过参加出版专业资格考试,不仅在评估专业技术职务任职资格方面体现了公平公正性,而且也是加强出版专业队伍建设的重要举措。

为贯彻新闻出版总署《关于在出版行业开展岗位培训实施持证上岗制度的规定》和

《出版专业技术人员职业资格管理暂行规定》的要求，提高编辑出版人员的政治素质和履行岗位职责必备的工作能力、业务知识，通过学习达到相应岗位规范和接受继续教育的要求，中国科协通过举办“中国科协主管期刊编辑岗位培训班”，推动中国科协科技期刊职业认证资格的步伐。据“2009 年专职办刊队伍调查数据”，结果显示，截至 2009 年 6 月，有 59.0%的中国科协科技期刊从业人员取得了新闻出版总署颁发的职业资格证书。

按照新闻出版总署《关于在出版行业开展岗位培训实施持证上岗制度的规定》要求，凡新任出版社社长、总编辑、编辑室主任、期刊主编等应先经培训并取得相应《岗位培训合格证书》后上岗工作。中国科协、中国科学院、中华医学会等单位先后主办了主编岗位培训班，参加培训的学员在完成岗位培训的全部课程并考试合格后，获得由新闻出版总署统一颁发的《主编岗位培训合格证书》。

## 第二节　中国科协科技期刊的职业满意度

2008～2009 年度，中国科协科技期刊不断发展，办刊队伍不断壮大，办刊人员的工作环境和薪酬待遇明显改善。从办刊人员职业满意度的角度，对不同性别、年龄、学历、职称的办刊人员在薪酬、职务晋升、工作兴趣、个人能力提升、人际关系、职业发展前景等方面的满意度进行分析，对提升中国科协科技期刊办刊队伍水平具有现实意义。

### 一、职业满意度总体评价

职业满意度是人力资源建设的重要内容，它体现了“以人为本”的核心价值观。职业满意度是指办刊人员对自己工作的满意程度，是反映办刊人员工作生活质量和办刊队伍人性化管理水平的重要指标，影响着办刊人员的工作积极性和职业态度，同时也对办刊队伍的考评与激励体系产生影响。

分别对中国科协科技期刊不同年龄层次、从事出版行业不同工作年限、不同学历、职称、岗位、性别的人员职业满意度进行了调查，据“2009 年专职办刊队伍调查数据”，结果显示，中国科协科技期刊办刊队伍整体呈现出较高的职业满意度，且不同性别和不同学历的办刊人员在职业满意度上没有表现出明显差异。不同年龄的办刊人员，处于 20～29 岁区间群体的职业满意度最高，选择“满意”或“非常满意”的占 76.9%，30～39 岁区间群体的职业满意度则最低，也达到了 70.7%。从事出版工作不同年限的办刊人员，处于 5 年及以下区间的群体的职业满意度最高，选择“满意”或“非常满意”的比例为 77.4%，6～10 年的职业满意度最低，比例为 63.1%。不同职称的工作人员，副高职称群体的职业满意度最高，所占比例为 78.4%。不同岗位类别的人员，学科编辑群体的职业满意度要高于编辑部专职负责人群体，所占比例为 76.6%。对数据进行总体对比分析发现，处于 30～39 岁和从事出版工作年限为 6～10 年的群体的职业满意度同比最低，这与此年龄段和工作年限的群体人员生活压力大，正赶上社会转型如房改、医改、教育体制改革等社会环境因素有关。同时，正高职称人员的满意度与期刊专职负责人的职业满意度也低于同比数据，这与该群体人员更加注重个人能力发挥、注重工作环境和工作期望值更高等因素有关(见表 5－6)。

表 5—6　中国科协科技期刊办刊队伍职业满意度调查

| | | 非常满意(%) | 满意(%) | 一般(%) | 不满意(%) | 合计(%) |
|---|---|---|---|---|---|---|
| 年龄 | 20～29 岁 | 9.2 | 67.7 | 23.1 | — | 100 |
| 年龄 | 30～39 岁 | 10.1 | 60.6 | 28.4 | 0.9 | 100 |
| 年龄 | 40～49 岁 | 13.9 | 60.3 | 24.5 | 1.3 | 100 |
| 年龄 | 50 岁以上 | 19.8 | 55.2 | 22.4 | 2.6 | 100 |
| 出版行业工作年限 | 0～5 年 | 8.8 | 68.6 | 22.6 | — | 100 |
| 出版行业工作年限 | 6～10 年 | 12.6 | 50.5 | 35.9 | 1.0 | 100 |
| 出版行业工作年限 | 11～20 年 | 15.4 | 61.8 | 20.4 | 2.4 | 100 |
| 出版行业工作年限 | 20 年以上 | 21.1 | 55.3 | 21.1 | 2.5 | 100 |
| 学历 | 博士 | 16.9 | 57.6 | 25.5 | — | 100 |
| 学历 | 硕士 | 12.8 | 64.0 | 22.6 | 0.6 | 100 |
| 学历 | 学士 | 12.6 | 59.2 | 25.9 | 2.3 | 100 |
| 学历 | 其他 | 19.5 | 51.3 | 26.8 | 2.4 | 100 |
| 职称 | 正高 | 24.2 | 45.5 | 28.3 | 2.0 | 100 |
| 职称 | 副高 | 13.1 | 65.3 | 20.4 | 1.2 | 100 |
| 职称 | 中级 | 8.0 | 60.0 | 30.4 | 1.6 | 100 |
| 职称 | 其他 | 10.6 | 74.5 | 14.9 | — | 100 |
| 岗位 | 专职负责人 | 14.8 | 57.0 | 26.6 | 1.6 | 100 |
| 岗位 | 学科编辑 | 12.4 | 64.2 | 22.3 | 1.1 | 100 |
| 性别 | 男性 | 14.7 | 60.2 | 23.7 | 1.4 | 100 |
| 性别 | 女性 | 13.1 | 60.7 | 25.3 | 0.9 | 100 |

数据来源:2009 年专职办刊队伍调查数据

综上所述,中国科协科技期刊办刊群体总体上具有较高的职业满意度,说明科技期刊行业的工作性质和内容在很大程度上可以满足办刊人员的多层次需求。

## 二、影响职业满意度的因素分析

从人力资源管理的角度讲,影响科技期刊办刊人员职业满意度的因素主要包括:①期刊工作带来的经济回报,即薪酬水平;②期刊工作提供的成长与发展空间,如职务晋升、工作兴趣、个人能力提升等;期刊工作的人际关系;③期刊的自身因素,如期刊的发展前景、期刊本身的影响力等。

### (一)成长空间对职业满意度的影响

办刊人员十分看重期刊工作能否提供学习、成长和发展的空间、使个人能力得到提升,同时对职务晋升和工作兴趣等也非常关注。

据“2009 年专职办刊队伍调查数据”,结果显示,办刊人员对个人能力提升和工作兴趣的满意度较高,满意度分别为 66.1%和 82.2%(见图 5—14、图 5—15)。对工作兴趣的满意度是被调查因素中满意度最高的。可见大部分期刊工作人员对科技期刊工作具有较大的兴趣。科技期刊的工作性质决定了办刊人员必须勤于学习、善于总结,这也是为长远发展进行投资。因此,科技期刊办刊单位要建立相应的机制和制度来帮助办刊人员不断获取新知识,提升工作的经验、技巧与能力。

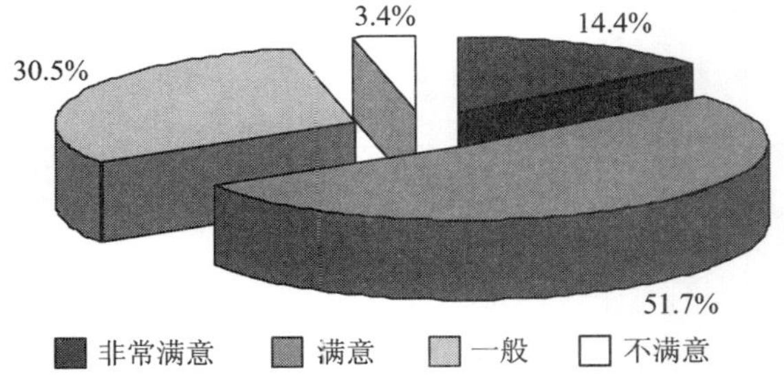


图 5—14　中国科协科技期刊办刊人员在个人能力提升方面的满意度

数据来源:2009 年专职办刊队伍调查数据

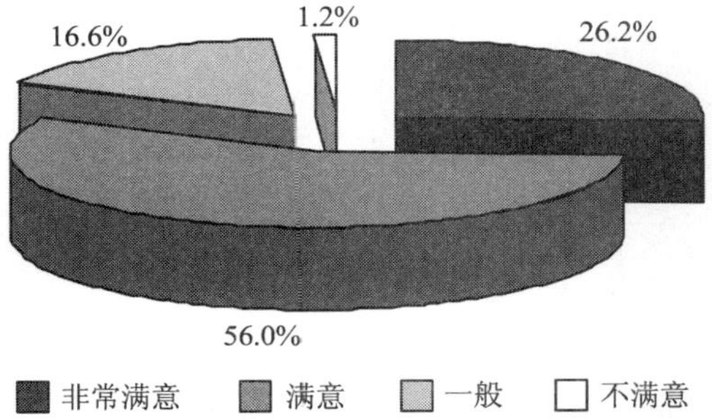


图 5—15　中国科协科技期刊办刊人员在工作兴趣方面的满意度

数据来源:2009 年专职办刊队伍调查数据

与个人能力提升、工作兴趣的满意度相比,办刊人员对职务晋升较不满意,满意度为 37.3%(见图 5—16)。

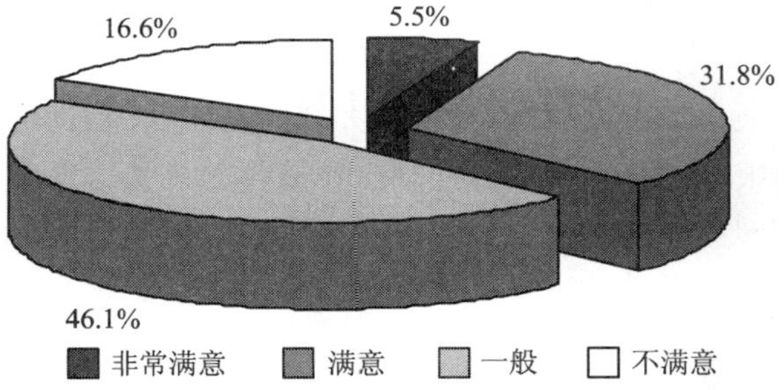


图 5—16　中国科协科技期刊办刊人员在职务晋升方面的满意度

数据来源:2009 年专职办刊队伍调查数据

从职务晋升对办刊人员满意度的调查可以看出,办刊队伍的考核与激励要以能力和贡献为基础,坚持公开、公平、公正、竞争、择优的原则,出版单位应长期致力于营造使优秀人才能够脱颖而出的工作环境。

## (二)人际关系对职业满意度的影响

据"2009年专职办刊队伍调查数据",结果显示,办刊人员对期刊工作中人际关系的满意度较高,为77.4%(见图5—17)。

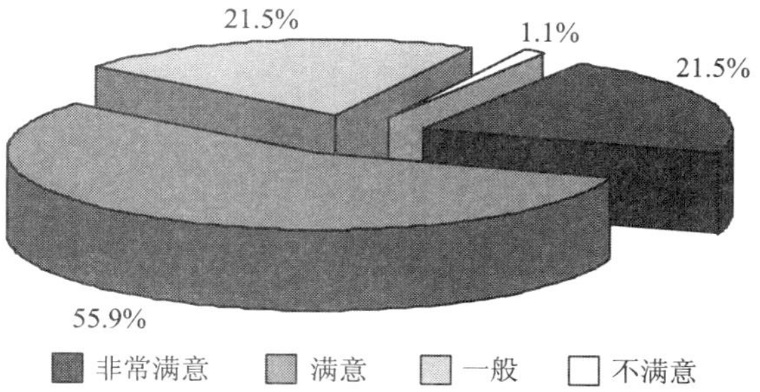


图5—17　中国科协科技期刊办刊人员在人际关系方面的满意度

数据来源:2009年专职办刊队伍调查数据

2008～2009年度,中国科协科技期刊办刊队伍整体素质不断提高,人员之间的沟通与尊重、同事关系、期刊管理者的领导风格等逐渐形成较好的文化氛围,这在很大程度上提高了办刊人员之间相互协作的效率和能力,使办刊人员可以齐心协力共同推进科技期刊快速发展。同时良好的人际关系在很大程度上也提高了办刊人员的工作满意度。可见,和谐编辑部建设是决定办刊人员向心力和凝聚力的重要因素。

## (三)期刊发展前景对职业满意度的影响

科技期刊的自身因素,如期刊的专业或行业优势、对本领域学科发展的影响力和期刊发展前景等在很大程度上影响着办刊人员的职业满意度。据"2009年专职办刊队伍调查数据",结果显示,87.8%的办刊人员认为目前所在的期刊具有专业与行业优势(见表5—7),82.1%的办刊人员认为科技期刊对本领域的学科发展起到很大影响或较有影响(见表5—8)。值得注意的是,只有32.0%的办刊人员对学术出版行业发展前景持肯定态度,说明大多数办刊人员已经意识到科技期刊发展存在问题,有了较强的忧患意识(见表5—9)。

**表5—7　中国科协科技期刊专业或行业优势调查**

| 有效回答 | 是 | 否 | 不确定 | 合计 |
|---|---|---|---|---|
| 数量 | 389 | 19 | 35 | 443 |
| 比例(%) | 87.8 | 4.3 | 7.9 | 100 |

数据来源:2009年专职办刊队伍调查数据

**表5—8　中国科协科技期刊对本领域学科发展影响调查**

| 有效回答 | 很有影响 | 较有影响 | 影响一般 | 缺乏明显影响力 | 基本没有影响 | 合计 |
|---|---|---|---|---|---|---|
| 数量 | 166 | 197 | 68 | 8 | 3 | 442 |
| 比例(%) | 37.6 | 44.5 | 15.4 | 1.8 | 0.7 | 100 |

数据来源:2009年专职办刊队伍调查数据

**表 5—9　中国科协科技期刊办刊队伍对学术出版行业发展前景认知调查**

| 有效回答 | 很好 | 一般 | 较差 | 不清楚 | 合计 |
|---|---|---|---|---|---|
| 数量 | 141 | 219 | 50 | 31 | 441 |
| 比例(%) | 32.0 | 49.7 | 11.3 | 7.0 | 100 |

数据来源:2009 年专职办刊队伍调查数据

同时,随着国家新闻出版体制改革的逐步推进,对于科技期刊的发展既是挑战也是机遇。据“2009 年专职办刊队伍调查数据”,结果显示,有 45.7%的人员认为新闻出版领域改革将会使科技期刊编辑获得更大职业发展空间(见图 5—18),其所占比例是对国家新闻出版改革的看法的调查项目中最高的。

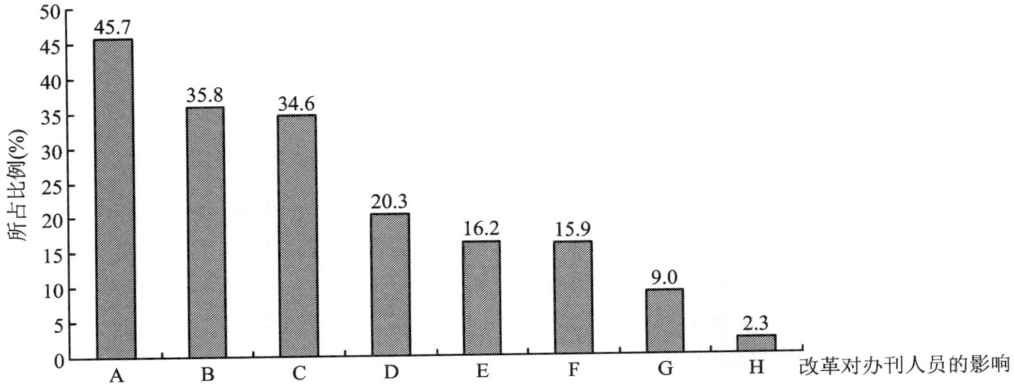


图 5—18　中国科协科技期刊办刊队伍对国家新闻出版改革认知调查

A 获得更大职业发展空间　B 工作压力加大　C 调动人刊人员积极性　D 人员流动更加频繁

E 提高薪酬待遇　F 收入差距加大　G 提高劳动保障水平　H 改进人际关系

数据来源:2009 年专职办刊队伍调查数据

## 三、薪酬水平分析

构建科学合理的薪酬体系,对建设一支高素质、充满活力的办刊队伍具有非常积极的作用。

### (一)整体薪酬水平现状

针对目前税前平均月收入范围问题,据“2009 年专职办刊队伍调查数据”,结果显示①,中国科协科技期刊办刊人员 2008 年税前平均月收入为 2 992 元。其中,税前平均月收入在 2 000 元以下的占 5.0%,大部分人的收入水平在 2 000～5 999 元区间,其中

① 基于薪酬数据的敏感性考虑,特做说明如下:a. 薪酬数据调查仅针对办刊人员的薪酬水平,而不是具体的薪酬数值;b. 调查的薪酬数据与真实水平可能存在一定差异,因而本报告结合多个因素来使用薪酬数据,例如年龄、学历、职称、从事出版行业工作年限及期刊专业领域等方面;c. 薪酬数据均为税前收入数据。

2 000～3 999 元区间的占 37.0%,4 000～5 999 元区间的占 35.0%。在 6 000～7 999 元区间的占 16.0%,8 000～9 999 元区间的占 6.0%,10 000 元及以上的占 1.0%(见图 5－19)。



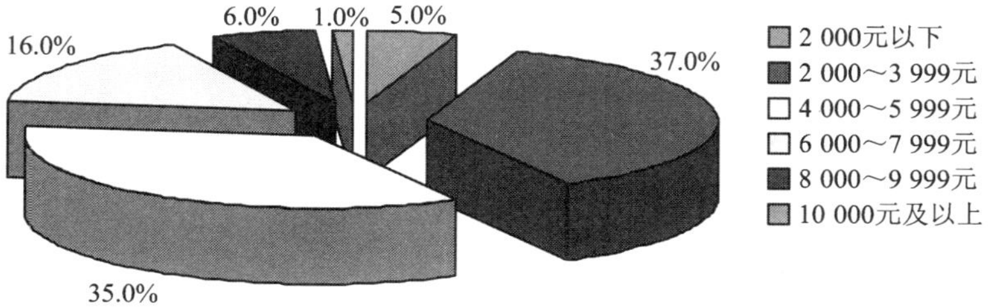


图 5－19　中国科协科技期刊办刊人员税前平均月收入调查

数据来源:2009 年专职办刊队伍调查数据

同时,中国科协科技期刊因所处地域不同,其薪酬也表现出一定的差异,如北京地区的期刊办刊人员税前平均月收入为 3 131.4 元,上海地区为 3 469.8 元,其他城市为 2 671.6元。

## (二)薪酬水平的结构分析

通过调查,期刊编辑的薪酬水平主要由职称、学历、工作年限等因素决定,年龄、性别和期刊所在学科也对薪酬水平有一定的影响。职称、学历、工作年限都可归属能力范畴,所以办刊队伍的薪酬模式是属于基于能力的薪酬支付体系,这反映了知识型组织薪酬制度的特点。

据"2009 年专职办刊队伍调查数据",结果显示,薪酬在 4 000 元以下及 8 000 元以上的人员分布情况,基本反映出年龄与薪酬成正比、职称与薪酬成正比、工作年限与薪酬成正比的特点。在 4 000～8 000 元的薪酬区间,人员薪酬要受年龄、学历、职称、从事出版行业工作年限等因素的共同影响。随着工作年限的增加,学历对薪酬的影响更加明显。

1. 年龄与薪酬水平

年龄与薪酬水平高低成正相关关系。据"2009 年专职办刊队伍调查数据",结果显示,30 岁(不含)以下年龄段人员的薪酬水平多在 2 000～4 000 元区间;30～39 岁年龄段人员的薪酬水平多在 2 000～5 999 元区间;40～49 岁年龄段人员的薪酬水平多在 4 000～6 000 元区间;50 岁(含)以上年龄段人员的薪酬水平与 40～49 岁年龄段的基本相当(见图 5－20)。

2. 职称与薪酬水平

职称与薪酬水平高低也成正相关关系。据"2009 年专职办刊队伍调查数据",结果显示,中级职称人员的薪酬水平多在 2 000～4 000 元区间;高级职称人员的薪酬水平多在 4 000～6 000 元区间(见图 5－21)。

3. 学历与薪酬水平

学历与薪酬水平高低也成正相关关系。据"2009 年专职办刊队伍调查数据",结果显示,学士及硕士学位人员的薪酬水平多在 2 000～5 999 元区间;博士学位人员的薪酬水平

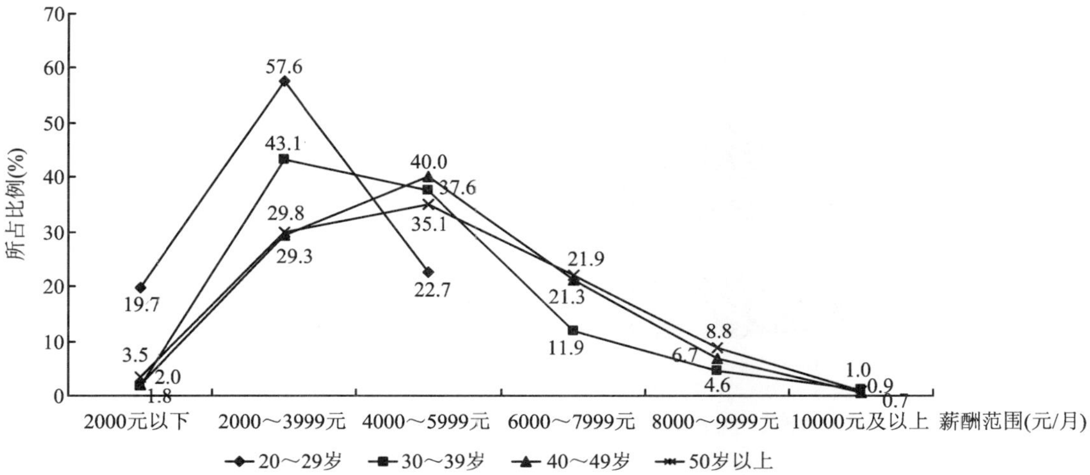


图 5－20　中国科协科技期刊办刊人员年龄与薪酬分布

数据来源:2009 年专职办刊队伍调查数据

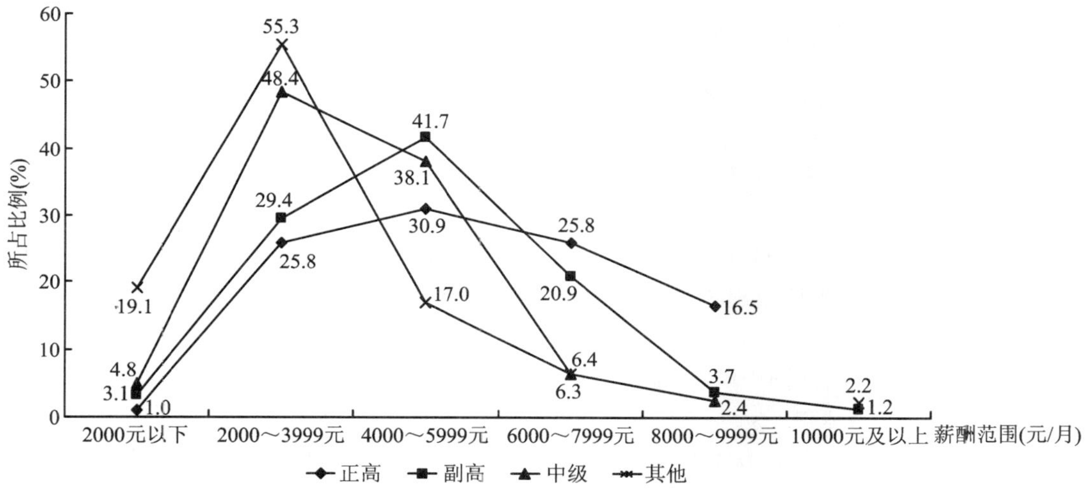


图 5－21　中国科协科技期刊办刊人员职称与薪酬分布

数据来源:2009 年专职办刊队伍调查数据

多在 2 000～5 999 元区间(见图 5－22)。

4. 从事出版行业工作年限与薪酬水平

据“2009 年专职办刊队伍调查数据”,结果显示,从事出版行业工作年限与薪酬水平总体上成正相关。其中,工作年限在 10 年以下的,年限与薪酬水平的正相关性较显著,工作年限在 10 年以上的,薪酬总体水平较 10 年以下的有所增长,但与年限的正相关性相对不显著。其中年限在 0～5 年的薪酬水平多在 2 000～3 999 元,在该年限区间内,薪酬水平与学历成正相关性,随着学历的增长高收入人员的比例逐渐加大;工作年限在 6～10 年的,本科和硕士的薪酬水平多在 2 000～5 999 元,博士的薪酬水平多在 8 000～9 999 元;

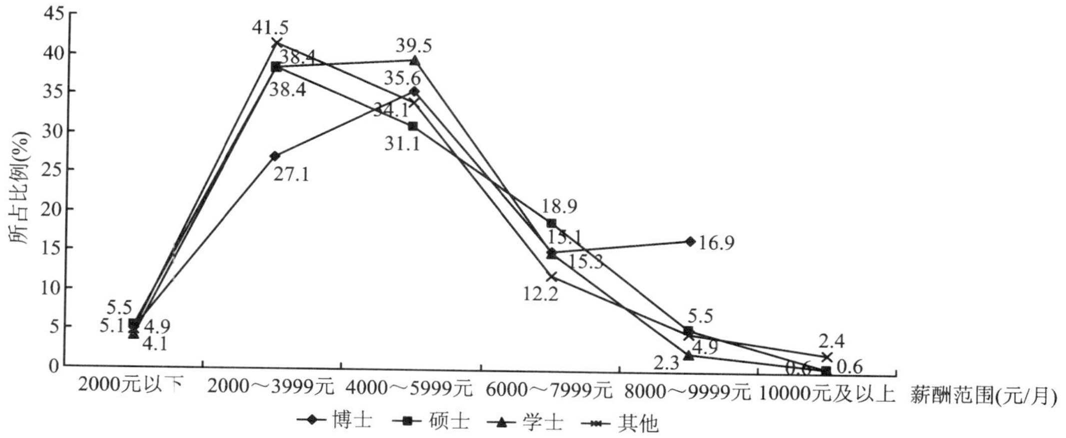


图 5—22　中国科协科技期刊办刊人员学历与薪酬分布

数据来源:2009 年专职办刊队伍调查数据

在该年限区间内薪酬水平与学历也成正相关,其中硕士和博士高收入的较本科有明显增长,尤其是博士学历人员增长幅度较大;工作年限 10 年以上的薪酬多在 4 000～5 999 元。对不同工作年限的硕士学历人员薪酬水平整体分析发现,工作年限与薪酬水平总体上成正相关,随着工作年限的增长,硕士高收入的比例逐渐增多。对不同工作年限的博士学历人员薪酬水平整体分析发现,随着年限的增长,薪酬水平在 4 000～5 999 元的人员比例与工作年限成正相关,工作时间越长,该水平的人员比例越大,薪酬水平在 6 000 元以上的,薪酬与工作年限没有明显相关性(见图 5—23、图 5—24、图 5—25、图 5—26、图5—27)。

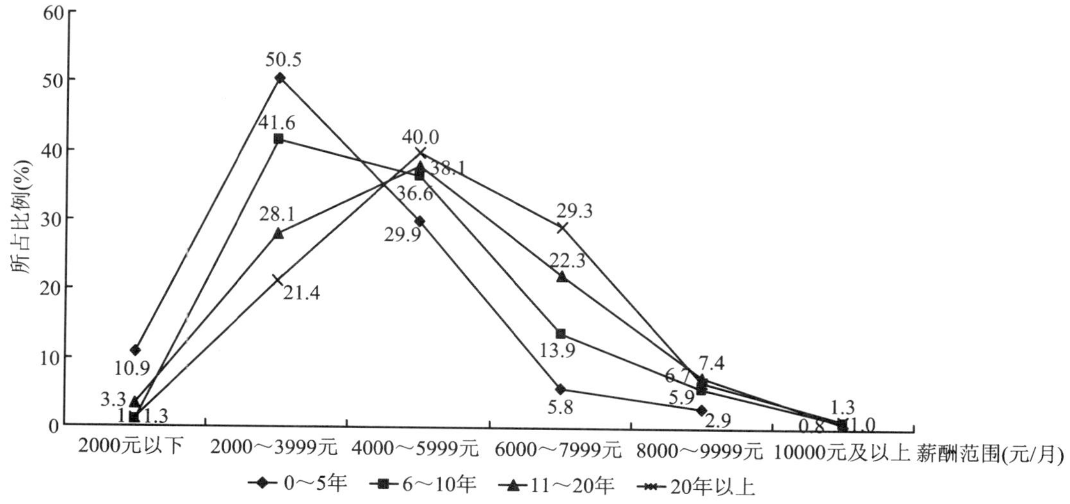


图 5—23　中国科协科技期刊办刊人员工作年限与薪酬分布

数据来源:2009 年专职办刊队伍调查数据

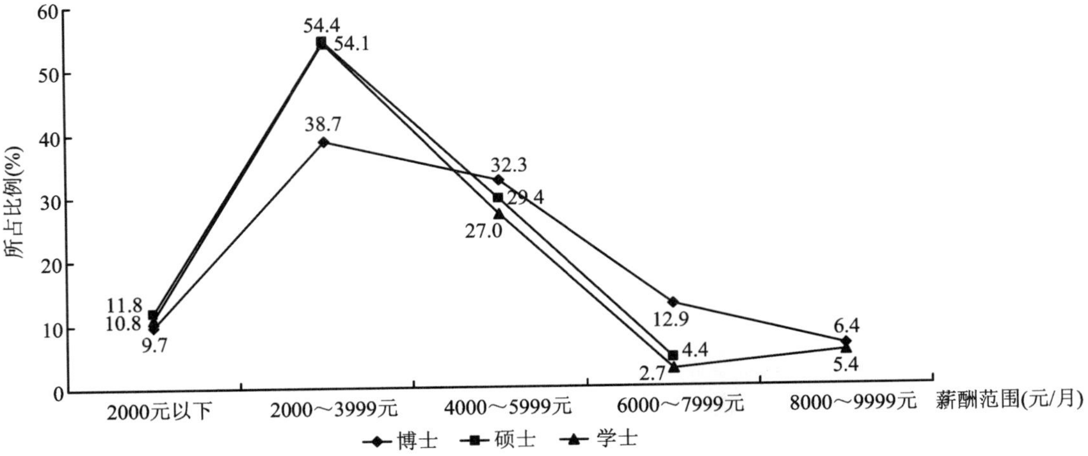


图 5－24　中国科协科技期刊不同学历办刊人员从事出版行业 0～5 年薪酬比较

数据来源:2009 年专职办刊队伍调查数据

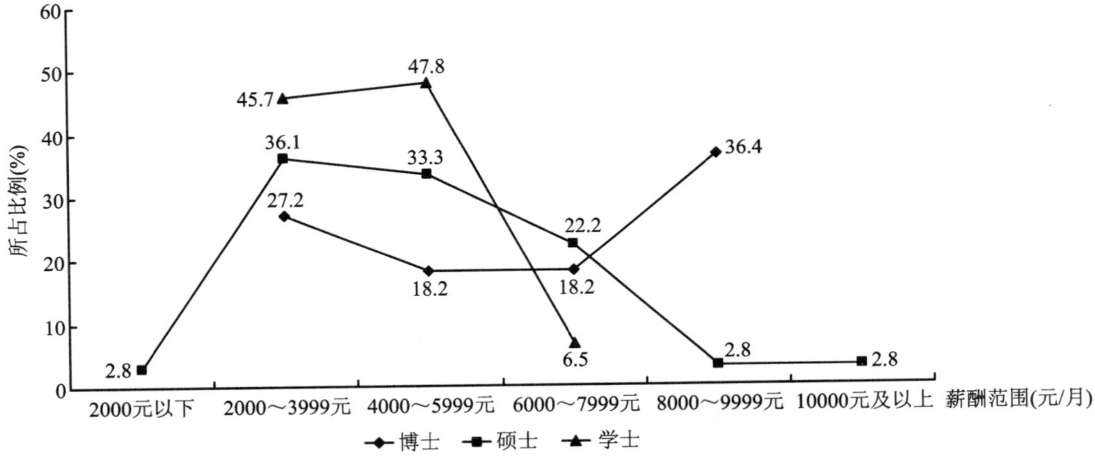


图 5－25　中国科协科技期刊不同学历办刊人员从事出版行业 6～10 年薪酬比较

数据来源:2009 年专职办刊队伍调查数据

5. 岗位与薪酬水平

据“2009 年专职办刊队伍调查数据”,结果显示,不同岗位人员的薪酬水平存在差异,专职负责人的薪酬水平总体上高于编辑人员①。中国科协科技期刊专职负责人的薪酬水平多在 2 000～7 999 元区间,其中 2 000～3 999 元区间的比例为 28.0%,4 000～5 999 元区间的比例为 38.2%,6 000～7 999 元区间的比例为 22.0%,8 000 元以上的比例为 9.8%。编辑的薪酬水平多在 2 000～5 999 元区间,其中 2 000～3 999 元区间的约占一

① 由于经营人员在中国科协科技期刊队伍中所占比例较小,调查返回有效数据较少,因而此处未对经营人员薪酬水平进行分析。

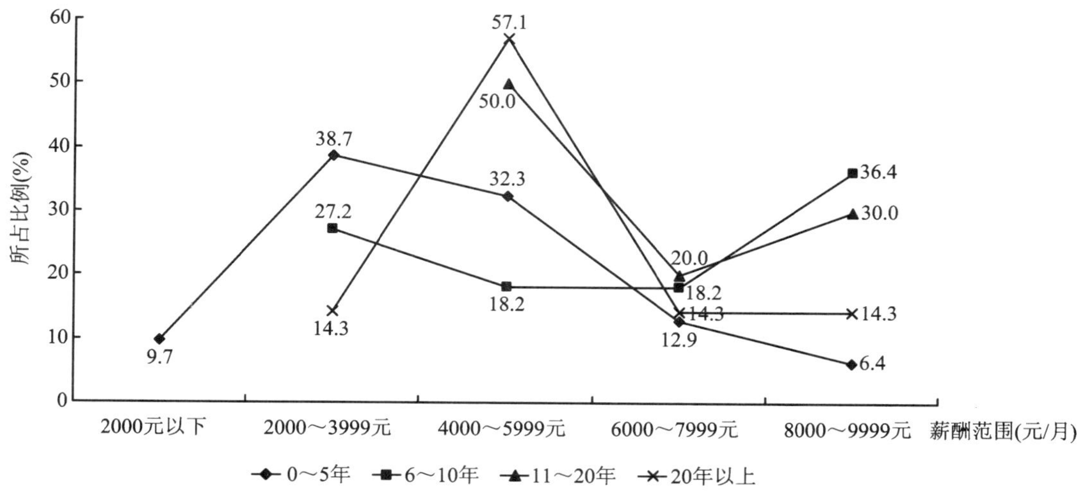


图 5－26　中国科协科技期刊博士群体从事出版行业不同年限的薪酬比较

数据来源：2009 年专职办刊队伍调查数据

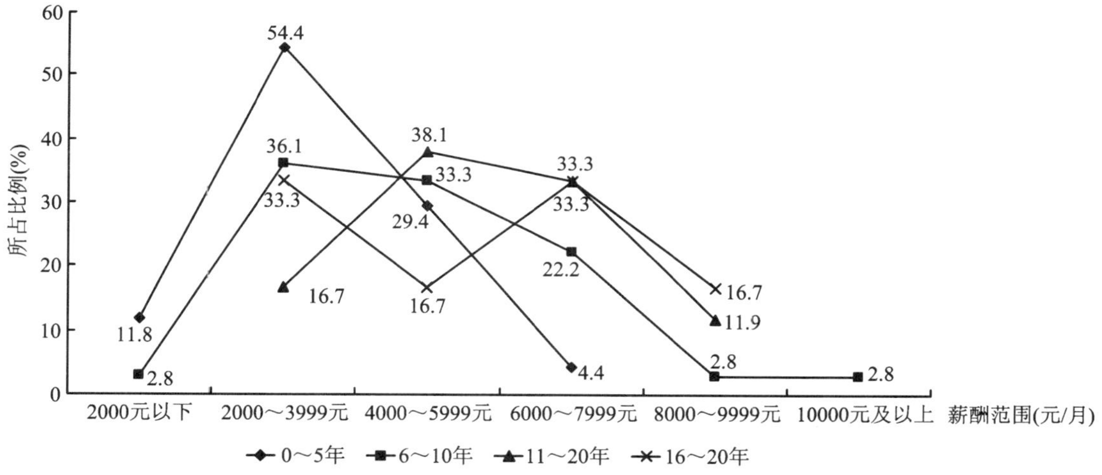


图 5－27　中国科协科技期刊硕士群体从事出版行业不同年限的薪酬比较

数据来源：2009 年专职办刊队伍调查数据

半，其比例为 50.6％，4 000～5 999 元区间的比例为 31.3％。

**表 5－10　中国科协科技期刊不同岗位人员的薪酬分布/月**

| 薪酬（元） | ＜2 000 | 2 000～3 999 | 4 000～5 999 | 6 000～7 999 | 8 000～9 999 | ≥10 000 | 合计 |
|---|---|---|---|---|---|---|---|
| 专职负责人（％） | 2.0 | 28.0 | 38.2 | 22.0 | 8.7 | 1.1 | 100 |
| 编辑（％） | 9.7 | 50.6 | 31.3 | 8.4 | — | — | 100 |

数据来源：2009 年专职办刊队伍调查数据

## (三)薪酬水平的满意度分析

1. 满意度分析

据“2009 年专职办刊队伍调查数据”,结果显示,办刊队伍总体表现出对收入不太满意,满意比例为 32.3%,可见办刊人员目前收入与期望收入还有差距(见图 5—28)。

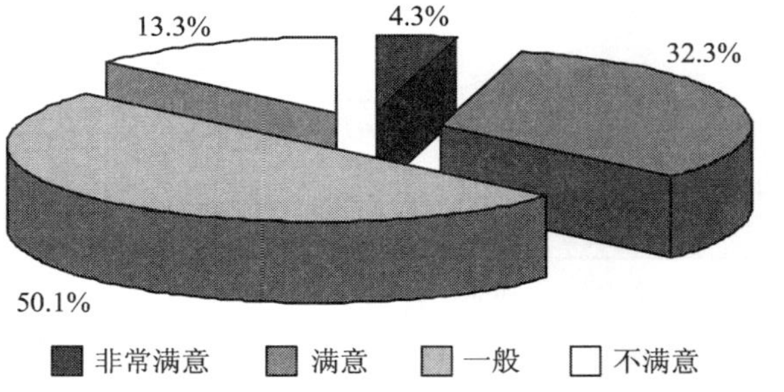


图 5—28　中国科协科技期刊办刊队伍薪酬满意度调查

数据来源:2009 年专职办刊队伍调查数据

2. 期望薪酬水平分析

据“2009 年专职办刊队伍调查数据”,结果显示,办刊队伍的期望薪酬与实际薪酬的分布比例有较大区别(见图 5—29)。

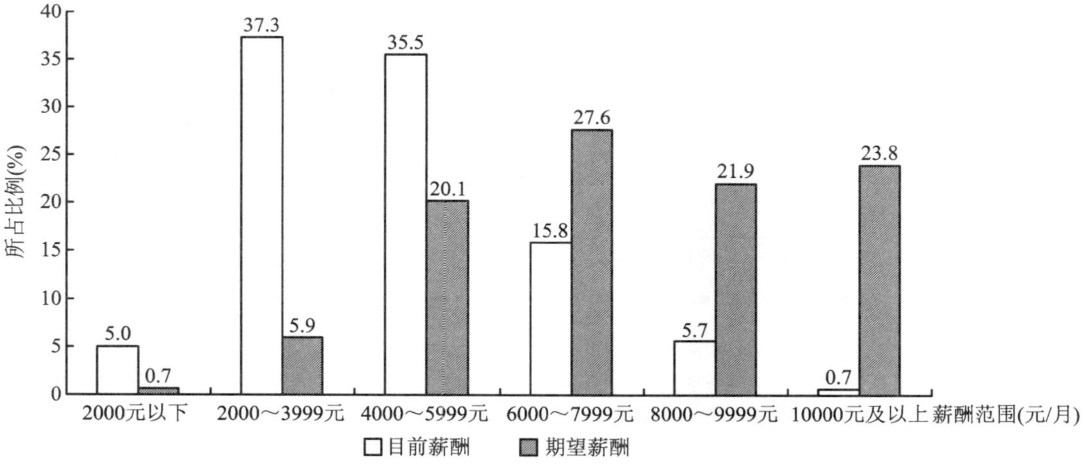


图 5—29　中国科协科技期刊办刊队伍目前薪酬与期望薪酬比较

数据来源:2009 年专职办刊队伍调查数据

如果将 2 000 元定为 1 档。统计显示,有近一半的人员希望薪酬能够提高 1 档(见表 5—11)。

目前,中国科协科技期刊办刊队伍薪酬水平与办刊人员需求之间存在一定矛盾,这种矛盾会影响办刊人员的工作积极性,还会影响科技期刊对高学历高层次人员的吸引力和凝聚力,因此,应尽快研究设立科学合理的科技期刊编辑薪酬体系。

表 5－11　中国科协科技期刊办刊人员薪酬提升期望调查

| 项　目 | 保持不变（%） | 期望增长 1 档（%） | 期望增长 2 档（%） | 期望增长 3 档及以上（%） | 合计（%） |
|---|---|---|---|---|---|
| <2 000 元 | 9.1 | 54.5 | 18.2 | 18.2 | 100 |
| 2 000～3 999 元 | 8.2 | 52.8 | 27.7 | 11.3 | 100 |
| 4 000～5 999 元 | 2.6 | 42.9 | 35.9 | 18.6 | 100 |
| 6 000～7 999 元 | — | 41.1 | 57.4 | 1.5 | 100 |
| 8 000～9 999 元 | 12.0 | 88.0 | — | — | 100 |
| ≥10 000 元 | — | 100.0 | — | — | 100 |

数据来源：2009 年专职办刊队伍调查数据

## 第三节　中国科协科技期刊队伍发展对策

随着我国新闻出版体制改革进程的加快，人才作为最重要的要素在中国科协科技期刊改革与发展中将发挥更大的作用。中国科协将在精品科技期刊战略框架下，营造人才政策发展环境，完善人力资源体制建设，建立优秀人才引导与支持机制，促进中国科协科技期刊办刊队伍建设。

### 一、办刊队伍建设的影响因素

中国科协科技期刊队伍建设状况是多种因素相互作用的结果。调查发现，专业队伍的整体规模及结构、办刊人员的素质与层次以及对优秀人才的吸纳机制等因素对办刊队伍建设和科技期刊发展有较大影响。高层次期刊出版人才与经营管理人才的缺乏影响着科技期刊的经营，薪酬待遇和主办单位重视程度以及政策环境影响着队伍的稳定性，这些问题影响着队伍整体效能的发挥，易于造成优秀人才的流失。随着中国科协科技期刊改革与发展的实际需要，中国科协科技期刊应建设一支结构合理、总体规模较大、具有较高层次的高效能的专业办刊队伍。

#### （一）队伍规模

中国科协科技期刊办刊队伍只有具备了一定规模，才能满足改革与发展的需要。调查发现，中国科协科技期刊办刊队伍在人员总量上虽然达到了科技期刊人力资源的基本要求，但是还有相当数量的期刊编辑部人数仅为 2～4 人，主要工作为进行稿件处理，难以真正走入科研、服务交流，更谈不上开拓经营项目，开展期刊经营。随着出版体制改革的逐步推进，中国科协科技期刊在面向市场进行发展的条件下，没有经营人才的引进、培养和储备，是很难赢得市场竞争优势的，因此培养一批精通编辑出版业务、熟悉科技期刊运营、能够把握市场的经营管理人才，适当扩大办刊队伍规模，是当前需要解决的问题。

### (二)队伍层次

科技期刊队伍层次对办刊质量和水平有很大的影响,办刊队伍的整体素质与科技期刊整体质量有很大的相关性。调查显示,中国科协科技期刊目前已经有了一支较大比例的高级专业技术人员队伍,但期刊管理与经营人才还相对比较匮乏。因此,中国科协将积极创造条件不断提升办刊队伍的质量与层次,特别是加强高级管理与经营队伍的建设。

### (三)队伍结构

办刊队伍结构从根本上讲是一个动态系统,需要随着环境的变化不断进行调整,使其更加科学化、合理化。充足的办刊队伍数量,均衡的年龄结构,较高的学历结构,合理的职称结构,协调的岗位结构,是中国科协科技期刊办刊队伍的建设目标。

中国科协科技期刊办刊队伍的结构合理性主要体现在两个方面:一是办刊队伍的专业结构与科技期刊学科结构相适应,其知识构成能有效适应科技期刊专业化发展的需要;二是具有明显的层次结构,高、中、初级专业人力资源配置合理,专业队伍与期刊管理、期刊经营队伍适应科技期刊改革与市场化的需要。

调查显示,中国科协科技期刊还存在着一定的结构不合理状况,如普遍缺少营销发行、广告策划等方面的人才,部分编辑部还存在着业务骨干年龄偏大,中、青年骨干数量不足的现象,学科专业知识和编辑出版能力也有一定的不协调等,这些问题都需在办刊队伍建设中得到解决。

### (四)流动和开放

中国科协科技期刊目前的人事管理体制错综复杂,总体上属于传统的管理体制,使人员不能充分自由流动,一定程度上影响了科技期刊的发展。人员的流动和开放对于科技期刊办刊队伍整体水平的提升是有一定意义的。只有建立了好的机制,使人员使用流动开放,才能做到优胜劣汰,最终提升办刊队伍的层次和水平。针对如有机会转换工作时所选择的行业问题,据“2009 年专职办刊队伍调查数据”,结果显示,绝大多数的选择是仍从事科技期刊出版行业。因此适当的人员流动还可促进科技期刊的交流,有助于提升科技期刊行业对人才的重视程度,也可以从整体上促进我国科技期刊办刊队伍建设。当然,办刊人员的经验对于科技期刊发展有着较为重要的意义,期刊社对办刊人员的招聘与培训需要有一定的成本投入,所以过于频繁的流动势必会影响刊物发展,中国科协或科技期刊主办单位将通过建立相应机制使人员流动保持在一个合理水平。

### (五)优秀人才吸纳机制

建立优秀人才吸纳机制是中国科协科技期刊长远发展的必然举措,好的机制可以吸引到优秀人才,并能使其稳定地服务于期刊出版单位。只有建立了科学合理的优秀人才吸纳机制,中国科协科技期刊才能把握时机,占据人力资源优势,在国内外学术出版的竞争中立于不败之地。调查显示，目前中国科协科技期刊办刊队伍的待遇水平还存在着对优秀人才的吸引力不够的问题，所以需要有相应的优秀人才吸纳机制，特别是要注重人才职业成长空间、有效激励、有竞争力的薪酬待遇以及科技界和全社会对科技期刊工作者社会地位的认同等因素，从而对优秀人才形成较强的吸引力与凝聚力。

### （六）培训与继续教育机制

科技的不断创新和新技术应用的不断加速，使科技期刊工作人员必须不断学习以紧跟科研创新的步伐，使科技期刊发展与科学技术发展步调保持一致。自身能力的提高和知识的拓展除了靠科技期刊工作者自身的觉悟外，更重要的要依靠期刊出版单位建立良好的继续教育与培训机制。调查显示，目前中国科协半数科技期刊编辑部没有专门的继续教育与培训经费投入，同时，从事科技期刊出版工作不足五年的人员有约 1/3 的规模，因此，对培训工作的重视不够显然是不利于期刊长期发展的，加强与科技期刊相关的专业培训与继续教育工作是中国科协科技期刊亟待解决的问题。

## 二、加强办刊队伍建设的对策措施

办刊队伍建设既是实现中国科协科技期刊发展战略的保证，也是增强竞争力的重要举措，更是实现中国科协科技期刊跨越发展的路径选择。中国科协科技期刊将以现代人力资源管理理论为指导，以科技期刊发展战略和目标为导向，在对科技期刊办刊队伍进行深入调研的基础上，研究办刊队伍发展规律，从战略高度继续加强科技期刊办刊队伍建设。通过不断改进科技期刊的人才管理机制，加强办刊优秀人才的培养，努力造就一批具有创新能力和发展潜力的中青年业务骨干，造就一支结构合理、素质优良、有着一定总量和规模的办刊人才队伍，在培育一批具有规模效应和国际竞争力的优秀期刊集团的过程中营造出科技期刊办刊人员的“国家队”。

### （一）营造办刊人才成长的政策环境

中国科协将从国家科学出版事业的全局战略高度出发加强办刊队伍建设，并将队伍建设纳入精品科技期刊工程，成为中国科协科技期刊发展的一项战略任务。目前，按照中央确定的新闻出版改革思路，除党报党刊、时政类报刊和公益性报刊继续保留事业体制外，学术类及其他各类报刊将进行体制改革，这对拥有较大规模在编人员的中国科协科技期刊队伍来说，是一个巨大的挑战。

优秀的科技期刊取决于优秀的办刊队伍，科技期刊的竞争本质上也是人才的竞争。科技期刊人力资源的培养与开发，需要有良好的政策环境支持。目前，中国科协科技期刊已经拥有一批熟悉学科专业的编辑出版队伍，但在科技期刊管理和规模化运作、品牌建设与市场营销等方面缺乏高层次的管理和经营人才。随着数字网络技术在科技期刊出版领域的广泛应用，对数字出版、技术开发以及版权保护等方面的人才需求也日趋强烈，中国科协将采取有效方式，构建促进人才成长的良好政策环境，从而培养出更多的科技期刊管理、经营、专业技术等职业化的优秀办刊人才。

## (二)建立办刊队伍发展的良好机制

人力资源是科技期刊发展的第一资源。科技期刊工作是一项知识性、业务性很强的工作,要求有扎实的专业知识背景、敏锐的科技前沿洞察力及俯瞰全局的把握力与气魄。随着出版体制改革的推进,科技期刊工作对经营管理能力和社会活动能力具有强烈的要求。因此,通过建立良好的机制使现有人员的能力得到提升并最大限度发挥,吸引并引进复合型人才,是中国科协科技期刊实现长远发展目标的必由之路。

1. 现代人力资源管理理念

现代人力资源管理与传统人事管理相比,其根本特性体现在"战略性"层面上,与其他非人力资源管理相比,现代人力资源管理是以激励为核心的①。

中国科协科技期刊在办刊队伍建设中,将摈弃传统的人事管理模式,引入现代化人力资源管理理念,充分发挥人的潜能,实现期刊的长足发展。利用现代人力资源管理理念,充分合理地使用人才,是建设优秀科技期刊队伍的重要目标。在新形势下,中国科协科技期刊在办刊队伍建设中将完成管理观念、管理形式及管理内容的转变,运用现代人力资源管理方法进行人才引进与管理,做到与时俱进,以从容地应对环境变化带来的挑战,使期刊在国内乃至国际竞争中立于不败之地。

2. 科学有效的激励机制

建立科学有效的激励机制是充分发掘人才潜力、使其最大限度发挥主观能动性的最直接有效的手段。中国科协将摸索建立适合科技期刊办刊队伍发展的科学有效的激励机制,在满足人才自身需求的同时实现科技期刊的战略发展目标。具体将从以下几方面着手:①建立科学合理的分配机制;②建立科学有效的专业技术职务评聘激励机制;③落实继续教育激励机制;④推行文化激励机制。

3. 国际交流与合作机制

发展科学技术要瞄准国际标准,办刊也要与国际接轨,获得国际同行认可。建立良好的国际交流合作机制很有必要,在交流合作中互相学习、共享知识、互利合作、共同发展②。中国科协将在科技期刊国际推广项目的基础上,进一步加强科技期刊的国际交流与合作,研究探讨交流合作的有效模式,通过学习国外优秀经验,提升办刊人员素质,最终实现中国科协科技期刊的跨越发展。通过国际交流与合作:①学习国外先进的办刊模式,提升我国期刊的管理水平;②让国外同行对我国期刊的优势和特色有更全面的了解,从而提升我国优势与特色学科期刊的国际影响力。

4. 人才培养和引进机制

建立高层次人才的培养与引进机制。随着国际竞争的日益激烈,中国科协科技期刊迫切需要一批创新型、复合型人才和科技领军人才为提高期刊水平提供强有力的人才支撑。高层次人才是人才队伍的核心,对于提升期刊队伍整体素质、增强期刊核心竞争力、实现期刊发展目标具有极为重要的作用。因此中国科协高度重视科技期刊高层次人才的

---

① 王欣媛. 现代人力资源管理理念应用. 合作经济与科技,2006,11s:33-34.

② 路甬祥于 2009 年 8 月 31 日在《中国科学》与《自然科学进展》理事会第二次会议上的发言。

培养与引进工作，并将高层次人才计划列为一个战略性计划，长期不懈地给予投入与支持。

建立经营型人才的培养与引进机制。随着新闻出版领域改革的深入，中国科协科技期刊对经营型人才的需求将持续增长。调查显示，目前中国科协绝大多数科技期刊缺乏经营型人才，如何培养及引进具有深厚经营管理知识和实际经营技巧的开放性、应用性、复合性的经营型人才，已经成为期刊出版单位在新形势下解决生存与发展中要考虑的大事。中国科协高度重视科技期刊经营人才的培养、引进、使用和管理，通过创造好的机制吸纳优秀人才，通过建立科学的用人机制，使优秀人才的价值最大化，最终打造一支精干高效的期刊经营人才队伍，以促进中国科协科技期刊的繁荣发展。

建立海外人才引进机制。中国科协科技期刊将充分意识到海外人才引进工作对我国科技期刊的重要意义，在引进海外高层次人才中注意学科分布，并为人才发挥作用创造良好的环境，将通过多渠道、多形式加大海外优秀人才及智力的引进力度，努力造就一批掌握学科前沿、勇于创新的期刊带头人，通过打造具有国际影响力的科技期刊国家队来树立中国科协在科技期刊出版领域的影响与地位。

### （三）发挥领军人物的价值与作用

在科技期刊办刊队伍建设中，领军人物发挥着举足轻重的作用，一支优良的办刊队伍的建设从根本上讲最终将取决于期刊领军人物的能力、战略和运作水平。国内外的成功经验表明，要办好一本期刊，最重要的是期刊领军人物的水平①。中国科协科技期刊要在新形势下实现科技期刊的长远发展目标，需要更好地发挥科技期刊领军人物的价值和作用。

建议在精品科技期刊工程中启动“领军人才专项计划”。一流刊物需要复合型领军人才，复合型领军人才是由经营、技术和管理三重角色的人力资本耦合而成的，在科技期刊建设的不同阶段与方面，三重角色的人力资本发挥着不同的作用。基于复合型人才的特点和期刊发展的要求，中国科协应在精品科技期刊工程中启动领军人才专项计划，建立符合学术期刊发展规律、有利于期刊发展和稳定编辑人员的晋升制度，营造编辑人员专心致编、经营人员开拓进取的良好制度和政策环境，建立健全编辑人员动态调整机制，从而建设一流的办刊队伍，打造一流的科技期刊。

---

① 首届中国传媒领军人物年会暨第三届中国传媒创新年会特刊——2007年度十大期刊创新领军人物。

# 第六章　中国科协主办科技期刊发展状况

## 第一节　发展概况

《科技导报》是中国科协主办的唯一一份科技期刊，该刊由中国科协下属的科技导报社编辑出版，为中国科协学术会刊。科技导报社除编辑出版《科技导报》外，还主办有《中国学术期刊文摘》(半月刊)和*China Science Abstracts*(月刊)两种科技期刊。

### 一、科技导报社发展概况

科技导报社的前身为成立于1984年11月16日的“中国科技导报社”，首任社长为清华大学名誉校长刘达，副社长为中国首任驻美国大使柴泽民、机械工程专家沈鸿院士和钱止庵高级工程师；社委会成员包括：中国社会科学院院长马洪、国家出版委员会主任委员王子野、上海市市长汪道涵、北京市副市长陈昊苏、第三机械工业部副部长段子俊、煤炭工业部部长高扬文、上海工业大学校长钱伟长、国家体制改革委员会副主任童大林；总干事为第三机械工业部628研究所第三研究室主任谢善骁。中国科技导报社成立之际，陈云、邓颖超、徐向前、杨尚昆等党和国家及军队领导人，以及严济慈、卢嘉锡、茅以升、陈省身、杨振宁、李政道、裴丽生等著名科学家题词祝贺。

1986年1月，中国科技导报社归属中国科协主管，刘达任社长，钱止庵任常务副社长，柴泽民、沈鸿、李超、陈绳武任副社长；1989年1月，蔡德诚担任常务副社长，柴泽民、沈鸿、李超、李宝恒任副社长；1994年1月，中国科协副主席、书记处书记刘恕研究员担任社长，蔡德诚、蔡玉林分别任常务副社长和副社长；2003年7月，中国科协书记处书记冯长根教授担任社长，陈家俊、苏青先后任副社长；2003年11月，中国科技导报社更名为科技导报社；2006年5月，科技导报社与中国科协所属的学会管理服务中心、继续教育学院、人才交流中心和干部学院部分处室合并，成立中国科协学会服务中心，对外仍保留科技导报社名称，冯长根任社长，李桐海任常务副社长，苏青任副社长。

### 二、《科技导报》发展概况

1978年11月，由全美华人协会波士顿分会发起，美籍华裔科学家聂华桐、潘毓刚、谢定裕、钱宁、陈国忠、黄谔、任奇峰、元休、牛春匀等提议创办一份中文出版、英文提要的综合性科学刊物——《科技导报》(英文刊名最初拟用*Education and Technology Review*，后确定为*Science and Technology Review*)，并得到中美两国数百位著名学者的热烈响应和大力支持，陈省身、杨振宁、张明觉、金祖怡、田长霖、吴耀祖、朱祺瑶、范章云、易家训、陆卫平、林同炎、周文德、冯元贞、葛守仁、郭晓岚、李耀滋、黄寿林、杨庆堃等著名华裔科学家受聘担任《科技导报》编委，美籍华裔学者钱宁教授出任首任主编。1980 年 1 月，《科技导报》创刊号由上述华裔科学家创办者筹资在美国出版，出版单位为美国教育和科学协会(Education & Science Society of America)，中、英文刊名由书法家、国家计划委员会副主任段云题写。创刊伊始，《科技导报》分别在美国东海岸纽约州石溪市和西海岸加州伯克利市设立编辑部，在美国亚特兰大等 14 个城市以及加拿大、瑞士、中国大陆和中国香港选派办刊代表，其中中国大陆负责人为中国地震局地球物理研究所工程师孟桂芝。

《科技导报》创刊号“发刊词”指出：“《科技导报》是一份综合性科学刊物，是为从事中国现代化的各科各界人士(包括各级领导者和管理者)服务的……”，“旨在围绕中国在现代化过程中出现的各种课题，研究和分析世界各国的经验和现状，借石他山，从自然科学、工程技术、管理与经济、社会与人文科学、教育与科研等方面探讨现代化的道路和方法”，办刊宗旨由此被确定为“促进中外科技学术交流，探讨现代化的道路和方法”。1980 年 1 月 26 日，《科技导报》创刊号在中国大陆发行，销售 10 万册，引起社会轰动。

由于没有固定经费来源并缺乏专职编辑队伍，1980 年出版 2 期、1981 年出版 1 期后，《科技导报》遂停刊。随着中国现代化事业的发展和经济体制改革的顺利进行，海内外各界人士强烈要求《科技导报》复刊。由刘达、马洪、柴泽民、沈鸿、高扬文等一批老同志倡议，在国家科学技术委员会、航空工业部和兵器工业部的大力支持下，《科技导报》1985 年春节正式复刊，由中美两国合办，中国无线电电子学事业奠基人、清华大学现代应用物理系教授孟昭英院士担任主编。1986 年 1 月，《科技导报》归属中国科协主管；1987 年 1 月，蔡德诚、冷远猷担任副主编；1991 年 1 月，《科技导报》由中国科协主管主办，成为中国科协学术会刊；1994 年 1 月，中国科协主席、“两弹一星”元勋朱光亚院士担任主编，蔡德诚任副主编；2003 年 7 月，中国科协党组成员、书记处书记冯长根教授接任主编职务，同年 10 月苏青任副主编。2010 年 1 月，《科技导报》增补王飞跃、高炜为副主编。《科技导报》现任编辑委员会主任委员为中国科协副主席、中国科学院常务副院长白春礼院士，副主任委员为冯长根、沈爱民和苏青。自 2004 年 7 月起，《科技导报》调整办刊定位，由发表软科学论文为主的综合性科学刊物转变为以发表自然科学各学科专业原创性研究论文为主的学术性期刊，力图办成一份有影响、有特色、有品位的高层次、高水平、高质量学术期刊。目前，《科技导报》为半月刊，全刊彩色印刷，每月 13 日、28 日出版。

## 三、《中国学术期刊文摘》发展概况

《中国学术期刊文摘》是我国目前唯一的一份综合性科技类检索期刊，英文刊名 *Chinese Science Abstracts* (Chinese Edition)，简称 CSAC。CSAC 由中国科协主管，科技导报社主办，致力于向广大科技工作者全面、快速地传播和交流我国科学技术各领域的原创性学术论文成果，是广大科技工作者、高等院校师生和科技管理人员重要的资料性、工具性期刊。

CSAC 创刊于 1994 年年底，时由中国科协主管，中国科协学会工作部主办，编委会主任委员为著名空气动力学家、航空工业部总工程师庄逢甘院士，副主任委员为马阳、王振刚，主编为中国科协副主席、书记处书记刘恕研究员，副主编为马阳、王振刚。2000 年 11

月,CSAC 改由中国科协学会工作部和国家自然科学基金委员会综合计划局联合主办,编委会主任委员仍为庄逢甘,副主任委员调整为杨乐、常志海、马阳,主编更换为中国科协书记处书记常志海,副主编为马阳。2002 年 1 月,编委会主任委员改由中国科学院副院长白春礼院士担任,副主任委员为韩启德、冯长根、朱作言、马阳和朱大保,主编为中国科协党组成员、书记处书记冯长根教授和国家自然科学基金委员会副主任朱作言院士,副主编为马阳、祖广安、王其冬。2006 年 1 月,CSAC 由中国科协学会学术部和国家自然科学基金委员会计划局联合主办;同年 7 月,CSAC 改由中国科协主管、科技导报社主办,中国科协学会学术部为支持单位,同时编委会换届,中国科协副主席、中国科学院常务副院长白春礼院士任主任委员,副主任委员为冯长根、沈爱民和苏青,冯长根继任主编,副主编为沈爱民、苏青(常务)。

目前,CSAC 为半月刊,每月 10 日和 25 日出版,以我国 500 余种高水平科技期刊为收录源期刊,按照国家标准进行文摘著录,根据“学科分类与代码”对文摘进行学科分类,每期刊载学术论文文摘和中国科协系统学术会议论文题录合计约 5 000 条,并附有“关键词索引”、“作者索引”、“作者单位收录文摘数量排名表及索引”,内容覆盖自然科学、医药科学、农业科学、工程与技术科学、人文与社会科学 5 大学科门类。

## 四、*Chinese Science Abstracts* 发展概况

*Chinese Science Abstracts* 是我国目前唯一的一份英文版综合性科技类检索期刊,由中国科协主管,科技导报社主办,中文刊名《中国学术期刊文摘(英文版)》,简称 CSAE,与《中国学术期刊文摘》中文版互为姐妹刊。CSAE 创办于 2006 年 2 月,编委会主任委员为中国科协副主席、中国科学院常务副院长白春礼院士,副主任委员为中国科协党组成员、书记处书记冯长根教授以及沈爱民、苏青;主编冯长根,副主编沈爱民、苏青(常务)。

目前,CSAE 为月刊,每月 15 日出版,以我国约 400 种高水平核心科技期刊为收录源期刊,按照国家标准进行文摘著录,根据“学科分类与代码中英文对照表”对文摘进行学科分类,每期收录学术论文文摘约 1 200 条,并附有“关键词索引”和“作者索引”,内容涵盖基础科学、农业科学、医药科学、工程与技术科学 4 大门类。

# 第二节 期刊建设

## 一、调整期刊定位,充实刊载内容

2004 年 7 月,《科技导报》调整办刊定位后,以美国《科学》和英国《自然》杂志为目标,确定以发表自然科学、工程技术各学科专业领域原创性研究论文为主,同时刊登阶段性最新科研成果报告,以及国内外重大科技新闻和科技评论,快速、全方位、高密度、大容量地提供科技信息。《科技导报》的发展目标是:通过不懈的努力,创办一份在国际上有较大影响、学术水平高、刊载内容丰富、印刷装帧精美、报道时效迅捷、科技与人文结合的科技周刊。为此,办刊宗旨确定为“刊登原创学术论文,报道前沿科技成果;涵盖科学各个领域,

关注重大科技问题；重视理论研究创新，鼓励学术观点争鸣；促进中外科技交流，探索强国兴邦道路”。

转型后的《科技导报》刊载内容分两大部分：①学术论文。约占全刊刊载容量的2/3，栏目包括：本刊专稿、专题论文、研究论文、综述文章、学术争鸣、学术聚焦；②新闻评论信息栏目。约占全刊刊载容量的1/3，栏目包括：卷首语、半月科技风云、科技工作者建议、科技事件、科技界声音、科学共同体新闻、半月中外科技期刊亮点、半月中外科技要闻、主编心语、科技纵横捭阖、科学博客、学术不端行为举报、书评、图书推介、科学共同体简介、科学基金申请漫谈、走向职场、科技人才招聘、学术动态等栏目；内容较之转型前大为充实，且更具可读性。目前，《科技导报》以“处理来稿周期短，报道成果时效强；探究问题起点高，研讨思路视野宽；提出对策着眼远，争鸣学术气氛浓”的办刊特色日益引起科技界的关注。

作为一线科技人员重要的检索类文摘期刊，《中国学术期刊文摘》创办以来，一直在探索更好地服务于科研一线人员的办刊路径。CSAC创刊伊始主要刊登中国科协主管科技期刊发表的国家自然科学基金资助的学术论文摘要。自1995年第2期起，增加了“科技快报”部分；自1997年第7期始，增加“学术论文”刊载内容。从2002年第1期开始，增加了当期文摘的“作者索引”和“关键词索引”，取消了“科技快报”和“学术论文”刊载内容，出现了季度引用刊物名称，年终期增加了“全年收录刊物及被引文摘条数”，文摘条目开始著录全部作者姓名（原只著录2位作者姓名）。自2003年起，增加了“文摘使用说明”、“当期引用期刊名单”。2004年第12期始，增加了“引用论文学科分布状况表”、“引用论文作者排名表”。2005年第1期，增加了“年度关键词频次统计表”。自2006年起，增加了“卷首文摘”栏目，同年第5期增加了“作者单位发表论文数量排名表”；自第7期始，文摘根据论文性质开始按“述评类”和“研究类”分类收录。自2008年第1期始，开始增加收录中国科协系统学术会议论文题录。

2009年第5期，《中国学术期刊文摘》的编排形式由过去的上半月刊收录自然科学和医药科学2大学科门类的文摘条目，下半月刊收录农业科学、工程与技术科学以及人文与社会科学3大门类的文摘条目，改为上、下半月刊均收录5大学科门类文摘条目的标准半月刊编排形式。自2010年第1期始，出版日期由过去每月15日同时出版上、下月两期刊物，改为每月10日和25日分别出版上、下月两期刊物。近年来，CSAC不断加大收录优秀来源期刊的力度，根据《中国科技期刊引证报告》和《中文核心期刊要目总览》的数据，重点把学科排名前20%的优秀学术期刊作为收录源期刊。目前，《中国学术期刊文摘》全年收录论文文摘约4.5万条，收录学术会议论文题录约5万条，全年刊载字数约3 318万字。

## 二、缩短出版周期，扩大刊载容量

创刊以来，《科技导报》、《中国学术期刊文摘》和*Chinese Science Abstracts* 3种刊物，通过缩短出版周期、增加单期页码、选用小号字等措施，不断扩大刊载容量，更好地服务于一线科技工作者。

《科技导报》1980 年创刊时为不定期出版;1985 年第 1 期始改为季刊;1988 年第 1 期始改为双月刊,64 页;1991 年全年出版 9 期;1992 年第 1 期始改为月刊;自 2005 年第 8 期始由小四号字改用小五号字;2007 年第 1 期始改为半月刊,全刊开始彩色印刷,页码增至 80 页。2007 年第 13 期始每期页码增至 96 页;2008 年第 1 期始增至 112 页,第 19 期始增至 120 页;2009 年第 1 期始增至 128 页,第 13 期始增至 144 页。与 2005 年 1 月出版情况相比较,《科技导报》目前每月刊载页码由过去的 64 页增至 288 页,增长 350%;每月刊载文字由 14 万字增至 70 万字,增长 400%。

《中国学术期刊文摘》1994 年底创刊时为季刊,64 页,选用小五号字,刊载容量约 17 万字;1996 年第 1 期始改为月刊,页码增至 128 页;1999 年增至 136 页;2002 年增至 258 页,刊载字数增至约 70 万字;2004 年每期扩充至 320 页,刊载字数约 86.5 万字;2005 年第 1 期始改为半月刊,每期平均页码仍保持 320 页;2007 年每期增至 368 页;2008 年第 1 期始每期页码增至 400 页,第 5 期始增至 432 页,第 17 期始正文排版字号改为六号字;2010 年第 1 期始每期页码增至 448 页。与 2004 年每月出版情况相比较,《中国学术期刊文摘》目前每月刊载页码由 320 页增至 896 页,增长 180%;每月刊载文字由 86.4 万字增至 260 万字,增长 200%。

*Chinese Science Abstracts* 2006 年 2 月创刊时为双月刊,第 1 期 136 页,第 3 期增至 160 页;2007 年 1 月改为月刊,第 11 期页码增至 176 页;2008 年第 3 期页码增加到 240 页;2009 年第 1 期始页码增至 256 页,第 11 期始增至 288 页。与 2006 年出版情况相比较,*Chinese Science Abstracts* 目前每两个月刊载的页码由过去的 160 页增至 576 页,增长 260%;全年刊载文字由 300 万字增至 1 000 万字,增长 233%。

## 三、创办特色栏目,扩大刊物影响

特色栏目如同刊物的名片,对凝聚刊物读者人群,提升刊物文化品位,扩大刊物社会影响,形成刊物宣传品牌,起着十分重要的作用。《科技导报》转型以来,十分重视栏目设置,精心培育品牌栏目,逐步形成办刊特色。

2004 年 7 月,《科技导报》开设"卷首语"栏目,主要刊登中国科学院院士、中国工程院院士有关科技、教育、文化等领域热点问题的独到见解,或有关科研领域发展趋势的简要综述,或有关学术道德、科研经历等问题的个人感悟。该栏目创办至 2010 年 3 月,已刊载 108 篇"卷首语"文章。这些文章或立意高远,或深刻隽永,或充满哲理,或循循善诱,或思想深刻,受到广大读者好评。许多读者来信反映,打开《科技导报》,首先阅读的就是"卷首语"栏目文章,并希望编辑部汇编出版。

自 2007 年第 13 期始,《科技导报》开设了"半月科技风云"栏目,每期刊发一篇本刊记者撰写的科技评论文章,截至 2010 年 3 月,已发表 66 篇评述文章。该栏目的设置是基于以下 3 点考虑:①提供读者最新的重要科技新闻信息。该栏目文章字数控制在 2 200 字左右,每篇通常评述 6～10 条科技新闻,使读者在阅读当期刊载的原创性学术论文的同时,还能获得大量的重要科技新闻信息;②表明刊物解读重大科技事件的立场。该栏目文章以正面报道评论为主,开篇即由刊物负责人主笔,之后的每篇稿件均由负责人亲自审定，严格把握作者在评述每条科技新闻时的观点、立场和态度，在评介重要科技新闻的同时，大力弘扬追求真理、造福人类的科学精神；③树立刊物评判重大科技新闻的权威。定期对国内外发生的各类科技新闻进行价值判断，从中选择最为重要或最有价值的科技新闻进行评述，是对评论者（实际上是对期刊本身）科技水准和评述能力的一个考量。长此以往，《科技导报》将在科技期刊界树立起评判重大科技新闻的权威，继而不断扩大刊物的社会影响。

"本刊专稿"栏目是《科技导报》重要栏目，由编辑部组织专人撰写，该栏目发表的文章主要有如下几类：①对热点科技问题进行研究分析。如 2008 年第 8 期刊载的"可再生能源的基础科学问题及其相关技术"；汶川地震发生后一个月发表的"抗震救灾中的 10 大科学技术"（2008 年第 11 期）；2009 年 4 月甲（H1N1）流感发生后，随即约稿刊载的"动物源性流感病毒与人流感流行"（当年第 9 期）；②对重大科技工作进行回顾梳理。如每年第 1 期撰写的"年度中国重大科学、技术和工程进展"；2008 年第 13 期和第 14 期连载的"50 项中国具有重大影响的科技事件（上、下）"；2008 年第 16 期发表的"50 个瞬间见证中国科协发展历程"；③对公众关注问题进行解惑报道。如 2008 年第 5 期刊载的"18 个中国公众关注的科技问题"；2008 年第 18 期发表的"天空中闪烁的中国科学家群星——你知道以中国人姓名命名的小行星吗?"；2008 年第 21 期刊登的"构建最新科研成果大众化传播的有效机制——中国科协科技期刊与新闻媒体见面会实施情况评述"；④对重大科技事件进行纪念反思。如钱学森院士刚去世，2009 年第 21 期刊登的"钱学森谈'花鸟虫鱼'"；2009 年第 18 期发表的"中国载人航天工程决策过程中航天飞机与载人飞船之争"；⑤对学术研讨成果进行总结探讨。如反映 2008 年"《科技导报》学术沙龙"研讨成果的"加强震后生态评价，促进灾区生态修复"（2008 年第 15 期）；反映 2009 年"《科技导报》学术沙龙"研讨成果的"矿区土地复垦与生态重建——挑战与机遇"（2009 年第 17 期）；⑥对科技发展动向进行跟踪捕捉。如 2010 年第 5 期发表的"美国、欧洲、日本科技外交动向及启示"，2010 年第 6 期发表的"学术会议的兴起与发展"。

2009 年 4 月，墨西哥发生人感染 H1N1 疫情，全世界关注的目光随机聚焦到动物源性流感病毒上。动物流感病毒是否已具备引起人类疫情暴发的能力？新的一场大的人流感疫情是否就要暴发？"猪流感"为什么更名为"新型甲（H1N1）型流感"？读者急需得到这些问题的权威解答。5 月 13 日，《科技导报》第 9 期"本刊专稿"栏目发表了北京生命科学研究院副院长高福研究员等撰写的"动物源性流感病毒与人流感流行"综述文章，以及本刊记者对高福的专访。高福的论文对历史上人流感疫情暴发情况，动物流感病毒感染人事件的发生情况及流行病学特点，以及人流感疫情发生同动物流感病毒之间的关系等进行了总结与分析，回答了公众关心的许多问题，受到媒体和公众的好评。《新华文摘》2009 年第 14 期全文转载了这篇文章。

封面是刊物的窗口和眼睛，通过它直接展示科技期刊的风采。封面同时也是科技期刊的一个重要栏目，认真设计、充分利用好封面，是打造有影响、有品位、有特色的科技刊期的重要一环。《科技导报》在选择和设计每一期封面时，注意遵循下述原则：①所选封面图片反映了某一项重大科技事件或重大科研成果；②所选封面图片与当期刊物刊载的文章有关联；③所选封面图片画面精美、质量上乘；④封面设计努力做到科学与艺术有机结合。

《科技导报》还设有“封面图片说明”栏目，通过文字对封面图片内涵进行专业解读，以达到图文互动的目的；精心设计的封面充分利用了固有版面，美化了期刊，丰富了刊载内容，得到广大读者的认可。2009 年 7 月 22 日，中国长江流域等地区观测到日全食天象，《科技导报》2009 年第 15 期专门对此进行了报道，并约请中国科学院上海天文台陆埮院士、舒逢春博士等学者撰写了相关的学术论文，美术编辑精心设计了这一期《科技导报》封面：整个封面背景文字为中国古代有关日食的文献记载，表明中国是最早记录日全食天象的国家；画面中央砚池里的日全食图像和墨棒上的太阳盈亏图案艺术地再现了这次日全食发生的整个过程，同时昭示这次日全食主要发生在中国境内，且不仅是一次重要的科技事件，同时还是一次重大的文化事件、重大的科普活动，值得大书特书。右下角的提示文字被一个日全食的简化图案包裹，整个封面主题鲜明、文化厚重、科技突出、情趣盎然。《中国生物工程杂志》执行主编张宏翔研究员来信评价这期封面：“太牛了，是科学与人文的交融”。

## 四、出版专题特刊，提高办刊质量

为提高办刊质量，除积极采取措施吸引自然来稿外，科技导报社还注重选题策划工作，适时策划组织专题稿件，通过约稿组稿出版特刊。

2006 年，《科技导报》策划出版了“禽流感研究”、“气候变化研究”、“新能源研究”、“暗物质研究”、“粮食安全问题”等专题；2007 年，策划出版了“空间环境细胞研究”、“系统仿真技术”、“空间生命科学”、“网络对抗技术”、“工业设计”、“电除尘技术”等专题；2008 年，策划出版了“河流健康与生态水力学”、“空间科学技术”、“超导电力研究”、“濒危动物保护”、“北京奥运会”等专题；2009 年，策划出版了“非线性动力学研究”、“舰艇抗冲击”、“日全食”、“矿区土地复垦与生态重建”、“节能减排”、“纪念钱学森”等专题。

自 2005 年始，每年 10 月下旬诺贝尔奖一公布，《科技导报》立刻就着手“诺贝尔奖成果介绍”专题的组稿工作，约请相关专业国内外知名科学家从学科专业角度详细介绍当年度“诺贝尔物理奖”、“诺贝尔化学奖”和“诺贝尔生物或医学奖”的研究成果，并在 11 月出版的《科技导报》上刊载。“诺贝尔奖成果介绍”专题至今已出版 5 期，已引起相关领域的科技工作者关注。

2008 年 5 月 12 日汶川地震发生后，科技导报社员工表现出了强烈的社会责任感和职业敏感，通过精心策划和艰辛努力，仅用 10 天时间就出版了《科技导报》“汶川地震特刊”。“特刊”刊登了中国地震局原副局长陈颙院士撰写的“以地震科技工作者的眼光审视汶川大地震”“卷首语”栏目文章，发表了独家采访地震学家陈运泰院士、邓明德研究员和史保平教授的 3 篇专稿，组约了 3 篇针对汶川地震开展的相关研究快报。其中陈运泰院士撰写的学术论文“汶川特大地震的震级和断层长度”，专门就地震发生后震级由 7.8 级修订为 8.0 级做出了科学详尽的解释，让广大公众在第一时间听到了科技界最权威的声音，对消除公众的误解和议论发挥了积极、重要的作用。《科技导报》“汶川地震特刊”出版后，发行 5 万册，受到科技界的赞誉、媒体的关注和公众的欢迎。刘少华等在 2009 年第 2 期《中国科技期刊研究》上撰文“汶川地震后我国科技期刊的快速反应——从 2008 年 5～

10月载文数据看我国地学及综合类科技期刊的表现"，文章指出"《科技导报》在此次突发灾害报道中，全力以赴，行动敏捷，走在全国科技期刊汶川地震报道和快速反应的前列……与国际大刊相比，这次大灾后的重要文章首发报道是在中国期刊上，如《科技导报》、《国际地震动态》及《山地学报》等刊。"

《中国学术期刊文摘》所刊载文摘作者数据库同时为《科技导报》提供了撰稿作者资源和发行定刊资源；据此数据库，《中国学术期刊文摘》2008年第23期和第24期分别出版了《中国科学、技术、工程人力资源索引(机构分布)(2000～2008)》(上、下)特刊，2010年第3期和第4期分别出版了《2009年中国科学、技术、工程人力资源索引(机构分布)》(上、下)特刊。这4期特刊收录了我国近600种优秀科技期刊刊载的35万余条学术论文文摘信息，涉及自然科学、医药科学、农业科学、工程与技术科学以及人文与社会科学5大学科门类近45万条科技人才信息。每一条科技人才信息均可按照我国的行政区划，通过省、自治区、直辖市、行政特区检索，学术论文作者所在研究机构查询，反映了所收录的科技人员的工作单位、所属学科、被《中国学术期刊文摘》收录的文摘数量和文摘编号，使读者能够方便、快捷地掌握我国科技人力资源的地域分布情况、科研机构分布情况和学科分布情况。

## 第三节 学术建设

### 一、创办"《科技导报》学术沙龙"

为深入探讨相关学科热点科技问题，丰富《科技导报》刊载内容，提高编辑队伍学术水平，自2005年起，科技导报社开始搭建高水平学术交流平台，不定期举办"《科技导报》学术沙龙"。

2005年8月18～19日，科技导报社在乌鲁木齐新疆医科大学举办主题为"以科学发展观促进科技自主创新"的学术沙龙。本期学术沙龙被列入中国科协2005年学术年会第48分会场，中国航空工业第二集团公司总经理张仲彦院士、北京理工大学校长助理陈晋南教授和《科技导报》副主编苏青研究员作为沙龙学术主持人。本期学术沙龙共收到参会学术论文136篇，审核通过86篇，入集出版50篇；与会专家学者包括东北大学机械电子工程研究所所长闻邦春院士和张仲彦院士共153人，张仲彦院士等12位参会代表做了主题学术报告。会后，由冯长根任主编、苏青任执行主编的学术沙龙论文汇编《以科学发展观促进科技自主创新》，于2005年12月由中国科学技术出版社出版。

2008年7月9日，针对汶川地震对震区生态环境造成的破坏，科技导报社在北京友谊宾馆举办了主题为"汶川震区生态影响评价及灾后生态重建与修复"的学术沙龙。本期沙龙由国际著名生态学家、美国加利福尼亚大学河滨分校教授、《科技导报》编委李百炼主持，来自密歇根大学、佛罗里达国际大学、香港科技大学、北京大学、清华大学、南京大学、上海交通大学、四川大学、中国矿业大学(北京)、中国地质大学(北京)、中国农业大学、中国科学院生态环境研究中心、中国科学院遥感应用研究所、中国科学院植物研究所、中国地震局地质研究所等高等院校和科研机构的30多位专家学者出席，20多位在读研究生列席，中国科协网、中国环保网、中国科学院研究生院新闻网、中国科协学会服务中心网等媒体予以跟踪报道。结合沙龙讨论内容，《科技导报》2008年第15期刊登了“加强震后生态评价，促进灾区生态修复”本刊专稿，就汶川地震灾区生态的特点、地震对灾区生态的影响、生态评价的重要地位及作用、震区灾后重建及生态修复的基本原则、灾区生态修复的具体举措等进行了综合评述，为汶川地震灾区重建及生态修复提供了相关的理论依据和决策建议。

2009年5月18～19日，《科技导报》在中国矿业大学(北京)举办了主题为“矿区土地复垦与生态重建——机遇与挑战”的学术沙龙。本期沙龙由中国矿业大学(北京)土地复垦与生态重建研究所、矿山生态安全教育部工程中心胡振琪教授主持，来自中国、美国、德国、加拿大、丹麦5国的高等院校、科研院所和企事业单位的30余位专家学者出席，北京部分高校、科研院所相关专业的20余位研究生列席。《科技导报》2009年第17期选登了本期学术沙龙的4篇主题学术报告，并结合沙龙讨论内容，刊载了题为“矿区土地复垦与生态重建——机遇与挑战”的本刊专稿和题为“聚焦‘矿区土地复垦与生态重建’学术沙龙”的“学术聚焦”栏目文章，对中国矿区土地复垦与生态重建的态势、研究进展、困境、国外经验及实践案例等进行了综合评述，以期为中国矿区土地复垦与生态重建“十二五”发展战略提供决策咨询。

已举办的3期“《科技导报》学术沙龙”起点较高、主题鲜明、选题新颖、内容重要、成果显著，参会人员面广数多、讨论积极活跃、活动集中紧凑，达到了博采众长、集思广益、平等讨论、鼓励争鸣、培育人才、多出成果的目的。

## 二、实施“博士生创新研究资助计划”

为支持相关基础学科在读博士研究生积极开展创新科学研究，帮助青年优秀科技人才迈上科研新台阶，吸引广大博士生关注并支持《科技导报》发展，科技导报社于2008年8月创设“博士生创新研究资助计划”，所需资金由社会各界捐助。

2008年9月，《科技导报》发布“博士生创新研究资助计划”(第1批)申报信息，优先资助数学、地球科学、生物学、天文学、基础医学5大学科已开题的优秀在读博士研究生。2009年1月5日，科技导报社组织专家评选出16名受资助博士生，其中8名在读博士生各获得2万元科研经费资助，8名在读博士生各获得1万元科研经费资助。2009年10月，《科技导报》发布“博士生创新研究资助计划”(第2批)申报信息，2010年1月26日评选出14名受资助的在读博士生，每人分别获得1万元科研经费资助。

截至2010年3月，受“博士生创新研究资助计划”资助的在读博士研究生已在《科技导报》上发表6篇研究论文，其中2篇被选为封面论文。

## 三、承办“科技期刊与媒体见面会”

为建立科学技术原创成果与传媒的沟通机制，推动国内科技期刊所发表研究成果在大众媒体中传播，促进公众了解和理解最新科学技术成果，提高科技期刊社会影响力，促进科技期刊发展，引导新闻媒体关注科技期刊学术成果，为新闻媒体提供科学、准确的最新研究成果信息，中国科协于 2007 年 1 月启动“科技期刊与媒体见面会”制度，将发表于学术期刊中的原创学术论文所反映的最新科学发现、最新研究成果，提炼成科技新闻，经过专家评审后，通过科技期刊组织编辑、作者与新闻媒体记者见面的形式，把新的科研成果介绍给大众媒体予以宣传报道。

“科技期刊与媒体见面会”由中国科协学会学术部主办，科技导报社和中国科技新闻学会共同策划、联合承办(2009 年，增补中国科技期刊编辑学会为承办单位)，其中科技导报社主要负责组织专家学者对各科技期刊提供的最新科技成果及其新闻稿件进行评审、选定。2007 年 1 月 29 日，第一次“科技期刊与媒体见面会”在北京召开，并确定之后每月举办 1 次。

截至 2010 年 3 月，“科技期刊与媒体见面会”已举办 37 次，推荐新闻稿件累计 297 篇，其中《科技导报》推荐新闻稿件 56 篇；《科技导报》、《中国科学》、《中华医学杂志》、《中国物理快报》(英文版)、《化学学报》、《物理学报》、《农业工程学报》、《计算机科学技术学报》、《遗传学报》(英文版)、《机械工程学报》等近 50 种学术期刊参与，人民日报、新华社、工人日报、农民日报、科技日报、科学时报、大众科技报等 30 余家新闻媒体参与报道，见诸报刊网络的科技新闻报道约 700 多篇。

## 四、参与年度“中国十大基础研究新闻”评选

为进一步扩大中国基础研究工作的影响，让全社会了解、关心和支持基础研究工作，科学技术部基础研究管理中心、中国科协学会学术部联合主办年度“中国基础研究十大新闻”评选活动。2005 年，科技导报社承办了本年度“中国基础研究十大新闻”的评选工作，主要负责评选活动方案的制订，基础研究新闻条目的征集、整理、撰写、编辑、组织初评、材料汇总，以及“中国基础研究十大新闻”发布会的会务工作等。2006 年和 2007 年，科技导报社和《中国基础研究》编辑部共同承办了两年度的“中国基础研究十大新闻”评选工作。2009 年，科技导报社参与年度“中国基础研究十大新闻”评选工作，主要负责基础研究新闻条目的征集、整理、撰写、编辑及汇总工作。这期间，《科技导报》的“本刊专稿”、“半月科技风云”、“科学共同体新闻”、“半月科技要闻”等栏目，分别对年度“中国基础研究十大新闻”评选结果及其主要科技内容予以了宣传报道。

## 五、开展相关学术活动

### (一)举办、协办学术会议

2008 年 1 月 29 日，中国科协学会学术部主办、科技导报社承办的“提高科技论文引用率高层研讨会”在北京召开，国内 10 余家重要新闻媒体、科技期刊的负责人以及相关科研机构的专家学者出席会议，就提高科技类学术论文引用率的意义、方法和途径等问题进

行了广泛深入的探讨和交流。《人民日报》、《光明日报》、《科技日报》、《科学时报》等媒体报道了研讨会讨论内容,《科技导报》2008 年第 5 期"学术聚焦"栏目文章"重视科技论文引用率,提高中国科技影响力",详细报道了本次会议的研讨成果。

2008 年 9 月 19～22 日,由中国水利学会水力学专业委员会主办、科技导报社等协办的"第八届全国环境与生态水力学学术讨论会"在贵州安顺市召开。与会专家学者、博士研究生就水利工程的科学发展、长江上游水电开发与生态环境、中国水问题转型及流域综合管理、水库调度的生态需求、流域综合管理与环境流、河流生态系统结构功能模型研究、水环境模拟与应用、流域—湖泊水文地球化学循环、河流健康与生态流量、大型水利工程的生态效应等问题展开交流,科技导报社副社长、副主编苏青研究员到会并做了主题为"创办一流学术期刊,服务科研一线人员"的学术报告。《科技导报》2008 年第 17 期和第 18 期为此会议专门出版了"河流健康与生态水力学"专刊,刊登研讨会优秀论文 16 篇。

2008 年 9 月 20～21 日,由云南省科学技术协会等主办、科技导报社等协办的"2008 生态经济昆明高层论坛——海峡两岸生态经济理论与实践研讨会"在昆明西南林学院召开,来自中国海峡两岸三地及美国的 150 多位专家学者围绕"生态文明与生态经济发展"主题,就当前人们关心的生态经济领域热点问题进行研讨交流。科技导报社派记者出席了研讨会,并报道了会议研讨情况。

2008 年 10 月 16～17 日,中国科学技术协会、新闻出版总署共同主办,中国科技期刊编辑学会承办的"第四届中国科技期刊发展论坛"在北京召开。科技导报社负责本次会议的方案策划、项目申报、征文组织评审、论文结集编印、论坛总结等学术工作。中国科协书记处书记、《科技导报》主编冯长根教授出席开幕式并做了"科技期刊的创新与发展"大会报告,《科技导报》副主编苏青研究员担任论坛第 5 分会场"科技期刊发展与社会责任"主持人,并做了"科技期刊社会责任的思考与实践"特邀报告。

2008 年 10 月 20～24 日,由中国环境保护产业协会电除尘专业委员会和浙江大学联合主办、科技导报社协办的"第 11 届国际电除尘会议"在浙江大学召开,会议主题为"电除尘及其对 PM°2.5 和复合污染物控制",来自中国、澳大利亚、美国、加拿大、英国、意大利、德国、日本等国的 300 多位专家学者与会,并围绕现代静电技术、电除尘理论和应用、复合式除尘器及相关技术、复合污染物控制技术、脱硫脱硝及重金属污染物控制技术、低温等离子体污染物控制技术等展开研讨。《科技导报》对本次会议进行了专门报道。

2009 年 5 月 14～16 日,科技导报社主办的"2009 地球科学与技术国际学术讨论会"在中国科学院地理科学与资源研究所召开,会议主题为"地球系统科学建设",来自中国大陆和台湾地区以及美国、加拿大、德国、伊朗的 60 多位地学界的专家学者出席讨论会,首都部分高校和科研院所相关专业的 30 多位研究生列席。国际地理联合会(IGU)副主席秦大河院士出任会议主席并在开幕式上致辞,国际地理联合会主席、美国宾夕法尼亚大学教授 Ronald Abler 博士和国际地质科学联合会(IUGS)前主席张宏仁研究员出任会议学术指导委员会主席并全程参会。国际地理联合会主席 Ronald Abler 教授,同济大学汪品先院士,德国波恩大学 Eckart Ehlers 教授,国际全球环境变化人文因素计划(IHDP)全球环境变化与人类健康(GCHH)咨询组主席 Thomas Krafft 博士,美国佐治亚理工学院刘骥平教授、康涅狄格大学杨秀生教授等20位专家学者分别做了专题学术报告。

2009年12月8日，中国自然辩证法研究会休闲哲学专业委员会、科技导报社举办“科学·哲学·艺术研讨会”，来自科学技术部、中国科协、中国自然辩证法研究会、中国科学技术信息研究所等单位的19名专家学者出席会议，研讨了科学、哲学、艺术的关系及其与中国科技创新人才的培养问题。《科技导报》2010年第6期刊载专题文章“融通科学哲学艺术，培育科技创新人才”，报道了会议研讨成果。

## (二)承担有关研究课题

2005年，科技导报社承担科技部科研院所社会公益研究专项资助课题“精品科技期刊发展战略研究”的子课题——“中国科技期刊现状研究”，《科技导报》副主编苏青研究员担任总课题组副组长、子课题组组长，完成了“中国科技期刊现状分析研究报告”。《科技导报》2006年第6期刊载了根据该课题研究成果撰写的学术论文“中国科技期刊现状分析研究”，该论文被中国人民大学书报资料中心出版的《出版工作》2006年第9期全文收录。

2008年，科技导报社参与了中国科协调研宣传部主持的“中国科学技术协会标志设计及实施”研究课题，在充分调研和广泛听取意见的基础上，组织北京形合意动艺术设计有限公司设计编纂了《中国科学技术协会标志视觉识别系统》。目前，中国科协标志已被广泛应用于科协系统举办的各类活动之中，并成为中国科协的重要形象标志。

2009年，科技导报社承担了中国科协调研宣传部年度重大政策问题研究课题“中国科技期刊经营模式研究”的主要研究工作任务，《科技导报》副主编苏青研究员担任课题组组长，《科技导报》编辑部主要负责编制“中国科技期刊经营状况调查问卷”，以及“问卷”的发放、回收及研究分析等工作。

2010年2月，科技导报社与北京理工大学图书馆共同承担了中国科协学会学术部下达的“国内学术交流主体比较研究”课题，主要负责课题研究工作中的策划协调和案例分析。

## (三)承办有关征文活动

2006年3～10月，中国科协主办“中国科技馆杯——我与科协”征文活动，科技导报社负责承办，共收到征文来稿1 245篇，组织评出特等奖作品1篇、一等奖作品7篇、二等奖作品19篇、三等奖作品83篇、入围作品58篇，组织编辑了《“我与科协”征文优秀作品集》，并于2006年12月由科学普及出版社出版。《光明日报》、《科技日报》、《科学时报》、《大众科技报》、《中国科技教育》、《科技导报》、中国科协网等媒体，对本次活动进行了广泛深入的报道。

为纪念中国科协成立50周年，2008年4～10月，中国科协主办了第二届“中国科技馆杯——我与科协”征文活动，科技导报社负责承办，共收到征文来稿1 632篇，评选出获奖作品共150篇，组织编辑了《第二届“我与科协”征文优秀作品集(上、下册)》，并于2008年12月由科学普及出版社出版。《科学时报》、《大众科技报》、《中国科技教育》、《科技导报》、中国科协网等媒体对本次活动进行了广泛深入报道。

2009年8～10月，中国科协调研宣传部、组织人事部、机关党委联合主办“学习胡锦涛总书记12·15重要讲话精神”征文活动，科技导报社负责承办，共收到征文来稿617篇，评选出一等奖作品8篇、二等奖作品22篇、三等奖作品28篇、纪念奖作品49篇，并组织编印了《“学习胡锦涛总书记12·15重要讲话精神”征文获奖作品集》。

## (四)组织编纂科技图书和科普挂图

2005年，科技导报社承接了中国科协学会学术部下达的组织编撰从学科角度反映年度科学技术进展情况的大型资料性文献《学科发展蓝皮书》任务，年底顺利完成编纂任务，《学科发展蓝皮书(2006卷)》于2006年2月由中国科学技术出版社出版。2008年，科技导报社承担了中国科协主办的“全国科技社团创新发展论坛”有关论文的征集、评审和编印工作，共收到82篇参会论文，其中39篇优秀论文被编印成《体制与机制创新——科技社团持续发展的必然选择》图书。

2007年和2008年，获中国科协科普资助项目资助，科技导报社先后组织编创了《重视环境保护，应对气候变化》(共6幅)和《提高科学素质，争做新型农民》(共10幅)的科普挂图各一套，并由科学普及出版社出版。两套挂图均由《科技导报》副主编苏青主编并配文、配诗。2009年，科技导报社在参与中国科协主办的“五个10”评选活动基础上，组织编创了《10位传播科技的优秀人物》(共10幅)、《10项引领未来的科学技术》(共10幅)和《10个公众关注的科技问题》(共10幅)3套科普挂图，并于当年由科学普及出版社出版，《科技导报》副主编苏青任主编。

## (五)承接有关科技评审活动

2005年，科技导报社承担了中国科协学会学术部下达的第五届中国科协优秀建议奖评选工作，组织有关专家从参评的57项有效建议项目中，最终评选出优秀建议奖一等奖7项、二等奖20项，并将获奖建议编印成书。

2005～2006年，科技导报社先后承担了中国科协学会学术部下达的第三届和第四届“中国科协期刊优秀学术论文”评选工作，其中第三届评选出优秀学术论文100篇，第四届评选出优秀学术论文200篇。《科技导报》先后报道了两届评选活动情况，并刊登了全部获奖论文名单。

2007年，科技导报社承担了中国科协科学普及部下达的在全国科普示范县(市、区)实施的“一站一栏一员”建设示范项目评审工作，评出科普活动站示范项目46个、科普宣传栏示范项目24个、科普宣传员示范项目19个，组织编印了《“全国科普示范县(市、区)一站、一栏、一员”建设示范项目案例汇编》。

2008年，科技导报社参与了中国科协主办的“五个10”评选活动，负责组织评选“10个影响中国的科技事件”和“10个引领未来的科学技术”，并圆满完成任务。结合评选活动，《科技导报》2008年第13期和第14期连载了本刊专稿“50项中国具有重大影响的科技事件(上、下)”；《未来与发展》2008年第8期刊载了《科技导报》编辑部等有关人员撰写的专题论文“30项引领未来的科学技术”。

# 第四节　数字化和网络化建设

## 一、数据库建设

科技导报社的数据库分为 3 大部分:期刊数据库、专家数据库、发行资源数据库,每一数据库都建立了详细的数据关系和框架结构,开发运行软件,设置多种查询功能,使相关的数据资料系统化、标准化、数字化,突出了实用性,实现了资源共享,发挥了数据库资源和网络技术对期刊发展的支撑作用。

### (一)期刊数据库建设

《科技导报》、《中国学术期刊文摘》和 *Chinese Science Abstracts* 3 种科技期刊的刊载内容均以 PDF 数字文件形式建库,建库结果与期刊刊载实体完全一致,保证了数据的完整、准确、规范、翔实。所有期刊数据库资料均可实现社内检索、查询、编辑、重组,大大提高了期刊资源的利用率。3 种科技期刊每期最新的 PDF 数字文件同时被制成光盘保存,并提供给有合作关系的国内网络期刊共享数据库平台,实现面向全球的资源共享,进一步扩大《科技导报》、《中国学术期刊文摘》和 *Chinese Science Abstracts* 的影响力。

### (二)专家数据库建设

科技导报社目前已建立的专家数据库包括:《科技导报》作者数据库,《科技导报》审稿专家数据库,《中国学术期刊文摘》所刊载文摘作者数据库。《科技导报》审稿专家数据库已达 9 100 多人,含每位专家的姓名、通信地址、工作单位、研究方向、联系电话、电子邮件、审稿范围、审稿质量等详细资料。自 2008 年始,《科技导报》来稿已实现网上送审,可以对每位审稿专家进行动态管理,适时记录每位审稿专家审稿是否及时、是否认真、审稿意见是否具体等审稿信息,以便编辑部及时发现优秀审稿人才,调整不能履行审稿职责的专家,组建起一支优秀的专业审稿专家队伍。

### (三)发行资源数据库建设

科技导报社目前建立的发行资源数据库包括:《科技导报》订户数据库,《中国学术期刊文摘》订户数据库。订户数据库主要有:中国科协 7 大代表数据库,中国青年科技奖历届获奖者数据库,中国科协所属全国学会理事长秘书长数据库,中国科学院和中国工程院院士数据库,地方科协负责人及科协委员数据库,高等院校和科研院所图书馆数据库,《科技导报》热心读者数据库等,其中全部中国科协 7 大代表、历届中国青年科技奖获奖者和所有全国学会秘书长均为《科技导报》长期稳定订户,全体中国科学院院士和中国工程院院士为《科技导报》赠刊读者。上述数据库为科技导报社出版的 3 种科技期刊保持稳步上升的发行数量提供了重要的支撑。

## 二、网站建设

### (一)《科技导报》网站建设

《科技导报》网站创建于2005年,2007年全面更新并使用新的网址:www.kjdb.org;网站主要拥有信息发布、稿件采编、网刊发布和综合服务4项功能,可实现期刊在线办公。

“信息发布”包括以下栏目:①期刊主页:含《科技导报》主办单位、创刊日期、刊号刊期、定价、通信地址、联系电话等基本信息;②期刊介绍:含编委会、办刊宗旨、获奖情况等;③投稿指南:在线显示投稿要求、注意事项等信息;④期刊征订;⑤广告合作。

“稿件采编”主要包括:①在线投稿:作者可通过网站注册,在线提交学术论文投稿;②在线查稿:作者可通过网站查询自己所投的稿件当前所处的状态,责任编辑可通过网站及时掌握自己所负责稿件的处理情况;③远程办公:编辑可通过网站处理稿件;④远程审稿:审稿专家可通过网站评审稿件,生成审稿报告。“稿件采编”大大缩短稿件处理周期,节约了审稿成本,提高了审稿效率和公正性。

“网刊发布”主要包括:①《科技导报》纸刊出版两周内即以PDF文件形式全刊内容上网,刊物还实现了过刊回溯浏览、查询,为今后实现收费阅读、个性化订阅奠定了基础;②网站还提供TOC(Table of Content)Alert服务(需要会员申请)和RSS个性化订阅服务(不需要会员申请),并支持按“题目”、“关键词”、“作者姓名”、“作者单位”的快速检索,同时提供多条件组合查询、文章点击率排序与全文下载率排序等统计结果服务。

“综合服务”包括:①留言板;②公告栏;③下载中心;④友情链接。

### (二)《中国学术期刊文摘》网站建设

《中国学术期刊文摘》网站创建于2006年,2007年9月全面更新并使用新的网址:www.csciabs.org.cn。网站不仅有中、英文科技期刊简介、对外宣传、联系方式等基本信息,还可下载征订单、来源期刊收录审核表、学科分类与代码(GB)、文摘编写体例等文件,使期刊征订、源期刊收录审定等工作都可以在网上完成。网站还开设有“索引检索”栏目,为读者提供每期文摘的关键词索引、作者索引及作者单位收录文摘数量索引;网站与190个源期刊网站进行了链接,及时提供文摘编写体例的修改信息和各种资料,每期《〈中国学术期刊文摘〉通信》适时上载,加强了《文摘》编辑部与收录源期刊编辑部之间的联系,扩大了《中国学术期刊文摘》和 *Chinese Science Abstracts* 的影响力。

### (三)中国科技期刊网建设

2006～2007年,科技导报社承担了中国科技期刊网站的创建和维护工作。该网站是中国科协学会学术部主办的公益性科技类服务网站,提供中国科协所属全国学会主办的科技期刊的基本信息,宣传普及党和国家有关科技期刊管理的政策法规,加强对中国科协主管、主办科技期刊的管理和指导。中国科技期刊网自2006年6月开通后,首批共收录科技期刊226种,2007年增至485种。2008年,由于经费等原因,中国科技期刊网站停止了更新和维护。

## 三、开放存取

《科技导报》为全文开放存取期刊，并通过自建网站实现开放存取，开放存取的刊期已回溯至 2005 年，读者可随时、免费、不受任何限制地通过《科技导报》网站获取《科技导报》各期刊载内容信息及相关文献。

## 四、开设博客

2007 年 1 月，科技导报社在搜狐网开设了以"《科技导报》"为博名的博客(http://kejidaobao.blog.sohu.com)，并利用博客平台适时发布科学新闻、本社信息、《科技导报》论文、读者来信等文章，以更加具有亲和力和人性化的方式加强《科技导报》与广大作者、读者的联系和互动。2009 年 7 月，《科技导报》博客移居"科学网"(http://www.sciencenet.cn/u/kejidaobao/)，以"机构博客"身份被放置在"科学网"博客首页显著位置。"科学网"已成为全球最大的中文科教类新闻资讯集散中心，"科学网"的博客社区正在被近百万海内外科技专家学者使用，截至 2010 年 3 月，《科技导报》博客点击量已逾 25 万次。

《科技导报》在"科学网"开设博客，催生了刊物"科学博客"栏目的设立，拓宽了刊物稿件来源，便于编辑部直接听取读者最新意见和建议，拉近了与广大科技工作者的距离，建立了刊物与作者、读者更为快捷、亲近的互动联系。科技导报社还利用博客平台开展活动，例如，2008 年，为做好承接的第二届"中国科技馆杯——我与科协"有奖征文活动，科技导报社在搜狐网专设了"'我与科协'有奖征文活动"博客(http://cast50.blog.sohu.com)，利用博客发布征文活动通知、听取网友意见、通报活动进展、刊登征文稿件、发布征文评审结果，取得了良好的效果。

# 第五节　队伍建设

## 一、编辑队伍建设

高素质的编辑人员队伍是科技期刊核心竞争力的重要组成部分，近年来，科技导报社在加强编辑部队伍建设方面采取了如下措施，使全社员工的整体素质和业务能力得到了比较大的提升。

### (一)重视思想教育，培育良好氛围

科技导报社人员结构复杂，既有在编人员，还有聘用人员、返聘人员，也有临时工，加之近几年不断扩刊、改版、增容，工作紧张、劳动强度大，给管理带来了很大的难度。社领导注重思想教育工作，要求干部党员以身作则、吃苦在前、言传身教，倡导奉献精神，强调责任意识，要求团结协作，强化职业教育，培育良好氛围，打造出了一支团队协作、积极进取、无私奉献、恪尽职守、敢于创新、能打硬仗的队伍。

## (二)充实引进人才,优化队伍结构

为适应形势发展的需要,近年来,科技导报社不断充实引进人才,优化队伍结构,先后从有关全国学会、高等学校科技期刊编辑部引进高层次人才 4 人,返聘退休编辑业务骨干 5 人,连续 6 年共补充高校优秀毕业生 6 人,辞退、调离不适应工作岗位的编辑人员 7 人。目前,全社员工中有 9 人为研究生学历(其中 5 人拥有博士学位),1 人为双学士学历,其他人均具有本科学历,初步形成了一支老中青搭配适当、学科结构基本合理、男女比例基本协调的员工队伍。

## (三)加强学习培训,提高业务水平

科技导报社重视员工的学习培训工作,建有定期学习培训交流制度,鼓励员工学习进修深造、开展学术研究、撰写学术文章,努力提高编辑业务水平。每期《科技导报》出版后,编辑部都要召开工作总结会,针对存在的问题分析原因,探讨改进工作的措施。《中国学术期刊文摘》编辑部建有月工作会制度,集中讨论解决编辑出版中存在的问题,相互交流工作经验。近年来,科技导报社内部先后举办了“期刊编辑规范”、“Photoshop 使用”、“采编系统学习”、“科技新闻稿件撰写”、“方正软件排版”、“常用公文写作”等业务讲座,由社内员工结合工作实践讲授。2009 年 4 月 22～23 日,科技导报社联合北京理工大学学术期刊办公室举办了“数字化环境下学术期刊发展趋势与对策报告会”,请有关专家学者就“科技期刊管理体制创新与出版经营”、“信息化与科技期刊发展”、“网络环境下期刊评价与文献计量方法”做专题学术报告,对员工进行相关的业务培训。2009 年 10 月,《科技导报》编辑部设立了编校质量展示墙,将校稿贴于楼道两侧墙上,直观展示编辑出版过程中存在的各种问题,帮助编辑查找编校错误,借此提高刊物编校质量。2004 年 1 月至 209 年底,全社先后有 21 人参加了中国科技期刊编辑学会或新闻出版总署主办的编辑业务培训班学习,2 人参加中央党校直属机关分校为期 3 月的学习培训,3 人获准接受在职学历教育。

## (四)强调能力训练,提高综合素质

《科技导报》和《中国学术期刊文摘》中、英文版均是综合性科技类刊物,知识涵盖自然科学和工程技术各个领域,对编辑和其他员工的科技知识掌握、编辑出版业务、文稿写作水平、科学研究素养、对外交往能力等都有很高的要求。近年来,科技导报社注重员工各方面能力的培育提高,通过开展专题研讨、承担研究课题、出国培训考察、参加学术会议、鼓励撰写论文等措施,努力提升员工的综合素质。2007～2009 年,科技导报社员工在公开出版的报刊图书上共计发表各类文章 349 篇,其中学术论文 119 篇,科技新闻报道 137 篇,科普文章 93 篇,另编辑出版科普挂图 5 套,先后有 6 人次出席三届中国科技期刊发展论坛并做专题学术报告。

## (五)扩大对外交流,开阔员工视野

科技导报社通过采取“请进来,走出去”的办法,扩大对外交流,努力拓展编辑人员的眼界。2007 年 10 月 17 日,召开了“检索类期刊发展专题研讨会”,邀请国内检索类期刊专家深入研讨《中国学术期刊文摘》的定位、功能、数字化、网络化、发展前景、改革举措等问题。2007 年 11 月，冯长根社长带领中国科协所属科技期刊编辑部有关人员赴美国，就科技期刊发展有关问题进行考察，《科技导报》派员参加。2008 年 1 月 23 日，召开“《科技导报》发展战略研讨会”，听取各方面专家办刊意见。2009 年 1 月 9 日，《科技导报》编辑部与美国物理联合会期刊代表座谈，就共同关心的科技期刊发展问题交换看法。2009 年 2 月，冯长根社长和苏青副社长率《科技导报》有关人员先后与美国《科学》杂志社亚太地区分社石磊(Richard Stone)主编会谈，探讨相互合作的途径。2009 年 9 月 21 日，《中国学术期刊文摘》编辑部与美国化学会《化学文摘》高级编辑金太和博士座谈，共同探讨检索类期刊发展路径。2005 年至 2009 年，科技导报社先后两次派人赴澳大利亚、英国出席世界科技新闻记者大会，2 人先后赴法国、荷兰参加编辑业务培训，1 人赴法国参加动物学国际学术会议，1 人赴台湾参加科技期刊展览。

## 二、编委和审稿专家队伍建设

高水平的编委和审稿专家队伍是科技期刊生存、发展的重要保障，近年来，科技导报社在编委和审稿专家队伍建设上主要采取了如下措施。

### (一)充实编委队伍，改善队伍结构

2004 年至今，《科技导报》编委会先后两次换届调整，补充了一大批科研一线著名的专家学者和优秀青年科学家，对长期脱离一线科研的编委予以了调整，吸收了一大批海外学者加入编委队伍，同时注意改善编委的学科结构，重点充实基础学科、生命科学、材料学科等领域的编委。《科技导报》现届编委共 68 人，其中院士 19 人(占 28%)，海外编委 15 人(占 22%)。《中国学术期刊文摘》编委会换届后，补充了一批检索类科技期刊同行专家，现届编委会共有 37 人，其中院士 17 人(占 46%)，优秀科技期刊同行专家 9 人(占 24%)。*Chinese Science Abstracts* 现届编委会共有 25 人，其中院士 16 人(占 64%)。

### (二)建立相关制度，提高工作效率

2008 年 5 月 14 日，《科技导报》新一届编委会成立并召开工作会议，讨论、通过了《编委会章程》，进一步明确了编委的责任和义务，要求每位编委一年为《科技导报》“撰写一篇学术论文，推荐一篇学术论文，审核一篇学术论文”。近两年来，绝大多数编委都和《科技导报》都保持着联系，大部分编委都积极发挥了作用，有 46 位编委为《科技导报》撰写过论文文章或推荐稿件或承担过审稿任务或提出过建设性意见，有 17 位编委被评为《科技导报》优秀编委。针对各位编委专家工作繁忙、难以定期召开全体编委工作会议的现实，2009 年 5 月，《科技导报》开始实行每半月一次的主编工作会议制度，每次邀请部分编委参会，由冯长根主编主持，参会编委与《科技导报》编辑一同审定当期《科技导报》刊载内容，讨论近期出版计划，征求与会编委办刊意见和建议。主编工作会制度大大提高了编委会的工作效率，收到了良好的效果。

### (三)加强沟通联系，做好服务工作

为加强编辑部与审稿专家和编委的联系，科技导报社分别创办了《学术会讯》和《中国

学术期刊文摘通讯》两份内部刊物。《学术会讯》主要刊登中国科协及其所属全国学会主办的各类学术会议信息和《科技导报》开展的有关学术活动，每年编印2期，寄送给全体审稿专家和广大作者、读者；《中国学术期刊文摘通讯》主要刊登科技导报社主办的两份文摘期刊的工作动态和摘录要求等，寄送给文摘期刊编委和文摘收录期刊单位。为方便专家审稿，每期《科技导报》出版后，除给作者寄送30份论文抽样本外，编辑部还要将每篇学术论文的抽样本分别寄送5位同行审稿专家。自2010年第1期始，《科技导报》还开设了“本期论文点评”，选择有关论文刊登主要审稿意见。2007年《科技导报》网站开设采编系统后，全部稿件均可借助网站实现网上送审，大大方便了审稿专家。2010年3月，科技导报社评选出优秀审稿专家22人。

## 三、作者和读者队伍建设

热心丰沛的作者和读者队伍是科技期刊可持续发展的重要源泉，近年来，科技导报社高度重视作者和读者队伍建设，采取以下措施培养和发展以博士生为主体的《科技导报》作者、读者队伍。

### (一)实施“博士生创新研究资助计划”，支持博士生创新科研，扩大《科技导报》在博士生群体中的影响

自2008年始，通过各种渠道从社会上募集资金，《科技导报》实施了“博士生创新研究资助计划”，面向全国博士生培养单位重点支持基础学科全日制在读优秀博士生，以此扩大《科技导报》在博士生中的影响和联系，密切与博士生的感情。该计划至今已实施两期，分两批共资助博士生30人，资助金额达38万元。

### (二)开设“主编心语”、“走向职场”栏目，指导青年科技工作者就业创业、步入科研殿堂

“主编心语”开设后，冯长根主编先后撰写了“研究生如何夯实成功科研生涯的基础”、“年轻科研人员如何走向成功”两个系列的指导性文章，每期连续刊载。作者还应邀在全国76所高校、科研院所就此专题给博士生、青年教师和年轻科研人员作学术报告，直接受众达5万多人。“走向职场”栏目专门为研究生求职、面试、就业、创业、深造提供服务，每期刊登一篇专题指导性文章，同时提供50个左右国内外高层次职位招聘信息。2008年，科技导报社将这两个栏目的文章汇编成册，利用各种机会免费赠送给博士生，受到在读博士生和青年科技工作者的好评和欢迎，进一步扩大了《科技导报》的社会影响。

### (三)开设“科学基金申请漫谈”栏目，为青年科研人员申请科学基金提供指导服务

该栏目约请国家自然科学基金委的有关专家讲述科学基金资助方向、基金申请书撰写、研究课题选定、申请注意事项等，约请著名科学家讲述基金申请成败的经验体

会，指导刚走向工作岗位的青年学者尽快申请到课题经费，获得基金资助，为走向成功打下基础。

### （四）吸收科技人员和研究生参加科技导报社举办的学术活动

科技导报社每年不仅不定期举办学术沙龙、联谊会，还承接承办了许多学术会议和学术活动，每次活动都邀请部分科研人员和相关学科研究生参加，以加强刊物与作者、读者的沟通联系和感情交流。2008 年和 2009 年两次举办新春联谊会、2009 年举办了“贺国庆迎中秋座谈会”，就《科技导报》的定位、栏目设置、刊载内容、学术质量、编辑规范等问题征求作者、读者意见，与作者和读者形成了良好的互动，拉近了彼此之间的距离。

### （五）充分利用《中国学术期刊文摘》中、英文版资源，努力拓展《科技导报》作者队伍

《中国学术期刊文摘》中、英文版每年刊载的学术论文文摘涉及作者约 5 万人，为充分发掘利用这一宝贵的作者资源，2008 年科技导报社制作了专用明信片——明信片背面印有《科技导报》和《中国学术期刊文摘》介绍材料，以及投稿、订刊联系办法等信息，并由专人定期给《中国学术期刊文摘》所收录文摘的第一作者寄送明信片，告知其论文文摘已被收录，希望其关注《科技导报》，积极撰稿投稿。两年来，已寄送出 5 万张明信片。

### （六）开设“娱乐之页”栏目，吸引读者阅读、订购《科技导报》

《科技导报》开设有“娱乐之页”栏目，每期刊登数独填空、文字填空、推理侦破等智力小游戏，吸引更大层面的读者群阅读每年还开展读者问卷调查活动，给认真填写问卷的读者赠阅《科技导报》，评选“热心读者”，使读者加深对《科技导报》的了解和感情。

通过采取上述措施，《科技导报》在广大读者尤其是研究生和青年科研人员读者中产生了较大的影响，博士生和青年科研人员来稿数量逐年上升，部分重点高校研究生院已开始为全校博士生导师订阅《科技导报》，一些研究小组还指定博士生专门给《科技导报》投稿，一些导师还把订阅《科技导报》作为对优秀研究生的一种奖励。

## 第六节　发展实效

## 一、社会影响

### （一）改革探索取得丰硕成果

自 2004 年以来，在努力创办一流科技期刊的道路上，《科技导报》大胆改革、积极探索、勇于创新，取得了丰硕的成果，许多工作开创了中国科技期刊改革先河。

自 2007 年下半年改为半月刊后，《科技导报》逐渐形成了自己的办刊风格，有关学术论文以外的所有栏目开始全部规范化、标准化——固定篇幅、固定页码、固定格式、统一风格；一些重要选题也开始日常化，如，每年第 1 期必刊登上年度“中国重大科学、技术和工

程进展”专稿文章和“新年寄语”文章，年底必组织刊载年度“诺贝尔奖成果介绍”专题文章。如今，《科技导报》已成为国内目前唯一一份集科技与人文一体全彩印刷的综合性科技期刊。

2006年，《科技导报》在我国科技期刊中率先开设“学术不端行为举报信箱”栏目，公开向科技界学术不端行为宣战，该栏目开设至今共揭露51起抄袭、一稿多投等学术不端行为，受到媒体关注，《科学时报》、《中华读书报》、《北京晨报》、《大众科技报》等新闻媒体对此进行了专题报道。

自2007年第13期始，《科技导报》又率先实行栏目主持人制，聘请相关领域的知名学者分别主持“主编心语”、“科技纵横捭阖”、“科学顿悟”、“书评”、“走向职场”、“科学基金申请漫谈”、“科学博客”等栏目。实践证明，栏目主持人制有利于组织高质量稿件，有利于形成办刊风格，有利于发掘社外编辑出版资源，有利于扩大刊物影响。

“主编心语”栏目自2007年下半年开设后，受到全国各地博士生和青年科技工作者的欢迎，栏目主持人兼作者冯长根教授被各地高校和科研院所邀请做专题学术讲座。科技导报社借助冯长根教授讲座活动，积极宣传推介《科技导报》，鼓励广大博士生投稿，广泛征求读者意见，使办刊和学术讲座形成互动，收到了事半功倍的效果。

## (二)刊载文章引起公众关注

《科技导报》关注社会热点科技问题，近年来，组织发表了一系列有社会影响的文章。2007年，针对从太空能否用肉眼看到长城当时这一公众热议问题，《科技导报》在当年第4期和第16期先后刊载了“进一步剖析‘从太空看长城’的争论”、“用军事理论分析‘航天员从地球低轨道上裸眼看到过长城’的事实”两篇学术论文，力图为这一焦点问题提供科学解答。两篇文章均引起公众广泛关注被大量引用。

2008年1月，针对当时社会重点关注的“华南虎照片”真假难辨事件，当年第1期《科技导报》刊登了著名测量光学专家、国防科技大学教授于起峰组织其博士生撰写的“‘华南虎’照片的摄像测量研究”论文，论文采用摄像测量方法对“华南虎”照片的真伪进行了分析，得出了照片中的“华南虎”为平面虎，且与年画中的老虎图像相似度接近100%的研究结论，率先通过科学研究成果判定“华南虎”照片事件为造假。论文发表后被新闻媒体广为报道，引起社会强烈反响。陕西省政府在总结“华南虎照片事件”教训时专门提到，“当国防科技大学几位教授(在《科技导报》上)发表论文，用定量分析得出‘华南虎照’是平面虎，且和年画虎有0.99相似时，(我们)却错过了这个最好的(纠错)时机。”随后，《科技导报》在“科技纵横捭阖”栏目中，还就科学家是否应该介入“华南虎事件”这类社会事件进行了专题评论，倡导科学家运用专业知识和特长，积极介入、引导、解决社会争议，自觉承担起科学家的社会责任。中国科学院院士、清华大学教授王志新对此予以高度评价，他在给《科技导报》的来信中专门指出：“利用科学方法进行鉴定，是解决‘华南虎事件’的关键，因此，发表这篇论文具有重要的科学和社会意义……作为中国科协学术会刊，《科技导报》承担着为中国科学家搭建学术交流平台、传递科学界声音、引导中国科学健康发展的重任。而从《科技导报》近年的发展来看，它确实也发挥了这种作用。”

2008年、2009年和2010年，《科技导报》先后以“本刊编辑部”名义发表“新年寄语”文章，分别以“做个好博士生和博士后”、“做个好专家和好教授”、“做个好博导”、“我们需要学术大师”，“做个世界级的专家”、“学会在课题上与人交替领跑”、“不仅要听别人‘讲故事’，更要自己‘讲故事’”、“流行的‘成功学’不值得效仿”，以及“要避免学术上的‘看电影’现象”、“‘长跑’不用‘抢跑’劲”、“有了高原和高山，才有高峰”、“学会在科学共同体层面思考科研”为主题，适时探讨了科技界关注的一系列重要问题，如杰出人才培养问题、科研方法问题、科技创新问题、学风问题、科研道德问题、论文引用问题等。3 篇“新年寄语”文章发表后，均受到广泛关注和欢迎，并在《科技导报》上引起了更为深入的探讨。

## (三)开展活动获得社会好评

2008 年汶川大地震发生后，《科技导报》迅速出版的“汶川地震特刊”在科技界和传媒界引起强烈关注，《科学时报》、《中国教育报》、《光明日报》、《南国早报》、《北京周报》(英文)、《中国科技教育》等报刊纷纷援引《科技导报》刊载的内容报道了地震科技工作者眼中的汶川大地震；腾讯网还为“汶川地震特刊”制作专题，引起网友热议。在以科技人员为主要受众的科学网上，与《科技导报》“汶川地震特刊”相关的两篇文章“陈运泰院士详解汶川地震震级修改原因”和“史保平：地震预报和防震的美国经验”一直高居“一周新闻排行”前 5 位。

5 月 30 日和 31 日，为支援地震灾区，科技导报社联手在京部分高校开展了“伸出你我的手，奉献你我的爱，为灾区人民送去我们的祝福——《科技导报》‘汶川地震特刊’赠阅宣传活动”。活动分别在中国科学院研究生院、中国地质大学(北京)、中国矿业大学(北京)、北京化工大学、北京交通大学、北京科技大学等高校举行，通过赠阅《科技导报》“汶川地震特刊”，向广大师生宣传防震救灾知识，募集善款支援灾区。两天活动共募集善款 9332 元，爱心祝福寄语 1400 余条。之后，科技导报社和中国科协学会服务中心又在本单位举办了募捐活动，共筹集善款 12369 元，全新衣物 237 件，文具 1133 件，玩具 30 个，图书 435 册。科技导报社还面向社会募集到新衬衣 500 件，科普图书 3600 套，白纸 500 令。随后，科技导报社和中国科协学会服务中心用募集到的 21701 元善款购买了书包、文具等学习用品。6 月 19 日下午，科技导报社和中国科协学会服务中心将募集的价值 10 万元的救灾物资打成 80 箱包裹，派专人送往四川省灾区，赠送给绵竹市广济镇中心小学。在简朴的捐赠仪式上，广济镇中心小学校长激动地表示：“有中国科协和社会各方面的大力支持，我们要克服各种困难，争取提前复课，把因地震影响的课程补回来，让孩子们在一个安全、舒适的环境中安心学习。”就科技导报社出版“汶川地震特刊”和两单位开展抗震救灾募捐活动，科技导报社在中国科协学会服务中心党组织于 7 月 1 日专门召开的党员大会上，宣传有关先进人物和先进事迹，介绍高校师生踊跃捐款的感人情景，以及支援灾区的所见所闻，使与会全体党员深受教育。

科技导报社与中国科技新闻学会共同承办的“科技期刊与媒体见面会”，搭建了科技期刊通过大众媒体与公众进行交流沟通的平台，自 2007 年 1 月实施以来，被新闻媒体广为宣传报道，获得公众好评，受到社会广泛关注，入选《大众科技报》和中国公众科技网组织评选的“2007 年中国十大科普事件”。《科技导报》2008 年第 21 期发表专稿“构建最新科研成果大众化传播的有效机制——中国科协科技期刊与新闻媒体见面会实施情况评述”,对这项创新性科普活动进行了总结、评述和展望。

### (四)《科技导报》在科技界的影响逐年增强

转型以来,《科技导报》的水平和质量逐年上升,得到了科技期刊界和社会的肯定。根据中国引文数据库统计,《科技导报》2005～2009年度被引频次统计数据如下:2005年,35次;2006年,366次;2007年,834次;2008年,1245次;2009年,1158次;年度被引频次总体呈快速上升趋势。近年来,王涛院士2005年发表的“中国主要生物质燃料油木本能源植物资源概况与展望”论文被引频次为107次,陈运泰院士2008年发表的论文“汶川特大地震的震级和断层长度”被引频次已高达31次。

2008年1月至今,《科技导报》共有11篇学术论文被《新华文摘》全文转载,分别是:“从修订〈科技进步法〉谈科技领域的焦点”、“18个中国公众关注的科学问题”、“‘国家健康’的内涵及其评估”、“科技工作者的界定及其内涵”、“科学与对科学的哲学思考”、“中国科技工作者需求状况调研分析”、“动物源性流感病毒与人流感流行”、“‘科技’误区——对科学与技术的区分和理解”、“中国载人航天工程决策过程中航天飞机与载人飞船之争”、“2009年中国重大科学、技术和工程进展”、“科学与大众传媒”。

近年来,随着刊载信息的不断丰富,服务科技的能力不断提高,《中国学术期刊文摘》和 *Chinese Science Abstracts* 越来越受到业界的欢迎,北京大学图书馆编纂的《中文核心期刊要目总览》长期把是否被CSAC和CSAE收录,作为评判科技期刊能否列入核心期刊的一个重要指标。越来越多的科技期刊希望被CSAC和CSAE收录,这两种刊物的学术地位和影响力也在不断提升。

在中国科协学会学术部组织的科技期刊年度审阅工作中,《科技导报》连年被评为刊载内容优秀。中国科协办公厅、组织人事部把《科技导报》作为联系广大科技工作者和杰出青年科学家的重要媒介,连续三年分别为中国科协第七次代表大会全体代表和历届中国青年科技奖获得者、历届中国女青年科技奖获得者订阅了《科技导报》。

## 二、期刊评价指标

根据中国科技论文与引文数据库(CSTPCD)发布的数据,《科技导报》近年的总被引频次和影响因子等重要期刊指标总体呈上升趋势,具体期刊评价指标数据见表6－1。

**表6－1　2005～2008年期刊引证指标**(CJCR核心版)

| 指标<br>年份 | 总被引<br>频次 | 影响因子<br>(学科排名) | 即年<br>指标 | 基金论文<br>比例% | 引用<br>刊数 | 总被引频次排名<br>(学科排名) | 学科扩散<br>指标 | 被引<br>半衰期 |
|---|---|---|---|---|---|---|---|---|
| 2008 | 853 | 0.575(7) | 0.349 | 55 | 364 | 547(9) | | 2.69 |
| 2007 | 670 | 0.623(6) | 0.239 | 50 | 266 | 630(11) | 3.06 | 2.80 |
| 2006 | 432 | 0.391(23) | 0.075 | 57 | 233 | 739(25) | 2.74 | 4.0 |
| 2005 | 321 | 0.251(35) | 0.030 | 46 | 177 | 1123(27) | 2.03 | 4.3 |

## 三、检索系统收录情况

2005年,《科技导报》被科技部“中国科技论文和引文数据库”收录;2007年,被中国科学院“中国科学引文数据库”、美国《化学文摘》、美国《乌利希国际期刊指南》、波兰《哥白尼索引》收录;2008年,被美国《剑桥科学文摘》收录,入选北京大学《中文核心期刊要目总览》,并被科技部评为“中国精品科技期刊”;2009年,被英国《国际农业与生物学研究中心数据库》和《科学文摘数据库》收录。

## 四、经营效益

科技导报社下设出版发行部,专门负责《科技导报》、《中国学术期刊文摘》和*Chinese Science Abstracts*发行工作。近年来,3种刊物的发行量一直稳步上升,销售收入大幅增长,综合实力不断提升。目前,《科技导报》每年的固定订户约3 500人,包括全体中国科学院院士、全体中国工程院院士、中国科协第七次代表大会全体代表、历届中国青年科技奖获得者、历届中国女青年科学家奖获得者、中国科协所属各个全国学会秘书长、全国各省(直辖市、自治区)科协主席、副主席等。

# 第七章　中国科协科技期刊发展趋势与对策

数字化环境下,全球出版业正在经历一场深刻的革命,逐步演变成为一种全新的出版业态。在这种背景下,科技期刊出版业呈现出新的发展态势,一些发达国家的科技期刊出版机构利用其经营方式的全球化、市场化、集团化优势,充分利用数字化及网络信息技术,实现了科技信息资源的整合、传播与共享,进而不断提高其影响力与竞争力。科技期刊作为我国科技创新体系的重要组成部分和科技传播领域的重要力量,既面临良好的发展机遇,又面临严峻挑战。中国科协科技期刊必须跟随当今世界科技期刊业态变革的时代步伐,改革创新科技期刊体制机制;积极应用数字化和网络信息技术,促进科技期刊出版的升级,逐步实现业态的转变;积极履行科技期刊的社会责任,更好地承担起传播科学知识、促进科学交流、推动公众理解科学的历史使命。

## 第一节　出版业嬗变与科技期刊的发展机遇

随着数字化和网络信息技术的发展,全球出版业和传媒业正处于调整与整合的关键时期,传统媒体与新兴媒体将通过竞争与整合实现共同发展。科技期刊作为促进科技成果共享的重要媒介,将借助新媒体技术等手段,在全球出版业和传媒业发展中实现变革,获得新的发展动力。

### 一、信息技术对科技期刊产生深远影响

当前,国际形势正在经历着前所未有的复杂变化,国际金融危机的影响仍在持续,我国经济正处在企稳回升的关键时期,以数字化、网络化为代表的信息技术迅猛发展,推动传媒业格局进入了深度调整和加速整合时期,传统媒体与新兴媒体将在竞争与融合的基础上实现多元化发展。科技期刊借助科技研发、出版业、传媒业、信息服务业等发展的推动力,抓住现代传媒技术变革所带来的时代机遇,正在积极地实现科技期刊业态的嬗变。

#### (一)科技期刊业间融合趋势日益显现

信息技术的发展和运用,正在以强大的力量使传统媒体如书籍、期刊、报纸、影视间的边界逐渐消失,国家间、社群间、产业间的边界、信息发送者和接受者的边界日益模糊。随着科技研发、出版业、传媒业和信息服务业等的迅猛发展,科技期刊的业间融合趋势明显增强。数字化科技期刊打破传统出版按介质所进行的区分,延伸出版物的产品线,实现内容资源价值的最大化。从宏观来看,由科技期刊数字化浪潮所带来的业间融合正打破科技研发、信息服务、出版业、传媒业等行业的边界,科技期刊出版等内容产业正逐渐被纳入更为宏观的科技信息服务业范畴。在中观层面,内容领域的出版、信息传输、网络平台等原本有着严格区分的业间边界愈发模糊,一个“跨媒体出版”、“泛出版”、“内容产业化”的

新时代正加速到来。从微观来看,科技期刊数字化出版的技术服务提供商正逐渐向内容提供商转型,内容提供商又在转向服务提供商,网络、通信工具等迅速变为科技信息上传、获取、阅读终端,纸媒科技期刊正在被网络、移动等数字化媒介迅速替代。特别是科技期刊出版业与科技信息服务业的高度融合,促进了内容提供商与信息服务商的紧密结合,正改变着科技期刊信息交流的行为模式,缩小科技信息利用者之间的"信息鸿沟",推动着现代科学技术实现更快地发展。

在金融危机和传媒业的新发展、新变化面前,出版业、传媒业、信息服务业等的产业链条互联、互接、共赢成为必然。应对危机、加强合作、互利共赢、共同发展,已经成为当前国际出版业、传媒业、信息服务业等面临的重要时代主题,这凸显包括科技期刊在内的出版、媒体、服务等相关领域加强合作交流、寻求共同发展的迫切愿望,体现了期刊人、媒体人、服务商等之间携手合作、寻求发展的历史责任。为顺应这种形势,我国出版业在过去多年改革探索和实践基础上,通过改制出现了一批综合性出版集团,推动整个出版格局发生深刻变化。战略重组成为我国出版集团转企改制后的路径选择,通过横向、纵向以及混合兼并重组扩张,拓展业内产业链条,扩展为多业态的产业格局,吸纳多元化的投资,从而建成跨区域、跨媒体、跨行业、跨所有制的多元化复合型的大型出版集团。我国出版业和传媒业的发展为科技期刊发展提供了很好的借鉴,也提供了强大、厚重的产业依托。

随着科技期刊的业间融合,"内容为王"的科技期刊基本法则受到严峻挑战。科技期刊长期以来秉承"内容为王"的理念,这一理念提升了科技期刊的质量,促使一批精品期刊脱颖而出,使科技期刊在服务创新方面起到了重要作用。科技期刊一直居于内容产业典型代表的地位,"内容为王"是其世代相传、长期奉行的不二法则。但在数字化时代,这一法则正在被颠覆,取而代之的是"产品为王"或"服务为王"。科技期刊的业间融合,使科技期刊数字出版不再仅仅停留在同行评审和编辑出版、网络数据库、期刊网站等这些传统数字服务的层面,而是从科技信息交流的本质特征出发,着眼于为科技信息需求者的更深层次、更贴切的服务,为此科技期刊业将被重新定义,其产业链条将不断拉长、运营模式也将不断被更替。由此,在科技期刊出版的数字化进程中,"内容为王"依然重要(特别是对于我国科技期刊),但仅仅依靠内容取胜已远远不够,还必须通过为提供更多、更优的服务来赢得读者,获得作者。国外一些大型科技期刊集团化服务的模式已经充分展现了这种价值取向、时代趋势的组织形式。

### (二)海量信息服务成为科技期刊业发展的基本取向

随着科技研发和信息社会的发展,学术信息量呈现指数增长。任何一个研发机构或任何一位研究人员要在这种海量学术信息中,准确高效地采集、识别、归类、寻找自己所需要的学术信息,都显得无能为力。由此,替代研发机构和科技信息利用者进行海量信息的管理服务,就成为科技期刊业发展的时代需求。2009 年市场调查公司 Outsell 发布的调查报告明确指出,知识的传播出现逆转趋势,科学家开始越来越多地利用社交网络工具交流,而不再需要出版商的服务,学术界存在的门槛障碍不再受欢迎。在学术气氛中,出版商们出版的期刊文章不过是一个脚注而已。为了避免被边缘化,STM 出版商应更加关注服务,帮助用户进行海量内容的管理①。

海量学术信息服务必然要求科技期刊内容的高度聚集。完整获取、方便获取、准确获取是当前科技信息利用者的基本心态。科技信息的完整获取必然要求科技信息的完整性,因此作为科技期刊信息服务者来说,就必须尽可能汇聚一切可能收集到的科技信息内容,从而导致科技期刊信息内容的高度聚集,形成海量内容。海量内容是数字出版规模生产和服务的先决条件,也是科技期刊数字化服务商竞争的焦点,进而成为当今数字化科技期刊业成长和生存的关键。科技期刊内容资源集中后,其内容的整合和再开发,对元数据的标记、实现索引和便捷搜寻等,决定数字化科技期刊管理服务的成败。从长远来看,需要也必然会出现掌握科技期刊内容数据资源的集大成者。截至2008年年底,国内电子期刊总量已经达到9 000种②,“中国知网(CNKI)”已成为全球著名的专业互联网与电子出版机构,拥有读者2 000余万人,在海内外拥有6 000多家机构用户。

## (三)网络社区成为科技期刊数字化生存的争夺要地

互联网天生具有反中心、反控制的特点。在科技期刊内容高度聚集的同时,基于“草根”或科技共同体的科技期刊内容细分、人群细分、服务细分、地域细分等的网络社区必然形成。这些网络社区,主要包括与互联网络连接的一个或多个集合科技期刊内容信息库、科技研发机构和科技团体的网络知识库网(或论文数据库)等。网络环境下,这些网络社区将超越现有的科技期刊“出版”概念,变成“活着的知识库”或“成长的知识库”,它与互联网上以各种形式存在的信息资源通过相关软件彼此链接,围绕科技研发活动,通过云计算和云管理,提供灵活、细分、动态的增值服务。以网络社区为基础的服务模式将成为未来科技期刊数字出版平台的重要方向,也是科技期刊内容高度聚集的前提和支撑。因为,在当今和未来世界,任何一个机构也没有能力不通过这些网络社区就能聚集趋于完整的科技期刊内容。

目前,科技创新随技术的发展而不断演进,推动学术交流的范式转变,从而为科技期刊数字化出版提出新的要求。一方面要求科技期刊业为用户提供海量资源的集成检索服务;另一方面更需要将这些数字信息知识化、将知识体系化,并且以一种开放、交互、共享的模式塑造学术交流平台特性。Web 2.0的出现,特别是以Blog、Wiki、RSS等为代表的技术与应用的普及,使得学术交流体系进入了一个全新的发展阶段。其影响不仅是带来新的信息共享方式,更重要的是Web 2.0所代表的理念与思想。在这样的理念下,学术信息用户参与互联网的热情大为提高,并使得网络社区成为一个具有强大生命力的有机体,成为聚集科技期刊内容提供者(论文作者)、使用者(读者)的社区,成为信息聚集、信息流通、信息反馈等的要地,从而也就成为科技期刊业中出版者、传播者、服务商等非常看重和争夺的要地。目前,国外一些科技期刊纷纷将Web 2.0理念应用到科技期刊的服务中,最大化地释放科技期刊内容用户的创造潜能,通过深度互联实现科技期刊内容信息的高效、有序、增值,从而有效地提升期刊在学术交流体系中的作用。

---

① 王睿.现实的冲突:2009学术期刊价格调查,出版人·图书馆与阅读,2009(5):41～43.

② 新闻出版总署副署长孙寿山在2009年7月举行的第三届中国数字出版博览会上的报告。

随着网上科技期刊读者行为模式向互动交流转变，科技期刊网络社区平台将引领和促进科技期刊网络用户群体的细分，未来成功的科技期刊数字出版商业模式都将建立在网络社区基础之上，内容提供机构面临的问题是如何完整、高效、准确、及时地向用户推送其内容信息。因此，在科技期刊数字化进程中，网络社区是融入网络海量内容聚集的前提，是服务自身网络用户、获得网络话语权、融入行业和实现应有利益的基础。在科技期刊数字化时代，科技期刊内容出版者必须建立或拥有自己的网络社区。

## 二、我国科技期刊发展呼唤新的体制与制度安排

体制改革和制度安排是决定我国科技期刊有效参与国际竞争、实现又好又快发展的关键问题。目前我国新闻出版领域的改革已经有了明确的路线图和时间表，科技期刊改革在即。同时，我国科技期刊发展与改革尚面临一些亟待研究和解决的问题，科技期刊业态变革需要有体制上的突破与相应的制度安排来推动。

### （一）我国科技期刊面临激烈竞争

当前，世界科技期刊业竞争异常激烈，这种竞争对我国科技期刊的冲击是全方位的。随着我国综合国力的提升，科技研发投入不断增加，科技水平不断提高，我国逐步成为全球科技期刊内容产出和科技期刊信息需求的大国。但与这种产出和需求相比，我国科技期刊发展显得很不协调，十分尴尬。一方面，我国科技期刊发展与我国科技发展脱节，科技期刊界对科学技术发展的敏感性不强，对前沿和交叉领域的跟踪、互动、报道不及时；另一方面，我国科技期刊缺乏竞争力，主要表现在缺乏对内容（作者）的吸引力、不能满足读者的需求，经营也面临困境。目前我国科技期刊所处的这种状况，与我国科技期刊管理体制和制度安排的滞后以及科技期刊经营的职业化人才缺乏、经营模式粗放、资本严重匮乏和投融资渠道不畅等密切相关。提升我国科技期刊竞争能力，迫切需要改革我国科技期刊的管理体制，在制度安排上为我国科技期刊发展提供强有力的法律和政策支持。

科技期刊优秀稿源的竞争日益加剧。由于科技评价导向等原因，我国的优秀论文大都投向国外高影响因子期刊，致使国内科技期刊的总体学术质量趋于下降，使科技期刊无法反映我国科技发展的状态和真实水平。"好论文不可能发表在国内期刊上"似乎已成为我国学术界的"共识"，同时，我国科学家投向国际期刊的论文由于不被审稿人认可或同行竞争而受到歧视。更为严重的是，我国科技期刊进入了"斯蒂格利茨怪圈①"。一方面，随着我国对科研支持力度的不断加大，科研产出日益增多，学术信息和论文迅速增长，但由

① "斯蒂格利茨怪圈"是由2001年诺贝尔经济学奖获得者斯蒂格利茨教授提出的关于亚洲国家和美国之间资本流动的奇特现象。亚洲国家将本国企业的贸易盈余转变成官方外汇储备，并通过购买收益率很低的美国国债回流美国资本市场；美国在贸易逆差的情况下大规模接受这些"亚洲美元"，然后又以证券组合投资、对冲基金等形式将这些"亚洲美元"投资在以亚洲为代表的高成长新兴市场获取高额回报。

于我国科技期刊缺乏对作者论文的足够吸引力,致使我国最优秀的论文纷纷投向到国外出版机构;另一方面,我国各类科研资助项目投入巨资形成的优秀研究成果,被国外期刊或数据库收录后,推动国外商业出版机构学术信息形成了高度垄断,我国科技研发机构又不得不花费昂贵的经费来购回这些论文的下载与使用权。

科技期刊出版面临严峻挑战。在中国开放书报刊批发市场后,一些国外科技期刊在我国出版中英文期刊,国外的书店也逐渐进入中国,并以新建、收购、参股等方式逐渐渗透,建立起了完善的销售网络,已经对我国的图书和期刊市场构成了严重竞争。与国外市场比较,我国科技期刊实行的仍然是计划经济体制下的粗放式经营,品牌意识薄弱、规模集中度低,重复出版现象严重,资源浪费,缺乏出版经营创新意识。从经营管理方式来看,国外先进科技期刊以科技研发的需要即科学家和科研群体的信息需求为导向,积极挖掘科技成果、引导科研、创新知识,通过有效的营销手段,如科技期刊发行、传播与信息资源管理服务等构成一个完整的竞争与创新体系,这就是科技期刊能立足市场、赢得客户、创造利润的主要因素,而我国的科技期刊在运营方面缺乏创意与手段,很难与强大的国外竞争对手抗衡。

科技期刊优秀经营人才匮乏,深度制约我国科技期刊的发展。为了抢占中国的科技期刊信息需求,国外出版商凭借雄厚的资本、优厚的待遇、先进的办刊理念和丰富的资讯,为使其科技期刊更符合中国本土化特征,纷纷招聘和吸纳中国的科技期刊优秀人才。这种趋势会使本来就十分匮乏的科技期刊经营人才更加匮乏,加剧了优秀的编辑、经营出版人才的争夺。而国内科技期刊出版单位的传统用人方式,更加剧了我国科技期刊出版经营管理人才竞争中越来越处于不利地位。

### (二)现行管理体制不适应科技期刊的发展需要

对于科技期刊的管理体制,国外有许多成功经验值得借鉴。成熟的市场机制、完善的法律环境以及政府的宏观调控,是发达国家科技期刊宏观运行机制和发展环境的三大要素,而发达的经济与先进的科学技术则是科技期刊发展的社会基础。发达国家科技期刊实施的是以市场运作和法律管理为主,行业协会自律自治为辅,政府干预、社会监督并举的出版管理体制。政府在科技期刊出版业发展中的服务作用与管理职能的体现形式为:各司其职,细分管理;减免税收,政策施惠;用政府资助与基金运作方式资助出版;政府推动,强力开辟国外市场;运用法律规则进行市场干预。

我国科技期刊出版实行审批制和主管主办制度,科技期刊需经国家有关新闻出版部门批准后创办,科技期刊出版单位都须有主办单位和主管单位。我国科技期刊的出版管理体制和运行机制,正是在这样的基本制度安排下,多种因素长期相互影响、共同作用而逐步形成的。从目前情况看,科技期刊管理体制异常复杂,运行成本高、效率低;出版资源高度分散、产权不明晰、"抱团"艰难等,这是推进我国科技期刊出版体制改革过程中亟待、需要重点关注和解决的问题。解决我国科技期刊现行管理体制不适应发展的问题,不能仅仅囿于科技期刊出版机构本身,更需要对整个科技期刊业进行统筹考虑,需要多个政府部门的顶层设计,需要与科技期刊国际出版业适度接轨,需要制定管理体制改革的目标和分阶段实施的操作方案。

### (三)有效的制度安排将为科技期刊提供新的成长空间

体制和制度问题,是制约我国科技期刊的核心和关键问题。科技期刊的体制改革和制度安排,将有利于解决阻碍科技期刊发展的制约因素,释放蕴藏在我国科技期刊内部的巨大潜力,提升我国科技期刊业的整体竞争能力,使一批科技期刊出版机构和更多科技期刊走出国门,参与世界科技期刊领域的竞争与合作。目前,我国有关政府部门和科技期刊主管单位正在积极探索科技期刊出版领域的体制机制创新与变革,深入研究和探讨改革的路径与策略,研究保障改革取得成效的配套措施,这将为我国科技期刊业形成巨大的成长空间。近几年,我国一些科技期刊出版体制改革的实践经验告诉我们,不引入竞争机制,科技期刊业就没有活力,也就没有生命力。市场竞争机制不仅在科技期刊资源配置上具有效率优势,而且能促进科技期刊管理创新、技术创新、产品创新、服务创新,提高科技期刊质量与影响力,如中国科学出版集团、中华医学会杂志社、北京卓众出版有限公司、《中国新药杂志》有限公司等,通过改制并引入市场竞争机制,实现了科技期刊快速发展,取得了较好的业绩。

## 三、社会发展急需我国科技期刊承担新的使命

当前,世界正处在科技重大创新突破和新科技革命的前夜,一些重要的科学问题和关键核心技术发生革命性突破的先兆已日益显现,我国也正向全面建设小康社会、基本实现现代化的宏伟目标迈进。在这一历史进程中,我国科技期刊面临着良好的发展机遇,不仅要积极迎接和适应科技发展及国际学术出版竞争的挑战;同时,要增强科技期刊的责任感和使命感,不断提升国际影响力,在科学技术和社会发展中扮演更加重要的角色,真正成为我国文化建设和科技发展的重要力量。

### (一)科技期刊须成为我国科技共同体的学术服务平台

全国人大常委会副委员长、中国科协主席韩启德院士在《科学通报》“建国 60 周年专辑”的代序中指出,科学技术是全人类的财富,但也是各个国家的核心竞争力。每个国家要发展自己的科学技术,要依靠自己的学术共同体,而好的学术共同体必须要有自己优秀的学术刊物来作为学术交流平台与维系共同体成员的纽带。可以说,科技期刊发端于科学共同体,科技期刊通过服务科学共同体体现其价值,并通过这种服务提升自身的品牌效应。

随着科技和教育的发展,我国科技共同体发生重大变化。据中国科协在 2009 年 7 月发布的《第二次全国科技工作者状况调查报告》,从 2002 年到 2007 年底,我国科技人力资源总量从 2 959 万人增长到 5 160 万人,增长了 74%。同时,我国的科技工作者积极参与科研活动,科研产出可观。2006～2008 年,54.5%的科技工作者发表过学术论文,人均发表论文 2.9 篇①,34.2%的科技工作者在国家级学术期刊上发表过论文,人均 1.3 篇;

① 人均发表论文数包括了独立完成与合作完成的数量。

16.5%的科技工作者发表过SCI/EI论文,人均0.6篇。19.8%的科技工作者面临发表论文的压力,高校科技工作者的这一比例则高达41.9%。我国科技工作者队伍数量快速增长,结构不断优化,高等教育的进一步扩张,为科技工作者队伍的壮大提供了充裕的后备力量,也使我国科技工作者队伍呈年轻化、高学历化趋势。从发展趋势看,我国科技工作者队伍仍将保持快速增长,同时将继续保持年轻化、高学历化和女性比例增加的趋势。对此,我国科技期刊必须适应我国科技共同体变化的趋势,积极服务于科技共同体,满足科技共同体不断变化的需求。

科技社团作为科技共同体的组成部分,其主办的科技期刊具有独特优势。正如杨福家院士在中国科协和新闻出版总署共同主办的第五届中国科技期刊发展论坛上呼吁的那样,中国的科技期刊、特别是科技社团主办的科技期刊要真正走向世界,就要利用科技社团的优势,建立自己的有规模、有影响力的科技期刊出版集团,同时还要尽快、努力地建立起自己独立的出版平台。科技发展和科学共同体都要求,我国科技期刊要像国际期刊出版集团始终瞄准的是读者一样,要回归到其本位,期刊的细分也要回归到围绕读者细分的轨道,必须真正成为我国科技共同体的学术服务平台,在刊物的表现形式、为读者提供服务的功能和期刊价值延伸等方面应做出表率。目前,我国社会发展要求科技期刊发展的水平以及所发表的大量论文的成熟程度和创新程度,必须与国家科学技术发展的总体水平相适应;必须与科技期刊发表学术论文时滞与科研人员追求科技成果即时发表、科学发现首发权的要求相适应;必须与科技期刊作为科学共同体的主要范式之一,在建设和谐学术生态中发挥的作用,与国家创新体系建设的客观需要相适应。

### (二)科技期刊须成为我国学术生态建设的重要阵地

当前,由于种种原因,我国学术生态不尽如人意,学术不端行为屡屡出现。中国科协《第二次全国科技工作者状况调查报告》表明,学术不端问题在我国还比较突出,学术制度建设亟待加强。有近半数科技工作者认为当前学术不端行为是普遍现象,多数科技工作者认为我国目前的学术评价制度不够合理,监督机制不健全,这是造成学术不端行为泛滥的重要原因。科技期刊作为科技共同体的同行认可和交流平台,理应在我国学术生态建设中发挥其应有的作用,

科技期刊首先须自律。目前,我国科技期刊本身在科学共同体中的认同率也不尽如人意。中国科协《第二次全国科技工作者状况调查报告》显示,在我国科技工作者中有67.5%认为国内学术期刊存在不同方面的问题,24.7%表示“不太清楚”,仅7.8%认为“没有什么问题”。其中科研人员和教学人员对国内学术期刊批评较多,认为学术期刊存在问题的比例分别为81.2%、79.6%,其后依次是卫生技术人员70.1%,农技推广人员65.1%,工程技术人员61.3%,科技管理人员55.4%。由此可见,我国科技期刊在我国学术生态建设中自身还有很多工作要做。

科技期刊须积极倡导科学精神,塑造正确的价值观。与世界各国科技期刊比较,我国科技期刊的影响较低,与我国科技发展的实际水平不相称。如我国影响因子最高的《细胞研究》(英文版),2008年影响因子为4.535,位居全球的第498位。同时,我国科

技评价体系导致了长期以来的SCI崇拜,已经导致优秀稿源外流严重,国内科技期刊已处于一个非常尴尬的状况。2010年1月12日,Nature网站刊登了评论文章——Publish or perish in China,对中国的科研造假现象进行了评述,称中国科研人员需要在高影响力期刊上发表论文的压力可能促使了不端行为的产生。文章表示,中国最近发生的一系列重大学术造假事件,凸显中国的学术评价系统过于强调发表论文。文章引用清华大学科技与社会研究所所长曾国屏的话说,许多人认为,急功近利的文化是造成这种现象的首要原因,另一个重要原因则是行政干预学术活动,中国的大多数学术评估——人员聘用、晋升、资金分配等——是由行政部门去执行的。文章也引用北京大学生命科学院院长饶毅的话说,对造假者(包括牵涉有声望科学家的著名造假案例)缺乏严厉的制裁,助长了学术欺诈的蔓延。科技期刊须张扬科学精神,倡导科学道德,促进我国科技界学风的好转。

科技期刊须在预防和揭露学术不端行为方面增强责任意识。求真务实、积极探索、敢于质疑、平等公正的科学精神,是整个科学文化系统的核心与灵魂,赋予了科技期刊经久不衰的活力,从而也构成了科学研究和编辑出版价值取向的本源。从科技期刊编辑的角度来看,科技期刊在学术把关上还存在着漏洞,科技期刊整体上缺乏一种对学术不端行为进行联合抵制与警示的机制,在客观上纵容了其存在。学术不端尽管属于个人行为,但科技期刊所具有的信息传播功能与价值属性,通过公开发表使个人的不良行为转化为一种社会的不良效应,这种效应对于学术研究、科学发展以及科技期刊自身的发展所产生的负面影响都是不可低估的。因此,科技期刊应在防范学术不端行为、净化学术生态环境中起到应有的重要作用。

### (三)科技期刊须成为提升我国文化软实力的重要力量

科技期刊的价值在于真实客观地报道科技发展成果和进展,推动学术交流与科学信息的广泛传播,推动科技进步与公众理解科学。一个国家科技期刊的水平,反映这个国家的科技实力、科技共同体的凝聚力、国家的科技竞争力。不管我国科技期刊的未来发展路径如何,其社会责任与公益性始终是存在的,其推动科学交流、促进科技创新与公众理解科学方面的作用和社会价值是要始终坚持的,我国科技期刊将通过履行好自己的社会责任,建立起科技期刊的学术影响力,并以此来建设我国在科学文化上的软实力。

具有强大影响力的科技期刊是国家文化软实力的重要构成要素。近代早期英国、法国、荷兰、德国期刊出版业的领先发展,为这些国家崛起为世界大国埋下了伏笔;美国成为后起的期刊出版大国,其刊物在全球文化市场长驱直入,创刊于1880年的《科学》是全球发行量最大的科学杂志,可以说代表了人类自然科学研究的最高水平,创刊于1845年的《科学美国人》(*Scientific American*)杂志在科学普及方面有力地推动了美国的科技进步和人文批判精神。所以说,一个国家没有世界级的杂志,很难说具有强大的文化软实力。随着我国科技期刊体制改革与数字化建设的推进,我国科技期刊的学术影响和出版水平将持续提高,传播能力将大为增强,一个科技期刊出版的新格局即将出现。与此同时,我国科技期刊须加快改革的进程,更好地服务于我国的政治、经济、社会和文化建设,成为提升我国文化产业与文化软实力的重要推动力量。

## 第二节 创新中国科协科技期刊的出版形态

网络环境下的科技期刊正处于发展与变革之中。在新的学术交流体系中，提高知识的传播速度和传播效率已经成为科技期刊所面临的最紧迫的任务。信息与通信技术的应用为科技期刊出版和传播提供了多方面的便利，而网络化带来的受众全球化却使科技期刊要面对激烈竞争。中国科协科技期刊须大胆创新发展思路，深入研究数字化环境下的科技期刊受众、作者、出版者等行为的变化，积极探索和实践新的科技期刊出版模式，逐步实现科技期刊的业态转变。

### 一、深刻认识科技期刊数字化出版规律

数字化技术在科技期刊业的运用与发展，带来了出版业生产方式、运营模式、管理方式等革命性的变化，加速了传统科技期刊出版业的升级，为科技期刊的发展拓展了前所未有的新空间，已经成为科技期刊领域中新的重要的增长点。目前，中国科协科技期刊数字化出版处在发展的初级阶段，需要从战略高度加强对科技期刊数字出版的认识，做好规划协调、科学布局、指导服务，积极推进具有一定规模的学科期刊群的期刊数字化平台建设布局，以学科期刊全文数据库建设和在线数字传播系统建设为重点，建立完善多样化、可持续发展的中国科协科技期刊数字出版模式。

第一，积极探索建立和完善中国科协科技期刊数字化出版模式。网络信息技术的发展极大地改变了科技期刊的生态环境，网络科技期刊的易获取性使科技期刊纸本的交流作用日益被边缘化。目前，不少中国科协科技期刊出版单位不同程度地在数字出版方面进行了尝试，但均未形成能够持续发展的科技期刊数字化出版模式。与国外优质出版资源和成熟的网络运营手段相比较，中国科协科技期刊在数字化出版方面仍面临着诸多困难。首先，网络出版环境不成熟，缺乏整体的战略规划，资金投入受限，人力资源不足，技术研发能力弱，盈利模式比较模糊。其次，大部分科技期刊及其主办单位本身并不具备强大的品牌效应，无力集中足够的科技期刊内容资源，而且网络营销投入大、周期长、风险高，传统的科技期刊出版单位很难驾驭。最后，缺乏有关科技期刊数字化出版的相关法律法规，管理手段粗放，造成科技期刊数字化内容资源流失严重，版权管理存在困难。因此，探索适合中国科协科技期刊数字化发展模式乃是当务之急。为此，中国科协科技期刊主办单位及出版单位须在出版理念、出版模式、传播方式、营销手段、盈利模式和人力资源配置等方面加强探索与实践，加强科技期刊数字化产品的研究开发，推动科技期刊数字化内容产业的发展，积极确立数字化科技期刊的新型出版业态，从单一的纸质或网络期刊出版向跨媒体出版转变。

第二，认真学习和借鉴国际科技期刊的成功经验。目前，在全球科学、技术、医学(STM)期刊出版领域，2 000 多家主要出版机构出版 2.3 万多种期刊，全球研究者和文章都以每年 3%～4%的速度递增，95%以上的文章可以通过在线找到，STM 期刊出版市场每年产值大约为 20 亿美元。如，爱思唯尔等国际大型学术出版集团均以科技期刊数字化

产品作为主要营利产品，并为此奠定了其盈利模式。爱思唯尔出版STM期刊2 300种，约占全球同类期刊总数的10%，全球每年出版的英文研究论文的26%来自爱思唯尔。从2000年至今，爱思唯尔用于数字化出版的投资总额已超过3亿欧元，其中，投资Science Direct平台的资金达2亿欧元、同行评议编辑出版体系建设1 500万欧元、编辑系统4 000万欧元等，使之在运用新技术方面始终占据世界领先地位。爱思唯尔的STM期刊数据库已在全球研究人员中具有较高的认可度，有资料认为中国高校的研究人员对爱思唯尔的STM期刊数据库的依赖度达59%，Science Direct为100万的研究者和科学家提供900万篇期刊论文的检索服务①。

第三，发挥中国科协科技期刊优势，优化配置资源。科技期刊数字化出版除了同行评议、以质量为核心这一根本宗旨不变外，科技期刊出版理念、出版形态、出版规模、流通方式等已发生根本性变化。国际出版机构的经验表明，科技期刊数字化出版需要投入相应的资金和持续的财务支持，仅靠任何一家科技期刊出版机构是根本无法完成的。这就需要中国科协科技期刊出版单位在自己的团体内、学科内集成和优化配置科技期刊资源，以在尽可能的范围内聚集相对海量的科技期刊内容，建立完善自己独特的科技期刊网络社区，大大提高单本科技期刊的运行效率，解决单本科技期刊无力完成的工作。

第四，立足中国科协科技期刊自身优势，完善科技期刊信息管理服务。服务是科技期刊数字化生存和成长之道。2009年初，中国科协科技期刊考察团在对荷兰出版业进行考察时，爱思唯尔副总裁Paul Evans教授介绍其数据库甚至可起到“猎头公司”的作用，可以把某一学科发表高质量论文的机构和作者均进行排名，发表论文有效引用率最高的作者可能在一个不出名的研究机构里，发表高质量论文较多、科研力量较雄厚的机构看到这个结果，便极有可能去和这位作者沟通，邀请其来工作，从而壮大自己的科研实力。这些都是科技期刊数据库能够提供的信息服务。威科出版公司的Ovid系统不仅可实现为医学方面的研究者、教学人员、医生等提供多套解决问题的方案，也能为想对自己健康有所了解的公众提供问题的答案。由此，中国科协科技期刊必须转变观念，积极探索科技期刊信息的服务细分与服务方式，为用户提供更多有价值的增值服务。

## 二、建设完善科技期刊数字化服务平台

科技期刊数字化服务平台是科技期刊数字化出版和信息服务的基础，任何一本科技期刊其内容和服务要融入浩瀚的互联网世界，要么通过自己专门的科技期刊数字化服务平台，要么加入与本刊相符的其他科技期刊数字化服务平台。目前，中国科协科技期刊大多没有自己专门的数字化服务平台，即使现有的科技期刊网站或网页，其数字化服务功能也是初步的，而且缺乏与同类（或相关）科技期刊的合作和内容聚合，对科技期刊内容用户来说很不方便和经济。为此，中国科协科技期刊必须建设完善科技期刊数字化服务平台。

第一，抓住科技期刊专业化网络社区发展的新机遇。网络社区正在成为当今科技期

① 杨文志博客：看荷兰人如何办科技期刊. http://www.sciencenet.cn/m/user_content.aspx?id=250806.

刊数字化生存的争夺要地,中国科协科技期刊须顺应这种形式,发挥自身优势,积极弥补现有一些商业科技期刊数字化出版和服务中内容信息服务相对滞后、信息源雷同、内容与服务细分不够、缺乏专业深度等诸多缺陷,以全新的理念推动科技期刊数字服务平台建设,加强对科技期刊出版资源的整合,提升科技期刊数字化出版和服务的品质,保护科技期刊的相关权益。大力推进中国科协精品科技期刊工程,有效推进科技期刊数字化建设试点工作,促进全国学会建立自己的科技期刊数字化出版和服务平台。完善稿件在线处理系统,实现编辑流程网络化;建立科技期刊在线出版和服务系统及全文数据库,实现期刊内容的开放存取和在线传输;探索全国学会主办科技期刊数字化出版和服务的持续发展模式。

第二,加速中国科协科技期刊数字化服务平台建设。以一些在学科领域有引领能力的全国学会为单元,以学科群为基础,加强中国科协科技期刊数字化平台建设。科技期刊数字化服务平台不应该“小而全”,而应该规模适度,功能独特,所以在中国科协科技期刊中,应鼓励部分有引领能力、有实力的全国学会,联合学科领域或相关学科的其他全国学会主办科技期刊,共同建立科技期刊数字化服务平台。这样不仅可以克服单本科技期刊的诸多弊端,保证科技期刊内容的聚集规模,而且能够降低建设和运行成本,增加对科技期刊内容用户、运营商户等的吸引力,提升在网络世界中的地位和话语权。

第三,加速建设和完善科技期刊专业数据库。积极建设自主知识产权的科技期刊专业数据库(专业学术论文中心),实现科技期刊内容资源的集成。科技期刊提供给读者的最终产品是内容,科技期刊最核心的竞争优势是其对内容资源的占有和为读者的管理服务,海量内容聚集是科技期刊数字化的发展态势。国内外的商业出版集团已普遍建立起拥有先进数据库技术的数字化服务平台,并利用其平台优势和品牌优势来聚集科技期刊内容资源,从而赢得高额的附加值。但在现行知识产权制度下,任何一个科技期刊数字化出版和服务机构都不可能在不与众多科技期刊出版单位合作的前提下实现这些内容的聚集,因此在网络社会中,科技期刊出版者的合作共赢成为常态。而数字化科技期刊内容和服务的合作建立在网络社区基础之上,科技期刊的网络社区互相依存、共荣发展,科技期刊内容聚集度越高、内容越有吸引力、网络社区功能越完善、人气越旺,在网络中就处于主动和有利地位,在与科技期刊数字化出版和服务机构的合作谈判中就会拥有更多的话语权。由此,中国科协科技期刊须发挥全国学会的组织优势和学科聚合优势,积极开发建设科技期刊网络化编辑、出版、服务平台,实现科技期刊网络采编、管理、全文发布和服务,支持多种内容信息资源的集成、融汇、检索服务,不断完善科技期刊数字化出版功能和服务功能,重点建设完善全国学会科技期刊内容的专业数据库,掌握核心,争取主动,促进相关科技期刊内容合作和相似聚合,促进与国内数字化科技期刊出版服务商、国际科技期刊出版服务商的密切合作和共赢。

## 三、加强现代科技期刊人才队伍建设

科技期刊发展关键在人才,数字化科技期刊发展需要大批具备运作现代科技期刊的编辑、出版、运营、服务能力的专门人才。中国科协科技期刊须加强数字化环境下现代科技期刊领军人才培育，营造在数字化科技期刊出版和服务领域人才成长的良好环境，促进数字出版创新人才脱颖而出。

科技期刊改革和发展的关键在于拥有一支高素质的人才队伍。中国科协科技期刊主办单位及出版单位须高度重视、引进和培育具备良好国际交往与运作能力的国际化期刊出版人才，培养和建设在相应学科领域具备较深学术造诣、知识面宽泛的出版和服务专家型人才，培养和引进通晓科技期刊出版市场规律、掌握现代数字化科技期刊营销手段、擅长期刊经营和资本运作的经营型人才，积极发现与培育兼具科技期刊出版运作和掌握现代网络信息技术手段、擅长创新的管理型人才。

中国科协科技期刊须通过创造好的机制吸纳现代科技期刊优秀人才，不断研究探索和推进人才制度创新，引入市场理念，以市场化的方式吸引和选拔各类人才。形成有利于办刊队伍更新知识、提升素质、可持续发展的培训和继续教育制度，建立科学评价人才、充分实现人才价值的工作环境。

中国科协科技期刊须十分重视培育和选拔科技期刊领军人物，并充分发挥他们的作用。领军人物对科技期刊有着举足轻重的作用，优良的办刊队伍建设从根本上讲取决于科技期刊领军人物的战略意识、运作能力和操作水平，国内外科技期刊界的成功经验表明，要办好科技期刊，最重要的是期刊领军人物的综合素质和水平。

## 第三节　推进中国科协科技期刊体制改革

我国正在深化包括科技期刊在内的出版体制改革，并且明确推进经营性出版单位转企改制和集团化建设，重塑新型市场主体；深化流通体制改革，构建统一开放、竞争有序、健康繁荣的现代出版物市场体系；深化投融资体制改革，加速产业发展；深化行政体制改革，创新管理方式，提高行政效能等基本方针和方向。在推进科技期刊集团建设，形成新型市场竞争主体，并积极鼓励跨部门、跨地区的科技期刊兼并或联合办刊，打破科技期刊部门所有、地区所有，引导一些办刊条件差、质量不高的期刊归并等方面，取得了一些进展。对此，中国科协科技期刊须认真学习贯彻落实国家有关出版体制改革的精神，推进中国科协科技期刊的体制改革。

### 一、深入研究中国科协科技期刊体制改革面临的重大问题

目前，我国科技期刊体制改革要比报刊、图书、音像等改革复杂和困难。与报刊、图书、音像等相比，我国科技期刊主要表现为：更“散”，即期刊出版小而散更严重，单刊的联合重组更难；更“乱”，即非企业、非法人多，量大面广，事业体制与企业体制转换难；更“难”，即公益性和经营性难确认，公益与经营矛盾体制上难调和，学术机构主导科技期刊的体制存废两难，期刊的低成本以及事业支撑，一时难以死掉。中国科协科技期刊与我国科技期刊整体情况一样，在推进体制改革中，面临诸多需要研究解决的问题。对此，中国科协科技期刊主办单位及出版单位须认真贯彻落实国家有关出版体制改革的精神，紧密结合实际，加强对科技期刊体制改革问题的深入研究，创造性地研究和解决中国科协科技

期刊在改革和发展过程中的突出问题。

## (一)科技期刊公益性与商品性的定义问题

科技期刊的公益性与商品性问题的界定和争论,决定着中国科协科技期刊今后的价值取向,以及相应的制度安排和政策支持,这有可能是决定科技期刊(特别是学术期刊)生死存亡的原则性问题。目前,我国科技期刊界和科技界的主流观点认为“科技期刊是一种特殊商品”①。从科技期刊的发行形式来看,它像是商品,但它不是一般的商品,而是一种特殊的商品。科技期刊的主要价值,不是以其自身的经济收入的多少来衡量,主要是体现在将科技成果转化为生产力,从而推动经济、社会、国防建设的发展和人类物质和文化生活的提高方面,因而它的价值是潜在性的、长期性的和间接的,是难以用一般的商品价值来衡量的。

科技期刊出版具有特殊性,我国目前纳入出版业的管理范畴。按照中央深化文化体制改革的总体部署和基本要求,无论是公益性出版单位还是经营性出版单位,都要深化体制改革,但改革路径和政策待遇显然有差别。所以,随着出版体制改革不断深化的现实,科技期刊的公益性与经营性的界定就显得非常必要和迫切。近年来,在调研基础上,中国科协始终建议将我国科技期刊(特别是同行评议期刊或学术期刊)视为“混合产品”(准公共产品或半公益性产品、非营利性产品),这比较符合实际,但有待于我国在推进科技期刊体制改革中制度安排的进一步确认。对此,中国科协科技期刊须加强对科技期刊体制改革必要性和紧迫性的认识,认清科技期刊所处的改革形势和环境,彻底转变思想观念。同时,客观面对科技期刊所处的现状和客观情况,实事求是,充分认识改革的复杂性和艰巨性,对科技期刊的公益性质与商品属性的关系问题进行更加深入的研究和探讨,为我国科技期刊体制改革建言献策。

## (二)中国科协科技期刊的非营利性界定问题

目前,我国推行的文化体制改革和出版发行体制改革,对出版单位提出公益性出版与经营性出版两大改革方向,对实行事业体制的公益性出版单位和市场体制的经营性出版单位的改革目标和根本任务提出了不同的要求。面对体制改革持续深化的宏观政策环境,中国科协科技期刊出版机构(全国学会)作为非营利机构,其所出版的科技期刊作为非营利机构的服务产品,需要在制度安排上作明确的界定,以选择中国科协科技期刊出版体制改革的方向、路径,以利于导入相应的政策支持框架。

我国法律规定,作为非营利组织的科技社团,不得直接从事营利性活动。科技社团组织的非营利性决定了科技社团所出版科技期刊的非营利性。目前,国家出版体制改革只规定了公益性出版与经营性出版两大改革方向,而对非营利性出版却缺乏相应的规定和制度安排。为此,中国科协科技期刊须努力寻求非营利组织主办科技期刊的规律,借鉴发达国家非营利组织主办科技期刊和出版体制建构的成功经验,结合我国国情和科技期刊

---

① 刘振兴.建议将自然科学学术期刊纳入公益性事业管理的思考.中国科技期刊研究,2006,17(1):1～2.

发展的实际，积极探索研究非营利组织科技期刊出版体制改革问题。同时，实事求是，认真研究非营利组织科技期刊出版的特点和规律，依据我国法律和国际惯例，在国家已经明确公益性出版单位、经营性出版单位政策支持的同时，积极建议确立我国非营利性出版的制度安排。积极争取适合非营利组织科技期刊出版的税收、财政等支持政策，争取国家出版行政管理部门对非营利组织科技期刊出版体制改革的扶持和指导。

### （三）科技期刊出版机构的主体准入问题

目前，按照国家出版体制改革要重塑新型市场主体的要求，今后我国科技期刊出版单位须注册为具备市场主体资格的企业法人单位，如杂志社有限公司。出版体制改革的根本目的是促进出版业的发展，科技期刊出版体制改革的根本目的是促进我国科技期刊做大做强。世界科技期刊发展的历史经验告诉我们，科技期刊（特别是同行评议的学术期刊）的出版与其他一般出版物有所不同，它必须以科技共同体的团队为主体和支撑，而非仅仅依托具备市场主体资格的企业法人单位。有关研究资料表明，非营利机构（如学术社团）在出版科技期刊方面具有独特的优势，目前世界期刊市场中，虽然商业出版机构占很大份额，但非营利机构出版的学术期刊具有极大的竞争力。在SCI收录的高被引学术期刊中，非营利机构主办的期刊在排名前10中占8种（占80%），前20中占17种（占85%），前50中占42种（占84%），前100中占77种（占77%），即使前500中依然占到80%左右的份额①。

截至2009年底，作为我国非营利组织的中国科协所属全国学会主办科技期刊954种，其中学术类期刊661种、技术类期刊183种、科普类期刊60种、综合类期刊46种、检索类期刊4种，这些期刊在我国科技期刊中总体保持领先地位。目前，中国科协科技期刊出版机构中，非营利性、事业型的非法人机构占绝大多数，在改制注册为具备市场主体资格的企业法人单位（如杂志社有限公司）时遇到许多困难和新的问题。对此，中国科协科技期刊须遵循科技期刊的发展规律，实事求是，以有利于科技期刊发展为前提，对科技期刊出版机构的准入问题进行深入的研究和探讨，为我国科技期刊体制改革做一些有益的实践探索。

### （四）科技期刊的产权界定问题

在市场经济中，产权界定是一种常态行为。科技期刊间合作、集约化运作的一个重要基础是产权资本化，因此产权定义和具体界定是科技期刊出版体制改革中涉及的基础性问题。与出版社、企业、高校等的出版物不同，中国科协所属全国学会主办科技期刊的产权界定非常复杂，极其困难。目前，中国科协科技期刊在管理体制上，除行政登记和业务主管单位外，还有期刊主办单位（全国学会）、全国学会（期刊主办单位）挂靠单位、期刊编辑部挂靠单位、参与主办单位、支持主办单位、合作主办单位等；这些与中国科协科技期刊出版有关的单位，几乎涉及我国所有类型的法人（或非法人）机构，如社团法人、非法人分

① Sally Morris. Mapping the journal publishing landscape. Learned Publishing，2007，20（4）：299～308.

支机构、事业法人、企业法人和政府等。目前，我国科技社团的资产属性模糊，尚没有社团资产的分类和制度定义，中国科协科技期刊出版中实际涉及有国有资产、社团资产、企业资产，甚至包括个人资产或其他资产。科技期刊产权相关者权益，如主办权、参办权、编辑权、出版权、经营权、合作权等难以定义和量化。一些全国学会历史悠久，科技期刊的历史沿革复杂，其隶属关系、实际运作关系几经变更衍生。目前，在缺乏定义、原则、标准和具体措施办法的情况下，中国科协科技期刊出版体制改革措施很难出台、相关的责权利关系的边界很难定夺、出版机构的治理结构很难确定。对此，中国科协科技期刊须充分尊重出版发展规律，结合实际情况，对科技期刊的产权问题进行深入研究和探讨，以促进科技期刊体制改革走向深入。

## 二、积极试点探索，推进中国科协科技期刊出版体制改革

推行我国文化体制改革和出版发行体制改革，是适应社会主义市场经济、增强我国出版业竞争力，提升国家文化软实力的需要。目前，国家新闻出版部门已经明确我国新闻出版行业体制改革的方向，并在实施中取得很大成效。对此，中国科协科技期刊须认真贯彻落实国家出版体制改革的方针和政策，结合非营利组织和科技社团自身的特点和具体情况，大胆试点，发现问题，研究解决问题，探索路子，摸索经验，以利于全面、符合实际、有效地推进中国科协科技期刊出版体制改革。

第一，中国科协科技期刊出版体制改革的关键在主办单位。中国科协科技期刊出版体制改革要以科技期刊的主办单位为重点，大力支持有条件的全国学会根据国家对出版体制改革的总体要求，以科技期刊集群化为目标，以数字化建设为手段，深化科技期刊出版管理体制和内部运行机制改革，增强科技期刊活力和市场竞争力。为此，2009 年中国科协按照“区别对待、分类指导、试点先行、逐步推开”的原则，首次布置开展了全国学会主办科技期刊出版体制改革试点工作，选择两个具有典型代表性的学会期刊出版单位作为改革试点。

第二，中国科协科技期刊出版体制改革的重点是解决出版体制和运行机制问题。中国科协科技期刊出版体制改革试点工作，须深入研究和探讨妥善解决目前影响科技社团期刊出版体制改革进程的一些实质性问题，如科技社团期刊出版的理想治理模式、科技社团主办期刊的属性定义(包括科技期刊广告经营主体资格问题)、科技社团作为非营利组织如何在出版体制中转制问题、科技社团主办期刊的政策支持问题等。积极探索和完善“小期刊、大市场”的发展策略，积极探索建立和推动以学科为纽带的期刊集群化机构和机制。

第三，中国科协科技期刊出版体制改革的目标是提升竞争力。目前，中国科协科技期刊出版单位的法人地位不确立、经营乏力、经济规模弱小。要提升中国科协科技期刊的经营水平与综合竞争力，需要通过出版体制和机制改革，积极、稳妥地解决期刊挂靠单位、主办单位与出版单位之间存在的不利于发展的各种问题，厘清和确立科技期刊出版的市场主体，同时在管理方式、市场竞争意识、经营手段上狠下功夫，高效配置出版资源，积极参与市场竞争。中国科协科技期刊还须充分发挥领衔大刊的引领作用与品牌影响，鼓励科

技期刊的兼并、联合，积极转变小作坊式的期刊运行方式，实现规模出版；在学科刊群基本形成的基础上，探索成立科技期刊专业化出版集团，真正实现不同主办单位、不同领域的期刊整合，培育一批科技期刊出版领域战略投资主体，打造有竞争力的市场主体。探索和建立完善全国学会层面的科技期刊联盟、集群和集团，完善和建立起科技期刊出版的法人治理结构，积极建构新型的集群化的资本运营模式、决策与执行的权力运行结构、可操作性的利益分配机制，有效整合和优化配置中国科协科技期刊资源，真正激活科技期刊的发展活力。

## 三、加大对中国科协科技期刊的服务和支持力度

科技期刊发展和出版体制改革，需要强有力的公共服务、政策支持和资金支持。要推进中国科协科技期刊的发展和出版体制改革，同样必须建立完善这些相应服务和支撑。为此，中国科协须将发挥其科技期刊业务主管单位和科技人民团体的作用，积极建言以促进我国科技期刊公共服务平台建设和相关支持的配套政策出台。

第一，建议进一步完善我国科技期刊法律法规，改善法律环境。立法缜密，司法有力，依法管理出版市场是发达国家对出版业进行管理的共同特点。科技期刊出版机构的生产经营活动和参与市场竞争，必须而且只能在法律的范围内进行。科技期刊出版法制的建立健全可以使政府真正地在市场经济中扮演“服务者”的角色，使国家有效地引导其出版活动，规范出版的生产、流通各环节，规范出版市场。在科技期刊出版业发达的国家，多实行宽松的科技期刊出版市场准入，而这种低门槛则是以一个完善的法律环境为支撑，除了公民的守法意识成为行为准则，以及期刊出版行业协会在法律框架内进行行业自律外，关键就是这些完善的法律可以对违法行为进行有效制止和依法惩处。目前，有关支撑我国科技期刊发展的法律和法规还不够完善，需要进一步完善科技期刊出版单位法人制度、准入和退出制度、主管主办制度、新媒体出版服务制度等相关法律制度；细分期刊的行政管理，根据科技期刊的特点，宽松科技期刊的行政审批；出台非营利组织出版科技期刊的支持政策；出台科技期刊产权分割的法律规定；改善政府管理科技期刊的方式，逐步由行政审批管理向服务支持转变。

第二，建议成立我国科技期刊行业学会，强化科技期刊行业的自律、服务和维权。在科技期刊出版业发达的国家，在法律框架内期刊行业协会的自律、服务、维权是其保证期刊规范运行、公共服务、维护权益的基本经验。发达国家的科技期刊宏观运行机制中，市场、法律和政府调控是其中最主要的三大要素，行业协会则是与三大要素有密切关系的第四方力量。在发达国家，期刊行业协会是市场经济中与期刊出版相关的参与者和利益相关者自发形成并受到法律保护的民间组织。期刊行业协会集聚了市场经济中原本极其分散的期刊出版利益相关者，从而形成能够代表本行业利益与政府对话的力量。通过期刊行业管理和自律，达到既互相竞争又协调发展的目的。在出版行业，一些发达国家在图书、期刊、音像制品等生产的各个环节都有各自的行业组织。这些行业协会的主要任务是：代表会员与政府和其他行业展开对话，以维护会员利益；提供各种信息服务和参与行业培训；实行行业自律；组织参加和举办各种国内和国际展览；倡导读者阅读，通过各种评

选活动，对出版物进行指导；代表本国行业利益，参加国际组织的活动。目前，我国科技期刊界虽然已经成立一些学会、协会，但尚没有一家社会组织能起到行业协会组织这种作用。因此，建议在国家层面尽快建立我国的科技期刊行业协会，充分发挥其在规范行为、提供服务、反映诉求中的作用，建立完善科技期刊的行业规范、标准和评价体系，建立我国科技期刊的公共服务平台。我国科技期刊行业协会的建立，其作用和功能将会随着市场机制的完善而逐步加强，作为科技期刊的行政和业务管理部门，应将一些不适合自己承担的社会职能转移到科技期刊行业协会，充分认同和积极发挥科技期刊行业协会的作用。

多年来，科学家、科技期刊工作者和相关管理部门都始终呼吁建立和完善权威的中国科技期刊评价体系，正确引导我国科技期刊事业的发展。我国科技期刊行业协会的缺位，使这项工作一直难以实现。科技期刊行业协会的建立，可以从科技期刊管理的角度出发，制定一套实用、可行的科技期刊评价体系，在科技期刊从创刊、管理、评价等系统流程中，对科技期刊实行动态和科学的管理。从科技期刊编辑者的角度出发，希望明确发展目标，明确优秀期刊标准，并希望依据权威的科技期刊评价体系来认清不足，准确定位。从广大科研工作者的角度出发，希望通过科技期刊评价体系的公正和公开机制，合理选择适合本专业的科技期刊，发表自己的科研成果，从而促进我国科技工作的发展。因此，建立我国的科技期刊行业协会是科技期刊发展本身的需求，也是科技期刊能否健康和可持续发展的重要前提。

第三，建议建立完善科技期刊的支撑性制度安排，建立国家资助体系。对包括科技期刊在内的出版业减免税收是大多数国家在经济上扶持出版业的一项重要措施，有的国家(如英国、加拿大、澳大利亚、葡萄牙等)对出版物一直采取零税收政策；有的国家(如法国、瑞士、西班牙等)出版税收极低，多数国家对出版物的税收比一般商品低得多。因此，建议优惠税收政策作为国家对科技期刊出版单位的税收原则并加以贯彻。如，在营业税方面，建议将科技期刊出版单位列入“文化体育业”税目(税率为3%)征税，而不应列入“服务业(广告业及其他服务业)”税目(税率为5%)征税；在增值税方面，建议将对科技期刊的增值税实行“先征后退”或“免征”的办法作为一项长期有效的政策固定下来并切实落实，同时纠正将科技期刊的赠刊行为视同销售并征收增值税的做法；在所得税方面，对纳入公益性事业管理的自然科学学术期刊和作为科普公益事业重要组成部分的科普期刊不应征税；建议取消对科技期刊征收文化事业建设费的规定。通过政府资助与基金运作的方式对学术出版进行资助是发达国家的普遍做法。

建议完善国家对科技期刊的资助机制，加大支持力度；建立稳定的经费来源渠道，逐步增加对中国科协精品科技期刊的专项支持力度，加大资金支持强度，提高支持效率，并加强资金使用管理和效果监控。

# 附录

## 中国科协科技期刊名录(2009)

注:[1]2008 年中国百种杰出学术期刊(67 种)
[2]2008 年度国家自然科学基金重点学术期刊专项基金资助期刊(31 种)
[3]2008 年 SCI 收录中国科协期刊(62 种)
[4]2009 年 EI 核心库收录中国科协期刊(90 种)
[5]2009 年 IM 收录中国科协期刊(54 种)

按刊名汉语拼音排序

| 序号 | 中文刊名 | 英文刊名 | 国内统一连续出版物号 | 主管单位 | 主办单位 |
|---|---|---|---|---|---|
| 1 | 癌变·畸变·突变 | Carcinogenesis; Teratogenesis & Mutagenesis | CN44-1063/R | 中国科协 | 中国环境诱变剂学会、汕头大学医学院 |
| 2 | 癌症康复 | Cancer Rehabilitation | CN11-3882/R | 中国科协 | 中国抗癌协会、北京市肿瘤防治研究办公室、北京大学临床肿瘤学院 |
| 3 | 安全与环境学报 | Journal of Safety and Environment | CN11-4537/X | 中国兵器工业集团公司 | 北京理工大学、中国环境科学学会、中国职业安全健康协会 |
| 4 | 白血病·淋巴瘤 | Journal of Leukemia Lymphoma | CN11-5356/R | 卫生部 | 中华医学会、山西省肿瘤研究所、山西省肿瘤医院 |
| 5 | 办公自动化 | Office Informatization | CN11-3749/TP | 中国科协 | 中国仪器仪表学会 |
| 6 | 半导体学报(英文版)[4] | Journal of Semiconductors | CN11-5781/TN | 中国科学院 | 中国科学院半导体研究所、中国电子学会 |
| 7 | 爆破器材 | Explosive Materials | CN32-1163/TJ | 中国科协 | 中国兵工学会 |
| 8 | 爆炸与冲击[1,4] | Explosion and Shock Waves | CN51-1148/O3 | 四川省科协 | 中国力学学会、四川省力学学会、中国科学院流体物理研究所 |
| 9 | 北京医学 | Beijing Medical Journal | CN11-2273/R | 北京市卫生局 | 中华医学会北京分会 |
| 10 | 编辑学报 | Acta Editologica | CN11-2493/G3 | 中国科协 | 中国科学技术期刊编辑学会 |
| 11 | 表面技术 | Surface Technology | CN50-1083/TG | 中国兵器装备集团公司 | 中国兵器工业第五九研究所、中国兵工学会防腐包装分会、中国兵器工业防腐包装情报网 |
| 12 | 冰川冻土 | Journal of Glaciology and Geocryology | CN62-1072/P | 中国科学院 | 中国地理学会、中国科学院寒区旱区环境与工程研究所 |

续表

| 序号 | 中文刊名 | 英文刊名 | 国内统一连续出版物号 | 主管单位 | 主办单位 |
|---|---|---|---|---|---|
| 13 | 兵工学报[4] | Acta Armamentarii | CN11-2176/TJ | 中国科协 | 中国兵工学会 |
| 14 | 兵工学报(英文版) | Journal of China Ordnance | CN11-5282/TJ | 中国科协 | 中国兵工学会 |
| 15 | 兵器材料科学与工程 | Ordnance Material Science and Engineering | CN33-1331/TJ | 中国科协 | 中国兵工学会、中国兵器工业集团第五二研究所 |
| 16 | 兵器知识 | Ordnance Knowledge | CN11-1470/TJ | 中国科协 | 中国兵工学会 |
| 17 | 病毒学报[5] | Chinese Journal of Virology | CN11-1865/R | 中国科协 | 中国微生物学会 |
| 18 | 波谱学杂志 | Chinese Journal of Magnetic Resonance | CN42-1180/O4 | 中国科学院 | 中国物理学会波谱学专业委员会、中国科学院武汉物理与数学研究所 |
| 19 | 材料保护 | Journal of Materials Protection | CN42-1215/TB | 中国机械工业联合会 | 中国腐蚀与防护学会、中国表面工程协会、武汉材料保护研究所 |
| 20 | 材料开发与应用 | Development and Application of Materials | CN41-1149/TB | 中国船舶重工集团公司 | 中国船舶重工集团公司第七二五研究所、中国造船工程学会船舶材料学术委员会 |
| 21 | 材料科学技术(英文版)[3,4] | Journal of Materials Science & Technology | CN21-1315/TG | 中国科协 | 中国金属学会、中国材料研究学会、中国科学院金属研究所 |
| 22 | 材料热处理学报[4] | Transactions of Materials and Heat Treatment | CN11-4545/TG | 中国科协 | 中国机械工程学会 |
| 23 | 材料研究学报[4] | Chinese Journal of Materials Research | CN21-1328/TG | 中国科学院 | 国家自然科学基金委员会、中国材料研究学会 |
| 24 | 蚕业科学 | Acta Sericologica Sinica | CN32-1115/S | 中国科协 | 中国蚕学会、中国农业科学院蚕业研究所 |
| 25 | 草地学报 | Acta Agrestia Sinica | CN11-3362/S | 中国科协 | 中国草学会 |
| 26 | 草业科学 | Pratacultural Science | CN62-1069/S | 兰州大学草地农业科技学院 | 中国草学会、兰州大学草地农业科技学院 |
| 27 | 草业学报[1] | Acta Prataculturae Sinica | CN62-1105/S | 兰州大学草地农业科技学院 | 中国草学会、兰州大学草地农业科技学院 |

续表

| 序号 | 中文刊名 | 英文刊名 | 国内统一连续出版物号 | 主管单位 | 主办单位 |
|---|---|---|---|---|---|
| 28 | 草原与草坪 | Grassland and Turf | CN62-1156/S | 甘肃省教育厅 | 甘肃农业大学、中国草学会 |
| 29 | 测绘工程 | Engineering of Surveying and Mapping | CN23-1394/TF | 黑龙江省教育厅 | 黑龙江工程学院、中国测绘学会 |
| 30 | 测绘学报[4] | Acta Geodaetica et Cartographica Sinica | CN11-2089/P | 中国科协 | 中国测绘学会 |
| 31 | 测试技术学报 | Journal of Test and Measurement Technology | CN14-1301/TP | 山西省教育厅 | 华北工学院、中国兵工学会 |
| 32 | 茶叶科学 | Journal of Tea Science | CN33-1115/S | 中国科协 | 中国茶叶学会 |
| 33 | 车辆与动力技术 | Vehicle & Power Technology | CN11-4493/TH | 中国科协 | 中国兵工学会、坦克装甲车学会、发动机学会 |
| 34 | 成组技术与生产现代化 | Group Technology & Production Modernization | CN41-1226/TB | 机械工业第六设计研究院 | 机械工业第六设计研究院、中国机械工程学会成组技术分会、中原工学院 |
| 35 | 城建档案 | The Urban Construction Archives Magazine | CN11-3484/TU | 住房与城乡建设部 | 中国城市科学研究会城建档案信息专业委员会 |
| 36 | 城市发展研究 | Urban Studies | CN11-3504/TU | 中国科协 | 中国城市科学研究会 |
| 37 | 城市公共交通 | Urban Public Transport | CN11-4416/U | 中国科协 | 中国土木工程学会、北京公共交通控股(集团)有限公司 |
| 38 | 船舶工程 | Ship Engineering | CN31-1281/U | 中国船舶重工集团公司 | 中国造船工程学会 |
| 39 | 船舶力学[4] | Journal of Ship Mechanics | CN32-1468/U | 中国船舶重工集团公司 | 中国船舶科学研究中心、中国造船工程学会船舶力学学术委员会 |
| 40 | 船电技术 | Marine Electric & Electronic Engineering | CN42-1267/U | 中国船舶重工集团公司 | 武汉船用电力推进装置研究所、中国造船工程学会轮机学术委员会 |
| 41 | 催化学报[3] | Chinese Journal of Catalysis | CN21-1195/O6 | 中国科学院 | 中国化学会、大连化学物理研究所 |
| 42 | 大坝与安全 | Dam and Safety | CN33-1260/TK | 中国科协 | 国家电力监管委员会大坝安全监察中心、中国水力发电工程学会 |

续表

| 序号 | 中文刊名 | 英文刊名 | 国内统一连续出版物号 | 主管单位 | 主办单位 |
|---|---|---|---|---|---|
| 43 | 大学化学 | University Chemistry | CN11-1815/O6 | 教育部 | 高等学校化学教育研究中心、中国化学会 |
| 44 | 大学物理 | College Physics | CN11-1910/O4 | 中国科协 | 中国物理学会 |
| 45 | 大众电脑 | Popular Computer Fan | CN11-4570/TP | 中国科协 | 中国科技新闻学会 |
| 46 | 大众软件 | Popsoft | CN11-3751/TN | 中国科协 | 中国科学技术情报学会 |
| 47 | 大自然 | China Nature | CN11-1385/N | 中国科协 | 中国自然科学博物馆协会、北京自然博物馆、中国野生动物保护协会 |
| 48 | 弹道学报[4] | Journal of Ballistics | CN32-1343/TJ | 中国科协 | 中国兵工学会 |
| 49 | 弹箭与制导学报 | Journal of Projectiles; Rockets; Missiles & Guidance | CN61-1234/TJ | 中国科协 | 中国兵工学会 |
| 50 | 淡水渔业 | Freshwater Fisheries | CN42-1138/S | 中国科协 | 中国水产学会、中国水产科学研究院长江水产研究所、中国水产科学研究院淡水渔业研究中心 |
| 51 | 当代矿工 | Modern Miner | CN11-2762/C | 中国科协 | 中国煤炭学会 |
| 52 | 档案学研究 | Archives Science Study | CN11-1226/G2 | 中国科协 | 中国档案学会 |
| 53 | 等离子体科学和技术(英文版)[3] | Plasma Science and Technology | CN34-1187/TL | 中国科学院 | 中国科学院等离子体物理研究所、中国力学学会 |
| 54 | 低温物理学报 | Chinese Journal of Low Temperature Physics | CN34-1053/O4 | 中国科学院 | 中国科技大学、中国物理学会低温物理专业委员会 |
| 55 | 地理学报[1] | Acta Geographica Sinica | CN11-1856/P | 中国科学院 | 中国地理学会、中国科学院地理科学与资源研究所 |
| 56 | 地理学报(英文版)[3] | Journal of Geographical Sciences | CN11-4546/P | 中国科协 | 中国地理学会、中国科学院地理科学与资源研究所 |
| 57 | 地球 | The Earth | CN11-1467/P | 国土资源部 | 中国地质学会科普委员会、中国地质博物馆 |
| 58 | 地球化学 | Geochimica | CN44-1398/P | 中国科学院 | 中国科学院广州地球化学研究所、中国矿物岩石地球化学学会 |

续表

| 序号 | 中文刊名 | 英文刊名 | 国内统一连续出版物号 | 主管单位 | 主办单位 |
|---|---|---|---|---|---|
| 59 | 地球物理学报[1,2,3] | Chinese Journal of Geophysics | CN11-2074/P | 中国科学院 | 中国科学院地质与地球物理研究所、中国地球物理学会 |
| 60 | 地球物理学进展 | Progress in Geophysics | CN11-2982/P | 中国科学院 | 中国科学院地质与地球物理研究所、中国地球物理学会 |
| 61 | 地下空间与工程学报 | Chinese Journal of Underground Space and Engineering | CN50-1169/TU | 教育部 | 重庆大学、中国岩石力学与工程学会 |
| 62 | 地震 | Earthquake | CN11-1893/P | 中国地震局 | 中国地震局分析预报中心、中国地震学会地震预报专业委员会 |
| 63 | 地震地磁观测与研究 | Seismological and Geomagnetic Observation and Research | CN11-2327/P | 中国地震局 | 中国地震台网中心、中国地震局地球物理研究所、中国地震学会地震观测技术专业委员会 |
| 64 | 地震工程与工程振动 | Earthquake Engineering and Engineering Vibration | CN23-1157/P | 中国地震局 | 中国地震局工程力学研究所、中国力学学会 |
| 65 | 地震学报 | Acta Seismologica Sinica | CN11-2021/P | 中国科协 | 中国地震学会、中国地震学会、中国地震学会 |
| 66 | 地震学报(英文版) | Earthquake Science | CN11-5695/P | 中国科协 | 中国地震学会 |
| 67 | 地质论评[1] | Geological Review | CN11-1952/P | 中国科协 | 中国地质学会 |
| 68 | 地质学报 | Acta Geologica Sinica | CN11-1951/P | 中国科协 | 中国地质学会 |
| 69 | 地质学报(英文版)[3] | Acta Geologica Sinica (English Edition) | CN11-2001/P | 中国科协 | 中国地质学会 |
| 70 | 电波科学学报[4] | Chinese Journal of Radio Science | CN41-1185/TN | 中国科协 | 中国电子学会 |
| 71 | 电测与仪表 | Electrical Measurement & Instrumentation | CN23-1202/TH | 国家机械工业局 | 哈尔滨电工仪表研究所、中国仪器仪表学会电磁测量信息处理仪器分会 |
| 72 | 电工技术学报[4] | Transactions of China Electrotechnical Society | CN11-2188/TM | 中国科协 | 中国电工技术学会 |
| 73 | 电化学 | Electrochemistry | CN35-1172/O6 | 中国科协 | 中国化学会 |

续表

| 序号 | 中文刊名 | 英文刊名 | 国内统一连续出版物号 | 主管单位 | 主办单位 |
|---|---|---|---|---|---|
| 74 | 电力安全技术 | Electric Safety Technology | CN32-1543/TM | 国家电网公司 | 中国电机工程学会安全技术专业委员会、苏州热工研究院有限公司 |
| 75 | 电力环境保护 | Electric Power Environmental Protection | CN32-1428/X | 中国国电集团公司 | 中国电机工程学会电力环保专业委员会、国电环境保护研究院 |
| 76 | 电力系统通信 | Telecommunications for Electric Power System | CN11-4848/TK | 国家电网公司 | 国电通信中心、中国电机工程学会 |
| 77 | 电脑与信息技术 | Computer and Information Technology | CN43-1202/TP | 湖南省信息产业厅 | 湖南省电子研究所 、中国电子学会 |
| 78 | 电气(英文版) | Electricity | CN11-2908/TM | 中国科协 | 中国电机工程学会 |
| 79 | 电气传动 | Electric Drive | CN12-1067/TP | 天津电气传动设计研究所 | 天津电气传动设计研究所、中国自动化学会 |
| 80 | 电气化铁道 | Electric Railway | CN11-2701/U | 中国铁路工程集团有限公司 | 中铁电气化局集团有限公司、中国铁道学会电气化委员会 |
| 81 | 电气技术 | Electrical Engineering | CN11-5255/TM | 中国科协 | 中国电工技术学会 |
| 82 | 电信科学 | Telecommunication Science | CN11-2103/TN | 中国科协 | 中国通信学会、人民邮电出版社 |
| 83 | 电子测量与仪器学报 | Journal of Electronic Measurement and Instrument | CN11-2488/TN | 中国科协 | 中国电子学会 |
| 84 | 电子竞技 | E-athletics | CN11-5293/TP | 中国科协 | 中国科技新闻学会 |
| 85 | 电子商务 | E-business | CN11-4499/TN | 中国科协 | 中国电子学会、中国信息产业商会 |
| 86 | 电子世界 | Electronics World | CN11-2086/TN | 中国科协 | 中国电子学会 |
| 87 | 电子显微学报 | Journal of Chinese Electron Microscopy Society | CN11-2295/TN | 中国科协 | 中国物理学会 |
| 88 | 电子学报[1,4] | Acta Electronica Sinica | CN11-2087/TN | 中国科协 | 中国电子学会 |
| 89 | 电子游戏软件 | Game Software | CN11-3505/TP | 中国科协 | 中国电子学会 |
| 90 | 电子游戏世界 | Game Star | CN11-5256/TP | 中国科协 | 中国科普作家协会 |
| 91 | 电子元件与材料 | Electronic Components and Materials | CN51-1241/TN | 工业和信息化部 | 国营第715厂、中国电子学会、中国电子元件行业协会 |

续表

| 序号 | 中文刊名 | 英文刊名 | 国内统一连续出版物号 | 主管单位 | 主办单位 |
| --- | --- | --- | --- | --- | --- |
| 92 | 雕塑 | Sculpture | CN11-3579/J | 中国轻工业联合会 | 中国工艺美术学会雕塑专业委员会 |
| 93 | 动力工程 | Journal of Power Engineering | CN31-1279/TK | 上海市国有资产监督管理委员会 | 中国动力工程学会、上海发电设备成套设计研究院 |
| 94 | 动力学与控制学报 | Journal of Dynamics and Control | CN43-1409/O2 | 教育部 | 中国力学学会、湖南大学 |
| 95 | 动物分类学报 | Acta Zootaxonomica Sinica | CN11-1831/Q | 中国科学院 | 中国科学院动物研究所、中国动物学会、中国昆虫学会 |
| 96 | 动物学报(英文版) | Current Zoology | CN11-5794/Q | 中国科学院 | 中国科学院动物研究所、中国动物学会 |
| 97 | 动物学杂志 | Chinese Journal of Zoology | CN11-1830/Q | 中国科学院 | 中国科学院动物研究所、中国动物学会 |
| 98 | 动物营养学报 | Chinese Journal of Animal Nutrition | CN11-5461/S | 中国科协 | 中国畜牧兽医学会、动物营养学分会 |
| 99 | 锻压技术 | Forging & Stamping Technology | CN11-1942/TG | 中国机械工业联合会 | 北京机电研究所、中国机械工程学会塑性工程分会 |
| 100 | 儿科药学杂志 | Journal of Pediatric Pharmacy | CN50-1156/R | 重庆市卫生局 | 重庆医科大学附属儿童医院、中国药学会儿科药学专业组 |
| 101 | 发光学报 | Chinese Journal of Luminescence | CN22-1116/O4 | 中国科学院 | 中国物理学会发光分科学会、中国科学院长春光学精密机械与物理研究所 |
| 102 | 发现 | Finding | CN11-1585/N | 中国科协 | 中国未来研究会、北京国际交流协会 |
| 103 | 纺织学报 | Journal of Textile Research | CN11-5167/TS | 中国科协 | 中国纺织工程学会 |
| 104 | 分析化学[1,2,3] | Chinese Journal of Analytical Chemistry | CN22-1125/O6 | 中国科学院 | 中国化学会、中国科学院长春应用化学研究所 |
| 105 | 分析试验室 | Chinese Journal of Analysis Laboratory | CN11-2017/TF | 中国有色金属工业协会 | 北京有色金属研究总院、中国分析测试协会 |

续表

| 序号 | 中文刊名 | 英文刊名 | 国内统一连续出版物号 | 主管单位 | 主办单位 |
|---|---|---|---|---|---|
| 106 | 分析仪器 | Analytical Instrumentation | CN11-1822/TH | 中国机械工业联合会 | 中国仪器仪表行业协会、北京分析仪器研究所(北京市北分仪器技术公司) |
| 107 | 分子科学学报(中、英文) | Journal of Molecular Science | CN22-1262/O4 | 中国科协 | 中国化学会 |
| 108 | 分子细胞生物学报[5] | Journal of Molecular Cell Biology | CN31-1976/Q | 中国科学院 | 中国科学院上海生命科学研究院生化细胞所、中国细胞生物学学会 |
| 109 | 分子植物(英文版)[3,5] | Molecular Plant | CN31-2013/Q | 中国科学院 | 中国科学院上海植物生理所、中国植物生理学会 |
| 110 | 粉末冶金技术 | Powder Metallurgy Technology | CN11-1974/TF | 中国科协 | 中国机械工程学会、中国金属学会、中国有色金属学会 |
| 111 | 风景园林 | Landscape Architecture | CN11-5366/S | 教育部 | 北京林业大学、中国风景园林学会 |
| 112 | 福建医药杂志 | Fujian Medical Journal | CN35-1071/R | 福建省卫生厅 | 中华医学会福建分会 |
| 113 | 辐射防护 | Radiation Protection | CN14-1143/TL | 中国核工业集团公司 | 中国核学会辐射防护分会、中国辐射防护研究院 |
| 114 | 辐射研究与辐射工艺学报 | Journal of Radiation Research and Radiation Processing | CN31-1258/TL | 中国科学院 | 中国科学院上海应用物理研究所、中国辐射研究与辐射工艺学会、上海市核学会 |
| 115 | 复合材料学报[4] | Acta Materiae Compositae Sinica | CN11-1801/TB | 国防科学技术工业委员会 | 北京航空航天大学、中国复合材料学会 |
| 116 | 腹部外科 | Journal of Abdominal Surgery | CN42-1252/R | 武汉市卫生局 | 中华医学会武汉分会 |
| 117 | 干旱区资源与环境 | Journal of Arid Land Resources and Environment | CN15-1112/N | 内蒙古农业大学 | 中国自然资源学会、内蒙古农业大学 |
| 118 | 钢铁 | Iron and Steel | CN11-2118/TF | 中国科协 | 中国金属学会、钢铁研究总院 |

续表

| 序号 | 中文刊名 | 英文刊名 | 国内统一连续出版物号 | 主管单位 | 主办单位 |
|---|---|---|---|---|---|
| 119 | 高分子科学(英文版)[3] | Chinese Journal of Polymer Science | CN11-2015/O6 | 中国科协 | 中国化学会、中国科学院化学研究所 |
| 120 | 高分子通报 | Chinese Polymer Bulletin | CN11-2051/O6 | 中国科协 | 中国化学会 |
| 121 | 高分子学报[3] | Acta Polymerica Sinica | CN11-1857/O6 | 中国科学院 | 中国科学院化学研究所、中国化学会 |
| 122 | 高科技与产业化 | High-Technology & Industrialization | CN11-3556/N | 中国科学院 | 中国科学院文献情报中心 、中国高科技产业化研究会 |
| 123 | 高压物理学报[4] | Chinese Journal of High Pressure Physics | CN51-1147/O4 | 四川省科协 | 中国物理学会、高压物理专业委员会、四川省物理学会 |
| 124 | 给水排水 | Water & Wastewater Engineering | CN11-4972/TU | 住房与城乡建设部 | 亚太建设科技信息研究院、中国建筑设计研究院、中国土木工程学会 |
| 125 | 工程勘察 | Geotechnical Investigation & Surveying | CN11-2025/TU | 住房与城乡建设部 | 中国建筑学会工程勘察分会、建设综合勘察研究设计院有限公司 |
| 126 | 工程抗震与加固改造 | Earthquake Resistant Engineering and Retrofitting | CN11-5260/P | 住房与城乡建设部 | 中国建筑科学研究院、中国建筑学会 |
| 127 | 工程力学[4] | Engineering Mechanics | CN11-2595/O3 | 中国科协 | 中国力学学会 |
| 128 | 工程热物理学报[4] | Journal of Engineering Thermophysics | CN11-2091/O4 | 中国科学院 | 中国工程热物理学会、中国科学院工程热物理研究所 |
| 129 | 工程设计学报 | Journal of Engineering Design | CN33-1288/TH | 教育部 | 浙江大学、中国机械工程学会 |
| 130 | 工程塑料应用 | Engineering Plastics Application | CN37-1111/TQ | 中国兵器工业集团公司 | 中国兵器工业集团第五三研究所、中国兵工学会非金属专业委员会 |
| 131 | 工程图学学报 | Journal of Engineering Graphics | CN11-2725/T | 中国科协 | 中国工程图学学会 |
| 132 | 工程与试验 | Test Technology and Testing Machine | CN22-1392/TH | 中国机械工业集团公司 | 长春试验机研究所、中国仪器仪表学会试验机分会 |

续表

| 序号 | 中文刊名 | 英文刊名 | 国内统一连续出版物号 | 主管单位 | 主办单位 |
|---|---|---|---|---|---|
| 133 | 工业控制计算机 | Industrial Control Computer | CN32-1764/TP | 江苏省科技厅 | 中国计算机学会工业控制计算机专业委员会、江苏省计算机技术研究所 |
| 134 | 公共卫生与预防医学 | Journal of Public Health and Preventive Medicine | CN42-1734/R | 湖北省卫生厅 | 湖北省预防医学会、中华预防医学会、湖北省疾病预防控制中心 |
| 135 | 功能材料[4] | Journal of Functional Materials | CN50-1099/TH | 重庆仪表材料研究所 | 重庆仪表材料研究所、中国仪器仪表学会仪表材料学会 |
| 136 | 功能材料与器件学报 | Journal of Functional Materials and Devices | CN31-1708/TB | 中国科学院 | 中国科学院上海微系统与信息技术研究所、中国材料研究学会 |
| 137 | 供用电 | Distribution & Utilization | CN31-1467/TM | 上海市电力公司市区供电公司 | 中国电机工程学会城市供电专业委员会 |
| 138 | 古地理学报 | Journal of Palaeogeography | CN11-4678/P | 教育部 | 中国石油大学、中国矿物岩石地球化学学会 |
| 139 | 古生物学报 | Acta Palaeontologica Sinica | CN32-1188/Q | 中国科学院 | 中国古生物学会、中国科学院古生物所 |
| 140 | 固体火箭技术[4] | Journal of Solid Rocket Technology | CN61-1176/V | 中国航天科技集团公司 | 中国航天科技集团公司第四研究院、中国宇航学会固体推进专业委员会 |
| 141 | 固体力学学报[4] | Acta Mechanica Solida Sinica | CN42-1250/O3 | 中国科协 | 中国力学学会 |
| 142 | 固体力学学报(英文版)[3] | Acta Mechanica Solida Sinica (English Edition) | CN42-1121/O3 | 中国科协 | 中国力学学会 |
| 143 | 管理现代化 | Modernization of Management | CN11-1403/C | 中国科协 | 中国管理现代化研究会 |
| 144 | 灌溉排水学报 | Journal of Irrigation and Drainage | CN41-1337/S | 水利部 | 水利部中国农业科学院农田灌溉研究所、中国水利学会 |
| 145 | 光电子技术与信息 | Optoelectronic Technology & Information | CN34-1138/TN | 中国科学院 | 中国光学学会光电技术专业委员会、安徽光机研究所 |

续表

| 序号 | 中文刊名 | 英文刊名 | 国内统一连续出版物号 | 主管单位 | 主办单位 |
|---|---|---|---|---|---|
| 146 | 光明中医 | Journal of Traditional Chinese Medicine | CN11-1592/R | 国家中医药管理局 | 中华中医药学会 |
| 147 | 光谱学与光谱分析[3,4,5] | Spectroscopy and Spectral Analysis | CN11-2200/O4 | 中国科协 | 中国光学学会 |
| 148 | 光散射学报 | Journal of Light Scatting | CN51-1395/O4 | 四川省科协 | 中国物理学会光散射专业委员会、四川省物理学会 |
| 149 | 光学技术 | Optical Technique | CN11-1879/O4 | 中国兵器工业集团公司 | 中国兵工学会、北京理工大学、中国北方光电工业总公司 |
| 150 | 光学精密工程[4] | Optics and Precision Engineering | CN22-1198/TH | 中国科学院、中国科协 | 中国科学院长春光学精密机械与物理研究所、中国仪器仪表学会 |
| 151 | 光学学报[1,4] | Acta Optica Sinica | CN31-1252/O4 | 中国科协 | 中国科学院上海光学精密机械研究所、中国光学学会 |
| 152 | 光学仪器 | Optical Instruments | CN31-1504/TH | 中国科协 | 中国仪器仪表学会、上海光学仪器研究所、中国光学学会工程光学专业委员会 |
| 153 | 光子学报[4] | Acta Photonica Sinica | CN61-1235/O4 | 中国科学院 | 中国光学学会、中国科学院西安光机所 |
| 154 | 广西中医药 | Guangxi Journal of Traditional Chinese Medicine | CN45-1123/R | 广西中医学院 | 广西中医学院、中国中医药学会广西分会 |
| 155 | 硅谷 | Silicon Valley | CN11-4775/N | 中国科协 | 中国科技新闻学会 |
| 156 | 硅酸盐通报 | Bullention of the Chinese Ceramic Society | CN11-5440/TQ | 中国科协 | 中国硅酸盐学会、中材人工晶体研究院 |
| 157 | 硅酸盐学报[1,4] | Journal of the Chinese Ceramic Society | CN11-2310/TQ | 中国科协 | 中国硅酸盐学会 |
| 158 | 贵金属 | Precious Metals | CN53-1063/TG | 云南锡业集团有限责任公司 | 中国有色金属学会、昆明贵金属研究所 |
| 159 | 国际病毒学杂志 | International Journal of Virology | CN11-5394/R | 卫生部 | 中华医学会、北京市疾病预防控制中心 |
| 160 | 国际地震动态 | Recent Developments in World Seismology | CN11-2362/P | 中国科协 | 中国地震学会、中国地震局地球物理研究所 |

续表

| 序号 | 中文刊名 | 英文刊名 | 国内统一连续出版物号 | 主管单位 | 主办单位 |
|---|---|---|---|---|---|
| 161 | 国际儿科学杂志 | International Journal of Pediatrics | CN21-1529/R | 卫生部 | 中华医学会、中国医科大学 |
| 162 | 国际耳鼻咽喉头颈外科杂志 | International Journal of Otolaryngology-Head and Neck Surgery | CN11-5395/R | 卫生部 | 中华医学会 、北京市耳鼻咽喉科研究所 |
| 163 | 国际放射医学核医学杂志 | International Journal of Radiation Medicine and Nuclear Medicine | CN12-1381/R | 卫生部 | 中华医学会、中国医学科学院放射医学研究所 |
| 164 | 国际呼吸杂志 | International Journal of Respiration | CN13-1368/R | 卫生部 | 中华医学会、河北医科大学 |
| 165 | 国际护理学杂志 | International Journal of Nursing | CN22-1370/R | 卫生部 | 中华医学会、吉林省医学期刊社 |
| 166 | 国际检验医学杂志 | International Journal of Laboratory Medicine | CN50-1176/R | 卫生部 | 中华医学会 |
| 167 | 国际结核病与肺部疾病杂志 | The International Journal of Tuberculosis and Lung Disease | CN11-5437/R | 中国科协 | 中国防痨协会 |
| 168 | 国际流行病学传染病学杂志 | International Journal of Epidemiology and Infectious Disease | CN33-1340/R | 卫生部 | 中华医学会、浙江省医学科学院 |
| 169 | 国际麻醉学与复苏杂志 | International Journal of Anesthesiology and Resuscitation | CN32-1761/R | 卫生部 | 中华医学会 |
| 170 | 国际泌尿系统杂志 | International Journal of Urology and Nephrology | CN43-1460/R | 卫生部 | 中华医学会 |
| 171 | 国际免疫学杂志 | International Journal of Immunology | CN23-1535/R | 卫生部 | 中华医学会、哈尔滨医科大学 |
| 172 | 国际内分泌代谢杂志 | International Journal of Endocrinology and Metabolism | CN12-1383/R | 卫生部 | 中华医学会、天津医科大学 |
| 173 | 国际脑血管病杂志 | International Journal of Cerebrovascular Diseases | CN11-5541/R | 卫生部 | 中华医学会、南方医科大学南方医院、解放军海军总医院 |
| 174 | 国际皮肤性病学杂志 | International Journal of Dermatology and Venereology | CN32-1763/R | 卫生部 | 中华医学会、中国医学科学院皮肤病研究所 |

续表

| 序号 | 中文刊名 | 英文刊名 | 国内统一连续出版物号 | 主管单位 | 主办单位 |
|---|---|---|---|---|---|
| 175 | 国际生物医学工程杂志 | International Journal of Biomedical Engineering | CN12-1382/R | 卫生部 | 中华医学会、中国医学科学院生物医学工程研究所 |
| 176 | 国际生物制品学杂志 | International Journal of Biologicals | CN31-1962/R | 卫生部 | 中华医学会、上海生物制品研究所 |
| 177 | 国际石油经济 | International Petroleum Economics | CN11-3112/F | 中国石油天然气集团公司 | 中国石油集团经济技术研究中心、中国石油学会石油经济专业委员会、中国石油规划总院 |
| 178 | 国际输血及血液学杂志 | International Journal of Blood Transfusion and Hematology | CN51-1693/R | 卫生部 | 中华医学会、四川大学华西第二医院、中国医学科学院数学研究所 |
| 179 | 国际外科学杂志 | International Journal of Surgery | CN11-5396/R | 卫生部 | 中华医学会、首都医科大学附属北京友谊医院 |
| 180 | 国际眼科杂志 | International Journal of Ophthalmology | CN61-1419/R | 陕西省卫生厅 | 中华医学会西安分会 |
| 181 | 国际眼科纵览 | International Review of Ophthalmology | CN11-5500/R | 卫生部 | 中华医学会、北京市眼科研究所 |
| 182 | 国际医学寄生虫病杂志 | International Journal of Medical Parasitic Diseases | CN31-1961/R | 卫生部 | 中华医学会、中国疾病预防控制中心寄生虫病预防控制所 |
| 183 | 国际移植与血液净化杂志 | International Journal of Transplantation and Hemopurification | CN11-5399/R | 卫生部 | 中华医学会 |
| 184 | 国际遗传学杂志 | International Journal of Genetics | CN23-1536/R | 卫生部 | 中华医学会、哈尔滨医科大学 |
| 185 | 国际造纸 | World Pulp and Paper | CN11-3573/TS | 中国轻工业联合会 | 中国造纸学会、中国制浆造纸研究院 |
| 186 | 国际中医中药杂志 | International Journal of Traditional Chinese Medicine | CN11-5398/R | 卫生部 | 中华医学会、中国中医科学院中医药信息研究所 |
| 187 | 国际肿瘤学杂志 | Journal of International Oncology | CN37-1439/R | 卫生部 | 中华医学会、山东省医学科学院 |
| 188 | 国外医药：植物药分册 | World Phytomedicines | CN12-1169/R | 天津市科委 | 天津药物研究院、中国药学会 |

续表

| 序号 | 中文刊名 | 英文刊名 | 国内统一连续出版物号 | 主管单位 | 主办单位 |
|---|---|---|---|---|---|
| 189 | 海陆空天惯性世界 | Naas & Inertial Technology | CN11-4491/O3 | 中国科协 | 中国惯性技术学会 |
| 190 | 海峡药学 | Strait Pharmaceutical Journal | CN35-1173/R | 福建省药品监督管理局 | 中国药学会福建分会、福建省药学会 |
| 191 | 海峡预防医学杂志 | Strait Journal of Preventive Medicine | CN35-1185/R | 福建省卫生厅 | 中华预防医学会、福建省预防医学会 |
| 192 | 海洋测绘 | Hydrographic Surveying and Charting | CN12-1343/P | 海军司令部直属工作部 | 海军海洋测绘研究所、中国测绘学会海洋测绘专业委员会 |
| 193 | 海洋工程 | The Ocean Engineering | CN32-1423/P | 中国科协 | 中国海洋学会、南京水利科学研究院、上海交通大学 |
| 194 | 海洋科学进展 | Advances in Marine Science | CN37-1387/P | 国家海洋局 | 中国海洋学会、国家海洋局第一海洋研究所 |
| 195 | 海洋世界 | Ocean World | CN11-1261/P | 中国科协 | 中国海洋学会 |
| 196 | 海洋学报 | Acta Oceanologica Sinica | CN11-2055/P | 中国科协 | 中国海洋学会 |
| 197 | 海洋学报(英文版)[3] | Acta Oceanologica Sinica (English Edition) | CN11-2056/P | 中国科协 | 中国海洋学会 |
| 198 | 海洋学研究 | Journal of Marine Sciences | CN33-1330/P | 国家海洋局 | 中国海洋学会、国家海洋局第二海洋研究所、浙江省海洋学会 |
| 199 | 海洋渔业 | Marine Fisheries | CN31-1341/S | 中国科协 | 中国水产学会、中国水产科学研究院东海水产研究所 |
| 200 | 海洋与湖沼[1] | Oceanologia et Limnologia Sinica | CN37-1149/P | 中国科协 | 中国海洋湖沼学会 |
| 201 | 焊接 | Welding | CN23-1174/TG | 国家机械工业联合会 | 机械科学研究院哈尔滨焊接研究所、中国机械工程学会焊接学会 |
| 202 | 焊接学报[4] | Transactions of the China Welding Institution | CN23-1178/TG | 中国科协 | 中国机械工程学会、中国机械工程学会焊接学会、机械科学研究院哈尔滨焊接研究所 |
| 203 | 航海技术 | Marine Technology | CN31-1251/U | 中国科协 | 中国航海学会、中国海运(集团)总公司(正在审批中) |

续表

| 序号 | 中文刊名 | 英文刊名 | 国内统一连续出版物号 | 主管单位 | 主办单位 |
|---|---|---|---|---|---|
| 204 | 航空材料学报[4] | Journal of Aeronautical Materials | CN11-3159/V | 中国科协 | 中国航空学会 |
| 205 | 航空动力学报[4] | Journal of Aerospace Power | CN11-2297/V | 中国航空工业集团公司 | 中国航空学会 |
| 206 | 航空模型 | Model Airplane | CN11-1525/G8 | 中国科协 | 中国航空学会、中国航空运动协会 |
| 207 | 航空学报[1,4] | Acta Aeronautica et Astronautica Sinica | CN11-1929/V | 中国科协 | 中国航空学会 |
| 208 | 航空知识 | Aerospace Knowledge | CN11-1526/V | 中国科协 | 中国航空学会 |
| 209 | 核电子学与探测技术 | Nuclear Electronics & Detection Technology | CN11-2016/TL | 中国核工业集团公司 | 中国电子学会核电子学与核探测技术分会 |
| 210 | 核化学与放射化学 | Journal of Nuclear and Radiochemistry | CN11-2045/TL | 中国核工业集团公司 | 中国核学会核化学与放射化学分会 |
| 211 | 核技术[1] | Nuclear Techniques | CN31-1342/TL | 中国科学院 | 中国科学院上海应用物理研究所 、中国核学会 |
| 212 | 核技术(英文版)[3] | Nuclear Science and Techniques | CN31-1559/TL | 中国科学院 | 中国科学院上海应用物理研究所、中国核学会 |
| 213 | 核科学与工程 | Chinese Journal of Nuclear Science and Engineering | CN11-1861/TL | 中国科协 | 中国核学会 |
| 214 | 黑龙江医学 | Heilongjiang Medical Journal | CN23-1326/R | 黑龙江省卫生厅 | 黑龙江省医学会 |
| 215 | 红外技术 | Infrared Technology | CN53-1053/TN | 中国兵器工业集团公司 | 昆明物理研究所、中国兵工学会夜视技术专业委员会 |
| 216 | 红外与毫米波学报[3,4] | Journal of Infrared and Millimeter Waves | CN31-1577/TN | 中国科学院 | 中国科学院上海技术物理研究所、中国光学学会 |
| 217 | 湖泊科学 | Journal ofLake Science | CN32-1331/P | 中国科学院 | 中国科学院南京地理与湖泊研究所、中国海洋湖沼学会 |
| 218 | 华南预防医学 | South China Journal of Preventive Medicine | CN44-1550/R | 广东省卫生厅 | 广东省疾病预防控制中心、中华预防医学会 |

续表

| 序号 | 中文刊名 | 英文刊名 | 国内统一连续出版物号 | 主管单位 | 主办单位 |
|---|---|---|---|---|---|
| 219 | 华中医学杂志 | Central China Medical Journal | CN42-1414/R | 湖北省卫生厅 | 华中科技大学同济医学院附属同济医院、中华医学会武汉分会 |
| 220 | 化工环保 | Environmental Protection of Chemical Industry | CN11-2215/X | 中国石化集团公司经济技术研究院 | 中国石化集团公司北京化工研究院环保所、中国化工防治污染技术协会、中国化工学会环境保护专业委员会 |
| 221 | 化工机械 | Chemical Engineering & Machinery | CN62-1041/TQ | 中国昊华化工集团总公司 | 天华化工机械及自动化研究设计院、中国化工学会化工机械专业委员会 |
| 222 | 化工进展[1] | Chemical Industry and Engineering Progress | CN11-1954/TQ | 中国科协 | 中国化工学会、化学工业出版社 |
| 223 | 化工学报[1,4] | CIESC Journal | CN11-1946/TQ | 中国科协 | 中国化工学会、化学工业出版社 |
| 224 | 化学传感器 | Chemical Sensors | CN32-1406/TP | 中国科协 | 中国仪器仪表学会 |
| 225 | 化学教育 | Chinese Journal of Chemical Education | CN11-1923/O6 | 中国科协 | 中国化学会 |
| 226 | 化学通报 | Chemistry | CN11-1804/O6 | 中国科学院出版委员会 | 中国科学院化学研究所、中国化学会 |
| 227 | 化学物理学报(英文版)[3] | Chinese Journal of Chemical Physics | CN34-1295/O6 | 中国科协 | 中国物理学会 |
| 228 | 化学学报[3] | Acta Chimica Sinica | CN31-1320/O6 | 中国科学院 | 中国科学院上海有机化学研究所、中国化学会 |
| 229 | 环境 | Environment | CN44-1167/X | 中国科协、广东省环境保护局 | 中国环境科学学会、广东省环境保护局 |
| 230 | 环境工程 | Environmental Engineering | CN11-2097/X | 中国钢铁工业协会 | 中冶集团建筑研究总院、中国环境科学学会环境工程分会 |
| 231 | 环境化学 | Environmental Chemistry | CN11-1844/X | 中国科学院 | 中国科学院生态环境研究中心、中国环境科学学会 |
| 232 | 环境与健康杂志 | Journal of Environment and Health | CN12-1095/R | 卫生部 | 中华预防医学会、天津市卫生防病中心 |

续表

| 序号 | 中文刊名 | 英文刊名 | 国内统一连续出版物号 | 主管单位 | 主办单位 |
|---|---|---|---|---|---|
| 233 | 环境与生活 | Environment and Life | CN11-5582/X | 中国科协 | 中国环境科学学会 |
| 234 | 环境与职业医学 | Journal of Environmental & Occupational Medicine | CN31-1879/R | 上海市卫生局 | 上海是疾病预防控制中心、中华预防医学会 |
| 235 | 环球科学 | Global Science | CN11-5480/N | 中国科协 | 中国科技新闻学会 |
| 236 | 火炮发射与控制学报 | Journal of Gun Launch & Control | CN61-1280/TJ | 中国科协 | 中国兵工学会 |
| 237 | 火炸药学报 | Chinese Journal of Explosives & Propellants | CN61-1310/TJ | 中国科协 | 中国兵工学会、中国兵器工业第二〇四研究所 |
| 238 | 机床与液压 | Machine Tool & Hydraulics | CN44-1259/TH | 中国科协 | 中国机械工程学会、广州机械科学研究院 |
| 239 | 机电设备 | Mechanical and Electrical Equipment | CN31-1420/TM | 中国船舶重工集团公司 | 中国船舶重工集团公司第七〇四研究所 |
| 240 | 机器人[4] | Robot | CN21-1137/TP | 中国科学院 | 中国科学院沈阳自动化研究所 、中国自动化学会 |
| 241 | 机械传动 | Journal of Mechanical Transmission | CN41-1129/TH | 中国机械工业联合会 | 郑州机械研究所、中国自动化学会、中国齿轮专业协会 |
| 242 | 机械工程材料 | Materials for Mechanical Engineering | CN31-1336/TB | 上海科学院 | 上海材料研究所 |
| 243 | 机械工程学报(英文版)[1,4] | Journal of Mechanical Engineering | CN11-2187/TH | 中国科协 | 中国机械工程学会 |
| 244 | 机械强度 | Journal of Mechanical Strength | CN41-1134/TH | 中国机械工业联合会 | 郑州机械研究所、中国机械工程学会 |
| 245 | 机械设计 | Journal of Machine Design | CN12-1120/TH | 中国科协 | 中国机械工程学会、天津市机械工程学会、天津市机电工业科技信息研究所 |
| 246 | 激光生物学报 | Acta Laser Biology Sinica | CN43-1264/Q | 中国科协 | 中国遗传学会 |
| 247 | 脊柱外科杂志 | Journal of Spinal Surgery | CN31-1907/R | 上海市卫生局 | 上海市医学会 |
| 248 | 计量学报 | Acta Metrologica Sinica | CN11-1864/TB | 国家质量监督检验检疫总局 | 中国计量测试学会 |

续表

| 序号 | 中文刊名 | 英文刊名 | 国内统一连续出版物号 | 主管单位 | 主办单位 |
|---|---|---|---|---|---|
| 249 | 计算机辅助绘图设计与制造(英文版) | Computer Aided Drafting, Design and Manufacturing | CN11-2862/TP | 中国科协 | 中国工程图学学会 |
| 250 | 计算机辅助设计与图形学学报[4] | Journal of Computer-Aided Design & Computer Graphics | CN11-2925/TP | 中国科协 | 中国计算机学会 |
| 251 | 计算机工程与设计 | Computer Engineering and Design | CN11-1775/TP | 中国航天科工集团公司 | 中国航天科工集团第二研究院706所 |
| 252 | 计算机工程与应用 | Computer Engineering and Application | CN11-2127/TP | 信息产业部 | 华北计算技术研究所、中国计算机学会 |
| 253 | 计算机技术与发展 | Computer Technology and Development | CN61-1450/TP | 陕西省信息产业厅 | 中国计算机学会、陕西省计算机学会 |
| 254 | 计算机科学 | Computer Science | CN50-1075/TP | 重庆西南信息有限公司(原科技部西南信息中心) | 重庆西南信息有限公司(科技部西南信息中心) |
| 255 | 计算机科学技术学报(英文版)[2,3,4] | Journal of Computer Science and Technology | CN11-2296/TP | 中国科学院 | 中国科学院计算技术研究所、中国计算机学会 |
| 256 | 计算机学报[1,4] | Chinese Journal of Computers | CN11-1826/TP | 中国科学院 | 中国科学院计算技术研究所、中国计算机学会 |
| 257 | 计算机研究与发展[4] | Journal of Computer Research and Development | CN11-1777/TP | 中国科学院 | 中国科学院计算技术研究所、中国计算机学会 |
| 258 | 计算机应用研究 | Application Research of Computers | CN51-1196/TP | 四川省科学技术厅 | 四川省计算机研究院、中国计算机学会 |
| 259 | 计算机应用与软件 | Computer Applications and Software | CN31-1260/TP | 上海科学院 | 上海市计算技术研究所、上海计算机软件技术开发中心 |
| 260 | 计算力学学报[4] | Chinese Journal of Computational Mechanics | CN21-1373/O3 | 教育部 | 大连理工大学、中国力学学会 |
| 261 | 计算物理[4] | Chinese Journal of Computational Physics | CN11-2011/O4 | 中国科协 | 中国核学会 |

续表

| 序号 | 中文刊名 | 英文刊名 | 国内统一连续出版物号 | 主管单位 | 主办单位 |
| --- | --- | --- | --- | --- | --- |
| 262 | 技术经济 | Technology Economics | CN11-1444/F | 中国科协 | 中国技术经济研究会 |
| 263 | 技术物理教学 | Technical Physics Teaching | CN15-1224/O3 | 中国科协 | 中国物理学会教学委员会 |
| 264 | 寄生虫与医学昆虫学报 | Acta Parasitologica et Medica Entomologica Sinica | CN11-3158/R | 军事医学科学院 | 中国动物学会、中国昆虫学会、军事医学科学院微生物流行病研究所 |
| 265 | 家庭医学 | Family Medicine | CN41-1076/R | 卫生部 | 中华预防医学会 |
| 266 | 家用电脑与游戏 | Fantasy Computer and Game Monthly | CN11-4490/TP | 中国科协 | 科学普及出版社 |
| 267 | 减速顶与调速技术 | Retarders and Speed Control Technology | CN23-1198/U | 铁道部哈尔滨铁路局 | 哈尔滨铁路局减速顶调速系统研究所、中国铁道学会减速顶调速系统委员会 |
| 268 | 建筑电气 | Building Electricity | CN51-1297/TU | 住房与城乡建设部 | 中国建筑西南设计研究院有限公司、中国建筑学会建筑电气分会、全国建筑电气设计技术协作及情报交流网 |
| 269 | 建筑结构 | Building Structure | CN11-2833/TU | 住房与城乡建设部 | 亚太建设科技信息研究院 、中国建筑设计研究院 、中国土木工程学会 |
| 270 | 建筑结构学报[4] | Journal of Building Structures | CN11-1931/TU | 中国科协 | 中国建筑学会 |
| 271 | 建筑经济 | Construction Economy | CN11-1326/F | 住房与城乡建设部 | 中国建筑学会、中国建筑设计研究院、亚太建设科技信息研究院 |
| 272 | 建筑热能通风空调 | Building Energy & Environment | CN42-1439/TV | 中国科协 | 中国建筑学会 |
| 273 | 建筑学报 | Architectural Journal | CN11-1930/TU | 中国科协 | 中国建筑学会 |
| 274 | 建筑知识 | Architectural Knowledge | CN11-1243/TU | 住房与城乡建设部 | 中国建筑学会 |
| 275 | 健康世界 | | CN11-3251/R | 中国科协 | 中华医学会 |
| 276 | 健康向导 | Health Guide | CN14-1211/R | 山西省卫生厅 | 中华医学会山西分会 |
| 277 | 舰船电子工程 | Ship Electronic Engineering | CN42-1427/U | 中国船舶重工集团公司 | 中国船舶重工集团公司七〇九研究所、中国造船工程学会电子技术学术委员会 |

续表

| 序号 | 中文刊名 | 英文刊名 | 国内统一连续出版物号 | 主管单位 | 主办单位 |
|---|---|---|---|---|---|
| 278 | 舰船知识 | Naval & Merchant Ships | CN11-1007/U | 中国船舶工业集团公司 | 中国造船工程学会 |
| 279 | 交通运输系统工程与信息 | Journal of Transportation Systems Engineering and Information Technology | CN11-4520/U | 中国科协 | 中国系统工程学会 |
| 280 | 节水灌溉 | Water Saving Irrigation | CN42-1420/TV | 水利部 | 中国水利学会灌溉排水委员会、中国灌溉排水发展中心、国家节水灌溉北京工程技术研究中心、武汉大学 |
| 281 | 洁净与空调技术 | Contamination Control & Air-conditioning Technology | CN11-3395/TM | 信息产业部 | 中国电子工程设计院、中国电子学会洁净技术分会 |
| 282 | 结构化学(英文版)[3] | Chinese Journal of Structural Chemistry | CN35-1112/TQ | 中国科学院 | 中国化学会、中国科学院福建物构所 |
| 283 | 解剖科学进展 | Progress of Anatomical Sciences | CN21-1347/Q | 中国科协 | 中国解剖学会 |
| 284 | 解剖学报 | Acta Anatomica Sinica | CN11-2228/R | 中国科协 | 中国解剖学会 |
| 285 | 解剖学研究 | Anatomy Research | CN44-1485/R | 广东省科协 | 广东省解剖学会、中国解剖学会 |
| 286 | 解剖学杂志 | Chinese Journal of Anatomy | CN31-1285/R | 中国科协 | 中国解剖学会 |
| 287 | 今日国土 | China Territory Today | CN11-4757/N | 国土资源部 | 中国国土经济学研究会 |
| 288 | 今日科苑 | Today Panorama of Modern Sciences | CN11-4764/N | 中国科协 | 中国老科学技术工作者协会 |
| 289 | 金属功能材料 | Metallic Functional Materials | CN11-3521/TG | 中国钢铁工业协会 | 中国钢研科技集团公司、安泰科技股份有限公司、中国金属学会功能材料分会 |
| 290 | 金属矿山 | Metal Mine | CN34-1055/TD | 马鞍山矿山研究院 | 马鞍山矿山研究院、中国金属学会 |
| 291 | 金属热处理 | Heat Treatment of Metals | CN11-1860/TG | 中国机械工业联合会 | 北京机电研究所、中国机械工程学会热处理学会、中国热处理行业协会 |

续表

| 序号 | 中文刊名 | 英文刊名 | 国内统一连续出版物号 | 主管单位 | 主办单位 |
|---|---|---|---|---|---|
| 292 | 金属世界 | Metal World | CN11-1417/TG | 中国科协 | 中国金属学会、中国有色金属学会 |
| 293 | 金属学报[3,4] | Acta Metallurgica Sinica | CN21-1139/TG | 中国科协 | 中国金属学会 |
| 294 | 金属学报(英文版)[4] | Acta Metallurgica Sinica (English Letters) | CN21-1361/TG | 中国科协 | 中国金属学会 |
| 295 | 经济地理 | Economic Geography | CN43-1126/K | 中国科协 | 中国地理学会、湖南省经济地理研究所 |
| 296 | 精细化工 | Fine Chemicals | CN21-1203/TQ | 大连化工研究设计院 | 大连化工研究设计院、中国化工学会精细化工专业委员会、辽宁省化工研究院 |
| 297 | 菌物学报 | Mycosystema | CN11-5180/Q | 中国科学院 | 中国科学院微生物研究所、中国菌物学会 |
| 298 | 菌物研究 | Journal of Fungal Research | CN22-1352/S | 吉林省教育厅 | 吉林农业大学、中国菌物学会 |
| 299 | 科幻画报 | Science Fiction | CN11-4854/N | 中国科协 | 中国科技报研究会 |
| 300 | 科技创新与品牌 | Science Technology Innovations and Brands | CN11-5588/G3 | 中国科协 | 中国科技新闻学会 |
| 301 | 科技导报 | Science & Technology Review | CN11-1421/N | 中国科协 | 中国科学技术协会 |
| 302 | 科技和产业 | Science Technology and Industry | CN11-4671/T | 中国科协 | 中国技术经济研究会 |
| 303 | 科技尚品 | — | CN11-5573/Z | 中国科协 | 中国科教电影电视协会、摄影与摄像杂志社 |
| 304 | 科技新时代 | Popular Science | CN11-3750/N | 中国科协 | 大众科技报社、北京新时代润诚科技咨询有限公司 |
| 305 | 科技与企业 | Science-Technology-Enterprise | CN11-3096/N | 中国科协 | 中国科普作家协会 |
| 306 | 科普研究 | Science Popularization | CN11-5410/N | 中国科协 | 中国科普研究所 |
| 307 | 科协论坛 | Science & Technology Association Forum | CN42-1341/G3 | 中国科协 | 中国科协科普部 |
| 308 | 科学大观园 | Grand Garden of Science | CN11-1607/N | 中国科协 | 科学普及出版社 |

续表

| 序号 | 中文刊名 | 英文刊名 | 国内统一连续出版物号 | 主管单位 | 主办单位 |
|---|---|---|---|---|---|
| 309 | 科学技术与工程 | Science Technology and Engineering | CN11-4688/T | 中国科协 | 中国技术经济研究会 |
| 310 | 科学学研究 | Studies in Science of Science | CN11-1805/G3 | 中国科学院 | 中国科学学与科技政策研究会、中国科学院科技政策与管理科学研究所、清华大学科学技术与社会研究中心 |
| 311 | 科学养鱼 | Scientific Fish Farming | CN32-1131/S | 中国科协 | 中国水产学会、中国水产科学研究院淡水渔业研究中心、全国水产技术推广总站 |
| 312 | 科学中国人 | Scientific Chinese | CN11-3292/G3 | 中国科协 | 中国科技新闻学会 |
| 313 | 颗粒学报(英文版)[3] | Particuology | CN11-5671/O3 | 中国科协 | 中国颗粒学会、中国科学院过程工程研究所 |
| 314 | 空间科学学报 | Chinese Journal of Space Science | CN11-1783/V | 中国科学院 | 中国空间科学学会、中国科学院空间科学与应用研究中心、中国空间科学学会 |
| 315 | 空气动力学学报[4] | Acta Aerodynamica Sinica | CN51-1192/TK | 中国空气动力研究与发展中心 | 中国空气动力学会 |
| 316 | 矿床地质 | Mineral Deposits | CN11-1965/P | 中国科协 | 中国地质学会矿床地质专业委员会、中国地质科学院矿产资源研究所 |
| 317 | 矿物学报[1] | Acta Mineralogica Sinica | CN52-1045/P | 中国科学院 | 中国科学斍地球化学研究所、中国矿物岩石地球化学学会 |
| 318 | 矿物岩石地球化学通报 | Bulletin of Mineralogy Petrology and Geochemistry | CN52-1102/P | 中国科协 | 中国科学院地球化学研究所、中国矿物岩石地球化学学会 |
| 319 | 矿冶工程 | Mining and Metallurgical Engineering | CN43-1104/TD | 长沙矿冶研究院 | 长沙矿冶研究院、中国金属学会 |
| 320 | 矿业研究与开发 | Mining Research and Development | CN43-1215/TD | 长沙矿山研究院 | 长沙矿山研究院、中国有色金属学会 |
| 321 | 昆虫学报 | Acta Entomologica Sinica | CN11-1832/Q | 中国科学院 | 中国科学院动物研究所、中国昆虫学会 |

续表

| 序号 | 中文刊名 | 英文刊名 | 国内统一连续出版物号 | 主管单位 | 主办单位 |
|---|---|---|---|---|---|
| 322 | 昆虫知识 | Chinese Bulletin of Entomology | CN11-1829/Q | 中国科学院 | 中国科学院动物研究所、中国昆虫学会 |
| 323 | 雷达科学与技术 | Radar Science and Technology | CN34-1264/TN | 信息产业部 | 中国电子科技集团公司第38研究所、中国电子学会无线电定位技术分会 |
| 324 | 理化检验·化学分册 | Physical Testing and Chemical Analysis Part B: Chemical Analysis | CN31-1337/TB | 上海科学院 | 上海材料研究所、中国机械工程学会理化检验分会 |
| 325 | 理化检验·物理分册 | Physical Testing and Chemical Analysis Part A: Physical Testing | CN31-1338/TB | 上海科学院 | 上海材料研究所 |
| 326 | 理论物理通讯(英文版)[3] | Communications in Theoretical Physics | CN11-2592/O3 | 中国科学院 | 中国物理学会、中国科学院理论物理所 |
| 327 | 力学季刊 | Chinese Quarterly of Mechanics | CN31-1829/O3 | 上海市科协 | 上海市力学学会、同济大学、上海交通大学、中国力学学会 |
| 328 | 力学进展[1] | Advances in Mechanics | CN11-1774/O3 | 中国科学院 | 中国科学院力学研究所、中国力学学会 |
| 329 | 力学学报[4] | Chinese Journal of Theoretical and Applied Mechanics | CN11-2062/O3 | 中国科学院 | 中国科学院力学研究所、中国力学学会 |
| 330 | 力学学报(英文版)[3,4] | Acta Mechanica Sinica | CN11-2063/O3 | 中国科协 | 中国力学学会、中国科学院力学研究所 |
| 331 | 力学与实践 | Mechanics in Engineering | CN11-2064/O3 | 中国科学院 | 中国力学学会、中国科学院力学研究所 |
| 332 | 连铸 | Continuous Casting | CN11-3385/TG | 中国科协 | 中国金属学会 |
| 333 | 炼钢 | Steelmaking | CN42-1265/TF | 武汉钢铁集团公司 | 武汉钢铁(集团)公司、中国金属学会 |
| 334 | 炼铁 | Iron making | CN42-1156/TF | 武汉市钢铁设计研究总院 | 武汉市钢铁设计研究总院、中国金属学会 |
| 335 | 粮食储藏 | Grain Storage | CN51-1243/S | 国家粮食局 | 国家粮食储备局成都粮食储藏科学研究所、中国粮油学会储藏分会 |
| 336 | 粮食与食品工业 | Cereal & Food Industry | CN32-1710/TS | 国家粮食局 | 国家粮食储备局无锡科学研究设计院、中国粮油学会 |

续表

| 序号 | 中文刊名 | 英文刊名 | 国内统一连续出版物号 | 主管单位 | 主办单位 |
|---|---|---|---|---|---|
| 337 | 粮油仓储科技通讯 | —— | CN51-1480/TS | 国家粮食局 | 国家粮食储备局成都粮食储藏科研所、中国粮油学会储藏专业分会 |
| 338 | 量子电子学报 | Chinese Journal of Quantum Electronics | CN34-1163/TN | 中国科学院 | 中国光学学会基础光学专业委员会、中国科学院安徽光学精密机械研究所 |
| 339 | 林产化学与工业 | Chemistry and Industry of Forest Products | CN32-1149/S | 国家林业局 | 中国林学会林产化学化工分会、中国林科院林产化学工业研究所 |
| 340 | 林业科学[1] | Scientia Silvae Sinicae | CN11-1908/S | 中国科协 | 中国林学会 |
| 341 | 临床口腔医学杂志 | Journal of Clinical Stomatology | CN42-1182/R | 湖北省科协 | 武汉医学会、同济医院、中华口腔医学会黏膜病专业委员会 |
| 342 | 临床肾脏病杂志 | Journal of Clinical Nephrology | CN42-1637/R | 湖北省科协 | 中华医学会武汉分会、湖北省微循环学会 |
| 343 | 临床心电学杂志 | Journal of Clinical Eletrocardiology | CN34-1107/R | 安徽省卫生厅 | 中华医学会安徽分会、中华医学会心电生理和起搏分会、北京大学人民医院 |
| 344 | 临床医学 | Clinical Medicine | CN41-1116/R | 河南省卫生厅 | 中华医学会河南分会 |
| 345 | 临床与实验病理学杂志 | Chinese Journal of Clinical and Experimental Pathology | CN34-1073/R | 安徽省教育厅 | 安徽医科大学、中华医学会安徽分会 |
| 346 | 临床肿瘤与癌症研究(英文版) | Clinical Oncology and Cancer Research | CN12-1404/R | 中国科协 | 中国抗癌协会 |
| 347 | 岭南现代临床外科 | Lingnan Modern Clinics in Surgery | CN44-1510/R | 广东省卫生厅 | 广东省医学学术交流中心 |
| 348 | 流体机械 | Fluid Machinery | CN34-1144/TH | 中国科协 | 中国机械工程学会 |
| 349 | 流行色 | Fashion Colour | CN31-1175/J | 中国流行色协会 | 中国流行色协会、上海纺织控股(集团)公司、上海国际服装服饰中心 |
| 350 | 煤炭学报[4] | Journal of China Coal Society | CN11-2190/TD | 中国科协 | 中国煤炭学会、煤炭科学研究总院 承办 |
| 351 | 煤炭学报(英文版) | Journal of Coal Science & Engineering | CN11-3747/TD | 中国科协 | 中国煤炭学会 |

续表

| 序号 | 中文刊名 | 英文刊名 | 国内统一连续出版物号 | 主管单位 | 主办单位 |
|---|---|---|---|---|---|
| 352 | 棉花学报 | Cotton Science | CN41-1163/S | 中国科协 | 中国农学会 |
| 353 | 免疫学杂志 | Immunological Journal | CN51-1332/R | 第三军医大学 | 第三军医大学、中国免疫学会 |
| 354 | 模式识别与人工智能[4] | Pattern Recognition and Artificial Intelligence | CN34-1089/TP | 中国科协 | 中国自动化学会、国家智能计算机研究开发中心、中国科学院合肥智能机械研究所 |
| 355 | 内燃机 | Internal Combustion Engines | CN50-1100/TK | 机械工业第三设计研究院 | 中国内燃机学会 |
| 356 | 内燃机工程[4] | Chinese Internal Combustion Engine Engineering | CN31-1255/TK | 中国科协 | 中国内燃机学会 |
| 357 | 内燃机学报[4] | Transactions of Csice | CN12-1086/TK | 中国科协 | 中国内燃机学会 |
| 358 | 泥沙研究 | Journal of Sediment Research | CN11-2532/TV | 中国科协 | 中国水利学会 |
| 359 | 酿酒 | Liquor Making | CN23-1256/TS | 黑龙江省轻工业局 | 中国标准化协会、黑龙江省酒业协会、黑龙江省轻工业科学研究院 |
| 360 | 宁夏医学杂志 | Ningxia Medical Journal | CN64-1008/R | 宁夏回族自治区卫生厅 | 中华医学会宁夏分会 |
| 361 | 农村电气化 | Rural Electrification | CN11-2181/TM | 中国科协 | 中国电机工程学会 |
| 362 | 农电管理 | Rural Power Management | CN11-3778/D | 中国科协 | 中国电机工程学会 |
| 363 | 农业工程技术 | Agricultural Engineering Technology | CN11-5436/S | 农业部 | 农业部规划设计研究院、中国农业工程学会 |
| 364 | 农业工程学报[4] | Transactions of the Chinese Society of Agricultural Engineering | CN11-2047/S | 中国科协 | 中国农业工程学会 |
| 365 | 农业机械学报[4] | Transactions of the Chinese Society for Agricultural Machinery | CN11-1964/S | 中国科协 | 中国农业机械学会、中国农业机械化科学研究院 |
| 366 | 农业科研经济管理 | Management for Economy in Agricultural Scientific Research | CN11-3801/S | 中国科协 | 中国农学会 |

续表

| 序号 | 中文刊名 | 英文刊名 | 国内统一连续出版物号 | 主管单位 | 主办单位 |
|---|---|---|---|---|---|
| 367 | 农业系统科学与综合研究 | System Sciences and Comprehensive Studies in Agriculture | CN23-1158/S | 黑龙江省科学院 | 中国科学院黑龙江农业现代化所、中国系统工程学会农业系统工程委员会 |
| 368 | 暖通空调 | Heating Ventilating and Air Conditioning | CN11-2832/TU | 住房与城乡建设部 | 亚太建设科技信息研究院、中国建筑设计研究院、中国建筑学会 |
| 369 | 排灌机械 | Drainage and Irrigation Machinery | CN32-1171/TH | 中国农业机械学会 | 中国农业机械学会排灌机械学会、江苏大学流体机械工程技术研究中心 |
| 370 | 气象水文海洋仪器 | Meteorological, Hydrological and Marine Instruments | CN22-1135/TH | 中国科协 | 中国仪器仪表学会气象水文海洋仪器分会、长春气象仪器研究所 |
| 371 | 气象学报 | Acta Meteorologica Sinica | CN11-2006/P | 中国气象局 | 中国气象学会 |
| 372 | 气象学报(英文版)[3] | Acta Meteorologica Sinica (English Edition) | CN11-2277/P | 中国科协 | 中国气象学会 |
| 373 | 气象知识 | Meteorological Knowledge | CN11-1332/P | 中国气象局 | 中国气象学会 |
| 374 | 汽车工程 | Automotive Engineering | CN11-2221/U | 中国科协 | 中国汽车工程学会 |
| 375 | 汽车工业研究 | Auto Industry Research | CN22-1231/U | 国务院国有资产监督管理委员会 | 中国第一汽车集团公司企业形象策划部、中国汽车工业经济技术信息研究所、中国汽车工程学会经济技术研究分会 |
| 376 | 汽车工艺与材料 | Automobile Technolcgy & Material | CN22-1187/U | 国家经济贸易委员会 | 中国汽车工程学会、长春汽车材料研究所 |
| 377 | 汽车技术 | Automobile Technology | CN22-1113/U | 国家经济贸易委员会 | 中国汽车工程学会、长春汽车研究所 |
| 378 | 汽车之友 | Auto Fan | CN11-1308/U | 中国机械工业联合会 | 中国汽车工程学会 |
| 379 | 汽车知识 | Auto Knowledge | CN11-4722/TH | 中国科协 | 中国机械工程学会、中国汽车工业经济技术信息研究所 |

续表

| 序号 | 中文刊名 | 英文刊名 | 国内统一连续出版物号 | 主管单位 | 主办单位 |
|---|---|---|---|---|---|
| 380 | 情报科学 | Information Science | CN22-1264/G2 | 教育部 | 吉林大学、中国科技情报学会 |
| 381 | 情报学报 | Journal of the China Society for Scientific and Technical Information | CN11-2257/G3 | 中国科协 | 中国科学技术情报学会、中国科学技术信息研究所 |
| 382 | 燃料化学学报[4] | Journal of Fuel Chemistry and Technology | CN14-1140/TQ | 中国科学院 | 中国化学会、中国科学院山西煤炭化学研究所 |
| 383 | 热带医学杂志 | Journal of Tropical Medicine | CN44-1503/R | 广东省科协 | 中华预防医学会、广东省寄生虫学会 |
| 384 | 热带作物学报 | Chinese Journal of Tropical Crops | CN46-1019/S | 中国科协 | 中国热带作物学会 |
| 385 | 热加工工艺 | Hot Working Technology | CN61-1133/TG | 中国船舶重工集团公司 | 中国船舶重工集团公司热加工工艺研究所、中国造船工程学会船舶材料学术委员会 |
| 386 | 人工晶体学报[4] | Journal of Synthetic Crystals | CN11-2637/O7 | 中国建筑材料工业协会 | 中国硅酸盐学会晶体生长与材料分会、中非人工晶体研究院 |
| 387 | 人文地理 | Human Geography | CN61-1193/K | 陕西省教育厅 | 中国地理学会、西安外国语学院 人文地理研究所 |
| 388 | 软件 | Software | CN12-1151/TP | 中国科协 | 中国电子学会、天津电子学会 |
| 389 | 软件学报[1,2,4] | Journal of Software | CN11-2560/TP | 中国科学院 | 中国科学院软件研究所、中国计算机学会 |
| 390 | 软件与光盘 | Software and CD | CN11-3941/TP | 中国科协 | 大众科技报社 |
| 391 | 润滑与密封 | Lubrication Engineering | CN44-1260/TH | 中国科协 | 中国机械工程学会、广州机械科学研究院 |
| 392 | 色谱[5] | Chinese Journal of Chromatography | CN21-1185/O6 | 中国科协 | 中国化学会 |
| 393 | 森林与人类 | Forest & Humankind | CN11-1224/S | 国家林业局 | 中国绿色时报、中国林学会 |
| 394 | 山地学报 | Journal of Mountain Research | CN51-1516/P | 中国科学院 | 中国科学院水利部成都山地灾害与环境研究所、中国地理学会 |

续表

| 序号 | 中文刊名 | 英文刊名 | 国内统一连续出版物号 | 主管单位 | 主办单位 |
|---|---|---|---|---|---|
| 395 | 山西医药杂志 | Shanxi Medical Journal | CN14-1108/R | 山西省卫生厅 | 中华医学会山西分会 |
| 396 | 陕西中医 | Shanxi Journal of Traditional Chinese Medicine | CN61-1105/R | 陕西省中医药管理局 | 中国中医药学会陕西分会 |
| 397 | 设备管理与维修 | Plant Maintenance Engineering | CN11-2503/F | 中国科协 | 中国机械工程学会、卓众出版有限公司 |
| 398 | 设计 | Design | CN11-5127/TB | 中国科协 | 中国工业设计协会 |
| 399 | 摄影与摄像 | Photo & Video | CN11-3625/TB | 中国科协 | 中国科教电影电视协会 |
| 400 | 神经解剖学杂志 | Chinese Journal of Neuroanatomy | CN61-1061/R | 第四军医大学 | 第四军医大学、中国解剖学会 |
| 401 | 生理科学进展[5] | Progress in Physiological Sciences | CN11-2270/R | 中国科协 | 中国生理学会、北京大学 |
| 402 | 生理学报[1,5] | Acta Physiologica Sinica | CN31-1352/Q | 中国科学院 | 中国科学院上海生命科学研究院、中国生理学会 |
| 403 | 生命的化学 | Chemistry of Life | CN31-1384/Q | 中国科协 | 中国生物化学与分子生物学会 |
| 404 | 生命世界 | Life World | CN11-5272/Q | 中国科学院 | 中国科学院植物研究所、中国植物学会、高等教育出版社 |
| 405 | 生态学报[1] | Acta Ecologica Sinica | CN11-2031/Q | 中国科协 | 中国生态学学会、中国科学院生态环境研究中心 |
| 406 | 生态学杂志 | Chinese Journal of Ecology | CN21-1148/Q | 中国科协 | 中国生态学学会、中国科学院沈阳应用生态研究所 |
| 407 | 生物多样性[1] | Biodiversity Science | CN11-3247/Q | 中国科学院 | 中国科学院生物多样性委员会、中国植物学会、中国科学院植物研究所、中国科学院动物研究所、中国科学院微生物研究所 |
| 408 | 生物工程学报[5] | Chinese Journal of Biotechnology | CN11-1998/Q | 中国科学院 | 中国科学院微生物研究所、中国微生物学会 |
| 409 | 生物化学与生物物理进展[3] | Progress in Biochemistry and Biophysics | CN11-2161/Q | 中国科学院 | 中国科学院生物物理研究所、中国生物物理学会 |

续表

| 序号 | 中文刊名 | 英文刊名 | 国内统一连续出版物号 | 主管单位 | 主办单位 |
|---|---|---|---|---|---|
| 410 | 生物数学学报 | Journal of Biomathematics | CN34-1071/Q | 中国数学会 | 中国数学会生物数学学会 |
| 411 | 生物物理学报 | Acta Biophysica Sinica | CN11-1992/Q | 中国科协 | 中国生物物理学会 |
| 412 | 生物学通报 | Bulletin of Biology | CN11-2042/Q | 中国科协 | 中国动物学会、中国植物学会、北京师范大学 |
| 413 | 生物质化学工程 | Biomass Chemical Engineering | CN32-1768/S | 国家林业局 | 中国林科院林产化学工业研究所 |
| 414 | 声学学报[4] | Acta Acustica | CN11-2065/O4 | 中国科学院 | 中国科学院声学所、中国声学学会 |
| 415 | 声学学报(英文版) | Chinese Journal of Acoustics | CN11-2066/O3 | 中国科学院 | 中国科学院声学所、中国声学学会 |
| 416 | 施工技术 | Construction Technology | CN11-2831/TU | 住房与城乡建设部 | 亚太建设科技信息研究院、中国建筑设计研究院、中国建筑工程总公司、中国土木工程学会 |
| 417 | 湿地科学与管理 | Wetland Science & Management | CN11-5389/G3 | 国家林业局 | 中国林业科学研究院 |
| 418 | 石油化工 | Petrochemical Technology | CN11-2361/TQ | 中国石油化工集团公司 | 中国石化集团北京化工研究院、中国化工学会石油化工专业委员会、中国化工学会石油化工专业委员会 |
| 419 | 石油机械 | China Petroleum Machinery | CN42-1246/TE | 中国石油天然气集团公司 | 中国石油物资装备(集团)总公司、中国石油学会石油工程学会、中国石油集团钻井工程技术研究院江汉机械研究所、江汉石油管理局 |
| 420 | 石油实验地质 | Petroleum Geology & Experiment | CN32-1151/TE | 中国石油化工集团公司 | 中国石油化工股份有限公司石油勘探开发研究院、中国地质学会石油地质专业委员会 |
| 421 | 石油学报[1,4] | Acta Petrolei Sinica | CN11-2128/TE | 中国科协 | 中国石油学会 |
| 422 | 石油学报(石油加工)[4] | Acta Petrolei Sinica (Petroleum Processing Section) | CN11-2129/TE | 中国科协 | 中国石油学会、石油化工科学研究院 |

续表

| 序号 | 中文刊名 | 英文刊名 | 国内统一连续出版物号 | 主管单位 | 主办单位 |
|---|---|---|---|---|---|
| 423 | 石油与天然气地质 | Oil & Gas Geology | CN11-4820/TE | 中国石油化工集团公司 | 中国石油化工股份有限公司石油勘探开发研究院、中国地质学会石油地质专业委员会 |
| 424 | 石油知识 | Petroleum Knowledge | CN11-4725/TE | 中国科协 | 中国石油学会 |
| 425 | 实验力学 | Journal of Experimental Mechanics | CN34-1057/O3 | 中国科协 | 中国力学学会、中国科学技术大学 |
| 426 | 实验流体力学[4] | Journal of Experiments in Fluid Mechanics | CN11-5266/V | 中国科协 | 中国空气动力学会 |
| 427 | 实用肝脏病杂志 | Journal of Clinical Hepatology | CN34-1270/R | 安徽省科协 | 中华医学会安徽分会 |
| 428 | 实用全科医学 | Applied Journal of General Practice | CN11-5464/R | 卫生部 | 中华预防医学会、安徽省微循环学会 |
| 429 | 实用糖尿病杂志 | Journal of Practical Diabetology | CN21-1523/R | 辽宁省卫生厅 | 中华医学会辽宁分会 |
| 430 | 实用医技杂志 | Journal of Practical Medical Techniques | CN14-1298/R | 山西省卫生厅 | 中华医学会山西分会 |
| 431 | 实用预防医学 | Practical Preventive Medicine | CN43-1223/R | 卫生部 | 中华预防医学会、湖南省预防医学会 |
| 432 | 实用肿瘤杂志 | Journal of Practical Oncology | CN33-1074/R | 教育部 | 浙江大学、中国抗癌协会 |
| 433 | 食品与机械 | Food and Machinery | CN43-1183/TS | 湖南省教育厅 | 长沙理工大学 |
| 434 | 世界地理研究 | World Regional Studies | CN31-1626/P | 中国科协 | 中国地理学会 |
| 435 | 世界地震工程 | World Earthquake Engineering | CN23-1195/P | 中国地震局 | 中国地震局工程力学研究所、中国力学学会 |
| 436 | 世界中西医结合杂志 | Word Journal of Integrated Traditional and Western | CN11-5511/R | 中国科协 | 中华中医药学会 |
| 437 | 兽类学报 | Acta Theriologica Sinica | CN63-1014/Q | 中国科协 | 中国科学院西北高原生物研究所、中国动物学会兽类学分会 |
| 438 | 数据采集与处理 | Journal of Data Acquisition & Processing | CN32-1367/TN | 中国科协 | 中国电子学会、信号处理学会、中国仪器仪表学会、中国物理学会、微弱信号检测学会、南京航空航天大学 |

续表

| 序号 | 中文刊名 | 英文刊名 | 国内统一连续出版物号 | 主管单位 | 主办单位 |
|---|---|---|---|---|---|
| 439 | 数理天地（初中版） | —— | CN11-3091/O1 | 中国科协 | 中国优选法统筹法与经济数学研究会 |
| 440 | 数理天地（高中版） | —— | CN11-3095/O1 | 中国科协 | 中国优选法统筹法与经济数学研究会 |
| 441 | 数理统计与管理 | Application of Statistics and Management | CN11-2242/O1 | 中国科协 | 中国现场统计研究会 |
| 442 | 数码时尚 | Digital Fashion | CN11-5139/TN | 中国科协 | 中国科技新闻学会 |
| 443 | 数码影像时代 | Broadcast Network Technology | CN11-4687/TN | 中国科协 | 中国技术引进咨询公司 |
| 444 | 数学的实践与认识 | Mathematics in Practice and Theory | CN11-2018/O1 | 中国科学院 | 中国数学会、中国科学院数学与系统科学研究院 |
| 445 | 数学进展 | Advances in Mathematics | CN11-2312/O1 | 中国科协 | 中国数学会 |
| 446 | 数学通报 | Bulletin des Sciences Mathematics | CN11-2254/O1 | 中国科协 | 中国数学会、北京师范大学 |
| 447 | 数学学报[1] | Acta Mathematica Sinica | CN11-2038/O1 | 中国科学院 | 中国数学会、中国科学院数学与系统科学研究院 |
| 448 | 数学学报（英文版）[2,3] | Acta Mathematica Sinica, English Series | CN11-2039/O1 | 中国科协 | 中国数学会、中国科学院数学与系统科学研究院 |
| 449 | 水产学报[1] | Journal of Fisheries of China | CN31-1283/S | 中国科协 | 中国水产学会 |
| 450 | 水电能源科学 | Water Resources and Power | CN42-1231/TK | 教育部 | 中国水力发电学会、华中科技大学、国测水电技术研究院 |
| 451 | 水科学进展[4] | Advances in Water Science | CN32-1309/P | 水利部 | 南京水利科学研究院、中国水利学会 |
| 452 | 水力发电学报[4] | Journal of Hydroelectric Engineering | CN11-2241/TV | 中国科协 | 中国水力发电工程学会 |
| 453 | 水利学报[1,4] | Journal of Hydraulic Engineering | CN11-1882/TV | 中国科协 | 中国水利学会 |
| 454 | 水生生物学报 | Acta Hydrobiologica Sinica | CN42-1230/Q | 中国科学院 | 中国科学院水生生物研究所、中国海洋湖沼学会 |

续表

| 序号 | 中文刊名 | 英文刊名 | 国内统一连续出版物号 | 主管单位 | 主办单位 |
|---|---|---|---|---|---|
| 455 | 丝网印刷 | Screen Printing | CN11-2348/TS | 北京印刷集团有限责任公司 | 中国网印及制像协会、北京市印刷技术研究所 |
| 456 | 塑性工程学报 | Journal of Plasticity Engineering | CN11-3449/TG | 中国科协 | 中国机械工程学会 |
| 457 | 太空探索 | Space Exploration | CN11-4492/V | 中国科协 | 中国宇航学会 |
| 458 | 太阳能 | Solar Energy | CN11-1660/TK | 中国科协 | 中国可再生能源学会 |
| 459 | 太阳能学报[4] | Acta Energiae Solaris Sinica | CN11-2082/TK | 中国科协 | 中国可再生能源学会 |
| 460 | 探测与控制学报 | Journal of Detection & Control | CN61-1316/TJ | 中国兵器工业集团公司 | 西安机电信息研究所、机电工程与控制国家级重点实验室、中国兵工学会 |
| 461 | 糖尿病天地 | Diabetes World | CN11-5210/R | 中国科协 | 中华中医药学会 |
| 462 | 糖尿病新世界 | DiabetesNew World | CN11-5019/R | 中国科协 | 中国病理生理学会 |
| 463 | 特产研究 | Special Wild Economic Animal and Plant Research | CN22-1154/S | 农业部 | 中国农业科学院特产研究所、中国农学会特产学会 |
| 464 | 特殊钢 | Special Steel | CN42-1243/TF | 中国金属学会 | 中国金属学会特殊钢分会、大冶特殊钢股份有限公司 |
| 465 | 特种铸造及有色合金 | Special Casting & Nonferrous Alloys | CN42-1148/TG | 中国科协 | 中国机械工程学会 |
| 466 | 体育科学 | China Sport Science | CN11-1295/G8 | 国家体育总局 | 中国体育科学学会 |
| 467 | 天文爱好者 | Amateur Astronomer | CN11-1390/P | 中国科协 | 中国天文学会、北京天文馆 |
| 468 | 天文和天体物理学研究(英文版)[3] | Research in Astronomy and Astrophysics | CN11-5721/P | 中国科学院 | 中国科学院国家天文台、中国天文学会 |
| 469 | 天文学报 | Acta Astronomica Sinica | CN32-1113/P | 中国科学院 | 中国天文学会 |
| 470 | 天文学进展 | Progress in Astronomy | CN31-1340/P | 中国科学院 | 中国科学院上海天文台、中国天文学会 |
| 471 | 铁道工程学报 | Journal of Railway Engineering Society | CN11-3567/U | 中国科协 | 中国铁道学会、中国铁路工程总公司、中国中铁股份有限公司 |

续表

| 序号 | 中文刊名 | 英文刊名 | 国内统一连续出版物号 | 主管单位 | 主办单位 |
|---|---|---|---|---|---|
| 472 | 铁道机车车辆 | Railway Locomotive & Car | CN11-1917/U | 铁道部 | 中国铁道科学研究院机车车辆研究所、中国铁道学会牵引动力委员会 |
| 473 | 铁道建筑技术 | Railway Construction Technology | CN11-3368/TU | 铁道部 | 中国铁道学会、中国铁道建筑技术总公司 |
| 474 | 铁道学报[4] | Journal of the China Railway Society | CN11-2104/U | 中国科协 | 中国铁道学会 |
| 475 | 铁道知识 | Railway Knowledge | CN11-1372/U | 中国科协 | 中国铁道学会 |
| 476 | 铁路计算机应用 | Railway Computer Application | CN11-3471/TP | 铁道部 | 中国铁道科学研究院电子计算技术研究所、中国铁道学会计算机委员会 |
| 477 | 通信学报[4] | Journal on Communications | CN11-2102/TN | 中国科协 | 中国通信学会 |
| 478 | 同位素 | Isotopes | CN11-2566/TL | 中国核工业集团公司 | 中国核学会同位素学会 |
| 479 | 涂料技术与文摘 | Coatings Technology & Abstracts | CN32-1672/TQ | 中化常州涂料化工研究院 | 中化常州涂料化工研究院、中国化工学会涂料涂装专业委员会 |
| 480 | 土木工程学报[1,4] | China Civil Engineering Journal | CN11-2120/TU | 住房与城乡建设部 | 中国土木工程学会 |
| 481 | 土壤通报 | Chinese Journal of Soil Science | CN21-1172/S | 中国科协 | 中国土壤学会 |
| 482 | 土壤学报[1] | Acta Pedologica Sinica | CN32-1119/P | 中国科学院 | 中国土壤学会 |
| 483 | 玩具世界 | Toys World | CN31-1287/TS | 中国轻工业联合会 | 中国工艺美术学会玩具专业委员会 |
| 484 | 网络财富 | Network Wealth | CN12-1392/G2 | 国家海洋局 | 中国电源学会 |
| 485 | 网友世界 | Netfriends | CN11-4852/TP | 中国科协 | 中国电子学会 |
| 486 | 微波学报 | Journal of Microwaves | CN32-1493/TN | 中国科协 | 中国电子学会 |
| 487 | 微生物学报[5] | Acta Microbiologica Sinica | CN11-1995/Q | 中国科学院 | 中国科学院微生物研究所、中国微生物学会 |
| 488 | 微生物学通报 | Microbiology | CN11-1996/Q | 中国科学院 | 中国科学院微生物研究所 、中国微生物学会 |

续表

| 序号 | 中文刊名 | 英文刊名 | 国内统一连续出版物号 | 主管单位 | 主办单位 |
|---|---|---|---|---|---|
| 489 | 微生物学杂志 | Journal of Microbiology | CN21-1186/Q | 辽宁省科学技术厅 | 中国微生物学会、辽宁省微生物学会、辽宁省微生物科学研究院 |
| 490 | 微循环学杂志 | Chinese Journal of Microcirculation | CN42-1321/R | 教育部 | 武汉大学人民医院、中国病理生理学会微循环专业委员会 |
| 491 | 未来与发展 | Future and Development | CN11-1627/G3 | 中国科协 | 中国未来研究会 |
| 492 | 无机化学学报[3] | Chinese Journal of Inorganic Chemistry | CN32-1185/O6 | 中国科协 | 中国化学会 |
| 493 | 无机盐工业 | Inorganic Chemicals Industry | CN12-1069/TQ | 天津化工研究设计院 | 天津化工研究设计院、中国化工学会无机酸碱盐专业委员会 |
| 494 | 无损检测 | Nondestructive Testing | CN31-1335/TG | 中国科协 | 中国机械工程学会、上海材料研究所 |
| 495 | 物理 | Physics | CN11-1957/O4 | 中国科学院 | 中国科学院物理所、中国物理学会 |
| 496 | 物理化学学报[2,3] | Acta Physico-Chimica Sinica | CN11-1892/O6 | 中国科协 | 中国化学会 |
| 497 | 物理教学 | Physics Teaching | CN31-1033/G4 | 中国科协 | 中国物理学会 |
| 498 | 物理学报[1,3] | Acta Physica Sinica | CN11-1958/O4 | 中国科学院 | 中国物理学会、中国科学院物理研究所 |
| 499 | 物理学进展 | Progress in Physics | CN32-1127/O4 | 中国科协 | 中国物理学会、南京大学 |
| 500 | 西北地震学报 | Northwestern Seismological Journal | CN62-1048/P | 中国地震局 | 中国地震局兰州地震研究所、中国地震学会 |
| 501 | 稀土 | Chinese Rare Earths | CN15-1099/TF | 包头稀土研究院 | 中国稀土学会 |
| 502 | 稀土学报(英文版)[3,4] | Journal of Rare Earths | CN11-2788/TF | 中国科协 | 中国稀土学会、北京有色金属研究总院 |
| 503 | 稀有金属(英文版)[3,4] | Rare Metals | CN11-2112/TF | 中国有色金属工业协会 | 中国有色金属学会、北京有色金属研究总院 |
| 504 | 稀有金属材料与工程[2,3,4] | Rare Metal Materials and Engineering | CN61-1154/TG | 中国科协 | 中国有色金属学会、中国材料研究学会、西北有色金属研究院 |

续表

| 序号 | 中文刊名 | 英文刊名 | 国内统一连续出版物号 | 主管单位 | 主办单位 |
|---|---|---|---|---|---|
| 505 | 稀有金属与硬质合金 | Rare Metals and Cemented Carbides | CN43-1109/TF | 长沙有色冶金设计研究院 | 中国有色金属学会、长沙有色冶金设计研究院 |
| 506 | 系统仿真学报 | Journal of System Simulation | CN11-3092/V | 中国航天科工集团公司 | 中国航天科工集团706所、中国系统仿真学会 |
| 507 | 系统工程理论与实践[1,4] | Systems Engineering-Theory & Practice | CN11-2267/N | 中国科协 | 中国系统工程学会 |
| 508 | 系统工程学报 | Journal of Systems Engineering | CN12-1141/O1 | 中国科协 | 中国系统工程学会 |
| 509 | 系统工程与电子技术[4] | Systems Engineering and Electronics | CN11-2422/TN | 中国航天科工集团公司 | 中国航天科工集团二院、中国宇航学会、中国系统工程学会 |
| 510 | 系统工程与电子技术(英文版)[3,4] | Journal of Systems Engineering and Electronics | CN11-3018/N | 中国航天科工集团公司 | 中国航天科工集团公司二院、中国宇航学会、中国系统工程学会 |
| 511 | 系统科学与系统工程学报(英文版)[3] | Journal of Systems Science and Systems Engineering | CN11-2983/N | 中国科协 | 中国系统工程学会 |
| 512 | 细胞生物学杂志 | Chinese Journal of Cell Biology | CN31-1478/Q | 中国科学院 | 中国科学院上海生命科学研究院生物化学与细胞生物学研究所、中国细胞生物学学会 |
| 513 | 细胞研究(英文版)[2,3,5] | Cell Research | CN31-1568/Q | 中国科学院 | 中国科学院上海生命科学研究院生物化学与细胞生物学研究所、中国细胞生物学学会 |
| 514 | 细胞与分子免疫学杂志[2,5] | Chinese Journal of Cellular and Molecular Immunology | CN61-1304/R | 第四军医大学 | 第四军医大学、中国免疫学会 |
| 515 | 现代电视技术 | Advanced Television Engineering | CN11-4864/TN | 国家广电总局 | 中央电视台、中国电影电视技术学会 |
| 516 | 现代技术陶瓷 | Advanced Ceramics | CN37-1226/TQ | 山东工业陶瓷研究设计院 | 山东工业陶瓷研究设计院、中国硅酸盐学会特陶分会 |
| 517 | 现代免疫学 | Current Immunology | CN31-1280/R | 上海市教委 | 中国免疫学会、上海市免疫学会、上海市免疫学研究所 |

续表

| 序号 | 中文刊名 | 英文刊名 | 国内统一连续出版物号 | 主管单位 | 主办单位 |
|---|---|---|---|---|---|
| 518 | 现代情报 | Modern Information | CN22-1182/G3 | 吉林省科技信息研究所 | 中国科技情报学会 |
| 519 | 现代隧道技术 | Modern Tunnelling Technology | CN51-1600/U | 中国铁道工程总公司 | 中铁西南科学研究院有限公司、中国土木工程学会隧道及地下工程分会 |
| 520 | 现代通信 | Communications Today | CN31-1364/TN | 中国科协 | 中国通信学会 |
| 521 | 现代物理知识 | Modern Physics | CN11-2441/O3 | 中国科学院 | 中国科学院高能物理研究所、中国物理学会 |
| 522 | 现代消化及介入诊疗 | Modern Digestion & Intervention | CN44-1580/R | 广东省卫生厅 | 广东省医学学术交流中心 |
| 523 | 现代预防医学 | Modern Preventive Medicine | CN51-1365/R | 卫生部 | 中华预防医学会、四川大学华西公共卫生学院 |
| 524 | 现代中西医结合杂志 | Modern Journal of Integrated Traditional Chinese and Western Medicine | CN13-1283/R | 河北省科协 | 河北省中西医结合学会河北分会、中华中医药学会 |
| 525 | 现代肿瘤医学 | Journal of Modern Oncology | CN61-1415/R | 陕西省科协 | 陕西省抗癌协会、中国抗癌协会、陕西省肿瘤防治研究所、陕西省医学会 |
| 526 | 现代铸铁 | Modern Cast Iron | CN32-1112/TG | 一汽铸造有限公司 | 中国机械工程学会、无锡一汽铸造有限公司 |
| 527 | 乡镇企业导报 | —— | CN11-3564/F | 中国科协 | 中国乡镇企业协会 |
| 528 | 消防技术与产品信息 | Fire Technique and Products Information | CN11-2628/TU | 公安部 | 中国消防协会 |
| 529 | 消防科学与技术 | Fire Science and Technology | CN12-1311/TU | 公安部 | 中国消防协会 |
| 530 | 小水电 | Small Hydropower | CN33-1204/TV | 水利部 | 水利部农村电气化研究所、中国水力发电工程学会 |
| 531 | 小型微型计算机系统 | Mini-micro Systems | CN21-1106/TP | 中国科学院 | 中国科学院辽宁计算技术研究所、中国计算机学会 |
| 532 | 校园心理 | Campus Life & Mental Health | CN14-1326/R | 山西省卫生厅 | 中华医学会山西分会 |

续表

| 序号 | 中文刊名 | 英文刊名 | 国内统一连续出版物号 | 主管单位 | 主办单位 |
|---|---|---|---|---|---|
| 533 | 心理科学 | Psychological Science | CN31-1582/B | 中国科协 | 中国心理学会 |
| 534 | 心理学报 | Acta Psychologica Sinica | CN11-1911/B | 中国科学院 | 中国心理学会、中国科学院心理研究所 |
| 535 | 心理与健康 | Psychology & health | CN11-3387/R | 中国科协 | 中国心理卫生协会 |
| 536 | 新中医 | New Journal of Traditional Chinese Medicine | CN44-1231/R | 国家中医药管理局 | 广州中医药大学、中华中医药学会 |
| 537 | 信号处理 | Signal Processing | CN11-2406/TN | 中国科协 | 中国电子学会 |
| 538 | 信息网络安全 | Netinfo Security | CN31-1859/TN | 公安部 | 公安部第三研究所、中国计算机学会计算机安全专业委员会 |
| 539 | 信息与控制 | Information and Control | CN21-1138/TP | 中国科学院 | 中国科学院沈阳自动化研究所、中国自动化学会 |
| 540 | 畜牧兽医学报 | Chinese Journal of Animal and Veterinary Sciences | CN11-1985/S | 中国科协 | 中国畜牧兽医学会 |
| 541 | 学会 | Learned Society | CN35-1127/G3 | 福建省科协 | 福建省科学技术协会、中国科协学会学术部 |
| 542 | 压力容器 | Pressure Vessel Technology | CN34-1058/TH | 中国科协 | 中国机械工程学会压力容器分会 |
| 543 | 岩矿测试 | Rock and Mineral Analysis | CN11-2131/TD | 中国科协 | 中国地质学会岩矿测试专业委员会、国家地质实验测试中心 |
| 544 | 岩石矿物学杂志 | Acta Petrologica et Mineralogica | CN11-1966/P | 中国科协 | 中国地质学会岩石学专业委员会、中国地质学会矿物学专业委员会、中国地质科学院地质研究所 |
| 545 | 岩石力学与工程学报[1,2,4] | Chinese Journal of Rock Mechanics and Engineering | CN42-1397/O3 | 中国科协 | 中国岩石力学与工程学会 |
| 546 | 岩石学报[2,3] | Acta Petrologica Sinica | CN11-1922/P | 中国科学院 | 中国矿物岩石地球化学学会、中国科学院地质与地球物理研究所 |

续表

| 序号 | 中文刊名 | 英文刊名 | 国内统一连续出版物号 | 主管单位 | 主办单位 |
|---|---|---|---|---|---|
| 547 | 岩土工程学报[1,4] | Chinese Journal of Geotechnical Engineering | CN32-1124/TU | 中国科协 | 中国水利学会、中国土木工程学会、中国力学学会、中国建筑学会、中国水力发电工程学会、中国振动工程学会 |
| 548 | 遥感学报[1] | Journal of Remote Sensing | CN11-3841/TP | 中国科学院 | 中国科学院遥感应用研究所、中国地理学会环境遥感分会 |
| 549 | 药物分析杂志 | Chinese Journal of Pharmaceutical Analysis | CN11-2224/R | 中国科协 | 中国药学会 |
| 550 | 药物流行病学杂志 | Chinese Journal of Pharmacoepidemiology | CN42-1333/R | 中国科协 | 中国药学会、武汉医药(集团)股份有限公司 |
| 551 | 药物评价研究 | Drug Evaluation Research | CN12-1409/R | 天津市科委 | 天津药物研究院、中国药学会 |
| 552 | 药物生物技术 | Pharmaceutical Biotechnology | CN32-1488/R | 教育部、江苏省教育厅 | 中国药科大学、中国医药科技出版社、中国药学会 |
| 553 | 药物与人 | Medicine and People | CN11-2233/R | 北京市药品监督管理局 | 北京药学会 |
| 554 | 药学实践杂志 | The Journal of Pharmaceutical Practice | CN31-1685/R | 第二军医大学 | 第二军医大学、中国药学会药事管理专业委员会 |
| 555 | 药学学报[1,5] | Acta Pharmaceutica Sinica | CN11-2163/R | 中国科协 | 中国药学会 |
| 556 | 冶金分析 | Metallurgical Analysis | CN11-2030/TF | 中国钢铁工业协会 | 钢铁研究总院、中国金属学会 |
| 557 | 冶金经济与管理 | Metallurgy Economy | CN21-1094/F | 中国金属学会 | 中国金属学会冶金技术经济分会、中国有色金属学会经济管理学术委员会、东北大学 |
| 558 | 冶金设备 | Metallurgical Equipment | CN11-2183/TF | 中国钢铁工业协会 | 北京冶金设备研究设计总院、中国金属学会冶金设备分会、中国贸促会冶金行业分会 |

续表

| 序号 | 中文刊名 | 英文刊名 | 国内统一连续出版物号 | 主管单位 | 主办单位 |
|---|---|---|---|---|---|
| 559 | 野生动物 | Chinese Wildlife | CN23-1271/S | 国家林业局 | 国家濒危物种进出口管理办公室、中国野生动物保护协会、东北林业大学 |
| 560 | 液晶与显示 | Chinese Journal of Liquid Crystals and Displays | CN22-1259/O4 | 中国科学院 | 中国科学院长春光学精密机械与物理研究所、中国光学光电子行业协会液晶专业分会、中国物理学会液晶分会 |
| 561 | 液压与气动 | Chinese Hydraulics & Pneumatics | CN11-2059/TH | 中国机械工业联合会 | 北京机械工业自动化研究所、中国机械工程学会机械工业自动化分会 |
| 562 | 医学临床研究 | Journal of Clinical Research | CN43-1382/R | 湖南省卫生厅 | 湖南省医学会 |
| 563 | 医学与哲学 | Medicine & Philosophy | CN21-1093/R | 中国科协 | 中国自然辩证法研究会 |
| 564 | 医药导报 | Herald of Medicine | CN42-1293/R | 湖北省食品药品监督管理局 | 中国药理学会、华中科技大学同济医学院附属同济医院、中国医药商业协会 |
| 565 | 医药论坛杂志 | Journal of Medical Forum | CN11-5479/R | 卫生部 | 中华预防医学会、河南省医学情报研究所 |
| 566 | 医药世界 | Medicine World | CN11-4002/R | 卫生部 | 中华预防医学会、北京东方讯达医药信息咨询中心 |
| 567 | 仪表技术 | Instrumentation Technology | CN31-1266/TH | 上海科学院 | 上海仪器仪表研究所、上海市仪器仪表学会、中国仪器仪表学会汉字信息处理系统研究会 |
| 568 | 仪器仪表学报[1,4] | Chinese Journal of Scientific Instrument | CN11-2179/TH | 中国科协 | 中国仪器仪表学会 |
| 569 | 仪器仪表用户 | Electronic Instrumentation Customer | CN12-1334/TH | 天津市电子仪表工业总公司 | 天津仪表集团公司、中国仪器仪表学会 |
| 570 | 遗传[5] | Hereditas | CN11-1913/R | 中国科学院 | 中国科学院遗传与发育生物学研究所、中国遗传学会 |

续表

| 序号 | 中文刊名 | 英文刊名 | 国内统一连续出版物号 | 主管单位 | 主办单位 |
|---|---|---|---|---|---|
| 571 | 遗传学报（英文版）[3] | Journal of Genetics and Genomics | CN11-5450/R | 中国科学院 | 中国科学院遗传与发育生物学研究所、中国遗传学会 |
| 572 | 应用地球物理（英文版）[3] | Applied Geophysics | CN11-5212/O | 中国科协 | 中国地球物理学会 |
| 573 | 应用概率统计 | Chinese Journal of Applied probability and Statistics | CN31-1256/O1 | 中国科协 | 中国数学会概率统计学会 |
| 574 | 应用光学 | Journal of Applied Optics | CN61-1171/O4 | 中国兵器工业集团公司 | 中国兵器工业第二〇五研究所、中国兵工学会 |
| 575 | 应用化学 | Chinese Journal of Applied Chemistry | CN22-1128/O6 | 中国科学院 | 中国化学会 |
| 576 | 应用基础与工程科学学报[4] | Journal of Basic Science and Engineering | CN11-3242/TB | 中国科协 | 中国自然资源学会 |
| 577 | 应用激光 | Applied Laser | CN31-1375/TN | 上海科学院 | 中国光学学会激光加工专业委员会、上海市激光技术研究所 |
| 578 | 应用生态学报[5] | Chinese Journal of Applied Ecology | CN21-1253/Q | 中国科学院 | 中国生态学学会、中国科学院沈阳应用生态研究所 |
| 579 | 应用数学学报 | Acta Mathematicae Applicatae Sinica | CN11-2040/O1 | 中国科学院 | 中国数学会、中国科学院数学与系统科学研究院 |
| 580 | 应用数学学报（英文版）[3] | Acta Mathematicae Applicatae Sinica (English Edition) | CN11-2041/O1 | 中国科学院 | 中国数学会、中国科学院数学与系统科学研究院 |
| 581 | 英国医学杂志（中文版） | BMJ Chinese Edition | CN11-3904/R | 中国科协 | 中华医学会 |
| 582 | 营养学报[1] | Acta Nutrimenta Sinica | CN12-1074/R | 军事医学科学院 | 卫生学环境医学研究所、中国营养学会 |
| 583 | 影像技术 | Image Technology | CN12-1173/TB | 全国轻工感光材料信息中心 | 中国感光学会、全国轻工感光材料信息中心 |
| 584 | 影像科学与光化学 | Photographic Science and Photochemistry | CN11-2029/O6 | 中国科学院 | 中国科学院理化技术研究所、中国感光学会 |

续表

| 序号 | 中文刊名 | 英文刊名 | 国内统一连续出版物号 | 主管单位 | 主办单位 |
|---|---|---|---|---|---|
| 585 | 铀矿地质 | Uranium Geology | CN11-1971/TL | 中国核工业集团公司 | 中国核学会铀矿地质学会、核工业北京地质研究院 |
| 586 | 铀矿冶 | Uranium Mining and Metallurgy | CN11-1969/TL | 中国核工业集团公司 | 中国核学会铀矿冶学会 |
| 587 | 有机化学[3] | Chinese Journal of Organic Chemistry | CN31-1321/O6 | 中国科学院 | 中国化学会、中国科学院上海有机化学研究所 |
| 588 | 有色设备 | Nonferrous Metallurgical Equipment | CN11-2919/TG | 中国有色金属工业协会 | 中国有色金属学会、中国有色工程设计研究总院 |
| 589 | 渔业科学进展 | Progress in Fishery Sciences | CN37-1466/S | 农业部办公厅 | 中国水产学会、中国水产科学研究院黄海水产研究所、科学出版社 |
| 590 | 宇航学报 | Journal of Astronautics | CN11-2053/V | 中国科协 | 中国宇航学会 |
| 591 | 预防医学论坛 | Preventive Medicine Tribune | CN37-1428/R | 卫生部 | 中华预防医学会、山东省疾病预防控制中心 |
| 592 | 预防医学情报杂志 | Journal of Preventive Medicine Information | CN51-1276/R | 四川省卫生厅 | 中华预防医学会、四川省疾病预防控制中心 |
| 593 | 园林 | Garden | CN31-1118/S | 上海市建设和交通委员会 | 上海市园林科学研究所、中国风景园林学会 |
| 594 | 园艺学报 | Acta Horticulturae Sinica | CN11-1924/S | 中国科协 | 中国园艺学会、中国农业科学院蔬菜花卉研究所 |
| 595 | 原子核物理评论 | Nuclear Physics Review | CN62-1131/O4 | 中国科学院 | 中国科学院近代物理研究所、中国核物理学会 |
| 596 | 原子与分子物理学报 | Journal of Atomic and Molecular Physics | CN51-1199/O4 | 四川省科协 | 四川大学、四川省物理学会、中国物理学会原子与分子物理专业委员会 |
| 597 | 运筹学学报 | Operations Research Transactions | CN31-1732/O1 | 中国科协 | 中国运筹学会 |
| 598 | 运筹与管理 | Operations Research and Management Science | CN34-1133/G3 | 中国科协 | 中国运筹学会 |

续表

| 序号 | 中文刊名 | 英文刊名 | 国内统一连续出版物号 | 主管单位 | 主办单位 |
|---|---|---|---|---|---|
| 599 | 造纸信息 | China Paper Newsletter | CN11-3667/TS | 中国轻工业联合会 | 中国造纸协会、中国造纸学会、中国制浆造纸研究院 |
| 600 | 噪声与振动控制 | Noise and Vibration Control | CN31-1346/TB | 中国科协 | 中国声学学会、上海交通大学 |
| 601 | 轧钢 | Steel Rolling | CN11-2466/TF | 中国钢铁工业协会 | 钢铁研究总院、中国金属学会轧钢分会 |
| 602 | 照明工程学报 | China Illuminating Engineering Journal | CN11-3029/TM | 中国科协 | 中国照明学会 |
| 603 | 针刺研究[5] | Acupuncture Research | CN11-2274/R | 国家中医药管理局 | 中国中医科学院针灸研究所、中国针灸学会 |
| 604 | 针灸临床杂志 | Journal of Clinical Acupuncture and Moxibustion | CN23-1354/R | 黑龙江省教育厅 | 黑龙江中医药大学、中国针灸学会临床分会 |
| 605 | 针织工业 | Knitting Industries | CN12-1119/TS | 天津市针织技术研究所 | 天津市针织技术研究所、中国纺织信息中心、中国纺织工程学会针织专业委员会 |
| 606 | 真空科学与技术学报[4] | Chinese Journal of Vacuum Science and Technology | CN11-5177/TB | 中国科协 | 中国真空学会 |
| 607 | 振动工程学报[4] | Journal of Vibration Engineering | CN32-1349/TB | 中国科协 | 中国振动工程学会 |
| 608 | 振动与冲击[4] | Journal of Vibration and Shock | CN31-1316/TU | 中国科协 | 中国振动工程学会、上海交通大学、上海市振动工程学会 |
| 609 | 知识就是力量 | Knowledge is Power | CN11-1647/N | 中国科协 | 中国科协、共青团中央、中华全国总工会 |
| 610 | 职业卫生与应急救援 | Occupational Health and Emergency Rescue | CN31-1719/R | 上海华谊集团公司 | 中华预防医学会化工分会、上海市化工职业病防治院 |
| 611 | 职业与健康 | Occupation and Health | CN12-1133/R | 天津市卫生局 | 天津市疾病预防控制中心(天津市劳动卫生职业病研究所)、中华预防医学会 |

续表

| 序号 | 中文刊名 | 英文刊名 | 国内统一连续出版物号 | 主管单位 | 主办单位 |
|---|---|---|---|---|---|
| 612 | 植物保护 | Plant Protection | CN11-1982/S | 中国科协 | 中国植物保护学会、中国农业科学院植物保护研究所 |
| 613 | 植物保护学报 | Journal of Plant Protection | CN11-1983/S | 中国科协 | 中国植物保护学会 |
| 614 | 植物病理学报 | Acta Phytopathologica Sinica | CN11-2184/Q | 中国科协 | 中国植物病理学会 |
| 615 | 植物分类学报(英文版)[3] | Journal of Systematics and Evolution | CN11-5779/Q | 中国科学院 | 中国科学院植物研究所、中国植物学会 |
| 616 | 植物检疫 | Plant Quarantine | CN11-1990/S | 国家质量监督检验检疫总局 | 中国检验检疫科学研究院、中国植物保护学会 |
| 617 | 植物生理学通讯 | Plant Physiology Communications | CN31-1350/Q | 中国科协 | 中国植物生理学会、中国科学院上海生命科学研究院植物生理生态研究所 |
| 618 | 植物生态学报 | Chinese Journal of Plant Ecology | CN11-3397/Q | 中国科学院 | 中国科学院植物研究所、中国植物学会 |
| 619 | 植物学报[2] | Chinese Bulletin of Botany | CN11-5705/Q | 中国科学院 | 中国科学院植物研究所、中国植物学会 |
| 620 | 植物学报(英文版)[3,5] | Journal of Integrative Plant Biology | CN11-5067/Q | 中国科学院 | 中国科学院植物研究所、中国植物学会 |
| 621 | 植物遗传资源学报 | Journal of Plant Genetics Resources | CN11-4996/S | 农业部 | 中国农业科学院作物科学研究所、中国农学会 |
| 622 | 植物资源与环境学报 | Journal of Plant Resources and Environment | CN32-1339/S | 江苏省科技厅 | 江苏省中国科学院植物研究所内、江苏省植物学会、中国环境科学学会植物园保护分会(拟改) |
| 623 | 纸和造纸 | Paper and Paper Making | CN11-2709/TS | 中国科协 | 中国造纸学会 |
| 624 | 制冷学报 | Journal of Refrigeration | CN11-2182/TB | 中国科协 | 中国制冷学会 |
| 625 | 制造技术与机床 | Manufacturing Technology & Machine Tool | CN11-3398/TH | 中国科协 | 中国机械工程学会、北京机床研究所 |

续表

| 序号 | 中文刊名 | 英文刊名 | 国内统一连续出版物号 | 主管单位 | 主办单位 |
|---|---|---|---|---|---|
| 626 | 制造业自动化 | Manufacturing Automation | CN11-4389/TP | 中国机械工业联合会 | 北京机械工业自动化研究所、中国机械工程学会机械工业自动化分会 |
| 627 | 质谱学报 | Journal of Chinese Mass Spectrometry Society | CN11-2979/TH | 中国科学院 | 北京中科科仪技术发展有限责任公司、中国物理学会质谱分会 |
| 628 | 中草药[1] | Chinese Traditional and Herbal Drugs | CN12-1108/R | 天津市科委 | 天津药物研究院、中国药学会 |
| 629 | 中国癌症研究(英文版)[3] | Chinese Journal of Cancer Research | CN11-2591/R | 中国科协 | 中国抗癌协会 |
| 630 | 中国安全科学学报 | China Safety Science Journal | CN11-2865/X | 中国科协 | 中国职业安全健康协会 |
| 631 | 中国比较医学杂志 | Chinese Journal of Comparative Medicine | CN11-4822/R | 中国科协 | 中国实验动物学会、中国医学科学院实验动物研究所 |
| 632 | 中国标准化 | China Standardization | CN11-2345/T | 国家质量监督检验检疫总局 | 中国标准化协会 |
| 633 | 中国标准化(英文版) | China Standardization (English Edition) | CN11-5133/T | 国家质量监督检验检疫总局 | 中国标准化协会 |
| 634 | 中国表面工程 | China Surface Engineering | CN11-3905/TG | 中国科协 | 中国机械工程学会 |
| 635 | 中国病毒学(英文版) | Virologica Sinica | CN42-1760/Q | 中国科学院 | 中国科学院武汉病毒研究所、中国微生物学会 |
| 636 | 中国病理生理杂志[1] | Chinese Journal of Pathophysiology | CN44-1187/R | 中国科协 | 中国病理生理学会 |
| 637 | 中国病原生物学杂志 | Journal of Pathogen Biology | CN11-5457/R | 卫生部 | 中华预防医学会、山东省寄生虫病防治研究所 |
| 638 | 中国草地学报 | Chinese Journal of Grassland | CN15-1344/S | 农业部 | 中国农业科学院草原研究所、中国草学会 |
| 639 | 中国厂矿医学 | Chinese Medicine of Factory and Mine | CN32-1360/R | 卫生部 | 中华预防医学会 |
| 640 | 中国城乡企业卫生 | Chinese Journal of Urban and Rural Industrial Hygiene | CN12-1170/R | 卫生部 | 中华预防医学会、天津市职业病防治院 |

续表

| 序号 | 中文刊名 | 英文刊名 | 国内统一连续出版物号 | 主管单位 | 主办单位 |
|---|---|---|---|---|---|
| 641 | 中国地方病防治杂志 | Chinese Journal of Control of Endemic Diseases | CN22-1136/R | 卫生部 | 中华预防医学会 |
| 642 | 中国地方病学杂志 | Chinese Journal of Endemiology | CN23-1276/R | 卫生部 | 中华医学会、哈尔滨医科大学 |
| 643 | 中国地球化学学报(英文版)[4] | Chinese Journal of Geochemistry | CN52-1043/P | 中国科学院出版委员会 | 中国科学院地化所、中国矿物岩石地球化学学会 |
| 644 | 中国地质教育 | Chinese Geological Education | CN11-3777/G4 | 国土资源部 | 中国地质学会、中国地质大学(北京) |
| 645 | 中国地质灾害与防治学报 | The Chinese Journal of Geological Hazard and Control | CN11-2852/P | 国土资源部 | 中国地质灾害研究会 |
| 646 | 中国电机工程学报[1,4] | Proceedings of the CSEE | CN11-2107/TM | 中国科协 | 中国电机工程学会 |
| 647 | 中国电力 | Electric Power | CN11-3265/TM | 国家电网公司 | 国电信息中心、中国电机工程学会 |
| 648 | 中国电信业 | China Telecommunication Trade | CN11-4524/TN | 中国科协 | 中国通信学会、人民邮电报社 |
| 649 | 中国动脉硬化杂志 | Chinese Journal of Arteriosclerosis | CN43-1262/R | 中国科协 | 中国病理生理学会、南华大学 |
| 650 | 中国动物保健 | China Animal Health | CN11-3994/Q | 中国科协 | 中国乡镇企业协会、北京中美欧畜牧科学研究院、中国动物保健品协会 |
| 651 | 中国儿童保健杂志 | Chinese Journal of Child Health Care | CN61-1346/R | 教育部 | 西安交通大学、中华预防医学会 |
| 652 | 中国法医学杂志 | Chinese Journal of Forensic Medicine | CN11-1721/R | 公安部 | 中国法医学会、公安部物证鉴定中心 |
| 653 | 中国防痨杂志 | The Journal of the Chinese Antituberculosis Association | CN11-2761/R | 中国科协 | 中国防痨协会 |
| 654 | 中国防汛抗旱 | China Flood and Drought Management | CN11-5587/TV | 中国科协 | 中国水利学会 |
| 655 | 中国肺癌杂志 | Chinese Journal of Lung Cancer | CN12-1395/R | 中国科协 | 中国抗癌协会、中国防痨协会、天津医科大学总医院 |

续表

| 序号 | 中文刊名 | 英文刊名 | 国内统一连续出版物号 | 主管单位 | 主办单位 |
|---|---|---|---|---|---|
| 656 | 中国粉体技术 | China Powder Science and Technology | CN37-1316/TU | 中国建筑材料联合会 | 中国颗粒学会、济南大学、中国非金属矿业协会矿物加工利用技术专业委员会 |
| 657 | 中国辐射卫生 | Chinese Journal of Radiological Health | CN37-1206/R | 卫生部、山东省医学科学院 | 山东省医学科学院放射医学研究所、中华预防医学会 |
| 658 | 中国腐蚀与防护学报 | Journal of Chinese Society for Corrosion and Protection | CN21-1474/TG | 中国科协 | 中国腐蚀与防护学会 |
| 659 | 中国妇幼保健 | Maternal and Child Health Care of China | CN22-1127/R | 卫生部 | 中华预防医学会 |
| 660 | 中国肛肠病杂志 | Chinese Journal of Coloproctology | CN37-1167/R | 中华中医药学会 | 中华中医药学会肛肠分会、山东中医药学会 |
| 661 | 中国工程机械学报 | Chinese Journal of Construction Machinery | CN31-1926/TH | 中国科协 | 中国工程机械学会 |
| 662 | 中国工业医学杂志 | Chinese Journal of Industrial Medicine | CN21-1267/R | 卫生部 | 中华预防医学会、沈阳市劳动卫生职业病研究所 |
| 663 | 中国公共卫生 | Chinese Journal of Public Health | CN21-1234/R | 卫生部 | 中华预防医学会 |
| 664 | 中国公共卫生管理 | Chinese Journal of Public Health Management | CN23-1318/R | 卫生部 | 中华预防医学会、黑龙江疾病控制中心 |
| 665 | 中国公路 | China Highway | CN11-3597/F | 交通运输部 | 中国公路学会 |
| 666 | 中国公路学报[1,4] | China Journal of Highway and Transport | CN61-1313/U | 中国科协 | 中国公路学会 |
| 667 | 中国骨伤[5] | China Journal of Orthopaedics and Traumatology | CN11-2483/R | 国家中医药管理局 | 中国中西医结合学会、中国中医科学院 |
| 668 | 中国骨与关节损伤杂志 | Chinese Journal of Bone and Joint Injury | CN11-5265/R | 卫生部 | 中华预防医学会、中国人民解放军第一七五医院 |
| 669 | 中国管理科学 | Chinese Journal of Management Science | CN11-2835/G3 | 中国科学院 | 中国优选法统筹法与经济数学研究会、中国科学院科技政策与管理科学研究所 |

续表

| 序号 | 中文刊名 | 英文刊名 | 国内统一连续出版物号 | 主管单位 | 主办单位 |
|---|---|---|---|---|---|
| 670 | 中国惯性技术学报 | Journal of Chinese Inertial Technology | CN12-1222/O3 | 中国科协 | 中国惯性技术学会 |
| 671 | 中国光学快报(英文版)[3,4] | Chinese Optics Letters | CN31-1890/O3 | 中国科学院 | 中国科学院上海光机所、中国光学学会 |
| 672 | 中国光学与应用光学 | Chinese Journal of Optics and Applied Optics | CN22-1389/O4 | 中国科学院、中国科协 | 中国科学院长春光学精密机械与物理研究所、中国光学学会 |
| 673 | 中国国家地理 | Chinese National Geography | CN11-4542/P | 中国科学院 | 中国科学院地理科学与资源研究所、中国地理学会 |
| 674 | 中国海洋工程(英文版)[3,4] | China Ocean Engineering | CN32-1441/P | 中国科协 | 中国海洋学会 海洋工程分会 |
| 675 | 中国海洋湖沼学报(英文版)[3] | Chinese Journal of Oceanology and Limnology | CN37-1150/P | 中国科协 | 中国海洋湖沼学会、中国科学院海洋研究所 |
| 676 | 中国海洋平台 | China Offshore Platform | CN31-1546/TE | 中国船舶工业集团公司 | 中国船舶工业集团公司船舶工艺研究所、中国造船工程学会近海工程学术委员会 |
| 677 | 中国海洋药物 | Chinese Journal of Marine Drugs | CN37-1155/R | 中国科协 | 中国药学会 |
| 678 | 中国焊接(英文版)[4] | China Welding | CN23-1332/TG | 中国机械工业联合会 | 哈尔滨焊接研究所、中国机械工程学会焊接学会 |
| 679 | 中国航海 | Navigation of China | CN31-1388/U | 中国科协 | 中国航海学会 |
| 680 | 中国航空学报(英文版)[3,4] | Chinese Journal of Aeronautics | CN11-1732/V | 中国科协 | 中国航空学会 |
| 681 | 中国花卉盆景 | Potted Landscape of China Flowers and Plants | CN11-2444/S | 中国科协 | 中国环境科学学会 |
| 682 | 中国化学(英文版)[3] | Chinese Journal of Chemistry | CN31-1547/O6 | 中国科协 | 中国化学会、中国科学院上海有机化学研究所 |
| 683 | 中国化学工程学报(英文版)[3,4] | Chinese Journal of Chemical Engineering | CN11-3270/TQ | 中国科协 | 中国化工学会、化学工业出版社 |
| 684 | 中国化学快报(英文版)[3] | Chinese Chemical Letters | CN11-2710/O6 | 中国科协 | 中国化学会 |

续表

| 序号 | 中文刊名 | 英文刊名 | 国内统一连续出版物号 | 主管单位 | 主办单位 |
|---|---|---|---|---|---|
| 685 | 中国环境科学 | China Environmental Science | CN11-2201/X | 中国科协 | 中国环境科学学会 |
| 686 | 中国机械工程[1] | China Mechanical Engineering | CN42-1294/TH | 中国科协 | 中国机械工程学会 |
| 687 | 中国机械工程学报(英文版) | Chinese Journal of Mechanical Engineering (English Edition) | CN11-2737/TH | 中国科协 | 中国机械工程学会 |
| 688 | 中国基层医药 | Chinese Journal of Primary Medicine and Pharmacy | CN34-1190/R | 卫生部 | 中华医学会、安徽医科大学 |
| 689 | 中国激光[1,4] | Chinese Journal of Laser | CN31-1339/TN | 中国科学院 | 中国科学院上海光学精密机械研究所、中国光学学会 |
| 690 | 中国激光医学杂志 | Chinese Journal of Laser Medicine & Surgery | CN11-2926/R | 中国科协 | 中国光学学会 |
| 691 | 中国脊柱脊髓杂志 | Chinese Journal of Spine and Spinal Cord | CN11-3027/R | 卫生部 | 中国康复医学会、中日友好医院 |
| 692 | 中国计量 | China Metrology | CN11-3720/T | 国家质量监督检验检疫总局 | 中国计量测试学会 |
| 693 | 中国寄生虫学与寄生虫病杂志[5] | Chinese Journal of Parasitology and Parasitic Diseases | CN31-1248/R | 卫生部 | 中华预防医学会、中国疾病预防控制中心寄生虫病预防控制所 |
| 694 | 中国健康心理学杂志 | China Journal of Health Psychology | CN11-5257/R | 中国科协 | 中国心理卫生协会 |
| 695 | 中国交通信息产业 | China ITS Journal | CN11-5033/F | 交通运输部 | 中国公路学会 |
| 696 | 中国结合医学杂志(英文版)[3,5] | Chinese Journal of Integrative Medicine | CN11-4928/R | 国家中医药管理局 | 中国中医科学院、中国中西医结合学会 |
| 697 | 中国康复理论与实践 | Chinese Journal of Rehabilitation Theory and Practice | CN11-3759/R | 中国残疾人联合会 | 中国康复研究中心、中国中西医结合学会 |
| 698 | 中国康复医学杂志 | Chinese Journal of Rehabilitation Medicine | CN11-2540/R | 卫生部 | 中国康复医学会 |

续表

| 序号 | 中文刊名 | 英文刊名 | 国内统一连续出版物号 | 主管单位 | 主办单位 |
|---|---|---|---|---|---|
| 699 | 中国科技教育 | China Science & Technology Education | CN11-4765/N | 中国科协 | 中国青少年科技辅导员协会 |
| 700 | 中国科技史杂志 | The Chinese Journal for the History of Science and Technology | CN11-5254/N | 中国科协 | 中国科学技术史学会、中国科学院自然科学史研究所 |
| 701 | 中国科技信息 | China Science and Technology Information | CN11-2739/N | 中国科协 | 中国科技新闻学会 |
| 702 | 中国科技资源导刊 | China Information Review | CN11-3526/G3 | 科技部 | 中国科技信息研究所、中国科技情报学会、科技文献出版社 |
| 703 | 中国科学美容 | China Scientific Cosmetology | CN11-3244/R | 中国科协 | 大众科技报、北京天然香装品研究所 |
| 704 | 中国科学探险 | —— | CN11-5048/N | 中国科协 | 中国科学探险协会、北京《电脑爱好者》杂志社 |
| 705 | 中国昆虫科学(英文版)[2,3] | Insect Science | CN11-3386/Q | 中国科协 | 中国昆虫学会、中国科学院动物研究所 |
| 706 | 中国粮油学报 | Journal of the Chinese Cereals and Oils Association | CN11-2864/TS | 中国科协 | 中国粮油学会 |
| 707 | 中国临床解剖学杂志 | Chinese Journal of Clinical Anatomy | CN44-1153/R | 中国科协 | 解剖学会 |
| 708 | 中国临床实用医学 | China Clinical Practical Medicine | CN11-5570/R | 卫生部 | 中华医学会 |
| 709 | 中国临床心理学杂志 | Chinese Journal of Clinical Psychology | CN43-1214/R | 中国科协 | 中国心理卫生协会、中南大学湘雅二医院 |
| 710 | 中国临床药理学与治疗学 | Chinese Journal of Clinical Pharmacology and Therapeutics | CN34-1206/R | 中国科协 | 中国药理学会 |
| 711 | 中国临床药理学杂志 | The Chinese Journal of Clinical Pharmacology | CN11-2220/R | 中国科协 | 中国药学会 |
| 712 | 中国临床药学杂志 | Chinese Journal of Clinical Pharmacy | CN31-1726/R | 中国科协 | 中国药学会 |
| 713 | 中国绿色画报 | China Green Pictorial | CN11-4973/S | 国家林业局 | 中国林业科学研究院、中国野生动物保护协会、中国绿化基金会 |

续表

| 序号 | 中文刊名 | 英文刊名 | 国内统一连续出版物号 | 主管单位 | 主办单位 |
|---|---|---|---|---|---|
| 714 | 中国麻风皮肤病杂志 | China Journal of Leprosy and Skin Diseases | CN37-1348/R | 卫生部 | 中国麻风防治协会、山东省皮肤病性病防治研究所 |
| 715 | 中国慢性病预防与控制 | Chinese Journal of Prevention and Control of Chronic Non-Communicable Diseases | CN12-1196/R | 卫生部 | 中华预防医学会、天津市卫生防病中心 |
| 716 | 中国媒介生物学及控制杂志 | Chinese Journal of Vector Biology and Control | CN13-1142/R | 卫生部 | 中国疾病预防控制中心 |
| 717 | 中国免疫学杂志 | Chinese Journal of Immunology | CN22-1126/R | 中国科协 | 中国免疫学会、吉林省医学期刊社 |
| 718 | 中国免疫学杂志(英文版)[3,5] | Cellular & Molecular Immunology | CN11-4987/R | 中国科协 | 中国免疫学会、中国科学技术大学 |
| 719 | 中国民营科技与经济 | China Non-governmental Science Technology and Economy | CN11-3821/N | 中国科协 | 中国民营科技实业家协会 |
| 720 | 中国农村水利水电 | China Rural Water and Hydropower | CN42-1419/TV | 水利部 | 水利部农村水利司、水电及农村电器化司、中国水利学会农田水利专业委员会 |
| 721 | 中国农村卫生事业管理 | Chinese Rural Health Service Administration | CN11-5269/R | 卫生部 | 中华预防医学会 |
| 722 | 中国农村小康科技 | Chinese Countryside Well-off Technology | CN11-3871/N | 中国科协 | 中国农学会 |
| 723 | 中国农史 | Agriculture History of China | CN32-1061/S | 教育部 | 中国农业历史学会 |
| 724 | 中国农学通报 | Chinese Agricultural Science Bulletin | CN11-1984/S | 中国科协 | 中国农学会 |
| 725 | 中国农业信息 | China Agricultural Information | CN11-4922/S | 农业部 | 中国农学会农业信息分会、中国农业科学院农业资源与农业区划研究所 |
| 726 | 中国农业资源与区划 | Chinese Journal of Agricultural Resources and Regional Planning | CN11-3513/S | 农业部 | 中国农业科学院农业资源与农业区划研究所、全国农业资源区划办公室、中国农业资源与区划学会 |

续表

| 序号 | 中文刊名 | 英文刊名 | 国内统一连续出版物号 | 主管单位 | 主办单位 |
|---|---|---|---|---|---|
| 727 | 中国葡萄酒 | WineChina | CN11-5567/TS | 中国科协 | 中国园艺学会、中国农业大学 |
| 728 | 中国热带医学 | China Tropical Medicine | CN46-1064/R | 卫生部 | 中华预防医学会、海南省疾病预防控制中心 |
| 729 | 中国人口·资源与环境 | China Population Resources and Environment | CN37-1196/N | 科技部 | 中国可持续发展研究会、山东省可持续发展研究中心、中国21世纪议程管理中心、山东师范大学 |
| 730 | 中国人兽共患病学报 | Chinese Journal of Zoonoses | CN35-1284/R | 中国科协 | 中国微生物学会 |
| 731 | 中国伤残医学 | Chinese Journal of Trauma and Disability Medicine | CN11-5516/R | 卫生部 | 中国康复医学会、黑龙江省截瘫研究所 |
| 732 | 中国神经免疫学和神经病学杂志 | Chinese Journal of Neuroimmunology and Neurology | CN11-3552/R | 卫生部 | 卫生部北京医院、中国免疫学会神经免疫学分会 |
| 733 | 中国神经再生研究(英文版)[3] | Neural Regeneration Research | CN11-5422/R | 卫生部 | 中国康复医学会 |
| 734 | 中国生物防治 | Chinese Journal of Biological Control | CN11-3515/S | 农业部 | 中国农业科学院植物保护研究所 、中国植物保护学会 |
| 735 | 中国生物工程杂志 | China Biotechnology | CN11-4816/Q | 中国科学院 | 中国生物工程学会、中国生物技术发展中心、中国科学院文献情报中心 |
| 736 | 中国生物化学与分子生物学报 | Chinese Journal of Biochemistry and Molecular Biology | CN11-3870/Q | 中国科协 | 中国生物化学与分子生物学会、北京大学 |
| 737 | 中国生物医学工程学报 | Chinese Journal of Biomedical Engineering | CN11-2057/R | 中国科协 | 中国生物医学工程学会 |
| 738 | 中国生物医学工程学报(英文版) | Chinese Journal of Biomedical Engineering (English Edition) | CN11-2953/R | 中国科协 | 中国生物医学工程学会、天津市泌尿外科研究所 |
| 739 | 中国生物制品学杂志 | Chinese Journal of Biologicals | CN22-1197/Q | 卫生部 | 中华预防医学会、长春生物制品研究所 |

续表

| 序号 | 中文刊名 | 英文刊名 | 国内统一连续出版物号 | 主管单位 | 主办单位 |
|---|---|---|---|---|---|
| 740 | 中国实验动物学报 | Acta Laboratorium Animalis Scientia Sinica | CN11-2986/Q | 中国科协 | 中国实验动物学会、中国医学科学院实验动物研究所 |
| 741 | 中国实验方剂学杂志 | Chinese Journal of Experimental Traditional Medica | CN11-3495/R | 国家中医药管理局 | 中国中医科学院中药研究所、中国中西医结合学会中药专业委员会 |
| 742 | 中国实验血液学杂志[5] | Journal of Experimental Hematology | CN11-4423/R | 中国科协 | 中国病理生理学会 |
| 743 | 中国实用护理杂志 | Chinese Journal of Practical Nursing | CN21-1501/R | 卫生部 | 中华医学会、大连理论医学研究所 |
| 744 | 中国实用眼科杂志 | Chinese Journal of Practical Ophthalmology | CN21-1348/R | 卫生部 | 中华医学会、中国医科大学 |
| 745 | 中国实用医刊 | Chinese Journal of Practical Medicine | CN11-5689/R | 卫生部 | 中华医学会 |
| 746 | 中国实用医药 | China Practical Medicine | CN11-5547/R | 卫生部 | 中国康复医学会 |
| 747 | 中国食品卫生杂志 | Chinese Journal of Food Hygiene | CN11-3156/R | 卫生部 | 中华预防医学会、中国疾病预防控制中心营养与食品安全所 |
| 748 | 中国食品学报 | Journal of Chinese Institute of Food Science and Technology | CN11-4528/TS | 中国科协 | 中国食品科学技术学会 |
| 749 | 中国兽医杂志 | Chinese Journal of Veterinary Medicine | CN11-2471/S | 中国科协 | 中国畜牧兽医学会、中国农业大学动物医学院 |
| 750 | 中国水土保持科学 | Science of Soil and Water Conservation | CN11-4988/S | 中国科协 | 中国水土保持学会 |
| 751 | 中国疼痛医学杂志 | Chinese Journal of Pain Medicine | CN11-3741/R | 教育部 | 北京大学、中华医学会疼痛学分会 |
| 752 | 中国体视学与图像分析 | Chinese Journal of Stereology and Image Analysis | CN11-3739/R | 中国科协 | 中国体视学学会 |
| 753 | 中国天然药物 | Chinese Journal of Natural Medicines | CN32-1708/R | 教育部 | 中国药科大学、中国药学会 |

续表

| 序号 | 中文刊名 | 英文刊名 | 国内统一连续出版物号 | 主管单位 | 主办单位 |
|---|---|---|---|---|---|
| 754 | 中国通信(中、英文)[3] | China Communications | CN11-5439/TN | 中国科协 | 中国通信学会 |
| 755 | 中国通信年鉴 | Year Book of China Communications | CN11-5492/Z | 工业和信息化部 | 中国通信学会 |
| 756 | 中国图书馆学报 | Journal of Library Science InChina | CN11-2746/G2 | 文化部 | 国家图书馆、中国图书馆学会 |
| 757 | 中国图象图形学报 | Journal of Image and Graphics | CN11-3758/TB | 中国科学院 | 中国科学院遥感应用研究所、中国图象图形学学会、北京应用物理与计算数学研究所 |
| 758 | 中国土地科学 | China Land Science | CN11-2640/F | 中国科协 | 中国土地学会、中国土地勘测规划院 |
| 759 | 中国危重病急救医学[1,5] | Chinese Critical Care Medicine | CN12-1189/R | 卫生部 | 中华医学会 、天津市天和医院 |
| 760 | 中国微生态学杂志 | Chinese Journal of Microecology | CN21-1326/R | 卫生部 | 中华预防医学会、大连医科大学 |
| 761 | 中国微循环 | Journal of Chinese Microcirculation | CN32-1473/R | 无锡市科技局 | 江苏省微循环临床应用实验培训中心、中国微循环学会、锡山市第三人民医院 |
| 762 | 中国卫生工程学 | Chinese Journal of Public Health Engineering | CN22-1333/R | 卫生部 | 中华预防医学会、吉林省预防医学会 |
| 763 | 中国卫生检验杂志 | Chinese Journal of Health Laboratory Technology | CN41-1192/R | 卫生部 | 中华预防医学会 |
| 764 | 中国物理 B(英文版)[3] | Chinese Physics B | CN11-5639/O4 | 中国科学院 | 中国物理学会、中国科学院物理研究所 |
| 765 | 中国物理 C(英文版)[3] | Chinese Physics C | CN11-5641/O4 | 中国科学院 | 中国物理学会、中国科学院高能物理研究所、中国科学院近代物理研究所 |
| 766 | 中国物理快报(英文版)[2,3] | Chinese Physics Letters | CN11-1959/O4 | 中国科学院 | 中国物理学会、中国科学院物理研究所 |
| 767 | 中国误诊学杂志 | Chinese Journal of Misdiagnostics | CN11-4518/R | 卫生部 | 中华预防医学会 |

续表

| 序号 | 中文刊名 | 英文刊名 | 国内统一连续出版物号 | 主管单位 | 主办单位 |
|---|---|---|---|---|---|
| 768 | 中国稀土信息（英文版） | China Rare Earth Information | CN15-1147/T | 中国稀土学会 | 包头稀土研究院 |
| 769 | 中国稀土学报 | Journal of the Chinese Rare Earth | CN11-2365/TG | 中国科协 | 中国稀土学会、北京有色金属研究总院 |
| 770 | 中国现代应用药学 | The Chinese Journal of Modern Applied Pharmacy | CN33-1210/R | 中国科协 | 中国药学会 |
| 771 | 中国消毒学杂志 | Chinese Journal of Disinfection | CN11-2672/R | 军事医学科学院 | 军事医学科学院微生物流行病研究所、中华预防医学会 |
| 772 | 中国消防 | China Fire | CN11-1566/TU | 公安部 | 中国消防协会 |
| 773 | 中国小儿急救医学 | Chinese Pediatric Emergency Medicine | CN11-5454/R | 卫生部 | 中华医学会、中国医科大学 |
| 774 | 中国校医 | Chinese Journal of School Doctor | CN32-1199/R | 江苏省卫生厅 | 江苏省预防医学会、中华预防医学会 |
| 775 | 中国心理卫生杂志[1] | Chinese Mental Health Journal | CN11-1873/R | 中国科协 | 中国心理卫生协会 |
| 776 | 中国心脏起搏与心电生理杂志 | Chinese Journal of Cardiac Pacing and Electrophysiology | CN42-1421/R | 中国科协 | 中国生物医学工程学会、武汉大学人民医院 |
| 777 | 中国新通信 | China New Telecommunications | CN11-5402/TN | 信息产业部 | 中国电子学会 |
| 778 | 中国新药与临床杂志 | Chinese Journal of New Drugs and Clinical Remedies | CN31-1746/R | 中国科协 | 中国药学会、上海市食品药品监督管理局科技情报研究所 |
| 779 | 中国新药杂志 | Chinese Journal of New Drugs | CN11-2850/R | 国家食品药品监督管理局 | 中国医药科技出版社、中国医药集团总公司、中国药学会 |
| 780 | 中国修船 | China Shiprepair | CN12-1144/U | 中国船舶重工集团公司 | 中国船舶重工集团公司生产经营部、中国造船工程学会修船技术学术委员会、天津修船技术研究所 |
| 781 | 中国修复重建外科杂志[5] | Chinese Journal of Reparative and Reconstructive Surgery | CN51-1372/R | 卫生部 | 中国康复医学会、四川大学华西医院 |

续表

| 序号 | 中文刊名 | 英文刊名 | 国内统一连续出版物号 | 主管单位 | 主办单位 |
|---|---|---|---|---|---|
| 782 | 中国畜牧杂志 | Chinese Journal of Animal Science | CN11-2083/S | 中国科协 | 中国畜牧兽医学会 |
| 783 | 中国学术期刊文摘 | Chinese Science Abstracts(Chinese Edition) | CN11-3501/N | 中国科协 | 科技导报社 |
| 784 | 中国学术期刊文摘(英文版) | Chinese Science Abstracts | CN11-5411/N | 中国科协 | 科技导报社 |
| 785 | 中国学校卫生 | Chinese Journal of School Health | CN34-1092/R | 卫生部 | 中华预防医学会 |
| 786 | 中国血吸虫病防治杂志 | Chinese Journal of Schistosomiasis Control | CN32-1374/R | 卫生部 | 中华预防医学会、江苏省血吸虫病防治研究所 |
| 787 | 中国血液流变学杂志 | Chinese Journal of Hemorheology | CN32-1625/R | 中国科协 | 中国生物医学工程学会、苏州大学 |
| 788 | 中国烟草学报[1] | Acta Tabacaria Sinica | CN11-2985/TS | 中国科协 | 中国烟草学会 |
| 789 | 中国药理学报(英文版)[3,5] | Acta Pharmacologica Sinica | CN31-1347/R | 中国科协 | 中国药理学会、中国科学院上海药物研究所 |
| 790 | 中国药理学通报[1,2] | Chinese Pharmacological Bulletin | CN34-1086/R | 中国科协 | 中国药理学会、安徽医科大学出版中心 |
| 791 | 中国药理学与毒理学杂志 | Chinese Journal of Pharmacology and Toxicology | CN11-1155/R | 军事医学科学院 | 军事医学科学院毒物药物研究所、中国药理学会、中国毒理学会 |
| 792 | 中国药物化学杂志 | Chinese Journal of Medicinal Chemistry | CN21-1313/R | 辽宁省教育厅 | 沈阳药科大学、中国药学会 |
| 793 | 中国药学(英文版) | Journal of Chinese Pharmaceutical Sciences | CN11-2863/R | 中国科协 | 中国药学会 |
| 794 | 中国药学杂志 | Chinese Pharmaceutical Journal | CN11-2162/R | 中国科协 | 中国药学会 |
| 795 | 中国冶金 | China Metallurgy | CN11-3729/TF | 中国科协 | 中国金属学会 |
| 796 | 中国冶金工业医学杂志 | Chinese Medical Journal of Metallurgical Industry | CN21-1340/R | 中国钢铁工业协会 | 鞍山钢铁集团公司、中国冶金工业医学杂志编委会 |
| 797 | 中国医师进修杂志 | Chinese Journal of Postgraduates of Medicine | CN11-5455/R | 卫生部 | 中华医学会、大连理论医学研究所 |

续表

| 序号 | 中文刊名 | 英文刊名 | 国内统一连续出版物号 | 主管单位 | 主办单位 |
|---|---|---|---|---|---|
| 798 | 中国医师杂志 | Journal of Chinese Physician | CN43-1274/R | 卫生部 | 中华医学会、湖南省医学会 |
| 799 | 中国医学物理学杂志 | Chinese Journal of Medical Physics | CN44-1351/R | 南方医科大学 | 南方医科大学、中国医学物理学会 |
| 800 | 中国医药 | China Medicine | CN11-5451/R | 卫生部 | 中华医学会 |
| 801 | 中国医院药学杂志 | Chinese Journal of Hospital Pharmacy | CN42-1204/R | 中国科协 | 中国药学会 |
| 802 | 中国印刷 | China Print | CN11-1701/TS | 新闻出版总署 | 中国印刷技术协会 |
| 803 | 中国印刷年鉴 | China Graphic Arts Annual | CN11-3649/TS | 新闻出版总署 | 中国印刷技术协会 |
| 804 | 中国应用生理学杂志[5] | Chinese Journal of Applied Physiology | CN12-1339/R | 军事医学科学院 | 中国生理学会、军事医学科学院、军事医学科学院卫生学环境医学研究所 |
| 805 | 中国有色金属学报[1,4] | The Chinese Journal of Nonferrous Metals | CN43-1238/TG | 中国科协 | 中国有色金属学会、中南大学 |
| 806 | 中国有色金属学报(英文版)[3,4] | Transactions of Nonferrous Metals Society of China | CN43-1239/TG | 中国科协 | 中国有色金属学会、中南大学 |
| 807 | 中国渔业经济 | Chinese Fisheries Economics | CN11-4508/F | 农业部 | 中国水产科学研究院、中国农业发展集团总公司、中国海洋大学、上海水产大学、中国水产学会 |
| 808 | 中国预防医学杂志 | China Preventive Medicine | CN11-4529/R | 卫生部 | 中华预防医学会 |
| 809 | 中国园林 | Chinese Landscape Architecture | CN11-2165/TU | 中国科协 | 中国风景园林学会 |
| 810 | 中国运动医学杂志 | Chinese Journal of Sports Medicine | CN11-1298/R | 国家体育总局 | 中国体育科学学会 |
| 811 | 中国造船 | Shipbuilding of China | CN31-1497/U | 中国船舶重工集团公司 | 中国造船工程学会 |
| 812 | 中国造纸[4] | China Pulp & Paper | CN11-1967/TS | 中国轻工业联合会 | 中国造纸学会、中国制浆造纸研究院 |
| 813 | 中国造纸学报 | Transactions of China Pulp & Paper | CN11-2075/TS | 中国科协 | 中国造纸学会 |

续表

| 序号 | 中文刊名 | 英文刊名 | 国内统一连续出版物号 | 主管单位 | 主办单位 |
|---|---|---|---|---|---|
| 814 | 中国针灸[5] | Chinese Acupuncture & Moxibustion | CN11-2024/R | 中国科协 | 中国针灸学会、中国中医科学院针灸研究所 |
| 815 | 中国职业医学 | China Occupational Medicine | CN44-1484/R | 卫生部 | 中华预防医学会、华南区域劳动卫生职业病防治中心 |
| 816 | 中国中西医结合耳鼻咽喉科杂志 | Chinese Otorhinolaryngological Journal of Integrative Medicine | CN34-1159/R | 中国科协 | 中国中西医结合学会 |
| 817 | 中国中西医结合急救杂志 | Chinese Journal of Integrated Traditional and Western Medicine in Intensive and Critical Care | CN12-1312/R | 中国科协 | 中国中西医结合学会 |
| 818 | 中国中西医结合皮肤性病学杂志 | Chinese Journal of Dermatovenerology of Integrated Traditional and Western Medicine | CN12-1380/R | 中国科协 | 中国中西医结合学会、天津市中西医结合皮肤病研究所 |
| 819 | 中国中西医结合肾病杂志 | Chinese Journal of Integrated Traditional and Western Nephrology | CN14-1277/R | 中国科协 | 中国中西医结合学会 |
| 820 | 中国中西医结合外科杂志 | Chinese Journal of Surgery of Integrated Traditional and Western Medicine | CN12-1249/R | 中国科协 | 中国中西医结合学会、天津市中西医结合急腹症研究所 |
| 821 | 中国中西医结合影像学杂志 | Chinese Imaging Journal of Integrated Traditional and Western Medicine | CN11-4894/R | 中国科协 | 中国中西医结合学会、山东中医药大学附属医院 |
| 822 | 中国中西医结合杂志[1,5] | Chinese Journal of Integrated Traditional and Western Medicine | CN11-2787/R | 中国科协 | 中国中西医结合学会、中国中医科学院 |
| 823 | 中国中药杂志[1,5] | China Journal of Chinese Materia Medica | CN11-2272/R | 中国科协 | 中国药学会 |
| 824 | 中国中医骨伤科杂志 | Chinese Journal of Traditional Medical Traumatology & Orthopedics | CN42-1340/R | 中国科协 | 中华中医药学会、湖北省中医药研究院 |

续表

| 序号 | 中文刊名 | 英文刊名 | 国内统一连续出版物号 | 主管单位 | 主办单位 |
|---|---|---|---|---|---|
| 825 | 中国中医急症 | Journal of Emergency in Traditional Chinese Medicine | CN50-1102/R | 国家中医药管理局 | 中华中医药学会、重庆市中医研究院 |
| 826 | 中国肿瘤临床 | Chinese Journal of Clinical Oncology | CN12-1099/R | 中国科协 | 中国抗癌协会 |
| 827 | 中国肿瘤生物治疗杂志 | Chinese Journal of Cancer Biotherapy | CN31-1725/R | 中国科协 | 中国免疫学会、中国抗癌协会 |
| 828 | 中国铸造装备与技术 | China Foundry Machinery & Technology | CN37-1269/TG | 中国科协 | 中国机械工程学会、济南铸造锻压机械研究所 |
| 829 | 中国自然医学杂志 | Chinese Journal of Natural Medicine | CN11-4003/R | 卫生部 | 中华预防医学会 |
| 830 | 中国综合临床 | Clinical Medicine of China | CN12-1361/R | 卫生部 | 中华医学会、天津环湖医院、华北煤炭医学院 |
| 831 | 中国总会计师 | China Chief Financial Officer | CN11-5056/F | 中国科协 | 中国总会计师协会 |
| 832 | 中国组织工程研究与临床康复[1] | Journal of Clinical Rehabilitative Tissue Engineering Research | CN21-1539/R | 卫生部 | 中国康复医学会、中国临床康复杂志社 |
| 833 | 中国组织化学与细胞化学杂志 | Chinese Journal of Histochemistry and Cytochemistry | CN42-1300/Q | 中国科协 | 中国解剖学会、华中科技大学同济医学院 |
| 834 | 中华病理学杂志[5] | Chinese Journal of Pathology | CN11-2151/R | 中国科协 | 中华医学会 |
| 835 | 中华超声影像学杂志 | Chinese Journal of Ultrasonography | CN13-1148/R | 中国科协 | 中华医学会 |
| 836 | 中华传染病杂志 | Chinese Journal of Infectious Diseases | CN31-1365/R | 中国科协 | 中华医学会 |
| 837 | 中华创伤骨科杂志 | Chinese Journal of Orthopaedic Trauma | CN11-5530/R | 中国科协 | 中华医学会 |
| 838 | 中华创伤杂志 | Chinese Journal of Traumatology | CN50-1098/R | 中国科协 | 中华医学会 |
| 839 | 中华创伤杂志(英文版)[5] | Chinese Journal of Traumatology (English Edition) | CN50-1115/R | 中国科协 | 中华医学会 |

续表

| 序号 | 中文刊名 | 英文刊名 | 国内统一连续出版物号 | 主管单位 | 主办单位 |
|---|---|---|---|---|---|
| 840 | 中华儿科杂志[1,5] | Chinese Journal of Pediatrics | CN11-2140/R | 中国科协 | 中华医学会 |
| 841 | 中华耳鼻咽喉头颈外科杂志[1,5] | Chinese Journal of Otorhinolaryngology Head and Neck Surgery | CN11-5330/R | 中国科协 | 中华医学会 |
| 842 | 中华放射学杂志[1] | Chinese Journal of Radiology | CN11-2149/R | 中国科协 | 中华医学会 |
| 843 | 中华放射医学与防护杂志 | Chinese J of Radiological Medicine and Protection | CN11-2271/R | 中国科协 | 中华医学会 |
| 844 | 中华放射肿瘤学杂志 | Chinese Journal of Radiation Oncology | CN11-3030/R | 中国科协 | 中华医学会 |
| 845 | 中华风湿病学杂志 | Chinese Journal of Rheumatology | CN14-1217/R | 中国科协 | 中华医学会 |
| 846 | 中华妇产科杂志[5] | Chinese Journal of Obstetrics and Gynecology | CN11-2141/R | 中国科协 | 中华医学会 |
| 847 | 中华妇幼临床医学杂志(电子版) | Chinese Journal of Obstetrics & Gynecology and Pediatrics | CN11-9273/R | 卫生部 | 中华医学会 |
| 848 | 中华肝胆外科杂志 | Chinese Journal of Hepatobiliary Surgery | CN11-3884/R | 中国科协 | 中华医学会 |
| 849 | 中华肝脏病杂志[5] | Chinese Journal of Hepatology | CN50-1113/R | 中国科协 | 中华医学会 |
| 850 | 中华高血压杂志 | Chinese Journal of Hypertension | CN11-5540/R | 卫生部 | 中华预防医学会、福建医科大学 |
| 851 | 中华骨科杂志[1] | Chinese Journal of Orthopaedics | CN12-1113/R | 中国科协 | 中华医学会 |
| 852 | 中华航海医学与高气压医学杂志 | Chinese Journal of Nautical Medicine and Hyperbaric Medicine | CN31-1847/R | 中国科协 | 中华医学会 |
| 853 | 中华航空航天医学杂志 | Chinese Journal of Aerospace Medicine | CN11-3854/R | 中国科协 | 中华医学会 |
| 854 | 中华核医学杂志 | Chinese Journal of Nuclear Medicine | CN32-1137/R | 中国科协 | 中华医学会 |

续表

| 序号 | 中文刊名 | 英文刊名 | 国内统一连续出版物号 | 主管单位 | 主办单位 |
|---|---|---|---|---|---|
| 855 | 中华护理教育 | Chinese Journal of Nursing Education | CN11-5289/R | 中国科协 | 中华护理学会 |
| 856 | 中华护理杂志[1] | Chinese Journal of Nursing | CN11-2234/R | 中国科协 | 中华护理学会 |
| 857 | 中华急诊医学杂志 | Chinese Journal of Emergency Medicine | CN11-4656/R | 中国科协 | 中华医学会 |
| 858 | 中华疾病控制杂志 | Chinese Journal of Disease Control & Prevention | CN34-1188/R | 安徽医科大学、中华预防医学会 | 安徽医科大学 |
| 859 | 中华检验医学杂志[1] | Chinese Journal of Laboratory Medicine | CN11-4452/R | 中国科协 | 中华医学会 |
| 860 | 中华结核和呼吸杂志[1,5] | Chinese Journal of Tuberculosis and Respiratory Diseases | CN11-2147/R | 中国科协 | 中华医学会 |
| 861 | 中华精神科杂志 | Chinese Journal of Psychiatry | CN11-3661/R | 中国科协 | 中华医学会 |
| 862 | 中华口腔医学杂志[1,5] | Chinese Journal of Stomatology | CN11-2144/R | 中国科协 | 中华医学会 |
| 863 | 中华劳动卫生职业病杂志[5] | Chinese Journal of Industrial Hygiene and Occupational Diseases | CN12-1094/R | 中国科协 | 中华医学会 |
| 864 | 中华老年医学杂志 | Chinese Journal of Geriatrics | CN11-2225/R | 中国科协 | 中华医学会 |
| 865 | 中华临床感染病杂志 | Chinese Journal of Clinical Infectious Diseases | CN11-5673/R | 中国科协 | 中华医学会 |
| 866 | 中华流行病学杂志[1,5] | Chinese Journal of Epidemiology | CN11-2338/R | 中国科协 | 中华医学会 |
| 867 | 中华麻醉学杂志 | Chinese Journal of Anesthesiology | CN13-1073/R | 中国科协 | 中华医学会 |
| 868 | 中华泌尿外科杂志 | Chinese Journal of Urology | CN11-2330/R | 中国科协 | 中华医学会 |
| 869 | 中华内分泌代谢杂志 | Chinese Journal of Endocrinology and Metabolism | CN31-1282/R | 中国科协 | 中华医学会 |

续表

| 序号 | 中文刊名 | 英文刊名 | 国内统一连续出版物号 | 主管单位 | 主办单位 |
|---|---|---|---|---|---|
| 870 | 中华内分泌外科杂志 | Chinese Journal of Endocrine Surgery | CN11-5807/R | 中国科协 | 中华医学会 |
| 871 | 中华内科杂志[5] | Chinese Journal of Internal Medicine | CN11-2138/R | 中国科协 | 中华医学会 |
| 872 | 中华皮肤科杂志 | Chinese Journal of Dermatology | CN32-1138/R | 中国科协 | 中华医学会 |
| 873 | 中华普通外科杂志 | Chinese Journal of General Surgery | CN11-3855/R | 中国科协 | 中华医学会 |
| 874 | 中华器官移植杂志 | Chinese Journal of Organ Transplantation | CN42-1203/R | 中国科协 | 中华医学会 |
| 875 | 中华全科医师杂志 | Chinese Journal of General Practitioners | CN11-4798/R | 中国科协 | 中华医学会 |
| 876 | 中华全科医学 | Chinese Journal of General Practice | CN11-5710/R | 卫生部 | 中华预防医学会、安徽省微循环学会 |
| 877 | 中华烧伤杂志[5] | Chinese Journal of Burns | CN50-1120/R | 中国科协 | 中华医学会 |
| 878 | 中华神经科杂志[1] | Chinese Journal of Neurology | CN11-3694/R | 中国科协 | 中华医学会 |
| 879 | 中华神经外科杂志 | Chinese Journal of Neurosurgery | CN11-2050/R | 中国科协 | 中华医学会 |
| 880 | 中华神经医学杂志 | Chinese Journal of Neuromedicine | CN11-5354/R | 中国科协 | 中华医学会 |
| 881 | 中华肾脏病杂志 | Chinese Journal of Nephrology | CN44-1217/R | 中国科协 | 中华医学会 |
| 882 | 中华实验和临床病毒学杂志[5] | Chinese Journal of Experimental and Clinical Virology | CN11-2866/R | 中国科协 | 中华医学会 |
| 883 | 中华实验外科杂志 | Chinese Journal of Experimental Surgery | CN42-1213/R | 中国科协 | 中华医学会 |
| 884 | 中华手外科杂志 | Chinese Journal of Hand Surgery | CN31-1653/R | 中国科协 | 中华医学会 |
| 885 | 中华糖尿病杂志 | Chinese Journal of Diabetes | CN11-3496/R | 教育部 | 中华医学会 |
| 886 | 中华外科杂志[1,5] | Chinese Journal of Surgery | CN11-2139/R | 中国科协 | 中华医学会 |

续表

| 序号 | 中文刊名 | 英文刊名 | 国内统一连续出版物号 | 主管单位 | 主办单位 |
|---|---|---|---|---|---|
| 887 | 中华微生物学和免疫学杂志 | Chinese Journal of Microbiology and Immunology | CN11-2309/R | 中国科协 | 中华医学会 |
| 888 | 中华微生物学和免疫学杂志(英文版) | Journal of Microbiology and Immunology (English Edition) | CN11-4986/R | 中国科协 | 中华医学会 |
| 889 | 中华围产医学杂志 | Chinese Journal of Perinatal Medicine | CN11-3903/R | 中国科协 | 中华医学会 |
| 890 | 中华卫生杀虫药械 | Chinese Journal of Hygienic Insecticides & Equipments | CN32-1637/R | 南京军区联勤部卫生部 | 南京军区疾病预防控制中心、中华预防医学会 |
| 891 | 中华胃肠外科杂志[5] | Chinese Journal of Gastrointestinal Surgery | CN44-1530/R | 中国科协 | 中华医学会、中山大学 |
| 892 | 中华物理医学与康复杂志 | Chinese Journal of Physical Medicine and Rehabilitation | CN42-1666/R | 中国科协 | 中华医学会、华中科技大学同济医学院 |
| 893 | 中华显微外科杂志 | Chinese Journal of Microsurgery | CN44-1206/R | 中国科协 | 中华医学会 |
| 894 | 中华消化内镜杂志 | Chinese Journal of Digestive Endoscopy | CN32-1463/R | 中国科协 | 中华医学会 |
| 895 | 中华消化外科杂志 | Chinese Journal of Digestive Surgery | CN11-5610/R | 中国科协 | 中华医学会 |
| 896 | 中华消化杂志 | Chinese Journal of Digestion | CN31-1367/R | 中国科协 | 中华医学会 |
| 897 | 中华小儿外科杂志 | Chinese Journal of Pediatric Surgery | CN42-1158/R | 中国科协 | 中华医学会 |
| 898 | 中华心律失常学杂志 | Chinese Journal of Cardiac Arrhythmias | CN11-3859/R | 中国科协 | 中华医学会 |
| 899 | 中华心血管病杂志[1,5] | Chinese Journal of Cardiology | CN11-2148/R | 中国科协 | 中华医学会 |
| 900 | 中华行为医学与脑科学杂志 | Chinese Journal of Behavioral Medical Science | CN37-1468/R | 卫生部 | 中华医学会、济宁医学院 |
| 901 | 中华胸心血管外科杂志 | Chinese Journal of Thoracic and Cardiovascular Surgery | CN11-2434/R | 中国科协 | 中华医学会 |

续表

| 序号 | 中文刊名 | 英文刊名 | 国内统一连续出版物号 | 主管单位 | 主办单位 |
|---|---|---|---|---|---|
| 902 | 中华血液学杂志[5] | Chinese Journal of Hematology | CN12-1090/R | 中国科协 | 中华医学会 |
| 903 | 中华眼底病杂志 | Chinese Journal of Ocular Fundus Diseases | CN51-1434/R | 中国科协 | 中华医学会 |
| 904 | 中华眼科杂志[5] | Chinese Journal of Ophthalmology | CN11-2142/R | 中国科协 | 中华医学会 |
| 905 | 中华养生保健 | —— | CN11-4536/R | 国家中医药管理局 | 中华中医药学会 |
| 906 | 中华医史杂志[5] | China Journal of Medical History | CN11-2155/R | 中国科协 | 中华医学会 |
| 907 | 中华医学教育杂志 | Chinese Journal of Medical Education | CN11-5259/R | 中国科协 | 中华医学会 |
| 908 | 中华医学科研管理杂志 | Chinese Journal of Medical Science Research Manage | CN11-3565/R | 中国科协 | 中华医学会 |
| 909 | 中华医学美学美容杂志 | Chinese Journal of Medical Aesthetics and Cosmetology | CN11-4657/R | 中国科协 | 中华医学会 |
| 910 | 中华医学信息导报 | China Medical News | CN11-5178/R | 中国科协 | 中华医学会 |
| 911 | 中华医学遗传学杂志[5] | Chinese Journal of Medical Genetics | CN51-1374/R | 中国科协 | 中华医学会 |
| 912 | 中华医学杂志[1,5] | National Medical Journal of China | CN11-2137/R | 中国科协 | 中华医学会 |
| 913 | 中华医学杂志(英文版)[2,3,5] | Chinese Medical Journal | CN11-2154/R | 中国科协 | 中华医学会 |
| 914 | 中华医院感染学杂志 | Chinese Journal of Nosocomiology | CN11-3456/R | 解放军总医院 | 解放军总医院、中华预防医学会 |
| 915 | 中华医院管理杂志 | Chinese Journal of Hospital Administration | CN11-1325/R | 中国科协 | 中华医学会 |
| 916 | 中华胰腺病杂志 | Chinese Journal of Pancreatology | CN31-1872/R | 上海市卫生局 | 中华医学会上海分会 |
| 917 | 中华预防医学杂志[5] | Chinese Journal of Preventive Medicine | CN11-2150/R | 中国科协 | 中华医学会 |
| 918 | 中华整形外科杂志[5] | Chinese Journal of Plastic Surgery | CN11-4453/R | 中国科协 | 中华医学会 |

续表

| 序号 | 中文刊名 | 英文刊名 | 国内统一连续出版物号 | 主管单位 | 主办单位 |
|---|---|---|---|---|---|
| 919 | 中华纸业 | China Pulp & Paper Industry | CN37-1281/TS | 中国轻工业联合会 | 中国造纸协会 |
| 920 | 中华中医药学刊 | Chinese Archives of Traditional Chinese Medicine | CN21-1546/R | 国家中医药管理局 | 中华中医药学会、辽宁中医药大学 |
| 921 | 中华中医药杂志 | China Journal of Traditional Chinese Medicine and Pharmacy | CN11-5334/R | 中国科协 | 中华中医药学会 |
| 922 | 中华肿瘤防治杂志 | Chinese Journal of Cancer Prevention and Treatment | CN11-5456/R | 卫生部 | 中华预防医学会、山东省肿瘤防治研究院 |
| 923 | 中华肿瘤杂志[1,5] | Chinese Journal of Oncology | CN11-2152/R | 中国科协 | 中华医学会 |
| 924 | 中兽医学杂志 | Chinese Journal of Traditional Veterinary Science | CN36-1096/S | 江西省农业厅 | 江西省中兽医研究所、中国畜牧兽医学会中兽医学分会 |
| 925 | 中外管理 | Sino Foreign Management | CN11-2812/C | 中国科协 | 中国管理现代化研究会、中国工业经济联合会、中国中小企业国际合作协会 |
| 926 | 中外能源 | Sino-Global Energy | CN11-5438/TK | 中国科协 | 中国能源研究会 |
| 927 | 中外食品 | Global Food Industry | CN11-4823/TS | 中国轻工业联合会 | 中国食品工业(集团)公司、中国食品科学技术学会 |
| 928 | 中文信息学报 | Journal of Chinese Information Processing | CN11-2325/N | 中国科协 | 中国中文信息学会、中国科学院软件研究所 |
| 929 | 中西医结合肝病杂志 | Chinese Journal of Integrated Traditional and Western Medicine on Liver Diseases | CN42-1322/R | 湖北省教育厅 | 中国中西医结合学会<br>湖北中医学院 |
| 930 | 中学生数学 | School Student Mathematics | CN11-1531/O1 | 中国科协 | 中国数学会、北京数学会、首都师范大学 |
| 931 | 中药药理与临床 | Pharmacology and Clinics of Chinese Materia Medica | CN51-1188/R | 四川省中医药管理局 | 中国药理学会 |
| 932 | 中医文献杂志 | Journal of Traditional Chinese Medical Literature | CN31-1682/R | 上海市卫生局 | 上海市中医文献馆<br>中华中医药学会 |

续表

| 序号 | 中文刊名 | 英文刊名 | 国内统一连续出版物号 | 主管单位 | 主办单位 |
|---|---|---|---|---|---|
| 933 | 中医研究 | Traditional Chinese Medicinal Research | CN41-1124/R | 河南省卫生厅 | 中华中医药学会<br>河南省中医药研究院 |
| 934 | 中医药管理杂志 | Chinese Journal of Management in Chinese Medicine | CN11-3070/R | 国家中医药管理局 | 中华中医药学会 |
| 935 | 中医药通报 | Traditional Chinese Medicine Journal | CN35-1250/R | 厦门市卫生局 | 中华中医药学会<br>厦门市中医药学会 |
| 936 | 中医药学报 | Acta Chinese Medicine and Pharmacology | CN23-1193/R | 黑龙江省教育厅 | 中华中医药学会<br>黑龙江中医药大学 |
| 937 | 中医杂志 | Journal of Traditional Chinese Medicine | CN11-2166/R | 国家中医药管理局 | 中华中医药学会<br>中国中医科学院 |
| 938 | 中医杂志(英文版)[5] | Journal of Traditional Chinese Medicine(English Edition) | CN11-2167/R | 国家中医药管理局 | 中华中医药学会<br>中国中医科学院 |
| 939 | 中医正骨 | The Journal of Traditional Chinese Orthopedics and Traumatology | CN41-1162/R | 国家中医药管理局 | 河南省洛阳正骨研究所<br>中华中医药学会 |
| 940 | 肿瘤防治研究 | Cancer Research on Prevention and Treatment | CN42-1241/R | 卫生部 | 湖北省卫生厅、中国抗癌协会、湖北省肿瘤医院 |
| 941 | 肿瘤研究与临床 | Cancer Research and Clinic | CN11-5355/R | 卫生部 | 中华医学会、山西省肿瘤研究所、山西省肿瘤医院 |
| 942 | 蛛形学报 | Acta Arachnologica Sinica | CN42-1376/Q | 湖北省教育厅 | 中国动物学会蛛形学专业委员会、湖北大学 |
| 943 | 竹子研究汇刊 | Journal of Bamboo Research | CN33-1118/S | 浙江省林业厅 | 国家林业局竹子研究开发中心、中国林学会竹子分会、浙江省林业科学研究院 |
| 944 | 铸造 | Foundry | CN21-1188/TG | 沈阳铸造研究所 | 沈阳铸造研究所、中国机械工程学会铸造分会 |
| 945 | 装备环境工程 | Metal Forming Technology | CN50-1095/TG | 中国兵器装备集团公司 | 中国兵器工业第五九研究所、中国兵工学会压力加工专业委员会 |
| 946 | 自动化博览 | Automation Panorama | CN11-2516/TP | 中国科协 | 中国自动化学会、<br>北京中煤电气有限公司 |

续表

| 序号 | 中文刊名 | 英文刊名 | 国内统一连续出版物号 | 主管单位 | 主办单位 |
|---|---|---|---|---|---|
| 947 | 自动化学报[1,4] | Acta Automatica Sinica | CN11-2109/TP | 中国科学院 | 中国科学院自动化研究所、中国自动化学会 |
| 948 | 自动化仪表 | Process Automation Instrumentation | CN31-1501/TH | 中国科协 | 中国仪器仪表学会、上海工业自动化仪表研究所 |
| 949 | 自然辩证法研究 | Studies in Dialectics of Nature | CN11-1649/B | 中国科协 | 中国自然辩证法研究会 |
| 950 | 自然科学史研究 | Studies in the History of Natural Science | CN11-1810/N | 中国科学院 | 中国科学院自然科学史研究所、中国科学技术史学会 |
| 951 | 自然资源学报 | Journal of Natural Resources | CN11-1912/N | 中国科协 | 中国自然资源学会 |
| 952 | 组合机床与自动化加工技术 | Modular Machine Tool & Automatic Manufacturing Technology | CN21-1132/TG | 中国科协 | 大连组合机床研究所、中国机械工程学会 |
| 953 | 作物学报[1,2] | Acta Agronomica Sinica | CN11-1809/S | 中国科协 | 中国作物学会、中国农业科学院作物科学研究所 |
| 954 | 作物杂志 | Crops | CN11-1808/S | 中国科协 | 中国作物学会、中国农业科学院作物科学研究所 |

# 中国科协开放存取期刊名录(2009)

注:滞后3年(含)以上,同时OA全文内容在1年以下的未计入OA期刊。

◆中华医学会系列期刊

按刊名汉语拼音排序

| 序号 | 刊　　名 | 网　　址 | 网站特点或名称 | 备注 |
|---|---|---|---|---|
| 1 | 癌变·畸变·突变 | http://www.egh.net.cn/ | 环境/基因/健康网 | 延续 |
| 2 | 半导体学报 | http://www.cjs.ac.cn/ | 期刊自建网站 | 延续 |
| 3 | 波谱学杂志 | http://magres.wipm.ac.cn/ | 期刊自建网站 | 新增 |
| 4 | 材料科学技术(英文版) | http://www.jmst.org/ | 期刊自建网站 | 新增 |
| 5 | 材料研究学报 | http://www.cjmr.org/ | 期刊自建网站 | 延续 |
| 6 | 草地学报 | http://www.paper.edu.cn/journal_page.php?issn=1007-0435 | 中国科技论文在线 | 新增 |
| 7 | 草业科学 | http://www.paper.edu.cn/journal_page.php?issn=1001-0629 | 中国科技论文在线 | 新增 |
| 8 | 草业学报 | (1)http://cyxb.lzu.edu.cn/<br>(2)http://www.paper.edu.cn/journal_page.php?issn=1004-5759 | (1)期刊自建网站<br>(2)中国科技论文在线 | 新增 |
| 9 | 测绘学报 | http://xb.sinomaps.com/ | 期刊自建网站 | 新增 |
| 10 | 测试技术学报 | http://www.paper.edu.cn/journal_page.php?issn=1671-7449 | 中国科技论文在线 | 新增 |
| 11 | 催化学报 | http://www.chxb.cn/ | 期刊自建网站 | 延续 |
| 12 | 弹箭与制导学报 | (1)http://www.djzdxb.cn/<br>(2)http://www.paper.edu.cn/journal_page.php?issn=1673-9728 | (1)期刊自建网站<br>(2)中国科技论文在线 | 延续 |
| 13 | 当代矿工 | http://www.ddkg.com.cn/ | 期刊自建网站 | 延续 |
| 14 | 等离子体科学和技术(英文版) | http://www.iop.org/EJ/journal/pst | TheInstitute of Physics | 延续 |
| 15 | 低温物理学报 | http://dwwl.ustc.edu.cn/ | 期刊自建网站 | |
| 16 | 地理学报 | http://www.igsnrr.ac.cn/menu9/qkxs.jsp?id=12 | 中国科学院地理科学与资源研究所 | 延续 |
| 17 | 地球化学 | http://www.gig.ac.cn/chu/de.htm | 中国科学院广州地球化学研究所 | 延续 |
| 18 | 地球物理学报 | http://www.geophy.cn/ | 期刊自建网站 | 新增 |
| 19 | 地球物理学进展 | http://www.progeophys.cn/ | 期刊自建网站 | 新增 |

续表

| 序号 | 刊　名 | 网　址 | 网站特点或名称 | 备注 |
|---|---|---|---|---|
| 20 | 地质论评 | http://www.geojournals.cn/georev/ | 期刊自建网站 | 延续 |
| 21 | 地质学报 | http://www.geojournals.cn/dzxb/ | 期刊自建网站 | 延续 |
| 22 | 地质学报(英文版) | http://www.geojournals.cn/dzxben/ | 期刊自建网站 | 新增 |
| 23 | 电子测量与仪器学报 | http://www.emijournal.com/ | 期刊自建网站 | 新增 |
| 24 | 电子商务 | http://www.eb-online.cn/ | 期刊自建网站 | 新增 |
| 25 | 动力学与控制学报 | http://www.dlxykzxb.cn/ | 期刊自建网站 | 新增 |
| 26 | 动物学报 | http://www.actazool.org/ | 期刊自建网站 | 延续 |
| 27 | 动物营养学报 | http://www.chinajan.com/ | 期刊自建网站 | 新增 |
| 28 | 儿科药学杂志 | http://journal.shouxi.net/qikan/guokanll_zzxq.php? id=250 | 首席医学网 | 新增 |
| 29 | 分析化学 | http://www.analchem.cn/ | 期刊自建网站 | 新增 |
| 30 | 分子植物(英文版) | http://www.plant-physiology.com/xbao/ | 与《植物生理学通讯》两刊共建网站 | 延续 |
| 31 | 工程设计学报 | http://www.paper.edu.cn/journal_page.php? issn=1006-754X | 中国科技论文在线 | 新增 |
| 32 | 工业控制计算机 | http://www.ipcm.com.cn/ | 期刊自建网站 | 新增 |
| 33 | 固体火箭技术 | http://pub.gthjjs.com/ | 期刊自建网站 | 新增 |
| 34 | 光谱学与光谱分析 | http://www.gpxygpfx.com/ | 期刊自建网站 | 新增 |
| 35 | 光学精密工程 | http://www.ope.net.cn/ | 期刊自建网站 | 延续 |
| 36 | 光子学报 | http://www.photon.ac.cn/ | 期刊自建网站 | 新增 |
| 37 | 国际眼科杂志 | http://journal.shouxi.net/qikan/guokanll_zzxq.php? id=153 | 首席医学网 | 新增 |
| 38 | 国际遗传学杂志◆ | http://genetics.hrbmu.edu.cn/ | 期刊自建网站 | 延续 |
| 39 | 海洋与湖沼 | http://ols.qdio.ac.cn/ | 期刊自建网站 | 延续 |
| 40 | 核化学与放射化学 | http://www.jnrc.org.cn/ | 期刊自建网站 | 延续 |
| 41 | 黑龙江医学 | http://journal.shouxi.net/qikan/guokanll_zzxq.php? id=32 | 首席医学网 | 新增 |
| 42 | 湖泊科学 | (1)http://www.jlakes.org/<br>(2)http://www.paper.edu.cn/journal_page.php? issn=1003-5427 | (1)期刊自建网站<br>(2)中国科技论文在线 | 延续 |
| 43 | 化工学报 | http://www.hgxb.com.cn/ | 期刊自建网站 | 新增 |
| 44 | 化学通报(网络版) | http://www.hxtb.org/ | 期刊自建网站 | 延续 |
| 45 | 化学物理学报(英文版) | http://cjcp.ustc.edu.cn/<br>http://www.iop.org/EJ/cjcp | (1)期刊自建网站<br>(2)IoPP | 延续 |

续表

| 序号 | 刊 名 | 网 址 | 网站特点或名称 | 备注 |
| --- | --- | --- | --- | --- |
| 46 | 化学学报 | http://sioc-journal.cn/hxxb/cn/gywm_zzjs.asp | 中国科学院上海有机化学研究所学报联合编辑室 | 延续 |
| 47 | 火炸药学报 | http://www.hzyxb.cn/ | 期刊自建网站 | 新增 |
| 48 | 机械工程学报 | (1)http://www.cjme.com.cn/<br>(2)http://www.paper.edu.cn/journal_page.php?issn=0577-6686 | (1)期刊自建网站<br>(2)中国科技论文在线 | 新增 |
| 49 | 计算机工程与应用 | http://www.ceaj.org/ | 与《计算科学与探索》两刊共建网站 | 延续 |
| 50 | 计算机科学技术学报(英文版) | http://jcst.ict.ac.cn/ | 期刊自建网站 | 延续 |
| 51 | 计算机学报 | http://cjc.ict.ac.cn/ | 期刊自建网站 | 延续 |
| 52 | 计算机研究与发展 | http://crad.ict.ac.cn/ | 期刊自建网站 | 延续 |
| 53 | 计算机应用研究 | (1)http://www.arocmag.com/<br>(2)http://www.paper.edu.cn/journal_page.php?issn=1001-3695 | (1)期刊自建网站<br>(2)中国科技论文在线 | 延续 |
| 54 | 计算力学学报 | http://www.paper.edu.cn/journal_page.php?issn=1007-4708 | 中国科技论文在线 | 延续 |
| 55 | 建筑电气 | http://www.jzdq.net.cn/ | 期刊自建网站 | 新增 |
| 56 | 健康世界◆ | http://www.healthworld.com.cn/ | 期刊自建网站 | 新增 |
| 57 | 交通运输系统工程与信息 | http://www.tseit.org.cn/ | 期刊自建网站 | 延续 |
| 58 | 结构化学 | http://www.jstructchem.cn/ | 期刊自建网站 | 延续 |
| 59 | 金属学报 | http://www.ams.org.cn/ | 期刊自建网站 | 延续 |
| 60 | 金属学报(英文版) | http://www.amse.org.cn/jsxb_en/ | 期刊自建网站 | 延续 |
| 61 | 菌物学报 | http://journals.im.ac.cn/jwxtcn/ | 中国科学院微生物所期刊联合编辑部 | 新增 |
| 62 | 科技导报 | http://www.kjdb.org/ | 期刊自建网站 | 新增 |
| 63 | 颗粒学报(英文版) | http://www.jcsp.org.cn/ | 期刊自建网站 | 延续 |
| 64 | 空间科学学报 | http://www.cjss.ac.cn/ | 期刊自建网站 | 延续 |
| 65 | 矿床地质 | http://www.kcdz.ac.cn/ | 期刊自建网站 | 新增 |
| 66 | 昆虫学报 | http://www.insect.org.cn/ | 期刊自建网站 | 延续 |
| 67 | 理论物理通讯(英文版) | http://www.iop.org/EJ/journal/ctp | IoPP | 新增 |
| 68 | 岭南现代临床外科 | http://qikan.shouxi.net/qikan/guokanll_zzxq.php?id=327 | 首席医学网 | 新增 |

续表

| 序号 | 刊　　名 | 网　　址 | 网站特点或名称 | 备注 |
|---|---|---|---|---|
| 69 | 棉花学报 | http://journal.cricaas.com.cn/ | 期刊自建网站 | 新增 |
| 70 | 泥沙研究 | http://www.ches.org.cn/journallist.asp?id=89681643 | 中国水利学会 | 延续 |
| 71 | 宁夏医学杂志 | http://journal.shouxi.net/qikan/guokanll_zzxq.php?id=24 | 首席医学网 | 新增 |
| 72 | 农村电气化 | http://www.chinarein.com/qkhc/ncdqh/ | 农村电气化信息网 | 延续 |
| 73 | 农电管理 | http://www.chinarein.com/qkhc/ndgl/ | 农村电气化信息网 | 延续 |
| 74 | 农业工程学报 | http://www.tcsae.org/ | 期刊自建网站 | 延续 |
| 75 | 农业机械学报 | http://www.agro-csam.org/njxb/ | 中国农业机械学会 | 新增 |
| 76 | 气象学报(英文版) | http://www.cms1924.org/qxxb/qxxb_en/ | 中国气象学会 | 新增 |
| 77 | 汽车之友 | http://www.autofan.com.cn/ | 期刊自建网站 | 新增 |
| 78 | 热带作物学报 | http://www.rdnyjournals.cn/rdzwxb/ | 中国热带农业科学院信息研究所期刊社 | 新增 |
| 79 | 软件学报 | http://www.jos.org.cn/ | 期刊自建网站 | 延续 |
| 80 | 色谱 | http://www.chrom-china.com/ | 期刊自建网站 | 延续 |
| 81 | 陕西中医 | http://journal.shouxi.net/qikan/guokanll_zzxq.php?id=28 | 首席医学网 | 新增 |
| 82 | 生理学报 | http://www.actaps.com.cn/ | 期刊自建网站 | 延续 |
| 83 | 生命世界 | http://www.lifeworld.com.cn/ | 期刊自建网站 | 延续 |
| 84 | 生态学报 | http://www.ecologica.cn/ | 期刊自建网站 | 延续 |
| 85 | 生态学杂志 | http://www.cje.net.cn/ | 期刊自建网站 | 延续 |
| 86 | 生物多样性 | http://www.biodiversity-science.net/ | 期刊自建网站 | 新增 |
| 87 | 生物工程学报 | http://journals.im.ac.cn/cjbcn/ | 中国科学院微生物所期刊联合编辑部 | 延续 |
| 88 | 生物化学与生物物理进展 | http://www.pibb.ac.cn/ | 期刊自建网站 | 延续 |
| 89 | 生物物理学报 | http://www.cjb.org.cn/ | 期刊自建网站 | 延续 |
| 90 | 实用医技杂志 | http://journal.shouxi.net/qikan/guokanll_zzxq.php?id=203 | 首席医学网 | 新增 |
| 91 | 兽类学报 | http://www.mammal.cn/ | 期刊自建网站 | 延续 |
| 92 | 数学的实践与认识 | http://sxsjrs.iss.ac.cn/ | 期刊自建网站 | 延续 |
| 93 | 数学学报 | http://www.actamath.com/actamath_new/ | 《数学学报》(英文版)两刊共建网站 | 延续 |

续表

| 序号 | 刊　　名 | 网　　址 | 网站特点或名称 | 备注 |
|---|---|---|---|---|
| 94 | 数学学报(英文版) | http://www.actamath.com/actamath_en_new/ | 《数学学报》两刊共建网站 | 新增 |
| 95 | 水产学报 | http://www.scxuebao.cn/ | 期刊自建网站 | 新增 |
| 96 | 水利学报 | http://jhe.ches.org.cn/ | 期刊自建网站 | 延续 |
| 97 | 探测与控制学报 | http://www.tcykz.com/ | 期刊自建网站 | 新增 |
| 98 | 天文学报 | http://www.pmo.ac.cn/tushu/twxb.htm | 中国科学院紫金山天文台 | 延续 |
| 99 | 天文学进展 | http://www.shao.ac.cn/twxjz/ | 中国科学院上海天文台 | 延续 |
| 100 | 同位素 | http://www.tws.org.cn/ | 期刊自建网站 | 延续 |
| 101 | 微生物学报 | http://journals.im.ac.cn/actamicrocn/ | 中国科学院微生物所期刊联合编辑部 | 新增 |
| 102 | 微生物学通报 | http://journals.im.ac.cn/wswxtbcn/ | 中国科学院微生物所期刊联合编辑部 | 新增 |
| 103 | 无机化学学报 | http://www.wjhxxb.cn/ | 期刊自建网站 | 延续 |
| 104 | 物理化学学报 | http://www.whxb.pku.edu.cn/ | 期刊自建网站 | 延续 |
| 105 | 物理学报 | http://wulixb.iphy.ac.cn/cn/ch/ | 与《中国物理 B》(英文版)两刊共建网站 | 延续 |
| 106 | 稀土学报(英文版) | http://www.re-journal.com/en/ | 与《中国稀土学报》两刊共建网站 | 新增 |
| 107 | 稀有金属材料与工程 | http://www.rmme.ac.cn/rmme/ch/ | 与《钛工业进展》两刊共建网站 | 新增 |
| 108 | 系统工程理论与实践 | http://www.sysengi.com/ | 期刊自建网站 | 延续 |
| 109 | 细胞与分子免疫学杂志 | http://www.shouxi.net/journal/noimage.aspx? mag_id=35 | 首席医学网 | 延续 |
| 110 | 现代物理知识 | http://hepnp.ihep.ac.cn/mp/ | 与《中国物理 C》(英文版)两刊共建网站 | 新增 |
| 111 | 心理学报 | http://journal.psych.ac.cn/ | 与《心理科学进展》两刊共建网站 | 延续 |
| 112 | 畜牧兽医学报 | http://www.xmsyxb.com/ | 期刊自建网站 | 新增 |
| 113 | 岩石力学与工程学报 | http://www.rockmech.org/ | 期刊自建网站 | 延续 |
| 114 | 岩石学报 | http://www.ysxb.ac.cn/ysxb/ | 与《中国科技期刊研究》共同使用顶级域名 | 新增 |
| 115 | 药物分析杂志 | http://www.ywfxzz.cn/ | 期刊自建网站 | 新增 |
| 116 | 药学学报 | www.yxxb.com.cn/ | 期刊自建网站 | 延续 |
| 117 | 医学与哲学 | http://www.yizhe.org/ | 期刊自建网站 | 延续 |

续表

| 序号 | 刊　名 | 网　址 | 网站特点或名称 | 备注 |
|---|---|---|---|---|
| 118 | 医药导报 | http://www.yydbzz.com/ | 期刊自建网站 | 延续 |
| 119 | 仪器仪表学报 | http://www.asiatest.org/yqyb.asp | 中国仪器与测量网 | 延续 |
| 120 | 遗传 | http://www.chinagene.cn/yc/ | 中国遗传网 | 延续 |
| 121 | 遗传学报 | http://www.chinagene.cn/ | 中国遗传网 | 延续 |
| 122 | 应用概率统计 | http://aps.ecnu.edu.cn/ | 期刊自建网站 | 新增 |
| 123 | 应用光学 | (1)http://www.yygx.net/<br>(2)http://www.paper.edu.cn/journal_page.php?issn=1002-2082 | (1)期刊自建网站<br>(2)中国科技论文在线 | 延续 |
| 124 | 应用化学 | http://yhs.ciac.jl.cn/yyhx/ | 期刊自建网站 | 延续 |
| 125 | 应用基础与工程科学学报 | http://www.jbse.net/ | 期刊自建网站 | 新增 |
| 126 | 应用生态学报 | http://www.cjae.net/ | 期刊自建网站 | 延续 |
| 127 | 应用数学学报 | http://www.applmath.com.cn/ | 《应用数学学报》(英文版)两刊共建网站 | 延续 |
| 128 | 应用数学学报(英文版) | http://www.applmath.com.cn/yysx_en/en/ | 《应用数学学报》两刊共建网站 | 延续 |
| 129 | 有机化学 | http://sioc-journal.cn/yjhx/cn/gywm_zzjs.asp | 《化学学报》、《中国化学》3刊共建网站 | 延续 |
| 130 | 宇航学报 | http://www.yhxb.org.cn/ | 期刊自建网站 | 新增 |
| 131 | 园艺学报 | http://www.ahs.ac.cn/ | 期刊自建网站 | 新增 |
| 132 | 原子与分子物理学报 | http://jamp.scu.edu.cn/ | 期刊自建网站 | 延续 |
| 133 | 振动与冲击 | (1)http://jvs.sjtu.edu.cn/<br>(2)http://www.paper.edu.cn/journal_page.php?issn=1000-3835 | (1)期刊自建网站<br>(2)中国科技论文在线 | 延续 |
| 134 | 植物分类学报 | http://www.plantsystematics.com/ | 期刊自建网站 | 延续 |
| 135 | 植物生态学报 | http://www.plant-ecology.com/ | 期刊自建网站 | 延续 |
| 136 | 植物学报(英文版) | http://www.jipb.net/ | 期刊自建网站 | 延续 |
| 137 | 植物学报 | http://www.chinbullbotany.com/ | 期刊自建网站 | 延续 |
| 138 | 植物遗传资源学报 | www.zwyczy.cn/ | 期刊自建网站 | 新增 |
| 139 | 质谱学报 | http://www.jcmss.com.cn/ | 期刊自建网站 | 延续 |
| 140 | 中国比较医学杂志 | http://www.shouxi.net/journal/noimage.aspx?mag_id=152 | 首席医学网 | 延续 |
| 141 | 中国病毒学(英文版) | http://www.virol.cn/ | 期刊自建网站 | 延续 |
| 142 | 中国病理生理杂志 | http://www.cjpp.net/ | 期刊自建网站 | 新增 |
| 143 | 中国地质教育 | http://www.chinageoeducation.net.cn/ | 期刊自建网站 | 新增 |

续表

| 序号 | 刊　　名 | 网　　址 | 网站特点或名称 | 备注 |
| --- | --- | --- | --- | --- |
| 144 | 中国电机工程学报 | http://www. pcsee. org/CN/volumn/current. shtml | 电网技术杂志社 | 延续 |
| 145 | 中国动脉硬化杂志 | (1) http://www. sinoas. com/journal/journal01<br>(2) http://journal. shouxi. net/qikan/guokanll_zzxq. php? id=39 | (1)中国动脉粥样硬化网<br>(2)首席医学网 | 延续 |
| 146 | 中国肺癌杂志 | http://journal. shouxi. net/qikan/guokanll_zzxq. php? id=404 | 首席医学网 | 新增 |
| 147 | 中国腐蚀与防护学报 | http://www. jcscp. org/ | 期刊自建网站 | 延续 |
| 148 | 中国公共卫生 | http://journal. shouxi. net/qikan/guokanll_zzxq. php? id=349 | 首席医学网 | 新增 |
| 149 | 中国公路学报 | http://zzs. chd. edu. cn/gl/ | 长安大学杂志社 | 延续 |
| 150 | 中国光学快报（英文版） | http://www. col. org. cn/ | 期刊自建网站 | 新增 |
| 151 | 中国海洋湖沼学报（英文版） | http://cjol. qdio. ac. cn/ | 期刊自建网站 | 延续 |
| 152 | 中国化学工程学报（英文版） | http://www. cjche. com. cn/ | 期刊自建网站 | 延续 |
| 153 | 中国化学快报（英文版） | http://www. imm. ac. cn/ccl. asp | 中国医学科学院药物研究所 | 延续 |
| 154 | 中国机械工程学报（英文版） | http://www. cjme. com. cn/ | 期刊自建网站 | 新增 |
| 155 | 中国寄生虫学与寄生虫病杂志 | http://www. jsczz. cn/ | 期刊自建网站 | 新增 |
| 156 | 中国康复医学杂志 | http://www. rehabi. com. cn/ | 期刊自建网站 | 新增 |
| 157 | 中国免疫学杂志 | http://qikan. shouxi. net/qikan/guokanll_zzxq. php? id=148 | 首席医学网 | 延续 |
| 158 | 中国免疫学杂志（英文版） | http://www. cmi. ustc. edu. cn/ | 期刊自建网站 | 新增 |
| 159 | 中国农学通报 | http://www. casb. org. cn/ | 期刊自建网站 | 新增 |
| 160 | 中国热带医学 | http://journal. shouxi. net/qikan/guokanll_zzxq. php? id=121 | 首席医学网 | 延续 |
| 161 | 中国生物工程杂志 | http://www. biotech. ac. cn/ | 期刊自建网站 | 延续 |
| 162 | 中国生物化学与分子生物学报 | http://cjbmb. bjmu. edu. cn/ | 期刊自建网站 | 新增 |

续表

| 序号 | 刊　名 | 网　址 | 网站特点或名称 | 备注 |
| --- | --- | --- | --- | --- |
| 163 | 中国实验血液学杂志 | http://www.shouxi.net/journal/noimage.aspx?mag_id=37 | 首席医学网 | 延续 |
| 164 | 天文和天体物理学报(英文版) | (1)http://www.chjaa.org/<br>(2)http://www.iop.org/EJ/journal/1009-9271 | (1)期刊自建网站<br>(2)IoPP | 延续 |
| 165 | 中国图书馆学报 | http://www.ztxb.net.cn/ | 期刊自建网站 | 新增 |
| 166 | 中国微循环 | http://journal.shouxi.net/qikan/guokanll_zzxq.php?id=41 | 首席医学网 | 新增 |
| 167 | 中国卫生检验杂志 | http://www.zgwsjyzz.com/ | 期刊自建网站 | 新增 |
| 168 | 中国物理B(英文版) | (1)http://wulixb.iphy.ac.cn/en/ch/<br>(2)http://www.iop.org/EJ/journal/1674-1056 | (1)与《物理学报》两刊共建网站<br>(2)IoPP | 延续 |
| 169 | 中国物理C(英文版) | http://hepnp.ihep.ac.cn/cn/infomation.asp?id=21 | 与《现代物理知识》两刊共建网站 | 延续 |
| 170 | 中国物理快报(英文版) | http://cpl.iphy.ac.cn/ | 期刊自建网站 | 延续 |
| 171 | 中国稀土学报 | http://www.re-journal.com/ | 与 Journal of Rare Earths 两刊共建网站 | 新增 |
| 172 | 中国现代应用药学 | http://www.chinjmap.com/ | 期刊自建网站 | 新增 |
| 173 | 中国修复重建外科杂志 | http://www.xfcjwkzazhi.cn/ | 期刊自建网站 | 新增 |
| 174 | 中国学校卫生 | (1)http://www.cjsh.org.cn/<br>(2)http://journal.shouxi.net/qikan/guokanll_zzxq.php?id=204 | (1)期刊自建网站<br>(2)首席医学网 | 新增 |
| 175 | 中国烟草学报 | http://ycxb.tobacco.org.cn/ | 期刊自建网站 | 延续 |
| 176 | 中国药理学报(英文版) | http://www.chinaphar.com/ | 期刊自建网站 | 延续 |
| 177 | 中国药理学通报 | http://ylx.ahmu.edu.cn/ | 期刊自建网站 | 新增 |
| 178 | 中国药理学与毒理学杂志 | http://www.cjpt.ac.cn/ | 期刊自建网站 | 新增 |
| 179 | 中国药学(英文版) | http://www.jcps.ac.cn/ | 期刊自建网站 | 新增 |
| 180 | 中国有色金属学报 | http://www.ysxbcn.com/ | 期刊自建网站 | 新增 |
| 181 | 中国有色金属学会会刊(英文版) | http://www.ysxbcn.com/ | 期刊自建网站 | 延续 |
| 182 | 中国针灸(网络版) | http://www.cjacupuncture.com/ | 期刊自建网站 | 延续 |

续表

| 序号 | 刊　名 | 网　址 | 网站特点或名称 | 备注 |
|---|---|---|---|---|
| 183 | 中国中药杂志 | (1)http://www.cjcmm.com.cn/<br>(2)http://www.paper.edu.cn/journal_page.php?issn=1001-5302 | (1)期刊自建网站<br>(2)中国科技论文在线 | 新增 |
| 184 | 中国中医骨伤科杂志 | http://journal.shouxi.net/qikan/guokanll_zzxq.php?id=136 | 首席医学网 | 新增 |
| 185 | 中国肿瘤临床 | http://www.cjco.cn/ | 《中国肿瘤临床》英文版两刊共建网站 | 延续 |
| 186 | 中国肿瘤生物治疗杂志 | http://www.biother.org/ | 期刊自建网站 | 延续 |
| 187 | 中国组织工程研究与临床康复 | http://www.crter.org/ | CRTER 网站群 | 延续 |
| 188 | 中华骨科杂志◆ | http://www.chinjorthop.com/ | 期刊自建网站 | 延续 |
| 189 | 中华疾病控制杂志 | http://journal.shouxi.net/qikan/guokanll_zzxq.php?id=134 | 首席医学网 | 新增 |
| 190 | 中华临床感染病杂志◆ | http://www.zhgrb.com/ | 期刊自建网站 | 新增 |
| 191 | 中华神经医学杂志◆ | http://www.cjnm.com.cn/ | 期刊自建网站 | 新增 |
| 192 | 中华消化外科杂志◆ | http://www.shouxi.net/journal/noimage.aspx?mag_id=147 | 首席医学网 | 延续 |
| 193 | 中华行为医学与脑科学杂志◆ | http://www.xwyx.org.cn/ | 期刊自建网站 | 延续 |
| 194 | 中华医学美学美容杂志◆ | http://www.cosmagzine.com/ | 期刊自建网站 | 延续 |
| 195 | 中华医学杂志(英文版)◆ | http://www.cmj.org/ | 期刊自建网站 | 延续 |
| 196 | 中华医院感染学杂志 | http://www.shouxi.net/journal/maginfo.aspx?mag_id=150 | 首席医学网 | 延续 |
| 197 | 中华肿瘤防治杂志 | http://www.cjcpt.org/ | 期刊自建网站 | 延续 |
| 198 | 中外管理 | http://www.zwgl.com.cn/ | 期刊自建网站 | 延续 |
| 199 | 中外能源 | http://www.zshg.com/zwny/zwny.htm | 中国石油化工信息网 | 新增 |
| 200 | 中医文献杂志 | http://journal.shouxi.net/qikan/guokanll_zzxq.php?id=144 | 首席医学网 | 新增 |
| 201 | 肿瘤防治研究 | (1)http://www.zlfzyj.com/<br>(2)http://journal.shouxi.net/qikan/guokanll_zzxq.php?id=383 | (1)期刊自建网站<br>(2)首席医学网 | 新增 |
| 202 | 自动化学报 | http://www.aas.net.cn/ | 期刊自建网站 | 延续 |

续表

| 序号 | 刊　名 | 网　址 | 网站特点或名称 | 备注 |
|---|---|---|---|---|
| 203 | 自动化仪表 | http://www.sipai.com/hyfw/pai.htm | 上海工业自动化仪表研究所 | 延续 |
| 204 | 作物学报 | http://www.chinacrops.org/zwxb/ | 中国作物学会 | 延续 |
| 205 | 作物杂志 | http://www.chinacrops.org/zazhi/ | 中国作物学会 | 新增 |